화장실 전쟁

BATHROOM BATTLEGROUNDS: How Public Restrooms Shape the Gender Order

화장실 전쟁

가장 사적이면서도 공적인 공간에서 펼쳐진 특권, 계급, 젠더, 불평등의 정치

알렉산더 K. 데이비스 · 조고은 옮김

위즈덤하우스

일러두기

1. 단행본, 정기간행물, 언론사 등은 겹화살괄호(《》)로, 단행본에 수록된 글, 기사, 논문 등은 홑화살괄호(〈〉)로 표기했다.
2. 인용문에서 이해를 돕기 위해 저자가 삽입한 내용은 대괄호([])로 표기했다. 본문에 한 번 등장하는 옮긴이가 이해를 돕기 위해 삽입한 내용은 대괄호에 '— 옮긴이'로 별도로 표시했다.
3. 원서에서 저자가 이탤릭체로 강조한 내용은 고딕체로 표기했다.
4. 저자의 주는 본문 말미에 실었으며 옮긴이 주는 본문 안에 괄호로 표기했다.

어머니에게 바칩니다.

"제도는 분류를 한다."

메리 더글러스Mary Douglas, 《제도는 어떻게 생각하는가How Institutions Think》

차례

서문

확실히, 이 심각한 주제 가운데 화장실 전쟁이라는 측면이 이상할 정도로 과장되어 있다.

루스 마커스Ruth Marcus, 〈화장실 전쟁을 넘어 트랜스젠더 권리로〉, 《워싱턴 포스트》, 2015. 4.

2015년 4월 8일, 오바마 정부는 아이젠하워 행정동 건물에 새로운 성중립all-gender 화장실을 선보였다. 백악관 단지 내에서는 최초로 설치된 성중립 화장실이었다. 이 혁신적인 시설은 연방정부의 업무 환경 내 화장실 접근성 관리 정책에 여러 가지 최신 업데이트가 이루어지면서 등장한 물리적 대응물이었다. 이 모두는 성별에 따라 분리된 좀 더 전통적인 화장실 구획을 불편해할 수도 있는 직원들에게 백악관을 보다 포용적인 곳으로 만들기 위한 것이었다. 백악관 대변인인 제프 틸러가 그날 오후 기자회견에서 설명했듯이, 행정부는 이전부터 백악관에서 일하는 직원들이 "자신의 젠더 정체성에 맞는 화장실을 이용"[1]할 수 있도록 보장하는 조치를 취해왔다고 한다. 새로운 젠더 중립적 공간은 백악관 직원 및 방문객이 활용할 수 있는 추가적 선택지를 제공한다는 점에서 포용성 확대를 위해 마땅히 나아가야 할 논리적 다음 단계였다. 이에 대해 대통령 수석 고문 밸러리 재럿은 레즈비언, 게이, 바이섹슈얼, 트랜스젠더 주제의 잡지 《디 애드버킷The Advocate》의 논평 기사에서 아이젠하워 건물에 들어오는 모든 사람이 "안전하고 온전히 존중받는"다고 느낄 수 있게 하는 "중요한 진전"[2]이라고 설명했다.

연방정부뿐만 아니라 지방과 주 차원에서도 고용, 젠더 정체성, 화장실 접근과 관련하여 이에 발맞춘 규제 변화가 수년에 걸쳐 전개되고 있었으며, 이는 일터 이외의 영역에서도 마찬가지였다. 1999년 아이오와 주지사 톰 빌색은 주 정부의 고용에서 젠더 정체성 및 성적 지향에 근거한 차별을 금지하는 행정명령을 내렸는데, 이때 이와 같은 제도에 '젠더 정체성'이라는 단어가 최초로 등장했다. 좀 더 앞서 1993년 미네소타주 의회는 미국 최초로 고용, 주거, 신용 거래, 공공장소에서 "생물학적 남성성 혹은 여성성과 전통적인 방식으로 일치하지 않는 자아상 혹은 정체성을 가진"[3] 사람에 대한 차별을 금지했다. 그리고 화장실에 관해서는 컬럼비아특별구 인권법의 2006년 개정안이 미국 최초로 개별 시민에게 "자신의 젠더 정체성 혹은 젠더 표현에 따라 그에 해당하는 (…) 특정 젠더의 화장실 혹은 특정 젠더의 시설을 사용할 권리"[4]를 보장하고, 더 나아가 도시 전역의 모든 '일인용 화장실 시설'에는 앞으로 '성중립 표지판 사용'을 의무화하겠다고 밝혔다.

그러나 백악관의 웨스트윙에 인접한 아이젠하워 건물의 위치와 국무부, 전쟁부, 해군이 사용했던 그곳의 역사 그리고 백악관 직원이 사용하는 사무실의 대다수를 수용하고 있는 현재의 기능을 고려할 때, 새로운 성중립 화장실은 미국에서 트랜스젠더의 권리를 지지하는 데 특히 의미 있고 선구적인 조치로서 기능했다. 밸러리 제럿이 논평 기사에서 상세히 설명했듯, 건물의 구조적 추가는 대통령이 "본보기를 보이"고 기준을 설정하여 국가 전체가 "LGBT 공동체에 대한 반차별적 보호의 적용"[5]을 확대해나갈 수 있게 하는 보다 포괄적인 사업 중 한 가지 구성 요소에 불과했다. 실제로 《디 애드버킷》 잡지 역시 오바마 정부가 "트랜스 시민의 화장실 접근권에 관한 전국적 토론"에 참여한 것은, 국정연설에 '트랜스젠더'라는 단어가 "최초로" 등장한 것에서부터 "트랜스에 대한 차별"을 포함한 성차별을 막는 연방 차원의 보호를 확장하기 위한 법무부의 선구적 작업에 이르기까지 "트랜스 시민을 긍정하는 전례 없는"[6] 움직임 중 하나라고 설명했다.

사실, 오바마 행정부가 새로운 성중립 화장실을 발표한 시기가 행정명령 13672호가 전면적으로 발효되는 때와 일치한다는 점에서 그것은 또한 상징적 기능을 수행했다. 2014년 7월 21일에 제정된 이 명령은 이미 법령에 포함되어 있던 고용차별과 관련한 대통령 지시 중 일부분을 개정한 것이었다. 첫째, 연방정부 노동자들에 대한 차별을 금지하는 두 가지 행정명령의 기존 항목인 인종, 피부색, 종교, 성별, 출신 국가, 성적 지향에 젠더 정체성을 추가했다. 두 번째, 이에 더해 연방정부와 일정 금액 이상 계약한 업체에 직장 내 차별 방지를 의무화하는 보호 목록에도 성적 지향과 젠더 정체성을 추가하였다. 연방정부 직원들에 대한 행정명령에 젠더 정체성을 추가한 것은 즉각적으로 효력을 발휘한 반면, 연방정부와의 계약 업체에 대한 업데이트는 시행을 위해 규칙의 초안을 작성하고 발표하기 전에 노동부 및 예산관리국을 거쳐야 했기에, 성중립 화장실이 처음 공개된 4월 8일에야 개정이 완료되었다.

그러나 2010년대 초 미국 전역에서 이뤄진 젠더와 화장실에 대한 토론의 행로가 한결같이 지지 일색이었던 것은 전혀 아니다. 오히려 화장실 문제에 대한 관심을 높이고 트랜스젠더 권리를 보다 광범위하게 알리려는 노력은 열띤 반대에 부딪히는 경우가 많았다. 2015년 전미 종교방송인 대회에서 전 아칸소 주지사인 마이크 허커비는 트랜스젠더 시민들의 화장실 접근권을 보장하기 위한 최근의 법적 개입에 대해 악명 높은 비판을 쏟아내며 그러한 시도를 "본질적으로 잘못된", "말도 안 되는", "위협"이라 표현하고, 심지어 자신도 고등학교 때 "[자신의] 여성적인 면을 발견해서 여자애들과 함께 샤워할 수 있었다면"[7] 좋았을 뻔했다고 빈정대기까지 했다. 이와 비슷하게 2013년에 제리 브라운 주지사가 캘리포니아의 공립학교에 등록한 학생들이 각기 "학생 기록부에 기재되어 있는 성별과 관계없이 자신의 성 정체성에 따라 성별을 구분하여 진행되는 학교 행사 및 활동에 참여하고 (…) 시설을 사용할 수 있도록"[8] 하는 법안을 승인한 것에 대한 논평 기사에서 팀 도넬리 하원의원은 그 새로운 법이 "사생활 침해"와 "공적 굴욕"을 동시에 조장한다고 지적하며, "차별을 종식시키길 원한다는 정치인들이 실제로는 그러한 조항을 불편해하는 대다수의 대중을 차별해왔다"[9]고 주장했다.

일부 주와 지방자치단체에서 입법자들은 이러한 우려를 반영한 반대 법안을 제안하기도 했다. 그것은 곧 직장과 공중화장실에 접근할 때 성별 조건을 완화하거나 없애는 대신 더욱 엄격하게 제한해야 한다는 법안이었다. 예를 들어, 2014년 마이애미데이드 카운티가 인권 조례에 '젠더 정체성'과 '젠더 표현' 범주를 추가한 것에 대응하여, 주 하원의원 프랭크 아르틸스는 플로리다 하원에서 "공공의 안전"[10]을 위한 법안을 발의했다. 이 법안은 "타 성별용으로 지정되거나 타 성별의 사용이 제한된 단일 성별 공공시설에 알면서도 의도적으로"[11] 들어가는 것을 2급 경범죄로 분류했다. 몇 달 후, 주 하원의원 데비 리들은 한층 더 엄격한 한 쌍의 법안을 텍사스 하원에 제출했다. 첫 번째는 "개인의 성별과 같지 않은 성별"이 표시되어 있는 화장실에 들어가는 행동을 범죄화하는 것이고, 두 번째는 공공 탈의실, 샤워실, 화장실을 사용하기 위해 "개인이 태어날 때 형성된 성별 혹은 개인의 염색체로 확립된 성별"[12]이라는 유별나게 상세한 수준으로 성별을 규정한 것이다.

사실 이러한 화장실 전쟁은 너무 논쟁적이어서 트랜스젠더 권리를 옹호하는 일부 정치지도자나 비슷한 목적을 추구하는 활동가들이 평등을 추구할 때조차 《워싱턴 포스트》 논설가의 표현처럼 화장실에 관련된 모든 것에 대한 "경솔하고 과열된" 집착[13]으로부터 거리를 두고자 했다. 2012년 시의원 톰

커크는 볼티모어 카운티의 차별금지법에 젠더 정체성과 성적 지향을 추가할 것을 제안하는 법안을 제출했을 때, 그의 제안에 반대하는 사람들이 "이 법안이 다루고자 하는 내용을 제외한 모든 것"에 초점을 맞춘다는 점에 유감을 표시했다. 그가 단호하게 표명했듯, 이 법안의 목표는 "화장실 법이 아니라", "차별금지법"[14]을 제정하는 것이었다. 그리고 레즈비언 및 게이 민권운동 단체인 휴먼라이츠캠페인Human Rights Campaign의 회장인 채드 그리핀과 전미 트랜스젠더평등센터the National Center for Transgender Equality의 상임 이사인 마라 키슬링은 2015년 자체 논평에서, 젠더 정체성 관련 법적 보호에 대해 논쟁할 때 화장실이 지속적으로 정치화되는 것은 미국 전역에서 트랜스젠더에게 향하는 "무지, 거부, 차별" 중에서도 보다 시급한 측면과 싸우지 못하게 "시간과 에너지를 앗아가는 진정한 비극"이라고 강조했다.[15]

하지만 정말로 화장실이 실질적 사회문제로부터 주의를 흐트러뜨리는가? 어쩌면 최근 화장실에 쏟아진 엄청난 대중의 관심 속에 보다 더 진지한 무언가가 담겨 있는 것은 아닐까?

왜 화장실을 연구하는가?

알려진 바와 같이, 미국에서 공중화장실은 거의 두 세기 동안 문화 갈등의 오랜 피뢰침이었다. 전례 없는 인구 증가로 인해 최초로 공중화장실을 설치할 필요성을 두고 심각한 의견 다툼이 촉발되었던 19세기 중반부터, 위에서 살펴보았던 2000년대와 2010년대의 논쟁에 이르기까지 화장실은 종종 정치적 포화의 집결지가 되곤 했다. 얼핏 보기에는 이상한 현실이다. 어찌 됐든 화장실은 인간의 경험 중 가장 기본적이면서도 가장 끈질기게 금기시되어온 측면 중 하나, 즉 신체의 경계에서 생산된 배설물을 다루는 경험을 일상적으로 협상하는 장소이다. 그러나 메리 더글러스는 《순수와 위험Purity and Danger》에서

'불결하다'고 간주되는 것으로부터 거리를 두려는 노력은 위생에서 벗어난 존재에 대한 인간의 뿌리 깊고 보편적인 반응이 아니라고 주장한다. 오히려 배설물처럼 '더러운' 것과 화장실처럼 '더러운' 장소에 대한 우리의 믿음은 중요한 문화적 작업을 하는데, 더글러스의 표현에 따르면 "본질적으로 지저분한"[16] 세계와 사회 체계에 응집성 및 명료성을 부여하는 작업이다.

결과적으로, 공중화장실에 대한 정치적 이견이 발생할 때 궁극적인 논점은 도덕 질서에 대한 믿음이다. 즉, 하나의 사회로서 우리가 집단적으로 가치를 부여하고 집단적으로 서로를 위해 지켜야 한다고 믿으며 집단적으로 동의하는 것은 건전한 사회적 행동이라고 간주된다. 이런 의미에서 화장실은 문자 그대로 깨끗하다고 간주되는 것과 문자 그대로 더럽다고 간주되는 것을 중재하는 것보다 훨씬 더 큰 역할을 담당한다. 화장실은 시민 개인과 사회집단 모두가 문화사회학자가 '경계 짓기'라 부르는 일을 수행하는 데 활용하는 중요한 수단이다. 그들이 인식한 유사성과 차이에 근거하여 사람, 대상, 공간 심지어 행동까지 별개의 범주로 구분하는 것이다. 그렇기에 공중화장실은 금기시되는 사회적 공간이거나 매우 하찮은 일상적 측면에 그치는 것이 아니라 여러 상징적 기능을 수행한다. 화장실을 사용할 수 있는지 여부는 어떤 몸, 정체성, 공동체가 그들이 설치한 공공의 공간에 존재해야 한다고 여겨지는지를 암시적으로 보여준다. 마찬가지로 입구의 방해물도 어떤 몸, 정체성, 공동체가 제외되거나 환영받는지를 암시한다. 그리고 복수의 공간으로 분리되어 있는 화장실에서는, 상대편(들)로부터 물리적으로 차단되어 있는 각 공간을 통해, 어떤 몸, 정체성, 공동체가 닫힌 문 너머로 섞이면 안 되는지를 전달한다.

따라서 화장실은 미국에서 범주적 불평등, 즉 인종, 장애, 사회계층과 같은 집단의 차이에 기반한 불평등이 오랫동안 유지, 확장되어온 중요한 장소이다. 예를 들어 역사가 퍼트리샤 쿠퍼와 루스 올덴지엘은 제2차세계대전 중에 유색 여성이 미국의 일터에 진출하면서 작업 현장에서 백인여성과 공존하는 양상에 대해 조사했다. 그러나 이때 직장의 화장실이 오히려 그들 간의 "소중한 구분"을 계속해서 확인하고 존속시키는 장소로 사용되었음을 발견했다.[17] 보다 최근에 사회학자 미첼 더니에르는 21세기 초 뉴욕시에서 수행했던 민족지학적 연구를 되돌아보면서, "중상류계급 백인 남성"인 자신은 그리니치빌리지 패스트푸드점의 화장실을 사용할 수 있었지만 자신의 연구 주제였던 "가난하고 흑인인" 사람들은 그러한 공간에서 체계적으로 배제되어 있었음을 깨닫고는 놀랐다고 밝혔다.[18] 심지어 오늘날에도 미국 국가장애위원회the National Council on Disability는 가령 1990년 제정된 미국 장애인법과 같은 법률이 장애인의 화장실 접근권 및 이용 가능성에 절망적일 정도로 "일관성 없는" 변화를 가져왔고, 그로 인해 많은 사람들이 가장 단순한 일상 활동조차 수행하기 어렵게 되었다고 보고한다.[19]

그러나 미국에서 공중화장실을 설계하고 건설하는 데 가장 중심이 되는 사회적 구분은 의심의 여지없이 성별이다. 당신이 가장 최근에 공중화장실을 직접 사용했던 경험을 떠올려보면 알겠지만, 화장실은 성차로 넘쳐난다. 건물에서 남자 화장실과 여자 화장실은 별개의 복도나 한 층의 양끝에 위치한 경우가 많으며, 심지어 아예 다른 층에 배치될 때도 있다. 문에는 성별을 구분하는 표지판과 기호가 붙어 있으며, 그 문을 열고 들어가면 현격히 다른 기물들이 설치되어 있다. 두 공간의 에티켓 규범도 전혀 달라서, 남자 화장실에서는 전형적으로 침묵과 거리가 요구되는 반면, 여자 화장실은 보다 사교적인 규범이 받아들여진다. 이러한 차이는 너무나 흔하고 당연하게 받아들여진 나머지 이것이 남성과 여성에게 선천적으로 내재해 있는 신체적, 행동적 차이에 따른 논리적 반응이라고 생각하고 싶을 정도이다. 그러나 메리 더글러스가 지적했듯, 혐오감은 위해로부터 우리의 몸을 보호하기 위한 인간의 보편적 반응이라기보다 오히려 도덕적 신념을 보호하기 위한 일군의 정교한 문화적 구성물이라고 봐야 한다. 마찬가지로 이러한 성차는 생물학적이기보다는 사회적이다.

정신분석 이론가 자크 라캉은 그러한 현실을 "요로 분리의 법칙the laws of urinary segregation"이라고 설명한다. 성차는 일견 자연스럽고 필연적인 것처럼 보이지만, 폐기물을 배출하고자 하는 인간의 기본적 욕구는 문화적 수단을 통해 구성된 성차의 장소가 된다는 것이다.[20] 라캉의 발언을 그저 후기구조주의자의 지적 허세라고 일축하고 싶은 생각이 앞설 수도 있지만, 미국 공중화장실에서 성별분리가 결코 보편적이거나 확정적으로 이루어지지 않았음을 증명하는 역사적 증거는 매우 풍부하다. 19세기 중반, 도시의 길모퉁이에 최초로 설치된 공중화장실 중 상당수가 남성들의 노상 방뇨를 막고 집 밖에서 상업 활동을 하거나 취업을 추구하는 여성들을 수용하기 위해 만들어졌으며, 모든 성별이 사용할 수 있도록 설계되었다. 근 1세기 후인 20세기 후반, 연방법이 화장실을 성차별 소송의 집합체로 다루게 되었지만, 2차대전 후만 해도 공장 및 상업 시설에서 성별 구분 없는 화장실은 그저 흔한 일이었다. 그리고 오늘날에 이르자, 서문 첫머리에서처럼 성별 구분 없는 화장실의 새 물결이 나타났다. 다양한 지방자치단체, 주, 심지어 연방정부마저 특정 성별의 몸을 가지고 특정 성별로 지정된 사람만이 해당 성별의 화장실 공간에 들어갈 수 있게 해야 한다는 공공 정책을 폐지하기 시작했다.[21]

요컨대, 오늘날의 대학, 대중교통 시설, 쇼핑몰, 식당, 박물관, 도서관, 아이젠하워 행정동 건물과 같은 정부 시설에서 '성중립적gender-neutral', '젠더 포용적gender-inclusive', '모든 성별의all-gender' 화장실을 사용할 수 있는 경우가 늘어나는 것은, 새로운 화장실 혁명의 증거라고 말하기 어렵다. 오히려 지금까지 미국에서 공중화장실을 성별에 따라 구분할 것인지 여부는 놀라울 정도로 개방적이었다. 그리고 이렇듯 화장실은 고정된 곳이 아니기에 공중화장실 공간의 설계 및 건축 뒤에 숨겨진 조직적 고민과 논쟁은 애초에 성별이란 무엇이며 그것이 어떤 의미를 갖는지 살펴보기 위한 결정적 대상이 될 수 있었다.

왜 화장실 전쟁인가?

《화장실 전쟁》은 그러한 조직적 논쟁 중 가장 최근의 내용들을 출발점 중 하나로 삼아, 지난 25년간 미국 전역의 다양한 지방자치단체, 문화 조직, 교육 조직에서 성중립 화장실을 설계하고 건축해온 시도들을 탐구한다. 이 책에서 위와 같은 최근의 변화에 초점을 맞춘 이유는 그것이 시의적절할 뿐만 아니라, 독특한 제도화의 특징을 가지고 있기 때문이다. 즉, 오직 최근에 이르러서만 개별 시민, 관료 단위, 사회운동의 부문이 공식적 정책의 문제로서 건물에 성중립 화장실을 추가해야 한다고 독려 혹은 요구하는 노력을 지속해왔다.

그러나 모든 젠더를 포용하는 화장실이라는 새로운 문제를 다루기 전에, 우선 이 책의 또 다른 출발점인 역사를 돌아보며 성별분리라는 오늘날 지배적 패러다임의 기원을 추적하고자 한다. 이유는 두 가지이다. 첫째, 오늘날 여러 조직에서 성중립 화장실의 의미가 점점 더 중첩되고 있는 현상을 이해하기 위해, 먼저 우리는 새로운 패러다임이 극복하려는 과거가 정확히 무엇인지 이해해야 한다. 둘째, 성별이 정해진 화장실이 이토록 철저히 제도화된 역사와 더불어 최근에 다시 성별 구분을 없애려는 대안이 제도화되는 현상을 모두 분석함으로써, 역사적 접근과 당대적 접근 중 하나로 얻을 수 있는 것보다 훨씬 더 다양한 화장실 관련 증거를 제시한다. 그리고 그 다양한 증거들을 통해 화장실 설계 및 건축에 대한 조직적 담론이 젠더라는 사회조직에 지속적인 결과를 생산하면서 어디에, 언제, 어떻게, 왜 연결되는가에 대해 보다 폭넓은 결론을 도출하고자 한다.

이를 위해 《화장실 전쟁》의 역사 부분은 출판된 학술 자료, 건축 설계 관련 보관 문서, 연방법원의 의견서를 수집하여 미국 공중화장실에서 성별이 분리되어온 제도적 역사를 추적한다. 앞으로 살펴보겠지만, 문화, 과학, 기술이 대대적으로 발전하면서 19세기 중반부터 20세기 초입 사이에 실내 화장실이 생겨났고, 얼마 지나지 않아 도시민들을 위한 최초의 공중 휴게실이 설치되었다. 그러나 가정 외 공간에서 이러한 기술공학적 혁신이 가장 폭넓게 도입된 곳은 도시의 거리가 아니다. 그것은 오히려 미국 대도시 중상류층을 위한 여가 시설에 적용되었으며, 이 시설들은 그 자체로 19세기 사회에 만연한 성별분리를 고스란히 반영하게 되었다. 점차 다른 상업 시설 및 시민 공간에서까지 공중화장실을 사용할 수 있게 되면서 남성용과 여성용으로 나뉘었던 화장실의 지배적 모델이 그대로 이어졌고, 정작 성별화된 신체에 대한 뿌리 깊은 문화적 믿음은 초기에 화장실이 성별에 따라 분리된 형태로 발전하는 데에 그저 간접적 영향을 미칠 뿐이었다.

그러나 설령 간접적이었다 해도, 젠더 정치가 미국 전역의 화장실 설계, 건축, 규제에 유력한 영향을 미치지 못한 것은 아니다. 19세기 말부터 20세기 중반까지, 여성의 신체에 대한 새로운 과학적 주장과 성적 적절성에 대한 확고한 도덕적 신념에 따라 선출직 공무원들은 직장, 교육 공간, 시민 공간에서 남자 화장실과 여자 화장실의 분리를 의무화하는 최초의 법률을 입법하게 되었다. 그 후 20세기 초에 활발히 이루어진 공중화장실 개선 작업에 정당성을 부여하기 위해, 공중 보건 및 건축 전문가들은 과학적 권위와 사회 진보에 호소하면서 성별이 명확히 분리된 공중화장실을 당연한 것으로 만들었다. 20세기 후반에 이르러 법원은 이러한 이데올로기적 침투에 체화된 성차나 이성애, 사생활 보호 등의 문화적 가정을 덧붙이면서, 이를 바탕으로 화장실은 남성용과 여성용으로 분리되어야 하며 또한 동등해야 한다고 의무화했다. 잇따른 일련의 상호 연관된 제도화 과정을 통해, 젠더, 섹슈얼리티 및 사회적 지위에 관한 문화적 이데올로기의 특정한 조합이 건축 규정과 설계 기준, 서로 연동되어 있는 지방법, 주법, 연방법의 층위에 스며들었다. 그리고 가장 견고한 형태로는 건물의 물리적 구조에 반영되었다.

이 책의 현대 부분에서는 폭넓은 영역의 지방자치단체, 문화 조직, 교육 조직에 속해 있는 응답자와의 심층 인터뷰를 활용하여, 최근 성중립 화장실이 대중적으로 확산되는 데에 그러한 역사가 미친 영향을 탐구한다. 앞으로 살펴보겠지만, 그러한 조직들이 당면한 '화장실 전쟁'은 사실 이 서문의 초입에 인용한 기사들을 포함하여 지난 10년이 넘는 시간 동안 대중 매체에 등장했던 것처럼 전통적 가치와 진보적 가치가 대립하여 논쟁을 벌이는 문화 전쟁과는 성격이 사뭇 달랐다. 오히려 내가 인터뷰했던 의사 결정권자들은 성소수자, 모든 성별의 아동 및 노인이 있는 가정 그리고 장애인을 지원하기 위해 성중립 화장실 공간을 제공하는 것은 바람직하며 심지어 당연하다는 데에 대부분 동의하는 편이었다. 문제는 이데올로기가 아니라 관성, 즉 과거로부터 성별이 분리된 형태로 조직에 전해 내려온 건축적, 법적 인프라의 완고함이다. 따라서 최소 하나의 성중립 화장실을 포함하는 화장실 구성이 이상적이라고 생각한다 해도, 제도적, 물질적 방해물의 복잡한 그물망에 가로막혀 응답자가 현재 화장실에 적용되어 있는 절대적 성별분리를 신속하고 포괄적으로 극복하지 못하는 경우가 많다.

이 미로를 탐색하면서 응답자들은 화장실에 변화를 일으키기 위해서는 다른 무엇보다도 한 가지 자원이 핵심이라는 점을 발견했다. 그것은 바로 대화의 힘이었다. 지방의 공공 도서관에서 일하든, 전국적으로 유명한 박물관이나 주를 대표하는 주립대학에서 일하든, 그들은 성별분리 화장실의 감소(혹은 제거)를 형평성, 다양성, 포용성 등 중요한 조직적 목표에 연결하면 지역 화장실 개조에 대한 지지를 모을 수 있고, 나아가 젠더 포용적 화장실의 장점을 더욱 널리 알릴 수 있음을 알아차렸다. 그러나 응답자들은 아무리 사소한 인프라 업데이트라도 그것을 진보를 향한 조직적 헌신의 증거라는 틀에 넣기 위해 노력했기 때문에, 그러한 변화가 대중에게 유익하다고 설명하는 데 그치지 않았다. 그들은 성중립 화장실에 사회적 평판을 높여주는 가치가 있다는 의미를 부여했다. 이 특정한 조직이 진취적 사고, 도덕적 건전성, 그리고 무엇보다 21세기 제도적 혁신의 최전선에 설 수 있을 만큼 높은 지위를 충분히 갖추고 있다는 신호를 상류층과 중상류층 이용자들에게 보낼 수 있다는 것이다. 결과적으로, 보다 유용한 공적 공간을 만들어 성소수자, 장애인, 포스트모던한 가족 등이 겪는 모종의 범주적 불평등을 개선하려던 의도에도 불구하고 오늘날의 성중립 화장실은 놀랍게도 문화적 권력과 특권의 여러 체계를 강화하는 수단이 되었다.

그리하여 《화장실 전쟁》은 기록으로 남아 있는 200년 가까운 미국 공중화장실의 역사를 살펴보면서 조직들이 자기 건물에 화장실을 구성할 때 오직 성차에 대한 믿음만이 가장 중요한 결정 요인이 되었던 적은 거의 없음을 밝혀낸다. 내가 연구한 조직은 젠더 이데올로기를 여러 방식, 형태, 형식으로 협상해왔지만, 그렇게 하면서 다른 여러 형식의 문화적 구분들도 더불어 횡단해왔다. 여기에는 건축 설계 및 인프라에 구축된 물리적 경계와 성별 및 섹슈얼리티와 관련된 도덕적 경계, 그리고 무엇보다 계급과 지위에 관련된 사회적 관계가 모두 포함된다. 실제로, 내가 연구한 조직 및 개인 들이 관료적 효율성을 최적화하고 진화하는 공동체 가치에 응답하며 가능한 더 많은 사용자들에게 접근성을 보장하기 위해 노력해왔고 위생 시설과 관련하여 일견 무해해 보이는 선택을 했다 하더라도, 이를 통해 공중화장실은 보이는 것처럼 하찮거나 사소한 것이 아니게 되었으며, 오히려 기존의 사회적 위계를 끊임없이 강화해왔다.

이러한 핵심 주장에 대한 지적 근거에 관심이 있는 독자들은 서문의 다음 두 절을 읽어보기 바란다. 거기서는 젠더사회학과 조직사회학의 보다 넓은 일군의 이론적 프레임 속에 이 연구를 배치하고 있다. 곧바로 화장실 성별분리의 역사나 최근 성중립적 대안의 부상에 대해 알아보고 싶은 독자들은 이 서문의 마지막 절인 “약속과 계획”으로 넘어가면 다음 장을 읽는 법에 대한 안내를 확인할 수 있다.

포스트-젠더 사회?

여러 측면에서 21세기 초는 이와 같이 젠더에 초점을 맞춘 사회학 연구를 하기엔 당혹스러운 시기로 보일 수 있다. 무엇보다 대중적 분석과 사회과학적 연구가 모두 미국이 빠르게 ‘포스트-젠더’ 사회로 진화하고 있으며, 그것도 화장실이라는 근사한 세계를 훨씬 뛰어넘는 방식으로 바뀌어간다고 주장한다. 20세기를 거치며 미국에서는 기록적 숫자의 여성이 유급 정규직 노동력에 합류했으며, 유급 노동에 대한 여성의 임금도 남성의 임금에 비해 빠른 속도로 증가했다. 더불어 여성은 읽기 능력에서부터 고등학교 교육 내용의 성취도, 학사 및 석사 학위 취득자 수에 이르기까지 교육적 성취에 관한 다양한 기록에서 남성을 능가하게 되었다.[22] 이러한 극적 변화와 더불어 다양한 학문적, 제도적, 물리적 영역에서의 성별분리도 마찬가지로 퇴색되었다. 예를 들어 대학에서 남녀공학은 고등교육의 지배적 모델이 되었고, 유급 노동 영역에서도 모든 수준의 고용에서 점차 성별이 통합되고 있다.[23] 이런 경향은 21세기 초반에도 계속되었다. 국방부는 전투직에 여성을 통합하기 시작했고, 2010년 중반에는 군대의 모든 직위에서 성별 제한을 폐지했다. 그리고 현재, 미국 국제개발처United States Agency for International Development와 같은 정부 기관은 전 세계에서 진행하는 그들의 원조 사업에 제도화된 성별분리가 언제, 어떻게 영향을 미치는지 파악하기 위해 전략적 계획에 ‘젠더 분석’을 통합했다.[24]

그러나 젠더사회학자들은 보다 평등한 미래를 향한 진보 속에서도 젠더 불평등은 여전히 탄력성을 가지고 있음을 강조하는 경향이 있다. 노동계에서 여성들은 여전히 직종 및 직위 전반에 걸쳐 불평등하게 분포되어 있다. 여성 노동자들은 아이나 다른 가족을 돌보기 위해 일을 쉬어야 할 때 남성 노동자보다 가혹한 불이익을 당한다. 그리고 전형적으로 여성 노동자가 대부분인 교육, 상담, 의료 서비스, 아동 관리, 그 외 다른 형식의 감정노동 등의 '돌봄 노동'은 직업 관련 교육 수준 및 고용 방식을 모두 고려하더라도 다른 분야의 노동에 비해 임금이 적다.[25] 교육에서도 남성은 여전히 과학, 기술, 공학, 수학 분야를 지배하고 있다. 사실 여성들도 위 분야에서 실질적인 진출을 이루어냈지만, 컴퓨터 과학이나 물리학처럼 수익성이 높거나 고도의 수학 능력을 요한다고 인식되는 분야보다는 생물학이나 화학 영역이 주를 이루었다.[26] 또 이러한 일반적 추세뿐 아니라 다양한 상황에서 여성과 남성의 물리적 분리는 지속되며, 2015년 12월 대통령 후보인 힐러리 클린턴이 여자 화장실에 '들렀다 오는' 데 시간이 더 필요했던 나머지 민주당 TV 토론의 쉬는 시간이 끝나기 전에 무대로 돌아올 수 없었던 어색한 순간처럼 새로운 성차별을 생산하곤 한다.[27]

사회학 이론은 이런 부동성immobility의 원인을 주로 젠더 이데올로기 즉 남성 혹은 여성이라는 것이 어떤 의미이며, 남성과 여성의 차이는 어디서 오는가, 그리고 그 차이로 인해 만들어지는 결과는 무엇인가 혹은 무엇이어야 하는가에 대해 도덕적으로 형성된 신념에서 찾는다. 사실 1960년대 후반부터 1970년대 전반까지 페미니즘 사회과학이 통합되어 하나의 고유한 학문 분야가 된 이래, 이 분야의 중심 과제 중 하나는 젠더를 근본적으로 문화적인 힘으로 개념화하는 것이었다. 신체화된 생물학적 차이의 단순한 결과가 바로 성차라는 당시 전통적 관념에 저항하면서, 인류학자 게일 루빈과 같은 학자들은 '섹스'와 '젠더'를 분석적으로 분리하여 전자를 "생물학적이고 날것인 물질"로 정의하고, 후자는 명백히 문화적인 "일군의 구성물"이며 이것에 의해 신체적 토대조차 "인간적, 사회적 개입에 의해 형성된다"고 정의해야 한다고 주장했다.[28] 초기 젠더사회학에서 그 패러다임의 전환은 남성과 여성에게 서로 다른 사회적 역할이 할당되는 현상에 대한 연구로 나타났다. 그런 사고에 따르면 역할은 우리가 어떻게 행동해야 하며 무엇에 가치를 두고 어떤 사람이 되고자 노력해야 하는지 그리고 자신의 가장 내밀한 사고와 감정을 어떻게 경험해야 하는지에 대한 기대를 수반한다.[29] 따라서 그러한 통찰은 학교, 노동시장, 가정에서 남성과 여성이 가지는 서로 다른 경험 및 서로 다른 사회적 지위를 생물학적으로 결정된 것이 아니라 문화적으로 구성된 차이로 인식하는 데 매우 중요한 지적 기반을 마련한다.

그 후 몇 년 동안, 젠더 질서의 문화적 토대는 사회학자들이 젠더를 캔디스 웨스트와 돈 치머만의 말을 빌리자면 전적으로 "모종의 사회적 행위의 산물"[30]로 이론화하기 시작하면서 더욱 강렬한 스포트라이트를 받았다. 1980년대와 1990년대의 젠더 연구자들은 젠더를 순진한 개인에게 억지로 떠넘기는 일군의 강제적 역할로 설명하기보다는 행위적이며 상호적으로 성취되는 과정으로 이해하는 방식으로 나아갔다.[31] 웨스트와 치머만의 말을 다시 빌리자면, 젠더는 우리가 [어떤 성별로 — 옮긴이] "존재하는 것"이 아니라 [어떤 성별과 관련된 행위를 — 옮긴이] "하는 것"이 되었다. 한편으로 그 접근 방식은 젠더사회학에 엄청난 혁명을 일으켰다. 이는 젠더화된 행동에 새로운 이해를 도입하여, 그것을 국지적 맥락에 연결되어 있고, 사회적 행위자 개인의 능동적 참여에 따라 달라지며, 언제나 변화할 수 있는 것으로 보았다. 그러나 다른 한편으로, 젠더가 아무리 유동적이고 유연한 특성을 가졌다 해도, 무한히 개방적이 되는 것은 아니다. 사회학자들이 젠더화된 기대에서 벗어나는 것의 상호작용적 위험, 젠더화된 삶에 인종 및 계급이 미치는 교차적 영향, 모든 곳에서 여성성보다 남성성을 우선하는 문화적 가치 중 무엇을 강조하든, 그들은 모두 젠더화된 행동과 상호작용이 기본적 상태로서 존재하는 성차별을 강화하는 경향이 있음을 발견했다. 게다가 이것은 노골적인 차별이 생산하는 것보다 훨씬 미묘한 (따라서 훨씬 음흉한) 차별이었다.[32] 따라서 진정으로 젠더를 이해하기 위해서는 젠더의 일상적 측면과 구조적 특성 모두에 고루 주의를 기울여야 한다.

그리하여 21세기에 접어들 때쯤 사회학자들은 젠더가 다층적인 문화 현상이라는 견해를 확고히 확립하고 있었다. 그런 뒤 그들은 젠더 이데올로기가 언제, 어떻게 사람들에게 작용하는지, 그리고 반대로, 사람들이 지지했던 그 이데올로기와 제도를 어떻게 하면 바꿀 수 있을지 모색하는 방향으로 나아갔다. 퍼트리샤 얜시 마틴과 바버라 리스먼을 포함하여 21세기 초를 선도한 페미니스트 이론가들에게 이는 사회과학자들이 사회과학적 분석의 다중적 층위에서 발생하는 상호작용에 더욱 온전히 관심을 기울여야 한다고 강력히 권고하는 것을 의미했다. 마틴은 "그것의 복잡성과 다면성을 주장하기" 위해 젠더의 "이데올로기적이고 실천적이며 구속적이고 갈등적이며 권력적인 특징"에 대해 썼고, 리스먼은 젠더는 "그저 우리의 개인적 성격이나 문화적 규칙, 혹은 제도에 존재하는 것이 아니라 그 모든 곳에 매우 얽히고설킨 방식으로, 계층 구분의 기반으로서 깊이 내재되어" 있음을 상기시켰다.[33] 이러한 요구는 최근에 "중범위middle-range" 경험적 연구 과제의 부흥을 가져오기에 이르렀다.[34] 이 연구는 지리적으로 특정한 지역이나 기관이라는 배경 속에서 나타나는 젠더화된 실천의 고유한 뉘앙스를 포착하는 동시에, 그러한 공간적, 구조적 차이를 넘나들며 젠더가 작동하는 방식에 대한 일반화된 설명을 제공하고자 한다.[35] 그리하여 이 모든 과정을 거치며 이어진 50년간의 지적 발전을 통해 젠더를 결코 고정되지 않으며 때때로 모순적이고 언제나 진화하는 것으로 이해하게 되기에 이르렀다.

그러나 그렇게 분석틀이 복잡하고 다면적으로 변화해왔음에도, 젠더에 대한 사회학적 연구가 중간 단계의 분석 층위, 즉 조직의 층위를 설명할 때는 그저 단순한 분석틀에 머무르곤 했다. 젠더를 '제도' 혹은 '구조'의 틀로 설명하는 이론가들은 종종 미디어 메시지, 법적 규제, 조직적 정책 등 다양한 사회적 힘을 하나의 균일한 묶음으로 뭉뚱그리곤 한다. 현실적으로는 이러한 힘들 자체가 상호 영향을 주고받으며 때로는 여러 측면에서 서로에게 의지하고 있음에도 불구하고 말이다.[36] 마찬가지로, 중범위 경험적 연구가 직장 및 가족 구조는 무한히 강압적인 영향을 미친다는 역할 이론의 가설로부터 이제 상당히 멀리 떨어져 있음에도 불구하고, 오늘날의 젠더 연구자들은 젠더화된 조직을 젠더화된 개인의 다채로운 스펙트럼과 그 안에서 펼쳐지는 젠더의 상호작용에 비해 훨씬 생동감이 적은 것으로 취급할 때가 많다.[37] 물론, 사회과학이 본질적으로 그렇듯, 효과적으로 이론을 구성하기 위해서는 일반적으로 적용 가능한 추상성에 도달할 수 있도록 세세한 뉘앙스는 생략할 수밖에 없다.[38] 그리고 현장의 젠더적 실천에 경험적 우선순위를 부여하는 것은 분명 장점이 많은 분석적 선택이다. 일상적인 사회적 행동을 세심하고 깊이 있게 설명하면, 그를 통해, 그리고 그 자체로, 젠더가 실로 얼마나 다양하며 역동적인지를 드러낼 수 있기 때문이다.[39] 그러나 그러한 실천 속에서 공식적 조직이 어떻게 운영되는지를 충분히 분석하지 않는 한, 젠더사회학 이론은 젠더 이데올로기가 젠더 질서를 언제 어떻게 강화하며, 때로는 어떻게 변형하는지 온전히 설명할 수 없다.

젠더화된 조직을 관계 이론으로 접근하기

물론, 조직이 중요하다는 단순한 관찰은 젠더사회학에 새로이 기여하는 바가 없다. 사실 조직은 서로 얽혀 있는 사회과학적 젠더 연구의 영역에서 40년 넘게 되풀이되어온 모티프였으며, 특히 젠더화된 업무 조직을 이해하고자 하는 학자들에게 중요한 대상이었다. 1977년에 로자베스 모스 캔터가 저서 《기업 안의 남성과 여성》에서 선구적으로 밝혀냈듯, 사회학자들은 조직의 구조 자체가 어떻게 특정 형식의 젠더화된 행동을 만들어낼 수 있는지 연구했다. 직장에서 남성과 여성의 행동 양식을 결정하는 데 있어 관료적 정책과 절차의 영향력은 심리적 특성이나 사회화된 학습을 대체할 수 있을 정도였다.[40] 이 기본적 원리는 1990년에 조앤 애커의 선도적인 논문 〈계층, 직업, 신체: 젠더화된 조직에 대한 이론〉과 더불어 한층 더 심오한 지적 돌풍을 일으켰다. 조직 자체는 성중립적인 개체라는 관념에 도전하면서, 애커는 현대 관료주의에는 젠더화된 가정이 넓게 퍼져 있다고 주장했다.[41] 예컨대 노동자들은 가정에 관심을 기울이라는 요구를 받지 않는다, 그들은 틀림없이 이성적이고 계산적으로 사고한다, 그들은 조직을 다른 무엇보다 중요하게 생각한다는 등의 암묵적 기대가 관료주의에 스며들어 있는 것이다. 비록 '젠더화' 과정의 구체적 사항이 제도적 영역 및 지리적 경계에 따라 다르다 해도, 이때부터는 풍부한 사회학적 증거를 통해 일상적인 조직의 기능에 관례화되어 있는, 그래서 종종 주목받지 못하거나 아예 보이지 않는 측면에서 벌어지는 젠더 구분의 연속적인 중첩을 밝혀내게 되었다.[42]

오늘날 젠더화된 조직에 대한 연구는 캔터와 애커의 기초 작업을 새롭고 눈부신 방향으로 꾸준히 확장해가고 있다. 어떤 사회학자들은 젠더화된 조직에 교차적 접근 방식을 취하여 조직적 정책과 절차가 상정하는 '이상적 노동자'는 남성일 뿐 아니라 백인, 중상류층, 이성애자임을 발견하기도 했다.[43] 또 다른 학자들은 의미 있는 제도적 변화를 만들어내기 위해 필요한 조건을 찾으며, 가령 단지 여성이 관리 간부직에 존재하는 것만으로 조직 전체의 젠더에 관련된 불평등을 개선하는 데 얼마나 도움이 되는지를 강조한다.[44] 또 다른 학자들은 사회학에서 가장 일반적으로 연구되는 공식적 조직의 유형인 직장에서 벗어나 노동시장을 넘어선 영역에까지 젠더와 관료제 구조가 결합하여 젠더화된 정체성 및 관행을 만들어내는 과정을 연구했다.[45] 그러나 노동, 의료, 법률 혹은 다른 어떤 사회적 영역에 대해서든, 그러한 연구는 거의 항상 조직 내에서 젠더 질서를 만들어내는 (그리고 재창조하는) 정책 및 관행에 분석의 스포트라이트를 비추었다. 따라서 젠더화된 조직을 사회학적 관점으로 분석할 때, 그러한 관료적 개체는 물론 그들이 속해 있는 보다 광범위한 제도적 영역을 가로질러 작동하는 무수한 문화적, 사회적 힘이 다뤄지는 경우는 상당히 드물었다.

대조적으로, 영역 밖에서 연구하는 조직 이론가들에게 조직은 고립된 섬이 아니다. 20세기 초, 막스 베버가 조직을 독립적으로 자신의 효율성을 최적화하기 위해 노력하는 합리적 기업으로 이론화하며 관료제 분석의 정전을 정립했지만[46] 그 이후 다방면의 사회학적 발전을 통해 조직은 근본적으로 상호의존성을 가지고 있음이 밝혀졌다.[47] 그러한 발전 중 하나인 조직 생태학은 조직이 공유 생태계 내의 유기체 개체군과 거의 같은 방식으로 서로 영향을 미친다고 주장한다. 조직의 형태 및 행동에서 다양한 변이가 나타나고(우연이든 의도적이든), 그 서로 다른 조직적 전략들 사이에 투쟁이 이어지며, 그 중 어떤 전략은 살아남고 나머지는 소멸한다.[48] 또 하나의 주요 이론인 신제도이론은 조직의 행동이 희소한 자원을 둘러싼 갈등보다는 더 넓은 조직의 환경 내에서 공유된 의미를 구축하는 데 있다고 생각한다. 한층 문화적인 분석틀을 활용하는 학자들에게, 공유된 의미란 공통의 법적 갈등이나 공통의 전문 인력은 물론 어떻게 행동하는 것이 최선인가에 대한 공통의 불확실성으로부터도 나타날 수 있다. 이 모든 것들은 유사한 성격의 조직들이 매우 동질적인 방식으로 행동하고 구조화되도록 유도한다.[49] 그러나 조직 이론가들이 경쟁을 강조하든 문화를 강조하든, 그들은 사회학에서 관료제를 연구할 때 관계적 접근을 지적 유산으로 남겼다. 즉 어떤 하나의 조직이 생존하고 성공할 수 있는 능력은 다른 유사한 조직들 내에서 추구하는 행동, 정책 및 절차에 대한 반응성에 달려 있다는 이해이다.

이 관계에 대한 강조는 이 장에서 첫 번째로 제기한 경계 설정 과정에 대한 논의와 완전히 연결된다. 이유는 무엇일까? 어떤 조직이 다른 유사한 조직과 보조를 맞추어 행동하려면 먼저 그중 어떤 조직이 관심을 기울일 가치가 있을 만큼 유사한지 결정해야 하기 때문이다.[50] 그리고 이러한 범주화 과정은 중대한 결과를 가져온다. 긍정적 측면으로 한 조직이 속한 범주는 그것이 외부에서 부과된 것이든 내적으로 구축된 것이든, 조직 정체성의 중요한 부분을 구성한다.[51] 또한 그 정체성은 특정 조직이 새로운 정책이나 관행을 받아들일지, 언제 어떻게 받아들일지 여부에 영향을 미친다.[52] 부정적 측면으로는, 범주적 기대치를 위반하는 행동을 하는 조직은 빠르게 위험에 처할 수 있다. 예를 들어 19세기 미국의 제조업 분류 체계가 점점 엄격해짐에 따라, 여러 산업 범주로 확장해가는 기업은 실제 성과와 상관없이 단일 범주를 다루는 기업에 비해 낮은 신용등급을 받았다.[53] 이러한 분류 결과는 어떤 조직이 생산한 상품이나 채택한 정책에도 영향을 미친다. 가령 복수 장르에 걸친 영화는 비평가와 관객 모두에게 호소력이 떨어지지만, 범주 내에서 명망이 높은 조직이 그렇게 모호한 작품을 승인하면, 바람직하지 않은 금기마저 금세 칭송받는 중심 요소가 될 수 있다.[54] 요약하면, 우리 각자가 비슷한 사람, 사물, 공간을 공유된 사회적 범주로 묶도록 유도하는 바로 그 인지 충동이, 동시에 그 범주를 비슷한 조직을 묶는 근거일 뿐 아니라 조직 행동을 평가하는 강력한 렌즈로 사용하도록 유도하기도 한다.

그러나 젠더사회학자들이 지난 20여 년 동안 그것을 주장하는 데에서 벗어나 언제, 어떻게를 묻는 것으로 옮겨 갔듯이, 조직사회학자들도 마찬가지였다. 결국 팀 헬릿과 마크 벤트레스카가 썼듯, "제도는 그저 의미를 담은 불활성의 용기가 아니다. 오히려 제도는 사람과 그들의 행동에 의해 '거주'된다."[55] 따라서 조직 내의 "사람들"이 어떻게 공유된 의미를 생산하고 일련의 행동을 거치면서 협력하고 충돌하며, 보다 넓은 문화적 환경의 끝없이 변화하는 요구에 반응하는지를 분석함으로써, 사회학자들은 경계를 정하는 작업이 어떻게 그들의 관료적 "행동doings"의 모든 부분을 형성하는지 밝혀냈다. 여기에는 개별 노동자들이 느끼는 감정과 체현, 일상적 행정 업무 과정에서 오가는 대화 및 수사, 외부에서 기업에 가하는 평가 및 평판의 압박 등이 모두 포함된다.[56] 이렇게 제도적 질서로부터 인간적 기반으로의 전환은 많은 측면에서 페미니스트 사회학의 정전적 통찰과 공명한다. 조직이 "거주된다"는 개념은 제도 분석에 대한 도로시 스미스의 고전적 연구를 상기시킨다. 스미스는 "사람들과 대화하는 것"은 사회학자들이 특정한 환경 및 맥락 속에서 "일이 어떻게 진행되는지"를 밝혀낼 수 있는 중요한 통로라고 주장한다.[57] 게다가 수십 년 동안 젠더사회학자들은 "젠더 질서"(역사의 특정 순간 속 특정 사회의 젠더 관계의 구조를 가리키는 R. W. 코넬의 용어)는 정치구조, 노동의 성별분업을 비롯한 다른 거시사회학 구조는 물론, 계층화와 범주화의 문화적 과정을 포함한 평범한 인간의 일상 활동을 통해서도 유지된다는 매우 타당한 주장을 펼쳐왔다.[58]

그러나 이러한 기존 패러다임은 젠더의 사회구조의 복잡성을 다룰 때 민감성을 발휘하는 만큼 조직 내 및 조직 간 역학의 복잡성을 세심하게 이론화하는 경우는 거의 없다는 문제가 있다. 공정하게 말하자면 양쪽 다 문제가 있기는 마찬가지이다. 관계적 접근으로 조직을 연구하는 사회학자들이 관료적 행동에 따른 조직의 역동성에 비추어 젠더의 복잡한 성격을 개념화하는 경우도 거의 없다. 그러나 양쪽 모두에 충실한 절차적 접근 방식을 취하면서 사회학자들이 최선의 젠더 이론과 최선의 조직 이론을 결합하지 않는 한, 우리는 사회적 삶에서 가장 중요한 현실 중 하나를 온전히 설명할 수 없다. 젠더처럼 체화된 문화적 구분과 공식적 조직처럼 중간 수준의 사회적 집단화는 끊임없이 서로를 공동-구성한다.

약속과 계획

따라서 《화장실 전쟁》은 미국의 젠더와 공중화장실에 대한 역사적이고 현대적인 담론을 분석한다. 이 분석은 그 자체가 결론이자 목적일 뿐 아니라, 젠더에 대한 사회학 이론과 조직에 대한 사회학 이론 간의 새롭고 보다 의미 있는 대화를 구축하기 위한 통로이기도 하다. 앞으로 이어질 여섯 장에서 보여주겠지만, 공식 조직의 의사 결정자들이 화장실을 만들고 특히 젠더 이데올로기를 형성하는 작업을 할 때에는 지역적이고 독특한 여러 사회 세력을 의지하고 씨름하고 강화하고 변형한다. 그러나 그 다양한 요소들 사이로는 조직 간 역학, 특히 감정, 대화, 평판과 관련된 역학의 흐름이 꾸준히 관통하고 있다. 특히 나의 분석은 부유한 조직(그리고 그 조직과 관련된 부유한 개인들)이 자신들을 다른 사회집단보다 도덕적으로 우월하다고 구분 짓기 위해 지속적으로 기울인 노력이 근 200년의 역사 동안 미국의 공중화장실의 젠더화에 지대한 영향을 미쳤다는 점을 밝힌다. 그 영향은 너무나 뚜렷해서, 공중화장실과 그것이 표상하는 젠더 이데올로기는 문화 상류층과 그들이 거주하는 조직에서 놀라울 정도로 강력한 도덕적 화폐의 형태로 기능해왔다. 다시 말해 젠더 질서를 재검토하려는 가장 선의의, 진보적인 노력이라 할지라도, 직관과는 반대로 그것이 어떤 개인과 조직에게는 자신들이 특권적 사회계층에 소속되어 있음을 지속적으로 주장하고 정당화하는 근거가 되었다.

내가 검토한 문헌 및 인터뷰 데이터에 반복적으로 등장하는 주제를 이해하기 위해, 《화장실 전쟁》은 사회학자들에게 새로운 젠더 이론을 제공한다. 이는 이데올로기, 제도, 불평등의 세 방향이 서로 교차하며 젠더 질서에 미치는 영향을 전면에 내세우는 이론이다. 기존 학자들이 가르쳐주었듯, 젠더는 지속적 협상의 대상인 문화적 현상이며, 화장실 시설을 계획하고 업데이트하는 것과 같은 일상적 작업을 통해 활발하게 형성되고 재형성된다. 그러나 젠더는 결코 단독으로 작용하지 않는다. 오히려 젠더의 유연성은 그 외의 폭넓은 문화적 압박, 제도적 관계, 물질적 구조, 그중에서도 특히 조직적 정책, 과정 및 활동에 직접적으로 영향을 미치는 것들에 의해 근본적으로 제약되고 활성화된다. 따라서 그 안에서 활동하는 조직과 개인은 공중화장실을 설계하고 건축하고 상상할 때 젠더 자체가 무엇인지, 그리고 무엇이어야 하는지도 함께 설계하고 건축하며 상상한다.

젠더를 상호작용적 '성취'라고 본 웨스트와 치머만의 고전적 공식화와 최근 젠더의 '제도적' 특성을 강조해온 여러 페미니즘 이론가를 차용하여, 나는 이 관계적 과정을 젠더의 제도적 성취라고 지칭하고자 한다. 이는 다음과 같은 활동을 통해 이루어진다. 첫째, 개별 사회 행위자가 시급한 조직적 문제를 해결하기 위해 적극적으로 노력하면서 수행하는 역동적 사회적 행위를 통해, 둘째 그러한 문제를 창의적이고 효과적으로 점검하기 위해 기존의 젠더 이데올로기에 의지하거나 새로운 이데올로기를 만들어냄으로써, 셋째, 그러한 점검의 일환으로 해당 지역의 제도 영역에서 지배적으로 작동하고 있는 지위 위계에 대응하고 그것을 재생산함으로써, 넷째, 그 모든 문화적, 상호작용적 작업의 결과를 조직 절차, 규제적 구조 및 물리적 공간(화장실은 물론 그 외에도 여러 공간)으로 구체화함으로써, 마지막으로 새롭고 긴급한 조직적 문제가 대두됨에 따라 다시금 그렇게 구체화된 선택의 역사와 씨름함으로써, 젠더가 제도적 성취의 성격을 가지게 되는 것이다.

이 책의 나머지 부분에서는 각 장마다 이 새로운 이론적 틀의 다양한 하위 구성 요소와 더불어 내가 화장실 연구에서 발견한 바를 차근차근 구체화해나가며 핵심 주제를 전달하고자 한다. 1장에서는 이 서문에 제시된 지적 토대를 확장한다. 2장과 3장에서는 역사적 증거를 활용하여 성별분리 공중화장실이 미국에서 어떻게 제도화되었는지 설명한다. 4장, 5장, 6장에서는 인터뷰 데이터를 활용하여 성중립 화장실을 통해 이러한 현 상태에 도전하거나 개선하고자 하는 현재의 노력을 탐구한다. 결론에서는 서문에서 제시한 질문 및 주제에 대해 이론적, 학문적 독자들과 실용적 관심을 지닌 보다 넓은 범위의 독자들 모두에게 최종적 응답을 제공할 것이다. 또한 나의 연구 설계 및 분석적 선택의 기저에 놓인 인식론적이고 실천적인 고려사항에 관심 있는 독자를 위해 부록 "데이터와 방법론"을 수록한다.

구체적으로, 1장은 지난 두 세기 동안 미국에서 진행된 '변기 정치potty politics'의 압축적이고 종합적인 개요를 제시함으로써 이후 다섯 개의 경험적 장의 배경과 맥락을 설정한다. 여기서는 출판된 역사학, 사회학 문헌 및 젠더 연구 문헌을 바탕으로 공공 목욕탕과 최초의 가정용 실내 수세식 화장실 등 공중화장실의 다양한 전신에서부터 남녀 공중화장실 시설의 동등성을 보장하기 위해 고안된 '변소 평등potty parity'법을 채택한 20세기 후반에 이르기까지, 공중화장실이 진화하는 과정을 짚어본다. 미국 화장실 건축과 화장실 관련 공공 정책에 대한 개관은 이 장에서 공중화장실에 대한 기존의 사회과학 문헌을 간단히 검토하며 제시한 분석틀을 기반으로 한다. 하지만 이 책에서 특정 유형의 공식적 조직과 그 안에 있는 특정 유형의 화장실 공간에 지속적으로 초점을 맞추는 방식의 근거를 마련하기 위해 그 이론을 종합하여 사용하기도 한다. 그렇게 함으로써 미국의 일상적 사회조직, 화장실 시설의 기술적 변화, 전문가 연합 및 정치 기관의 작업, 그리고 젠더 및 섹슈얼리티에 관련된 도덕적 가치의 변화 등 이 모두가 어떻게 서로 엮여 화장실 공간을 젠더화하는지 기록하기 시작한다. 더욱이, 그러한 사회적 현실과 상징적 이상은 말 그대로 공중화장실의 물리적, 법적 구조로서 구축되어 있기 때문에, 이 장은 또한 다음 장에서 분석하는 조직 차원의 담론 및 의사 결정 과정에 꼭 필요한 배경을 제공하기도 한다.

2장부터 6장까지는 1장의 해당 부분에서 미리 살펴본 내용을 상세하게 다룬 뒤, 서로 다른 다섯 가지의 제도적 맥락에서 이루어지는 화장실 의사 결정에 얽힌 뒷이야기를 들여다본다. 특정 유형의 조직이나 화장실 관련 논점 및 이론적 강조점에 관심이 있거나 비선형적 독서 경험을 추구하는 독자들을 위해, 나는 데이터 중심의 장을 모두 완결성 있는 독립된 형태로 구성했다. 각 장은 그 장에서 다루는 역사적 시대의 화장실에 대한 대중적 담론을 보여주는 짧은 기사를 인용하며 시작된다. 이러한 서두는 그 장의 목표 및 주장을 간략히 살펴보는 것으로 이어진다. 다음으로, 모든 장에서 나의 경험적 발견과 젠더사회학, 문화사회학 그리고/또는 조직사회학의 기존 개념 사이를 반복적으로 오가며 문헌 및 인터뷰 데이터를 면밀하게 분석하는 내용이 이어진다. 이 대화적 접근을 통해 나는 각 장에서 내 나름의 새로운 사회학 개념을 효과적으로 구축할 수 있었고, 그 후 각 장의 부분적 결론을 요약하여 도출할 수 있었다. 그러나 이 책은 전반적으로 연대순으로 배열되어 있기에, 결국은 앞에서부터 뒤로 읽어가는 전통적인 방식을 따르는 편이 가장 좋다. 이 총체적 접근은 특히 젠더의 제도적 성취를 이론화하려는 이 책의 핵심 과제에 관심이 있는 독자들에게 도움이 될 것이다. 각 장의 부분적 결론이 내가 제시한 증거 및 분석의 구체적 내용들을 중요한 지적 목표에 연결시키는 역할도 하고 있기 때문이다.

마지막으로 결론에서는 내 분석의 핵심을 구성하는 다양한 경험적 흐름을 한데 모아, 그것이 젠더사회학 이론의 측면에서 어떤 의미를 가지며, 나의 질적 데이터 전체에서 일관되게 나타나는 문화, 조직, 불평등의 복잡한 교차점의 측면, 더 넓게는 화장실, 젠더, 그 외 다른 권력 체계에 사회적 변혁을 일으킬 가능성의 측면에서는 어떤 의미를 갖는지에 대해 논의한다.

1

화장실을 정치화하기

저명한 위생학자가 다음과 같이 말한 바 있다.
"사회학과 위생의 관계는 극도로 밀접하다."
그러나 이 사실은 두 전공의 학생들 모두에게 충분히 인정받지 못하는 듯하다.

매리언 탤벗Marion Talbot, 〈위생과 사회학〉,
《미국 사회학 저널American Journal of Sociology》, 1896년 7월.

1970년 봄, 당시 남자대학교였던 하버드대학과 여자대학교였던 래드클리프 대학은 대담한 실험에 착수했다. 두 대학에서 학생 각 150명이 숙소를 교환하여 한 학기 동안 남녀공학 기숙사에 살면서 주거용 화장실을 공유한 것이다. '교수진의 만장일치 승인'에 따라 두 기관은 당시 미국에 등장하고 있던 혼성 생활 정책에 동참하게 되었으며, 《월스트리트 저널》의 한 기사는 이를 "핫플레이트(취사용 열판 — 옮긴이) 이후 대학 기숙사에 벌어진 가장 큰 사건"이라 묘사했다.[1] 부분적으로 하버드 교수진과 행정관은 다른 기관들의 유사한 압력이 점차 피할 수 없을 정도로 커지는 데 대응하여 공학 기숙사를 승인했다. 남성으로만 구성되어 있던 아이비리그의 다른 학교들도 여성 지원자 집단을 받아들이기 시작하는 경우가 늘어났고, 하버드와 래드클리프도 수년 안에 두 학교를 하나의 남녀공학 대학교로 병합하기 위한 협상을 시작하게 되었다. 따라서 남녀공학 주거의 성패는 "전면적이고 영구적인 합병 계획에 중요한 영향을 미치는"[2] 요인으로 이해되었다.

그러나 하버드 교수진이 혼성 주거 기획을 승인하는 데 합리적 동기를 부여한 것은 공학으로 바뀌는 국가적 추세뿐만이 아니었다. 이 새로운 모험을 통해 남녀 학부생이 연애의 틀에 갇히지 않고도 자연스럽게 어울릴 수 있게 하는 것과 같은 훨씬 더 일상적인 고려 사항도 행정관들의 관심을 불러일으켰다. 하버드 합병 위원회의 책임자 중 하나가 보고한 바와 같이, 새로운 주거 교환 덕분에 "래드클리프 여학생과 휴게실에서 이야기를 나누고 싶거나 찰스강을 따라 산책을 하고 싶은 하버드 남학생"이 당시에 그들이 사용할 수 있는 "유일한 도구"인 데이트 신청을 하지 않고도 그렇게 할 수 있게 되었다. 그리고 무엇보다 "데이트에는 누가 어떻게 행동해야 하는가에 대해 은근하면서도 명백한 기대가 담겨 있"으며, 당연하게도 이 기대는 성별을 넘어 우정을 키우고 싶다는 "본래의 상당히 단순한 기대를 방해한다"[3]고 덧붙였다.

하버드와 래드클리프 학생들도 똑같이 플라토닉한 이유에서 기숙사 공유를 환영했지만, 각 집단이 새롭게 공유하는 공간을 환영하는 구체적인 지점에는 성별에 따라 분명한 차이가 드러났다. 하버드의 남학생들은 여학생들 덕분에 자신들의 기숙사 생활에 여러 가지 측면이 개선되었다는 점에 특히 매료되어, 복도에 "청소와 정리가 향상된 점"과 "언제든 수업 필기를 얻을 수 있는 훌륭한 공급원"을 쉽게 찾을 수 있다는 점을 찬양했다. 한편 래드클리프의 여학생들은 기존의 진부한 성별 고정관념을 재검토하고 자신들을 "유용한 기계"[4]가 아니라 합당한 동료로 보도록 하버드 남학생들을 설득할 기회가 생겼다는 점을 환영했다. 그들에게 남녀공학 기숙사는 학습 및 학문적 성장을 오랫동안 가로막아온 방해물, 즉 래드클리프 기숙사의 물리적 고립을 극복할 수 있는 기회를 의미했다. 그러한 "사회적으로 바람직하지 않은" 환경의 제약에서 벗어나, 이제 여학생들은 "하버드 주거 체계의 지적 이점"[5]

을 활용할 수 있고, 이를 통해 남학생들과의 진정한 교육적 형평성을 얻을 가능성이 열렸다고 생각했다.

이러한 차이가 있었지만, 하버드 남학생과 래드클리프 여학생은 전통적인 성별분리형 주거 배치에 비해 새 기숙사가 한결 더 "자연스럽"고 "정상적"이며 "집 같다"는 데 의견을 모았다. 그들뿐만이 아니었다. 이곳뿐 아니라 1970년대 초 미국 전역에 걸쳐 남녀공학 공간을 실험한 다른 여러 고등교육 기관의 학생들도 새로 생긴 동거인을 비슷한 가족 관련 용어로 묘사했다. 윌밍턴대학의 한 여학생은 공학 생활로의 진출이 "한 무리의 남자 형제들"과 함께 사는 것과 비슷하다고 생각했고, 마찬가지로 남학생들도 남녀가 섞여 지내는 것이 여성과의 "관계를 오랫동안 지속"하는 데 도움이 되었다고 언급하며, 이는 "성적인 의미가 아니라 친구나 형제자매 같은 관계"라고 신중하게 덧붙였다. 많은 학부모들은 그러한 가족적 가치에의 호소가 자신들이 대학 시절에 벌였던 "팬티 사냥과 토요일 오후 기숙사 개방"의 난장판을 이제 아무 때나 즐길 수 있게 된 상황을 숨기기 위한 얄팍한 겉치레는 아닐지 걱정했지만, 학생들과 대학 교직원은 입을 모아 성적 활동은 성별 통합 이전에 비해 늘지도 줄지도 않았다고 강조했다. 실제로 브라운대학의 한 홍보 담당자는 그러한 두려움을 잠재우기 위해 다음과 같은 공개 답변을 제출했다. "성적인 장난은 예전에 있었던 수준에서 늘지도 줄지도 않았습니다."[6]

그러나 공용 욕실에 대해서는 열광적이지 않았다. 학생들이 새로 공동 거주를 시작한다 해도 가장 사적인 주거 공간은 계속해서 성별에 따라 따로 제공하겠다는 행정 조건은, 교수진이 하버드—래드클리프 주거 교환에 찬성하는 데 가장 결정적인 요인 중 하나였다. 기숙사의 공학화를 처음 시도했을 때, 래드클리프의 여학생은 하버드가 제공한 "세 동의 기숙사 중 어디든 쉽게 배정받을 수 있었"다. 하버드의 기숙사는 "방마다 화장실이 딸린 독립된 구조로 이루어져 있었"기 때문이다. 반면 "래드클리프에는 그러한 개별실이 없었"기 때문에, 하버드 남학생은 "남, 북, 동 건물의 별도 복도"[7]에 있는 거주 구역에 배정되어야 했다. 다른 대학에서도 마찬가지로, 남녀공학 기숙사가 극적으로 늘어나는 와중에도 공용 화장실은 대부분 논외였다. 인디애나대학교 기숙사 생활지원부의 한 교직원은 "1967년에 376개 대학 중 51퍼센트가 모종의 남녀공학 기숙사를 보유하고 있었던 것에 비해, 1971년에는 315개 대학 중 70퍼센트가 공학 기숙사를 보유하고 있다"고 밝혔지만, "공용 욕실은 캠퍼스의 15퍼센트 정도"에 불과했다. 게다가 1967년의 첫 번째 조사에서 연구자들은 공용 욕실이 너무 적은 나머지 개수를 셀 "생각조차 하지 않았"다.[8] 따라서 하버드, 래드클리프 및 그 외의 학생들이 오래 이어져온 기숙사의 성별 경계에 도전할 기회를 만끽하는 동안에도, 공용 욕실은 상대적으로 금지된 채였다.

실제로 하버드와 래드클리프 대학이 바로 다음 학기에 남녀공학 기숙사에 공용 욕실을 포함시켰을 때에도, 학생들은 별도의 화장실이 사라진 것에 신경을 곤두세웠다. 공용 욕실 공간의 관리는 "샤워하러 들어가기 전에 소리 질러두기"[9] 정도로 간단하다는 일부 의견도 있었지만, 그 외 상당수가 공용 욕실로 인한 실질적 "불편함"에 난처해했다. 한 하버드 남학생은 "밤에 면도칼을 욕실에 놔둘" 수도 없었다며 빈정거렸다. 그리고 공유 시설이 대부분 개조되지 않은 채 이름만 변경되었기 때문에, 래드클리프의 여학생들은 "원래 남성용으로 만들어진 생경한" 배관 시설에 새로운 역할을 부여했다. 예컨대, 남성용 소변기의 용도를 "빨래를 널 수 있는" 선반으로 창의적으로 변경하여 남자 기숙사생들이 소변기를 원래 용도로 사용하지 못하게 막는 것이다. 한 학장에 따르면, 공유 공간의 신선함이 사라지자 "공용 욕실에 대한 학생들의 생각도 바뀌기" 시작하는 결과가 나타났다고 한다. "처음에는 실험의 일환으로서 공용 욕실도 매력적인 요소"였지만, 다음 해로 넘어가면서 "학생들은 분리된 욕실을 확보하기 위해 개별실도 분리하는 방식으로 기숙사를 개조하기를 바랐다"고 한다. 하지만 무엇보다도 가장 분명한 증거는 대학 정신과 의사에게 공용 화장실에 대한 불만이 쏟아졌다는 사실일 것이다. 그 의사는 남녀 공학 기숙사를 취재하는 《월스트리트 저널》 기자에게 "이 아이들은 여러분들 생각처럼 세련되지 않습니다"[10]라고 솔직하게 지적했다.

• • • • •

1960년대와 1970년대에 걸쳐 화장실 관련 뉴스가 미국 대학으로부터 대중 언론으로 물밀듯 쏟아졌다. 이는 기자들이 그저 개방된 기숙사와 공용 욕실을 전국적으로 확산시키는 "은밀한 혁명"[11]에 흥분했기 때문만은 아니다. 여러 고등교육 기관에 대중매체의 관심이 쏟아진 또 하나의 이유는, 공학, 자연과학, 사회과학 교수들이 화장실의 구석구석에 대해 엄격한 동료 검토까지 거친 연구를 줄줄이 발표했기 때문이었다. 예를 들어 《워싱턴 포스트》의 한 기사에서는 "수세식 화장실"의 이면을 탐구한 미국화학학회의 학회지인 《인바이런멘털 사이언스》 최신호를 집중적으로 다뤘다. 그런 익숙한 형태의 위생 기술이 사실 이미 "감소하고 있는 신선한 물의 공급"을 완전히 고갈시켜버릴 수 있는 "기술적 실수"[12]이기 때문이다. 잡지 《라이프》의 한 기사에서는 1966년 5월 15일로 시작되는 주간이 "청결, 사치, 문명의 세계적 상징인 미국 욕실"의 분기점이라고 규정했다. 보도에 따르면 이 시기는 코넬대학의 건축학 교수 알렉산더 키라가 "위생을 중시하는 미국인들은 사실 스스로 생각하는 만큼 깨끗하지 않다"는 연구 결과를 막 발표한 시기였다. 그의 연구팀은 누굴 범인으로 지목했을까? 바로 부적절한 욕실 설비와 화장실 기술이다. 키라의 주장에 따르면 이는 놀라울 정도로 심각한 문제였으며 그만큼 심각한 해결책을 요하는 문제였다. 사실 "뛰어난 선배들" 중 몇몇은 화장실을 연구하기로 한 그의 선택이 "무책임할 정도로 웃긴다"고 생각했다지만, 그의 연구에 참여한 사람들과 이후에 그가 출간한 책 《화장실The Bathroom》에 대한 기사를 쓴 기자는 “마침내 화장실에 대한 모든 질문이 만천하에 공개되어 매우 안도하는 듯했다”.[13]

그 뒤로 화장실에 대한 사회과학 연구가 급증했다. 지난 40년간, 인구학자와 공중보건학자들은 깨끗하고 안전하며 접근이 용이한 공중화장실이 개인은 물론 공동체 전체의 건강에 반드시 필요하다고 기록해왔다.[14] 신체 역사학자와 도시 역사학자는 18세기 및 19세기 미국의 공공 생활에 대한 설명과 더불어 공중화장실에 대해 빈번히 언급했으며, 기록 발굴을 통해 신체적 청결에 대한 규범의 변화나 공적 자금으로 구축하는 도시 인프라에 대한 정치적 지원의 고질적 혼란을 적극적으로 다루었다.[15] 사회적 관행 및 사회적 상호작용의 “뒤편”, 즉 사람들이 타인의 시야에서 크게 벗어나 있을 때 취하는 행동들에 담긴 동학에 관심을 가진 미시사회학자와 사회심리학자들은 특히 공중화장실이 공공 생활의 한복판에 존재하는 개인적 공간이라는 특성을 지적하며 그곳을 연구의 계시적 장소로서 강조했다.[16] 이 책의 서문에서도 간략하게 설명했듯이, 학문적 경계를 넘어 인종, 계급, 장애, 섹슈얼리티의 불평등을 연구하는 연구자들은 미국의 공중화장실을 다양한 형태의 사회적, 정치적 배제를 생산하는(그리고 재생산하는) 결정적 장소로 묘사해왔다. 그러나 화장실과 관련된 끈질긴 금기는 결코 완전히 사라지지 않았기 때문에, 화장실에 관련된 모든 것에 대한 학술 연구도 지적 연구의 주변부에서 주류로 결코 완전히 옮겨 가지 못했다. 오히려 그러한 기여는 응집력 있는 지적 연구 과제보다는 학문적 구조망의 가장자리나 아예 단절된 별종으로서 전개되었다.

그렇기에 이 장은 사회과학에서 중요한 비중을 차지하고 있는 다양한 내용을 미국 공중화장실에 대한 기존 연구의 학제적 조각보에 함께 엮는다. 그러나 대부분의 사회과학 문헌을 검토할 때처럼 주제를 중심으로 한 전통적 구조를 만들기보다, 미국의 젠더화된 ‘화장실 정치’에 관한 종합적 역사를 구축하는 방식으로 이 장을 구성하고자 한다. 이를 통해 상호 연결된 두 가지 목표를 달성할 수 있다. 첫 번째는 이전과 마찬가지로 지난 200년간 공중화장실을 통해 어떻게 젠더가 형성되는가에 대해 응집력 있는 서사를 생산함으로써, 이미 상당히 많이 존재하지만 서로 단절되어 있던 화장실 관련 연구의 상태를 보완하는 것이다. 그리고 두 번째 목표는 서문에서 간략히 설명한 이론적 동기와 더불어 《화장실 전쟁》에서 전개하는 지적 작업에 대한 시사적 동기를 확립하는 것이다. 특히, 학자들이 젠더와 공중화장실에 대해 이미 알고 있는 바와 그와 관련하여 알지 못하는 바를 정리하면서 다음의 다섯 장에서 이루어질 경험적 분석의 토대를 마련하는 데 이 장을 활용할 것이다. 그리고 2장부터는 다양한 유형의 공식적 조직이 화장실을 젠더화하는 데 어떤 선택을 해왔는지 추적하며, 이때 화장실에 대한 관료적 논의는 여기서 요약한 보다 대중적 토론과는 상당히 다른 경우가 많기 때문에, 과연 어떻게 다른지를 구체적으로 밝혀보고자 한다.

사적 욕실에서 (모종의) 공중화장실로: 1880~1905

19세기를 거치며 미국 문화에 일어난 여러 혁명적 변화 가운데 일상생활의 가장 큰 변화 중 하나는 개인위생이 규범이자 대다수 인구의 일상적 열망으로서 부상한 일이었다. 신체의 배출 과정은 미국이 건국되기 훨씬 이전부터 이미 문화적 관심의 장소였지만, 주로 유럽과 북미의 의학적 사고가 이 문제를 강조한 덕에 적절하게 깨끗하고 가다듬어진 신체를 유지하는 것은 전례를 찾아보기 힘들 정도로 모든 곳에서 요구하는 사회적 관행이 되었다. 이러한 변화는 개인주의적으로 상향 이동을 추구하는 미국 특유의 신념에 의해 추동된 측면도 있었다. 존중받을 만한 삶의 필수 요건을 설명하는 가이드북이 규칙적인 세탁, 목욕 및 화장실 관행이 얼마나 세련된 것인지 칭송하기 시작하면서, 개인위생을 증진해야 한다는 이해가 미국에서 가장 부유한 사회 계층에서 한창 성장 중인 중산층으로 퍼져 내려가기 시작했다. 이 확산은 도덕 개혁 운동가들이 덜 부유한 계층에 능력주의 신화를 퍼뜨리면서 한층 더 확대되었다. 그들은 규칙적인 목욕이 노동계급의 개인들이 중산층 및 상류층 사회로 진입할 수 있고, 이민자들이 미국 문화에 완전히 동화되었음을 보여줄 수 있는 가장 간단한 방법 중 하나라고 입을 모아 주장했다. 따라서 대부분의 미국인에게 청결은 개인적 자기계발의 문제가 되었으며, 특히 사회계급의 사다리를 오르는(혹은 현재 위치를 유지하는) 데 관심이 있는 시민에겐 반드시 필요한 요소였다.[17]

그러나 청결한 신체에 부여된 새로운 가치는 미국 민주주의의 집단적 과제에 참여하는 것이 무엇을 의미하는지에 대한 믿음에 의해 추진된 측면도 있었다. 18세기 미국 예외주의의 믿음에서 비롯된 19세기 미국 정치의 중심 과제 중 두 가지는, 독립된 국가로서 미국의 특성을 확립하는 것과 그 특성을 유럽의 상대 국가들보다 성공적으로 달성했음을 보여주는 것이었다. 19세기 중반까지 개인이 자기계발을 추구하는 일과 국가가 미국 민주주의 고유의 강점을 과시하고자 하는 일은 서로 밀접한 연관을 맺고 있었다. 개인의 도덕적 위상을 드러내는 신호를 공개적으로 보여주는 것이 차츰 개개인이 자신 및 국가에 대한 헌신을 동시에 표현하는 한 가지 방법이 되면서, 정기적인 목욕과 '청결한' 화장실 관행은 남녀 모두에게 환영받으며 확산되었다. 하지만 그 인기는 젠더적 비유와 표현으로 이어졌다. 남성들에게 위생은 연약하거나 여성적인 시민과 관련된 무수한 위험으로부터 국가를 보호한다고 여겨지는 남성성의 상징인 반면, 여성들에게 위생 지식은 한 가정의 건강과 도덕성을 효과적으로 유지하는 데 중요한 자원이었다. 따라서 19세기 초의 몇십 년간 위생은 이중적 기능을 담당했다. 그것은 개인들에게 육체적 먼지와 더불어 도덕적 때도 함께 털어내고 아메리칸 드림을 추구할 기회를 제공하면서

대중을 고양시킬 수 있을 뿐만 아니라, 국가 전체를 고양시킬 수도 있었다.[18]

이러한 미국 위생의 혁명은 '진보 시대the Progressive Era'로 이어지는 인프라 및 제도의 발전으로 인해 몇 가지 추진력을 추가로 얻었다. 그중 하나는 일련의 기술적 발전을 통해 공공 수도 시스템이 개인 주택에 물을 공급하기 시작한 것이었다. 19세기 중반에 이르러 중산층 미국인 대부분이 청결이 개인적이면서도 집단적인 가치라는 관점을 지니게 되었다. 그러나 대다수의 도시가 1870년대에서 1880년대까지도 온전히 기능하는 공공 수도 시스템을 갖추지 못하고 있었다. 따라서 공공 수도 시스템이 등장하자, 그 어느 때보다 많은 미국인이 가정용 수도 및 실내 수세식 화장실과 같은 기술을 자신의 가정에 들이게 되었다. 이러한 신기술을 계기로 그에 대한 광고도 등장하기 시작했다. 광고는 사회제도의 영역 중 하나이기도 하기에 중요한 의미를 지니는데, 비누, 욕실 비품 및 기타 용품을 제조하는 업체들은 청결이라는 새로운 도덕적 기준을 활용하여 가능한 한 건강하고 존경받을 수 있는 모습을 갖추는 데 관심을 둔 소비자에게 목욕 제품을 홍보했다. 그들의 홍보 메시지는 '화장실용 비누'가 고유하고도 필수적인 가정 필수품이라고 추켜세우는 식이었다(그러나 세탁용 비누 및 다른 비누와 성분은 동일했다). 배관 설비 업체는 가정에 대한 미국 남성과 여성의 감성을 고려하여 변기를 생산하기 시작했다. 그리고 국제무역은 위생 및 청결에 대한 미국의 열성적인 선호가 세계 다른 나라의 일반적 선호에 비해 훨씬 강렬하다는 점을 보여준다. 요컨대, 배관 기술과 홍보 산업의 혁신이 함께 작동하면서 청결과 개인적 도덕성 및 미국이라는 집단적 정체성을 한데 결합하여 긴밀하고도 매력적인 문화적 패키지로 만드는 데 필요한 연결 고리의 상당수가 마련되었다.[19]

그러나 더욱 결정적인 요소는 19세기 후반에 부상한 또 하나의 제도적 영역인 공중 보건이었다. 한때 국지적 도덕 개혁 운동의 산발적 집합이었던 미국 공중 보건 운동은 19세기 중반을 거치며 중앙 집중식 과학 및 의학 산업으로 발전했다. 질병은 불길한 공기의 저주가 아니라 미생물로 인해 발생한다는 과학적 증거가 증가하면서, 의료 전문가들은 전염성 질병의 확산을 통제하고자 시민법 및 보건 교육을 다방면으로 변화시키기 위한 정치적 발언에 적극적으로 관여하게 되었다. 20세기로 넘어갈 즈음 그러한 작업은 도시 공간을 청결하게 만드는 작업으로 전환되었다. 산업화, 도시화, 인구 증가가 결합된 결과, 미국 도시의 거리에는 전례 없는 수준의 오물이 발생했으며, 효과적인 하수 정화 기술이 부족한 상황임에도 미국 가정의 수세식 화장실의 인기가 상승하면서 도시 상수도의 오염이 위험한 수준에 이르게 되었다. 따라서 수많은 의사들과 새로운 공중 보건 단체의 대표들은 미국의 다양한 도시 및 마을의 범위에서 벌어지고 있는 이러한 문제를 해결하기 위해 지방 및 주의 정치가들을 찾아갔다. 그러나 그들의 요청에 대한 반응은 엇갈렸다. 개인 거주지 및 상수도 위생에 관해서 지역 정치인들과 시민단체는 현대 미국 가정의 수도 시설을 균질화하고 보다 효과적으로 오물을 정화하여 식수를 최대한 안전하게 공급하기 위한 설계 표준을 신속하게 구현했다. 반면 (19세기 말에 여러 유럽 국가들이 그랬듯이) 공공 기반시설에는 광범위하게 투자한 데 비해, 공중화장실은 너무 비싸거나 너무 사소한 일로 치부되는 경우가 많았다. 결과적으로 미국 실내 수도 시설의 초기 발전은 대부분 가장 미국적인 제도, 즉 개인 거주지와 그 안에 사는 가족들을 위한 것으로 제한되었다.[20]

따라서 미국 최초의 공중화장실은 그다지 공적이지 않은 경우가 많았다. 진정으로 대중에게 공개된 아주 소수의 공중화장실은 대개 도시 빈민가 거주자들의 삶을 개선하기 위해 그러한 공간이 반드시 필요하다고 믿는 민간 자선가들의 자금 지원으로 만들어진 것이었다. 그러나 재정 담당자들은 일반적으로 보다 폭넓은 대중에게 깨끗한 화장실을 제공하는 일보다는 도시 하층민들에게 목욕할 기회를 제공하는 데 더 큰 관심을 보였다. 여전히 정기적으로 목욕을 하면 도덕적 가치를 얻을 수 있다는 생각이 통용되고 있었기 때문이다. 그 결과 현대 공중화장실의 조상 격인 시설에는 화장실보다는 목욕을 위한 설비가 더 많았고 보행자의 통행량이 가장 많은 상업 및 산업 지구가 아니라, 일반적으로 주택가 근처에 설치되었다. 보다 중앙 집중적 장소에 설치된 진정한 공중화장실은 배관이 하수도에 연결되어 있지 않고 남녀 모두에게 개방되어 있으며 지나가는 수백 명의 행인들이 볼 수 있는 장소에 놓여 있는 등 제대로 관리되지 않는 경우가 많았다. 그로 인해 도시의 여성들은 그 화장실을 기피하게 되었으며 지역 자영업자들은 공중화장실의 존재에 항의했고 시 공무원들은 화장실이 설치되기가 무섭게 그것을 철거해야 한다고 선동했다. 그 결과 19세기 후반 미국에 설치된 '공중' 화장실의 압도적 다수가 호텔, 기차역, 백화점 등 개인 소유의 중산층 및 상류층 시설에 위치하고 있었다. 이러한 배치는 부유한 도시 거주자들을 노동계급 및 도시 빈민으로부터 문자 그대로의 의미뿐 아니라 상징적인 의미에서도 분리시켰다. 특권계급 시민만이 공공장소에서도 신체의 배설물과 존중받을 만한 관계를 유지할 수 있었기 때문이다.[21]

그러나 이렇게 가정화 및 사유화로 나아가는 경향이 (아직) 공중화장실의 종말을 알리는 징조였던 것은 아니다. 대신 '진보 시대'에 폭발적으로 일어난 사회운동 및 정치 개혁 덕분에, 자신의 신체적 필요를 위해 공공 편의 시설을 이용할 가능성이 가장 낮은 부류의 시민, 즉 부유한 백인 여성들이 열악한 위생 상태에 반대하는 일련의 운동을 개시했으며, 여기엔 공중화장실의 설치 및 확대를 위한 로비 활동이 포함되어 있었다. 그러나 로비 활동의 효과가 가장 컸던 부문은 적어도 시민운동 지도자가 참여하던 곳은 아니었다. 2장에서 더 깊이 살펴보겠지만, 공중화장실을 설치하고자 했던 그들의 노력은 당시 빠르게 확장되고 있던 건축, 토목, 도시 계획 등의 전문 영역에서 가장 강력하게 울려 퍼졌다. 모든 분야의 건설업자와 설계사들은 기반시설 전반에서 공신력 있는 전문가로 자리 잡기 위해 안간힘을 쓰고 있었다. 상류층 및 중산층에서 동시다발적으로 난무하던 변화는 20세기 초 미국 주요 도시에서 수많은 공중화장실이 개발되는 길을 열었다. 그러나 동시에 향후 수십 년 동안 성별분리에 대한 상류층의 선호를 화장실 설계 및 건축에 새겨 넣는 일련의 전문적 흐름도 만들어지기 시작했다.

직장의 수세식 화장실 한 곳에서 두 곳으로: 1880~1920

'진보 시대'에 대중성과 영향력이 점차 증가해온 부유층 여성의 사회운동과 더불어, 19세기 말에는 공중화장실 시설에 매우 극적인 변화가 나타난다. 이는 미국 전체에 걸쳐 젠더의 사회구조가 근본적으로 변화한 시기이기도 했다. 위생에 대한 의학 및 과학적 담론이 시민 영역에서 인기를 얻고 있던 이 시기에, 신체의 성별을 결정하는 부분에서도 18~19세기부터 축적되어온 의학 및 과학적 진보가 심대한 혁명을 일으키고 있었다. 역사학자 앨리스 드레거가 "고환의 시대"라고 지칭했듯이, 연구자들은 젠더화된 신체를 정의하고 범주화하기 위해 신체적 표지에 의지하기 시작했다. 가령, 여성과 남성이라는 새로 정립한 과학적 범주를 구분하기 위해 난소 조직과 정소 조직의 차이를 각 범주를 규정하는 특성으로 삼은 것이다. 곧 각 성별의 육체적 특성을 확인하기 위한 노력이 무수히 이어졌고, 미국 연구자들은 남녀의 형체에서 구체적 차이를 찾아내 끝없이 긴 목록을 만들었다. 성기, 얼굴과 몸에 나는 체모의 패턴, 지방과 근육 조직, 내분비계, 성적 욕구 및 충동, 성격적 특성, 심지어 개인의 취미마저도 어느새 생물학적이고 바뀌지 않는 성차의 증거로 탈바꿈했다. 요컨대, 더 이상 젠더는 지난 수 세기 동안 그래왔듯 개인의 특성이나 도덕적 성질의 한 측면으로 이해되지 않았다. 대신 그것은 경험적으로 관찰할 수 있는 물질적 육체의 특질을 의미하게 되었으며, 전문 과학자만이 탐구할 수 있는 영역이 되었다.[22]

그러한 발견에 부여된 권력과 권위는 다양한 제도 영역에서 여성과 여성의 육체를 어떻게 취급해야 하는가에 광범위한 영향을 미쳤지만, 다음 두 가지의 문화적 변화가 진행 중이기도 했던 19세기 후반 노동시장에 특히 이례적인 반향을 불러일으켰다. 첫째, 국회의원들은 노동운동과 더불어 미국의 모든 노동자를 고용주의 학대로부터 보호하는 데 관심을 가지기 시작했다. 그러한 관심에서 비롯한 초기 법률에는 고용주가 반드시 직원들에게 적절한 화장실 시설을 제공해야 한다는 조항이 포함되어 있었다. 둘째, 개별 노동자 및 작업장의 작업 절차를 동일하게 평가하기 위해 과학적 원칙을 활용하는 새로운 운영 패러다임인 과학적 관리가 노동계의 지배적 이데올로기로서 빠르게 관심을 모으고 있었다. 여기서 샤워실과 화장실, 특별히 계산된 길이의 휴식 시간을 제공하고 노동일을 단축하는 것은 사업주가 업무 효율성을 극대화하여 결과적으로 수익률을 높이기 위한 필수 요소가 되었다. 남성과 여성의 고유한 신체 능력에 대한 경험적 연구 자료가 증가함에 따라, 작업장에서 진행되던 이 두 가지 변화에서도 젠더는 신속하게 중요한 요소로 자리 잡았다. 여러 주 의회에서 남녀에 따라 다른 휴식 시간 및 노동시간을 의무화하는 법을 통과시켰고, 과학적 관리법은 성별에 따라 다른 취급을 정당화할 수 있는 기반을 풍부하게 제공했다. 그 결과 젠더 정치에 관련한 논쟁은 공중화장실, 혹은 여가 공간의 준 공중화장실에 대한 시민 담론에서는 거의 나타나지 않은 반면, 직장 화장실에 관한 논의에서는 매우 폭넓게 발견되었다.[23]

그러나 성차에 대한 초기의 과학 연구는 동등한 취급을 의무화하기는커녕, 여성의 신체는 본질적으로 남성의 신체보다 연약하고 취약하다고 주장했다. 실제로 20세기 초 위생이 입법 의제의 전면에 등장했을 때, 어떤 영역에서든 화장실의 성별분리를 요구하는 첫 번째 논의는 공장 업무가 여성의 신체에 미치는 고유의 위험성을 중심으로 이루어졌다. 예를 들어 메사추세츠주에서 공중화장실은 반드시 성별이 분리되어야 한다는 주법을 첫 번째로 통과시켰을 때, 이 법은 오직 "남성과 여성이 동일한 공장 및 작업장에 고용되어 일하고 있는" 기업에만 적용되었다.[24] 비슷하게, 뉴욕이 직장에서 "여성용 수세식 화장실은 남성용 화장실과 분리되어 떨어진 곳에 있어야 한다"고 법적으로 의무화한 두 번째 주가 되었을 때, 성별분리 및 그 외 화장실 법령에 대해 제시된 근거는 명백하게 여성 노동자의 건강 및 복지에 관한 언어를 취하고 있었다.[25] 그리고 20세기에 접어들면서 연방 정책 입안자들이 작업장의 안전 및 위생에 관심을 가지기 시작했는데, 그에 따른 노동부의 연구에서조차 직장 화장실은 여성들이 고된 공장 노동으로 인해 육체적으로 고갈되었을 때 휴식을 취하며 기운을 회복할 수 있는 안식처로 묘사되었다. 결과적으로 성별분리 화장실은 공장이 증가하는 여성 인력에게 적절한 노동조건을 제공하는지 여부를 판단하는 관료적 척도가 되었다. 또한 이는 새로운 직장 정책 및 절차에 성차와 성차별을 빠른 속도로 포함시키는 계기가 되기도 했다.[26]

그러나 그러한 변화를 둘러싼 문서 및 대화에서, 여성 노동자의 건강과 안전을 보호하는 일보다 훨씬 더 중요한 것은, 상상 속 미래 자손의 건강과 안전을 보호하는 일이었다. 유급 노동은 임신을 위한 여성의 신체 조건을 해친다고 인식되었기 때문에, 직장 여성에 대한 공적 논의와 더불어 직장 화장실 성별분리와 같은 기반시설의 변화에 관한 공적 논의는 여성의 생식능력과 그들에게 부과되는 주부 및 모성의 의무를 완수할 능력을 보호하는 것이 중심이 되는 경우가 많았다. 다만 보호 법령의 설계자들은 단지 한 여성과 그의 가족만을 염두에 둔 것이 아니었다. 더 나아가 그들은 직장의 성별분리 화장실이 만연한 일탈과 부도덕한 행동의 확산을 막고 국가 전체를 보호할 것이라고 상상했다. 대대적인 사회적 무질서가 빚어질 수 있다는 불안은 또한 입장과 의견을 공유하는 법적 판단으로 이어지기도 했다. 가령, 1908년 뮬러 대 오리건Muller v. Oregon 사건에 대한 기념비적인 대법원 판결에서 여성의 보호적 지위는 합헌이라고 만장일치로 결론 내리며 브루어 판사는 다음과 같이 썼다. "자손이 왕성하게 자라기 위해서는 반드시 건강한 어머니가 필요하기 때문에, 여성의 신체적 안녕은 공공의 관심의 대상이 된다."[27] 요컨대, 직장에서 여성을 위한 화장실 및 변기의 부족은 작업장의 위생을 위협할 뿐 아니라, 신체의 성차라는 새로운 과학을 위반하고 개인의 도덕적 타락을 초래하는 문제였다. 사용 가능하고 청결하며 설비가 제대로 갖춰진 직장 화장실의 부족은 또한 지역 공동체 붕괴의 징조이기도 했으며, 결과적으로 미국 전체의 몰락을 예고하는 것처럼 보였다.[28]

집단 도덕성에 대한 이 상상 속 위험은 수사적으로 매우 설득력이 있었기 때문에, 전국 각지에서 보이지 않는 곳에 파묻혀 있던 한층 더 세분화된 화장실 규제까지도 새로 발굴되었다. 그중 하나가 직장 화장실을 이용하는 개인이 가장 내밀한 신체 활동을 하는 모습을 지나가는 사람이 보지 못하도록 가림막, 문, 자물쇠를 요구하는 규정이다. 다시 한번, 그러한 정책을 뒷받침하는 근거는 불가피하게 젠더화되었다. 존엄을 보존할 필요는 여성 노동자와 남성 노동자에게 동일하다고 호소하는 선출직 공무원도 있었지만, 대부분은 사생활 보호 기능이 특히 여성에게 유익하다고 설명했다. 잠재적으로 엿보고 있을 수도 있는 남성 동료들의 시선으로부터 여성의 노출된 신체를 가릴 수 있기 때문이다. 다시 말해, 입법자들은 화장실 규제 속에 젠더와 섹슈얼리티에 관한 일련의 문화적 신념을 공개적으로 삽입했다. 이는 곧 남성은 자신의 행동을 통제할 수 없다는 신념, 여성은 자신의 정조를 스스로 지킬 수 없다는 신념, 그리고 사생활 보호 시설을 쏟아부으며 그들을 독려하지 않으면 노동자들은 사회적, 성적 위생을 지킬 수 없다는 신념이다.

결과적으로 이렇게 예견된 사회문제에 대한 두려움과 상상된 미래 미국을 보호하려는 욕망으로 인해 1920년대까지 미국의 거의 모든 주가 메사추세츠 및 뉴욕 주에 합류하여 직장 화장실의 성별분리를 의무화하는 법을 제

정하기에 이르렀고, 이 기본 규정에 더하여 다수의 사생활 보호 규제 조항을 추가한 주도 많았다.[29]

따라서 여성의 참정권을 요구하는 페미니즘 운동이 공적 영역과 사적 영역의 추정된 구분에 명백히 도전하면서 보다 평등주의적 수사를 활용했던 것과는 달리, 특정 성별 전용의 직장 화장실을 의무화하는 법률 제정을 요구할 때에는 궁극적으로 남성과 여성에게 추정컨대 본질적 차이가 있으며 억제할 수 없는 이성애 욕망을 가진다는 문화적 메시지를 강화했다. 역설적이게도, 직장 화장실을 관리하는 새로운 법률은 "평등하지만 분리된(미국의 대표적인 인종차별 제도인 인종분리법을 정당화하기 위한 수사 "분리되어 있지만 평등하다separate but equal"를 차용한 표현 — 옮긴이)" 형식이었다. 그들은 남성 노동자를 위해 이미 설치되어 있는 것과 동등한 화장실 시설을 여성 노동자에게도 제공해야 한다고 요구했지만, 이렇게 동등성을 추구하는 움직임의 기저에 놓인 조직적, 법적 논리는 여성의 몸을 특히 나약하고 취약하고 모성적이며, 그 무엇보다도 성적 약탈의 위험을 겪는 대상으로 구분하는 경향이 있었다. 젠더 이데올로기를 법조문에 옮겨 넣는 행위는 이후 수십 년간 줄곧 기세를 더해갔다. 1960년대부터는 직장의 성별분리 화장실이 과연 얼마나 동등하고 얼마나 별개여야 정당한지에 대해 문제제기하는 사건들이 연방법원에 접수되기 시작하면서, 미국 화장실에 관련한 담론도 법 제정에서 화장실 관련 소송으로 중심이 옮겨 갔다. 3장에서는 특히 신체화된 성차에 대한 믿음이 법적 의사 결정에 영향을 미치는지 여부(와 그 이유)에 주의를 기울이며, 이와 관련한 법제가 2차대전 후 처음 등장한 이래 21세기의 법정 분쟁을 거치며 진화해온 과정을 추적한다.

준 공중화장실에서 공공 편의 시설로, 그리고 다시 회귀: 1905~1970

여성성과 가정성의 문화적 연결이 20세기 직장 화장실에 관해서는 여성의 신체와 젠더화된 사생활에 대한 여러 유해한 고정관념을 강화했을 수도 있지만, 이후 진정한 공중화장실의 확장에는 놀라울 정도로 진보적인 토대를 제공했다. 20세기 초 부유한 여성들은 가정의 도덕적 수호자라는 여성의 역할이 공적 영역으로 확장되었다는 집단적 믿음을 바탕으로 미국 전역에서 도시와 마을의 안전, 품위, 청결을 증진시키기 위한 일련의 도덕 개혁 캠페인을 시작했다. 이 캠페인은 진보 시대가 끝난 이후에도 수십 년 동안 지속되었다. 20세기가 시작될 무렵 그토록 칭송받았던 것처럼 화장실은 개인위생을 증진하고 도시 거주자들 사이의 질병 확산을 방지할 수 있을 뿐만 아니라, 그저 반나절 정도 마을에 머무르는 사업가, 여행객, 가족 들에게도 방문하는 동안 제대로 된 변기, 세면대, 휴게 공간을 제공할 수 있었다. 점차 증가하는 시민의 이동을 뒷받침하기 위한 관심은 1920년대와 1930년대 일련의 연방 사업에 추가적 지원이 폭발했던 데서 특히 잘 드러났다. 이는 공원, 도로, 기차역 및 성장하는 여러 미국 도시 외곽의 각종 지역 명소에 새로운 공공 휴게실 및 공중화장실을 설치하는 사업이었다. 실제로 대공황이 닥쳐 사실상 도시의 모든 방면에서 공공 지출이 삭감되기 전, 1930년대까지 미국 전역에 걸쳐 공중화장실은 개수도 인기도 모두 치솟았다.[30]

주요 대도시와 그 인접 지역을 벗어난 범위까지도 공중화장실의 양과 질은 모두 증가하고 있었지만, 이는 온전히 목적의식적 정치 활동의 결과는 아니었으며, 심지어 연방 관료제가 의도한 변화에 따른 간접적인 결과도 아니었다. 미국의 시골 지역과 빠르게 확장되던 교외 지역에서 공중화장실이 늘어나게 된 결정적 계기는 당시 미국에서 일어나던 보다 광범위한 문화적, 기술적 변화였는데, 그것은 다름 아닌 자동차의 부상이었다. 그때까지 미국에서 기관차와 같은 기존의 대중교통은 이용할 수 있는 시간과 장소가 제한되어 있었으며, 개인적 교통수단(전형적으로 말과 마차)은 비용이 너무 높아서 대부분의 시민이 재정적으로 접근할 수 없었다. 그러나 자동차는 막대한 수의 미국인들에게 그 어느 때보다 훨씬 더 다양한 공간에서 살고 일하고 놀 수 있는 새로운 능력을 제공했고, 그들은 공무원과 중소기업인들에게 공공 인프라를 확장할 적절한 기회를 제공했다. 이를 위해 향후 수십 년간 미국의 도로변에는 새로운 조직 형태와 보조 화장실 공간이 나타난다. 1910년대에는 공립 야영장이 설치되어 여행객들이 하룻밤 야영을 하며 수도와 옥외 화장실을 사용할 수 있게 했다. 1920년대에는 도로 휴게소가 서로 우위를 차지하기 위해 경쟁하며 자동차 정비용품을 제공하기 시작했고, 옥외의 남녀공용 화장실을 실내의 성별분리 화장실로 전환했다. 1930년대에 연방 공공사업은 공원은 물론 증가하던 주간 고속도로 주변에 전례 없는 수의 화장실을 설치했다. 마침내 진정한 공중화장실이 전국적으로 사상 최대 수준의 접근성과 가용성에 도달하고 있었다.[31]

그러나 동시에 미국 화장실의 황금기는 공공시설의 평등을 향한 새로운 미래와는 거리가 멀었다. 새로 지어진 화장실은 사회집단 간의 익숙한 불평등을 재생산하는 경우가 너무 많았다. 도심의 휴게 시설이나 교외의 휴게소, 기차역에서 공중화장실을 유지하는 데 드는 비용이 너무 높은 터라 많은 입법자와 소상공인이 화장실 이용료를 부과하게 되었고, 가난한 사용자들은 공공시설에 사실상 접근할 수 없게 되었다. 또한 개별 칸 사용에만 요금을 부과하거나 여성에게 더 높은 요금을 부과하는 경우가 많았기에 여성들 역시 화장실 사용을 꺼리게 되었다. 여성단체들이 공중화장실 조항을 만들기 위해 그토록 강력하게 로비 활동을 벌였던 도시에서도, 부유한 여성들은 백화점, 호텔, 레스토랑에서 제공하는 화장실이라는 선택지를 선호하는 경향이 있었다. 그 이유는 여러 가지이다. 공중화장실은 준 공중화장실에 비해 관리가 허술한 경우가 많아서 온전한 문이나 칸막이가 없을 때도 있었으며, 상류층 여성이 입구에서 어슬렁거리는 이민자나 하층계급 남성과 마주쳐야 할 때도 있었다. 그리고 새로운 화장실을 건설하려는 계획이 북동부와 중서부를 넘어 애틀랜타와 볼티모어 같은 남부 도시로 확장되면서, 인종분리를 의무화하는 짐 크로 법은 학교, 직장, 대중교통 센터에 새로 생긴 공중화장실 시설에까지 확산되었다. 이는 대부분 공공장소에서 부유한 백인 여성의 안전을 위협한다고 인식되는 것을 무력화하기 위한 법이다. 그 결과 미국에서 공중화장실의 실제 숫자는 꾸준히 증가하고 있었지만, 공공시설에 대한 접근은 젠더, 계급, 인종의 경계에 따라 심각한 분열이 지속되거나, 한층 심화되었다.[32]

그러나 20세기 중반까지 화장실 지원에 관련한 법은 민주화의 방향에서 또 한 번 후퇴했다. 1950년과 1960년 민권운동이 성공을 거둔 이후, 짐 크로 법에 따라 분리되어 있던 건물 입구, 별도로 마련된 음수대, 지하 화장실과 같은 인종분리의 건축적 흔적은 미국 남부 전역에서 가장 먼저 이름이나 용도가 변경되거나 제거되었다. 비슷한 시기에 '1954년 연방 지원 고속도로법'이 의회에서 통과되고 아이젠하워 대통령이 주간 고속도로 체계를 개선하겠다는 공약을 내걸면서 고속도로 확장 및 유지에 막대한 연방 자금이 지원되었다. 이는 아스팔트와 표지판뿐만 아니라 휴게소 및 공중화장실과 같은 시설을 통해 수익 흐름을 만들어내기 위한 일종의 투자이기도 했다. 1960년대와 1970년대 여성해방운동의 성장에 힘입어 공공 영역에 여성의 의견이 전해지게 되었고, 그렇게 증가하는 공적 영향력을 반영하기 위해 새로운 물리적 공간이 만들어졌으며 거기엔 적당한 공중화장실까지 포함되었다. 유료 화장실의 횡포 역시 무너졌다. 성장하는 페미니즘 운동과, 자칭 "미국 유료 화장실 추방 위원회"라는 대담하고 집요한 대학생 집단, 그리고 전국의 지방 입법자들의 복합적 노력 덕분에, 상당수의 공중화장실에서 부과되던 이용료 10센트는 과거의 유물이 되었다. 요컨대, 미국 공중화장실의 미래는 틀림없이 낙관적인 듯했다.[33]

불행하게도, 공중화장실 이용 및 접근에 관한 법이 보다 극적으로 공평한 방향으로 진행되는 동안, 공공시설에 대한 현장 지원은 극적으로 감소했다. 화장실 칸막이 앞에서 수금되던 10센트의 수익이 불가능해진 상황에서 그것을 대체할 지역의 새로운 자금원은 마련되지 않았기 때문에 공중화장실은 점점 더러워지고, 점점 망가졌으며, 지난 수십 년 동안 그것을 설치한 도시와 마을로부터 더더욱 방치되었다. 화장실을 관리할 유급 인력이 사라진 채로 버려진 휴게소 및 공중화장실에서는 (실제와 상상 모두의) 범죄 및 불법 행위가 번성했다. 1960년대부터 1980년대까지 미국 여러 도시의 공중화장실 및 그 주변에서 기물 파손, 마약 거래, 성매매와 관련한 경찰 활동 및 범죄 보고가 급증했을 뿐 아니라, 수십 년 전에 두드러졌던 섹슈얼리티의 공적 노출(특히 동성애의 공적 노출)에 대한 불안도 마치 복수라도 하려는 듯 다시 격심해졌다. 이런 경향은 동성애는 정신적 장애라고 주장하는 학술 연구와 공중화장실에서 남성과 섹스를 하는 남성에 대한 미디어의 호기심에 의해 더욱 부추겨졌다. 그리하여, 결국 화장실 관리 자금이 바닥을 보이고 화장실 안전에 대한 회의론이 확산되면서, 20세기 후반의 어느 시점에 이르자 거의 대부분의 진정한 공중화장실이 폐쇄되었다.[34]

그러나 미국의 진정한 공중화장실 수가 형편없이 최악으로 치닫고 있었음에도 불구하고, 1980년대와 1990년대에는 새로운 화장실, 즉 성중립 화장실의 물결이 나타나기 시작했다. 성중립 화장실은 수많은 도서관, 박물관, 레스토랑, 시민 센터 및 다른 유사한 기관이 출입자를 감시하던 문 뒤에서 차분히 변화를 만들었다. 4장과 5장에서는 이 기관들이 성중립 화장실을 건설하기 위해 기울인 노력을 중점적으로 다룬다. 구체적으로 4장에서는 이 책에서 다루는 동시대 중 절반인 21세기 초에 시 및 지방자치 기관들이 성중립 화장실을 추진하는 데 원동력이 된 다양한 제도적 변화를 탐구한다. 그리고 매우 다양한 건축적 힘이 개입하여 성중립 화장실 공간이 보다 광범위하게 도입되지 못하게 가로막았다는 사실도 보여준다. 5장에서는 문화 단체들이 성중립 화장실을 채택하는 과정을 병렬적으로 탐구하면서도, 좀 더 내부적인 접근 방식을 취하여 조직의 행위자 자체에 초점을 맞추는 동시에 그들이 이용자 및 더 넓은 대중들을 상대로 화장실의 의미를 관리하기 위해 대화의 힘을 사용하는 방식에 집중한다.

분리된 공간에서 동등한 공간으로의 기록: 1945~1995

미국 전역에서 공공 편의의 가치에 대한 믿음이 격렬하게 요동치던 것과 거의 동시에, 남성과 여성의 역할에 대한 믿음에도 마찬가지로 급진적 변화가 일어났다. 제2차세계대전 이후, 문화적으로 여성들에게 한층 더 가정주부 역할이 강조되었고 결혼 및 출산율도 급증했으나, 1960년대부터 이러한 추세가 둔해지면서 미국 가정의 성격도 극적으로 변화하기 시작했다. 가족 형성에 대한 믿음에 관해서도, 결혼이란 상호보완적 역할의 결합이라고 생각하던 관점이 보다 개인화되어 결혼 제도를 개인적 성취를 위한 수단으로 바라보게 되었다. 별거, 이혼, 재혼에 관한 법률을 완화하거나 개정해야 한다는 제안이 전국의 주 의회에서 구체화되기 시작했다. 아마도 가장 중요한 것은 전례 없는 수의 여성들이 고등교육의 기회를 추구하고 유급 노동시장에 진입했으며, 대학 입학 및 졸업률에서 느리지만 분명하게 남성을 앞지르기 시작했다는 점이다. 이렇게 역동적인 문화적 배경을 바탕으로 국가적 차원에서는 직장 내 성 평등에 대한 치열한 논쟁이 무대의 중심을 차지했다. 오랫동안 노동자로 일해왔던 여성들을 포함한 노동계급 여성들은 직장 성차별에 이의를 제기하기 시작했고, 정부의 모든 유형의 정치인들에게 이 문제를 인식하도록 압력을 가했다. 더 부유한 여성들은 전국여성당the National Woman's Party을 대표로 삼았다. 이 당은 지난 수십 년간 여성에 대해 훨씬 보호적이었던 법안을 폐지하고 이를 보다 공평하고 덜 성차별적인 규정으로 대체하고자 했다. 이렇게 미국에서 젠더와 노동 사이의 관계 변화는 장차 법과 정치를 통해 모든 여성에게 반향을 일으킬 것이었다.[35]

직장 내 평등에 대해 높아지던 관심은 1964년 민권법에 성별sex이라는 단어가 포함되면서 예기치 못한 걸림돌에 걸렸다. 예기치 못한 이유는 개정안 중 고용을 관리하는 조항인 제7조에 성gender을 추가한 것이 애초에 법안을 통과시키는 과정에서 의회의 이해관계 대립을 완화하기 위해 계획된 전술이었기 때문이다. 그럼에도 불구하고 이 법안은 하원과 상원 양쪽에서 압도적 표차로 통과되었고, 2주 후에 린든 B. 존슨 대통령에 의해 승인되었다. 그러나 최종 법안에 성차별 조항이 포함된 것이 이례적인 상황이었던 만큼, 새 고용기회균등위원회도 처음에는 성차별에 대한 법적 조치를 추진하기를 주저했다. 위원회가 필요성을 충분히 수긍하고 있던 인종 관련 조항은 법안 그대로 시행한 반면, 성차별에 관해서는 조항의 언어와 실제 여성 노동자의 고유한 요구라고 위원회가 해석한 바 사이에서 균형을 맞추고자 했다. 따라서 인종에 따라 노동자를 구분하는 대부분의 고용법은 빠르게 지목되어 폐지된 반면, 남성과 여성을 구분하는 주의 보호법은 그대로 남아 있는 경우가 많았다. 1960년대에 성문화된 성평등을 전적으로 지지했던 학자와 활동가 중에서조차 그러한 구분을 완전히 제거하는 것은 해롭다고 믿는 사람이 상당히 많을 정도였기 때문이다.[36] (혹은, 폴리 머레이와 메리 O. 이스트우드가 1965년 《조지 워싱턴 로 리뷰George Washington Law Review》에 썼듯, "분명히 사회는 여성의 모성 및 가정적 기능의 보호에 정당한 관심을 가지고 있"었다.[37]) 그 결과 향후 몇 년간 정당한 성별 구분과 정당하지 못한 성차별을 나누는 것은 입법부

와 행정기관이 풀어야 할 문제가 되었다.[38]

따라서 20세기 후반 직장 화장실은 남성과 여성이 언제, 어디서, 왜 물리적으로 분리될 수 있는지를 설명하는 데에 있어 유달리 논쟁적이고 정치적으로 첨예한 공간이 되었다. 연방 차원에서 고용기회균등위원회는 그에 대한 일반적 고용 지침을 계속해서 조정 및 개정했고, 마침내 1970년대 초반에 이르러서는 최저임금 보장, 초과근무 수당 또는 식사 및 휴식 시간 법률 등 지난 수십 년간 여성에게만 혜택을 제공했던 모든 법률이 실제로는 민권법 제7조 위반이라는 결론을 내렸다. 또한 1970년대 초 노동부에 산업안전보건청이 신설되면서, 모든 영구 사업장에는 규정된 수의 위생적 화장실을 제공해야 한다는 국가적 요건이 새롭게 도입되었다. 이 요건에는 영구 작업장에 피고용인이 일정 최소치를 초과하면 해당 작업장의 화장실을 성별에 따라 구분해야 한다는 규정도 포함되어 있었다. 새로운 연방 지침을 준수하기 위한 노력의 일환으로, 많은 주에서 성별 및 직장 화장실에 관련한 기존 법률을 폐지하거나 개정했다. 살아남은 소수의 법령은 고용주가 "**여성과 남성**에게 별도의 화장실 및 세면실", 혹은 "각 **성별**에게 별도의 화장실"[39](강조는 필자)을 마련해줘야 한다고 규정하는 등, 고용기회균등위원회가 승인하는 보다 성중립적 언어를 사용하는 경향이 있었다. 이 모든 변화의 긍정적 효과는 화장실을 규제하는 법에 관한 지배적 프레임이 여성에 대한 가부장적 보호에서 여성과 남성 모두를 동등하게 대우하는 방향으로 옮겨 갔다는 점이었다.[40]

그러나 여성의 화장실 형평성을 향한 움직임은 미국의 직장에 국한되지 않았으며, 이러한 입법 노력은 교육 및 공공 영역에까지 확장되었다. 교육의 측면에서는 오늘날 교육법 제9조로 더 잘 알려진 1972년 교육법 개정안이 의회를 통과하면서 성별이 무대의 중심을 차지했다. 비록 제9조가 화장실에 대해 명시적으로 언급하지는 않았지만(대신 '시설'이라는 보다 포괄적인 용어를 통해 암묵적으로 다루고 있다), 법안을 논의하는 과정에서는 화장실 분리에 대한 우려가 직접적으로 거론되었다. 가령, 이 문제에 대해 상원의원들은 대학의 스포츠 프로그램에서 화장실, 탈의실, 샤워 시설의 성별 구분을 유지하면서도 형평성을 법제화하는 최선의 방법을 두고 충돌했다. 공공장소 측면에서는 전문 기관 및 화장실 활동가 모두가 지역 및 주 의원을 상대로 상업 및 시민 시설에서 여성에게 "화장실 동등성"을 보장해야 한다는 압력을 가했다. 24개 주와 수백 개의 지방자치단체가 이러한 청원에 귀를 기울여, 예컨대 여성복의 복잡한 형식으로 인한 화장실 사용의 어려움, 어린이 화장실 및 그 외 돌봄 문제에 관한 지속적 지원의 필요성 등, 여성이 공중화장실에서 겪는 고유의 문제를 인정하고, 새로 건물을 짓거나 개조할 때 여자 화장실에 추가 면적을 할당하도록 의무화하는 법령을 통과시켰다. 따라서 성별분리는 법적으로 관리되는 화장실의 다양한 층위에 유례없는 속도로 다시 한번 기입되고 있었다.[41]

20세기가 끝날 무렵, 새로운 정치 세력이 성별 및 화장실 접근성에 대한 공적 토론을 한층 더 굴절시켰다. 바로 트랜스젠더 권리운동이었다. 1970년대 중반 미국에서 연합하기 시작한 레즈비언 및 게이 운동의 일부였다가 따로 떨어져 나온 트랜스젠더 운동은 1990년대 중산층 활동가 및 사회운동가들이 젠더 정체성 혹은 젠더 표현이 출생 시 지정된 성별과 다른 사람들의 법적 권리 및 의료 서비스 접근권을 비롯한 여러 요구를 구체적으로 대변하며 제도 변화를 촉구하는 로비 활동을 시작하면서 급격히 확산되었다. 이후 학계 연구자 및 지역 활동가들이 트랜스젠더, 남자다운 여성, 여자다운 남성은 모두 공중화장실에서 심문, 언어적 괴롭힘, 신체적 폭행에 노출될 가능성이 높다는 점을 알리기 위해 함께 노력했다. 이러한 관심으로 인해 최근 몇 년간 성중립 화장실에 대한 지원이 크게 늘어났으며, 미국 일부 지역의 대학, 고급 레스토랑, 쇼핑센터, 대중교통 센터에 주목할 만한 진출이 이루어졌다. 그리고 더 최근에는 이러한 토론이 지방, 주, 연방의 입법기관까지 확대되어, 공공, 상업, 교육 시설에서 공간이 허용되는 한 성중립 화장실을 추가할 것을 의무화하는 법안이 새롭게 제안되고 많은 경우 통과되었다.[42]

이렇게 진행되는 여러 변화 가운데 가장 뜨거운 논쟁을 불러일으키며 이목을 집중시킨 변화 중 하나는 21세기에 접어들며 미국 대학에서 다양한 성을 포용하는 시설의 인기가 높아진 것이었다. 특히 지난 20년 동안 미국 내 200개 이상의 고등교육 기관에서 학부생이 성중립 기숙사에 거주할 수 있도록 허용하는 정책을 채택했으며, 수십 개의 기관이 화장실 중 일부를 성중립 화장실로 개조했다. 이러한 변화를 통해 트랜스젠더 학생, 교수, 교직원을 향한 괴롭힘과 폭력의 가능성을 줄이고, 다양한 젠더 정체성 및 젠더 표현을 지닌 학생을 기관 차원에서 포용하겠다는 보다 광범위한 메시지를 전달하고자 했다. 그러나 이처럼 원대한 목표가 있었음에도, 그러한 학생 및 공간에 대한 지원은 순조롭고 매끄럽게 확산되지 않았다. 6장에서 나는 이러한 긴장을 탐구하기 위해 전국 대학의 행정가와 직원 들이 도저히 극복할 수 없을 것 같은 관료적 방해물에도 불구하고 제도의 급진적 변화를 거둔 방식을 조사한다. 그리고 이를 통해 모든 형태의 공식적 조직에서 화장실 개조를 이루어내기까지 무대 뒤편에서 어떤 상호작용적이고 제도적인 작업들이 진행되었는지 정리한다.

'화장실 정치'라는 숨겨진 특권

지금까지 살펴봤듯, 미국에서 화장실의 젠더화 및 탈젠더화는 전통과 진보가 동시에 작용하는 불연속적이고 때로는 격동적이며 때로는 반복적인 이진일퇴의 연속이었다. 19세기 북미 여러 도시에서 청결이라는 새로운 과학을 전파하기 위해 노력했던 대중목욕탕 운동은 각 지역으로부터 실내 배관을 위한 투자를 적극적으로 유치할 수 있게 돕기도 했다. 그러나 이 활동가들은 또한 최근 이민자들이 이러한 신체 관리 양식을 받아들이면서 남성적인 시민성과 여성적인 가정성이라는 젠더 이분법적이고 계급 반영적인 이상에도 한층 더 헌신하게 되었다고 주장했다. 20세기 초 선출직 공무원들은 직장 화장실의 성별분리를 의무화하는 미국 최초의 법안에 찬성하면서, 화이트칼라 노동자의 건강과 안전을 보장하는 미국 최초의 법적 보호 또한 제정하고자 했다. 그러나 그러한 목적을 주장하기 위해 그들은 다시 한번 고도로 정치화된 성차 과학 및 과학적 관리법에 대한 믿음에 의지했다. 그리고 20세기 후반, 여성운동과 민권운동의 힘을 빌려 선거에 당선된 활동가와 정치가 들은 화장실 평등의 법적 의무화를 추진하여 미국 전역에 진정한 공중화장실을 확산시키는 데 성공한다. 그러나 안타깝게도 그들의 개입은 화장실 시설이 다시 민간 시설로 후퇴하는 기반을 마련하기도 했다. 이는 법적 수단이 아닌 실질적 수단을 통해 화장실 접근성에 새로운 불평등을 만들어냈다.

부분적으로, 이 불연속적이고 격동적인 역사에 대한 나의 서술은 그 자체로 지적인 의의를 갖는다. 현재의 화장실 논쟁이 때때로 과거의 화장실 논쟁을 반복하기도 한다는 사실을 밝혀내기 때문이다. 게다가 더 넓은 차원에서 그 역사는 《화장실 전쟁》의 세 가지 중심 주제를 설정하기 시작한다. 그것은 이 장에서 정리했듯이 서로 중첩되며 나아가는 여러 화장실 시대를 거치며 반복적으로 등장한 주제이며, 이 책의 나머지 부분에서 또다시 등장할 주제이기도 하다.

먼저, 서문의 이론적 개관과 가장 관련이 깊은 주제는 미국에서 공중화장실의 역사와 젠더의 역사가 서로 불가분의 관계라는 점이다. 성별화된 신체에 관한 문화적 믿음의 전면적 변화, 여성의 정치적 권리, 젠더화된 상호작용에 대한 일상적 기대는 모두 공중화장실을 둘러싼 광범위한 역사적 논쟁에 동기를 부여하는 중요한 요소였다. 가령, 공중화장실이 어디에 필요한지, 설치 및 관리는 누가 책임져야 하는지, 언제 성별에 따라 분리되어야 하는지,

궁극적으로 지금과 같은 물리적 형태를 취하게 된 이유는 무엇인지 등의 문제가 그것이다. 그러나 반대로 화장실은 이렇게 가장 개인적인 사생활 감각이 물리적 신체와 긴밀하게 연관되어 있는 곳이기 때문에, 개인과 조직 모두가 성별을 정의하고자 할 때 활용하는 결정적 프리즘이기도 하다. 화장실은 처음부터 무엇이 남성성과 여성성을 구성하는지에 대한 공적 토론과 떼려야 뗄 수 없이 뒤얽혀 있기 때문이다. 이것은 아마도 젠더화된 화장실이 가임기 신체의 잠재력을 토론할 구실로 이용되었던 진보 시대의 논쟁적 화장실 정치에서 가장 뚜렷하게 드러날 것이다. 하지만 그 중요성은 100년이 지난 후에도 전혀 바래지 않았다. 오늘날의 대학에서도 교육법 제9조와 같은 성평등법의 범위와 결과에 대해 고심하고 있기 때문이다.

그러나 젠더가 그러한 화장실 논쟁에서 유일한 입력 값이나 출력 값이었던 적은 없다. 19세기의 공중목욕탕 개혁가들이든, 20세기에 보호적 법제화를 위해 로비 활동을 벌이던 운동가들이든, 21세기의 성중립 화장실을 요구하던 운동가들이든, 화장실 혁명을 추구하던 대중운동가들은 모두 젠더와 더불어 각 역사적 시대에 따라 또 다른 일군의 문화적 구분, 즉 지위의 경계를 동반했다. 그렇기에 둘째로, 미국 공중화장실의 형태적 변화는 사회 계급과 연관된 문화적, 물질적 위계를 반영하고, 심지어 증폭시키는 경향이 있다. 예를 들어, 19세기와 20세기에 처음으로 공중화장실의 성별분리에 동기를 부여한 청결, 자녀, 전염병에 대한 담론적 강조는 성차에 대한 뿌리 깊은 믿음을 반영하는 만큼이나 부유한 미국인의 지배력을 보장하기 위한 것이었다. 가장 눈에 띄게는 20세기 초에 공중위생에 관심을 집중한 부유층 여성 집단의 로비 활동 덕분에 해당 세기 미국 전역의 도시와 마을에 진정한 공중화장실이 충분했던 순간이 잠시나마 있었지만, 그 화장실의 대부분은 특권층의 정치적 이해가 다른 문제를 우선시하게 되자 거의 말 그대로 해체되었다. 실제로 이른바 '공중' 화장실의 성별분리를 보장하기 위해 법적 규제 혹은 전문적 건축법이 마련되어 있는 곳에서도, 이러한 규제는 호텔, 레스토랑, 공연장과 같은 한 가지 유형의 형식적 조직에 한정하여 초점을 맞추는 경향이 있었다.

결과적으로 이 책의 세 번째 주제이자 이 장에서 가장 중요한 주제는 이것이다. 계급 계층화의 패턴은 미국에서 '공중' 화장실이 무엇인가에 대한 정의를 시종일관 형성해왔으며, 그 정의는 거의 항상 진정한 공중의 의미보다 제한적이었다. 다시 말해, 미국 공중화장실의 역사는 대부분 준 공중화장실의 역사, 즉 레스토랑, 도서관, 직장 등의 경계 안에 설치된 화장실의 역사였다. 따라서 개별적 조직은 자기 화장실의 물리적 형태뿐 아니라 미국 전역의 모든 화장실에 대한 논쟁을 형성하는 데에도 엄청난 재량권을 누렸다. 실제로 19세기의 이발소나 여성용 북 살롱 등 성별이 구분된 여가 공간의 경우, 운영주는 그저 고객에게 편의를 제공하고자 했을 뿐, 수 세기에 걸친 젠더 적절성에 대한 믿음을 건축 환경에 새겨 넣는 과정을 시작하려고 한 것이 아니었다. 20세기 후반의 입법자들이 직장 화장실 및 공중화장실에서의 성평등을 법적으로 보장하려 했던 시도 역시 물론 진보적 의도에서 출발했지만, 결국 '공중' 화장실이 소비자 계층이 자주 찾는 시설에서만 제공되도록 만드는 것으로 귀결됐다. 심지어 오늘날에도 2016년 말 캘리포니아주에서 승인된 법처럼 일인용 화장실의 명칭을 성중립 화장실로 개정하는 것을 의무화하는 주 법령은 이미 일인용 화장실이 갖추어져 있는 건물에만 적용된다. 이는 처음에 그러한 공간을 만들 책임은 건물주 및 관리자에게 넘긴다는 의미이다.

따라서 지난 40년간 화장실을 연구해온 많은 사회과학자들이 이미 주변화된 사회집단을 예속시키기 위해 신체 배설물과 배설 행위 및 화장실 그 자체에 대한 "더러운" 담론이 종종 의도적으로 소환된다는 점을 지적했지만,[43] 나는 하나의 추론을 제시하며 이 짧은 역사 여행을 마치고자 한다. 화장실 인프라를 통해 생산된 사회적 불평등은 의도적인 차별 행동이기도 하지만, 일상적인 조직 과정의 부작용이기도 하다는 것이다. 찰스 틸리가 《장기 지속 불평등Durable Inequality》에서 주장했듯, 조직 행위자가 일상적 문제를 해결하기 위해 문화적 범주를 구분하고 배치할 때(좋든 나쁘든 관료 조직 안에서 내려지는 온갖 결정들의 끊임없는 압박에 대응하기 위해서는 해야만 하는 일이다), 그 결과가 의도치 않은 불평등을 만들어내는 경우가 종종 발생한다.[44] 그리고 이렇게 부수적이고 때로는 우연적인 사회 계층화의 형태는 보다 노골적 편견이나 배제의 행위에 비해 덜 교활해 보일 수 있지만, 현실은 그 반대인 경우가 많다. 그러한 행위는 불평등이 나타나는 방식에 대한 미국의 전통적 패러다임, 즉 불평등이란 악의를 품은 사회적 행위자들이 의도적으로 편견 어린 행동을 벌인 결과라는 생각과 맞지 않기 때문이다. 그렇기에 의도치 않은 불평등은 근절은 고사하고 인식하기조차 훨씬 더 어렵다. 나는 이것이 화장실 및 변기와 같이 금기시되는 사회적 주제에 관해 조직의 의사 결정에서 나타나는 훨씬 더 심층적인 진실이라고 주장한다. 그런 주제들은 순식간에 언급할 수 없는 것으로 바뀌어버리곤 하기 때문이다. 다시 말해 '화장실 정치'는 너무 주변적이고, 너무 중요하지 않으며 너무 불경해 보이기 때문에, 다층적 사회 위계를 생산하고 재생산하는 데 특히 더 강력한 수단이 된다.

그렇기에 이 책의 나머지 부분에서 나는 이 일상적인 조직의 운영 과정을 진지하게 다루고자 한다. 이를 통해 우선 지금까지 어느 시기든 오직 젠더만이 미국 공중화장실의 형성 및 분리에 영향을 미치는 독립변수였던 적은 없었다는 점을 보여줄 것이다. 비록 내가 연구한 조직들은 화장실에 관한 선택들을 전달하기 위해 헤게모니적 젠더 이데올로기에 의지하지만, 그러한 선택은 물론 젠더 자체의 의미 또한 여러 광범위한 문화적 현상에 의해 형성된다. 가령 새로운 직업들 사이에서 법적 정당성의 추구, 신체 노출에 대한 감정적 반응, 건물의 물질적 한계를 극복하기 위한 영리한 법 적용, 대화에 참여할 때의 용이함, 한때는 떠올릴 수조차 없었던 종류의 제도적 혁신에 대한 지원을 만들어낸 대인 상호작용 등이 이에 해당한다.

그렇게 다양한 사회적 힘이 공중화장실과 젠더의 의미를 동시에 형성하기 위해 어떻게 공모하는지를 보여주고 나면, 《화장실 전쟁》을 위한 궁극적 희망으로 눈을 돌릴 수 있다. 이데올로기, 제도, 젠더 질서의 중심에 자리한 불평등 간의 복잡한 상호작용을 드러냄으로써, 나의 연구는 '화장실 정치'가 뒷받침하는 복잡하게 얽힌 사회적 위계를 해체하는 데 박차를 가할 것이다. 이제부터 이 두 가지 주제에 대해 살펴보겠다.

2

화장실 설비의 전문화

우리 도시의 수용적이고 진보적인 사업가들은 멀리서 방문한 고객들의 편의를 위해 무료 숙소와 안정적인 식사를 준비하고 있지만, 하루 종일 쇼핑을 하기 위해 우리 도시에 찾아온 농부의 아내와 딸들이 사용할 화장실을 설치하는 것도 고려하는 편이 좋지 않을까요?

익명의 독자, 〈미시시피의 당대 논평〉, 《타임스 피카윤Times-Picayune》, 1899년 10월.

1907년 4월, 코네티컷주 하트포드시의 도시 토목 기사 프레더릭 L. 포드는 볼티모어의 무료목욕탕위원회 회장 유진 레버링에게 "볼티모어에 공중화장실 설치를 지지한다"는 보고서를 우편으로 보냈다. 서신을 보내기 전에 포드는 본인에게 필요한 정보를 수집하는 동시에 위원회 구성원들이 공중화장실을 설치할 최적의 장소를 결정할 수 있도록 돕는다는 취지로 볼티모어에 일정 기간 머물며 도시의 마을 및 개발 상태를 조사했다. 시의회가 "공중화장실 1~2개소를 설치"하는 데 2만 달러(인플레이션을 고려하면 오늘날 거의 50만 달러에 달하는 예산이다)를 할당하는 조례를 승인했음에도 불구하고 위원회는 화장실을 설치할 장소를 확정하기 위해 또 다른 법안을 통과시켜야 했다. 포드의 안내를 참고하여 위원회는 새로운 화장실 시설을 롬바드가와 센터 마켓 플레이스가 만나는 모퉁이에 설치하는 것이 "특히 바람직하다"고 제안했다. 포드의 말에 따르면, “그곳이라면 지금 시에서 조성하고 있는 세 군데의 기념비적 시장에 편의를 제공할 수” 있고 더불어 “도시의 북부 및 동부 지역을 폭넓게 지원할 수” 있기 때문이었다.[1]

볼티모어의 다른 지역 주민들도 근방에 비슷한 구조물이 들어올지도 모른다는 가능성에 들떠 있었다. 일부는 새로운 공중화장실과 세면실이 도시의 가장 “인구가 밀집된” 지역에 “막대한 편의와 안식”을 제공하는 데 도움이 될 것이라고 상상했다. 예를 들어 사우스 브로드웨이를 따라 거주하고 일하는 시민들은 근처에 화장실이 설치되면 그것이 말 그대로 거리를 말끔히 청소해줄 것이라고 믿었다. 특히 “브로드웨이 기슭의 부두 근처에서 배에 오르는 선원” 중 일부의 불미스러운 습관을 고려하면 더욱 그렇다.[2] 공중화장실이 다른 형태의 도시 개발을 대체하고 나아가 도시 전역의 다른 사회적 병폐를 해결하는 데 도움이 되기를 희망하는 사람들도 있었다. 사우스 볼티모어 실업인 협회의 한 주요 멤버는 《볼티모어 선Baltimore Sun》 기자에게 주 담배 창고에 인접한 부지에 공중화장실을 설치하면 시의회가 원래 계획했던 “철제 헛간”에 비해 훨씬 더 큰 개선이 이루어질 것이라며 담배통을 보관하는 데에는 유용할지라도 “흑인과 부랑자들이 빈둥거리는 장소”가 될 것이 분명하다고 보고하기도 했다.[3]

무엇보다, 많은 지방 자영업자들이 그러한 시설의 설치 및 확장이 가시적인 경제적 이득으로 이어지리라 기대했다. 캔턴 애비뉴 근처에서 작은 약국을 운영하는 한 약사는 동료 상인들이 사우스볼티모어역에 화장실이 생길 가능성에 관심을 갖자 여러 가지 이유로 “열렬히 환영”했다. 화장실은 “해안에 정박한 범선에서 브로드웨이 기슭으로 상륙하는 다수의 선원들에게” 편의를 제공할 수 있을 뿐 아니라, 일주일에 한 번씩 물자를 교환하기 위해 마을로 엄청나게 유입되는 소매상과 소비자 들에게 막대한 혜택을 제공할 거라고 그는 주장했다. 그는 “장날마다 이스트 볼티모어, 하이랜드타운, 캔턴의 전역에서 모인 수천 명의 사람들이 시장에 가"며, "볼티모어 지역의 농부들 또한 물건을 팔기 위해 시장에 간다"고 설명했다. 그의 관점에서 "시장 주변의 인구 밀집 지역"은 공공 편의를 위한 시의 투자가 "절실히 필요함을 보여주는 충분한 증거"였다. 따라서 그는 "사우스 브로드웨이에 즉각 공중화장실이 지어져야 한다"고 결론지었다.[4]

하지만 모든 주민과 자영업자들이 공중화장실에 관심이 높아지는 경향을 긍정적으로 본 것은 아니었다. 한 담배 가게 주인은 프랫가 근처의 공중화장실은 무서울 정도로 "항구에 근접"해 있기 때문에 그곳이 침수되지 않게 하려면 "시가 상당히 고난을 겪을 것"이라고 우려했다. 한 모피 상인은 행인들이 프랫역을 "매우 불쾌하다"고 느낀 나머지, "이 도로를 이용하기"를 중단하여 결과적으로 매출이 떨어질 수도 있다고 우려했다.[5] 그리고 "지방자치단체의 필요에 폭넓은 지식을 지닌 밀접 관찰자" 중 한 명은 볼티모어가 21세기 미국에서 가장 혼잡한 대도시 지역 20개 중 하나가 될 것[6]을 예고하면서 프랫가 양쪽으로 "하루 종일 끊임없는 차량 통행"이 이루어진다고 지적했다. 그 결과 설령 공중화장실이 지하에 설치된다 한들, "진입로는 지상에 있어야" 하며, 그로 인해 "자유로운 차량 통행에 지장이 생길" 수 있다는 것이다. 요컨대 그는 "이 도시에서 이렇게 교통체증이 심한 곳이 또 어딨겠냐?"고 불만을 터뜨렸다.[7]

그러나 그 비판이 보여주듯, 대부분의 반대자들이 제기하는 문제는 공중화장실이라는 아이디어 자체가 아니었다. 오히려 그들은 그저 화장실을 설치할 때 여러 세부 사항을 재고해야 한다고 생각했을 뿐이다. 홉킨스 플레이스에 화장실을 설치하려 했을 때 "제안된 조치에 항의하겠다"고 엄포를 놓은 상인 단체에 따르면, 시장과 공중목욕탕위원회는 모두 "이 도시의 다른 어떤 곳보다도 역사적 중요성으로 존경받는" 장소에 그런 "불쾌한 것"을 설치하는 데 자금을 승인하는 심각한 잘못을 저질렀다고 했다. 상인들은 이 장소에서

"수차례 중요한 회의를 개최했던" 대륙회의(식민지 시기에 미국이 자치적으로 설치한 주 연합 회의체 — 옮긴이) 혹은 이 도로의 명칭이기도 한 존스 홉킨스의 이름으로 이곳에 기념비를 세우는 쪽이 가치가 있다고 믿었다. 그들은 화장실 시설을 "쇼핑 지구에 더 가까운" 볼티모어—워싱턴 철도 터미널로 이전하면, "화장실 시설이 편의를 제공하는 주 대상인 숙녀들에게 더 큰 혜택을 제공할 수 있다"고 권장했다. 또 다른 반대자들에게는 역사적인 측면보다 심미적인 측면이 더 큰 문제였다. 일부는 주변 건물과의 "조화로운 외관"을 우려했고, 또 다른 사람들은 그토록 "눈에 잘 띄는" 화장실이 "유용할" 수는 있지만, "너무 과시적이라 존재감을 더 줄여야 한다"고 지적했다. 한 남성은 그러지 않으면 "눈엣가시가 될 것"이라며 걱정을 표하기도 했다.[8]

그러한 우려를 불식시키기 위해, 볼티모어의 도시계획자와 건설업자 들은 같은 시대에 공중화장실에 투자한 다른 미국 도시들에서 흔히 볼 수 있는 전략을 택했다. 사우스브로드웨이역을 차분하기보다는 한층 더 화려하게 만든 것이다. 프레더릭 L. 포드와 유진 레버링의 서신으로 승인된 이 공중화장실은 뉴욕에서 가장 인기 있는 공중화장실 중 하나가 남성용과 여성용으로 나뉜 입구 사이에 "세 개의 화려한 램프를 달아 야단스레 장식"했던 것처럼, "각각 여성용과 남성용으로 두 개의 칸이 있는, 예쁘장한 한 층짜리 구조물"이 되었다.[9] 더구나 시의회가 "도시 중심부에 몇 개의 화장실"을 더 개발할 계획을 세우는 동안, 그들은 도시 거주자들이 화장실 설치가 "오직 성장을 위해서가 아닌, 아름다움까지 고려하여" 계획되는 한, 그것에 상당히 동의한다는 사실을 알게 되었다.[10] 따라서 레버링 위원장이 단언했듯, 공공 편의 시설은 단지 "위생적인 방식으로 건설되어 철저히 깨끗하게 유지"한다고 충분한 것이 아니었다. 그것은 "도시 최고의 호텔과 아파트에 있는 최고의 화장실 시설과 다를 바 없는" 방식으로 만들어져야 했다.[11]

• • • • •

20세기 초, 미국 사회의 거의 모든 곳이 구석구석, 그것도 급속도로 변화하고 있었다. 근대 전기망의 발달과 같은 기술적 발전이 미국 산업에 자리 잡았고, 생산 및 이윤이 유례를 찾아보기 힘들 정도로 치솟았다. 경제성장으로 인해 더 큰 공장이 더 많이 세워졌으며 시민들은 일자리를 찾아 시골에서 도시로 이동했다. 그들은 도시에 정착해 가정을 꾸렸고 시카고, 뉴욕, 필라델피아와 같은 도시의 인구는 1800년대 중반에서 1900년대 초까지 일곱 배에서 열 배까지 증가했다. 그리고 새로운 과학의 발전, 특히 질병에 대한 세균 이론 및 장티푸스와 콜레라와 같은 전염병의 위협에 대응하는 백신법의 발전으로 인해 성인의 평균 기대 수명이 꾸준히 증가했다. 그러나 이렇게 경이로운 성장에 문제가 전혀 없는 것은 아니었다. 미국은 산업 성장의 모델이 되기 시작한 동시에 이렇게 공장이 늘어나도 새롭게 대거 유입된 이민자와 도시 노동자계급은 중산층 및 상류층 고용주과 동등한 이익을 얻을 수 없다는 부의 불평등의 모델이 되기도 했다. 산업화와 도시화로 인해 생활환경이 점점 더 붐비고 비위생적이 되면서, 의학의 발전이 축적됨에도 불구하고 질병의 확산은 가속화되었다. 그리하여 역사학자 피터 볼드윈이 관찰한 바와 같이, 높아지는 불평등과 도시의 인구밀도는 "신체 노폐물의 모습과 냄새를 거부할 수 없는 삶의 참모습"으로 만드는 데 공모했다.[12]

그 "거부할 수 없는" 현실로 인해 실내 수도 시설은 당대에 발전하는 과학과 기술이 결합하는 중요한 지점이 되었다. 1840년대 초, 보기 흉하고 악취가 진동하는 옥외 화장실에 불만을 품은 건축가들은 개인 거주 시설과 호텔, 백화점 등 상업 시설 모두에 실내 배관을 설치했다. 곧이어 실내 변기 시설이 발명되었고, 금속 변기가 도자기 변기로 빠르게 대체되었으며, 오염되기 쉬운 오물통 방식도 사이펀식 물 내림 방식으로 바뀌었다. 이렇게 건물 전용 화장실을 설치하는 것은 어떤 유형의 건물을 새로 짓든 필수적인 설계 요소가 되었다. 그러나 보다 공적인 영역에서는 1890년대에 이르러서야 겨우 이러한 변화가 주목을 받게 되었다. 지방정부에 비슷한 변화가 일어나면서, 지역 정치가들도 차츰 가장 부유한 계층 및 성공한 사업주 들의 요구에만 반응하는 이미지로 보이는 것을 경계하기 시작했다. 대신 그들은 지역사회 지원에 보다 자유주의적 윤리를 채택하여, 공교육, 공공 의료 서비스, 공적 기반시설에 투자했다. 화장실에 관심을 기울인 사람은 정치인들만이 아니었다. 대중의 건강을 보호하기 위한 역량을 구축하고자 했던 의료 전문가와 공공 건축물을 가능한 한 최신 양식으로 지으려 했던 건축가 및 토목 기술자를 중심으로 한 신흥 전문가 계층도 19세기 말 공공 배관 시설을 확장하기 위한 지원을 늘리는 데 매우 중요한 역할을 했다.[13]

이 장에서는 1872년에서 1926년 사이에 학술지 및 무역 정기간행물에서 화장실 관련 기반시설을 다룬 문헌 186편을 참고하여, 보건 전문가와 건축 전문가라는 두 가지 제도적 분야를 살펴볼 것이다. 이는 당시의 전문가들이 공중화장실에 대해 공개적으로 어떠한 대화를 나누었는지를 대변하는 자료이다. 구체적으로는 건강 및 의료 분야의 정기간행물에 게재된 문헌의 언어 및 논리를 건축, 토목, 도시계획 정기간행물에 게재된 문헌의 언어 및 논리와 비교·대조한다. 이렇게 다중의 제도를 비교하는 접근법을 사용함으로써 젠더화된 신체의 본질에 대한 새로운 과학적 발견이 19세기 말 공중 보건 전문가들에게 강력한 지적 논쟁의 장소였음을 보여주고자 한다. 그러나 이러한 의학 전문가들은 공중화장실에 관해서는 19세기 젠더 정치의 변덕스러움을 드러내지 않았다. 대신 그들은 질병 및 위생에 대한 새로운 연구를 활용하여 공중 보건, 더 나아가 공중화장실의 관리 영역에서 스스로를 신뢰할 수 있는 전문가로 자리매김했다. 그들은 전문가 집단으로서 자신들의 지식과 전문성을 대중을 위한 혜택으로 환원할 책임이 있다는 논리를 가지고 있었고, 이는 곧 20세기 초 '화장실 정치'에 개입할 필요성으로 이어졌다.

그러나 위생학이 건설업자와 토목공학자들에게 열어준 정치적 가능성은 매우 달랐다. 이들도 자신들의 훈련과 지식을 전문적이고 그리하여 외부인은 흉내 낼 수 없는 것으로 표현하기 위해 과학적 어휘를 활용했지만, 과학의 미덕을 공공선으로서 극찬하는 것은 의료 전문가뿐이었다. 반면, 건축 전문가들은 과학적 원칙의 시장성과 이러한 원칙이 자아내는 현대성의 아우라를 찬양하면서 보다 사적인 접근을 취했다. 특히 공중화장실과 공공 휴게실의 경우, 그 아우라가 유효하려면 부유층이 흔히 방문하는 업무 시설에서 이미 제공하고 있는 사적 화장실 시설과 비슷한 수준의 외관을 갖춰야 했다. 그리고 20세기 초입에 그런 사적 화장실들은 점점 더 성별이 분리된 설계가 적용되고 있었다. 성별에 따른 사생활 보호와 성적 적절성에 대한 중산층 및 상류층의 기대를 공공 공간 계획을 위한 전문적 지침으로 조용히 흡수하는 과정(나는 이것을 직업적 삼투라고 명명했다)은 상류층의 허세에서 나온 성별 분리가 미국 공중화장실의 결정적 특징으로 성장하는 중요한 경로였다. 게다가 그 삼투는 20세기 초의 공중화장실을 남자 화장실과 여자 화장실로 뚜렷하게 나누는 데에 그치지 않는다. 그것은 이후 수십 년 동안 미국의 화장실 규정 및 배관 인프라 시설의 형태를 과도하게 결정할, 매우 끈질긴 형태의 제도적, 물질적 관성을 만들어낼 것이다.

"적절한 공중화장실 제공은 공리적이다"

19세기 미국에서 젠더 관계는 "분리된 영역"이라는 은유로 묘사되곤 했다. 그러한 관념에 따라 여성은 가정과 가족을 돌보기 위해 사적 영역으로 추방되었고, 남성들은 공적 산업 및 시정 영역에서 자유롭게 일했다. 두 세기 전 미국의 사회생활은 여러 차원에서 역사학자 바버라 웰터가 "진정한 여성성의 숭배the Cult of True Womanhood"라 부른 것을 구현하고 있었던 것이다. 이 여성성은 성별의 공간적 분리를 통해 여성이 독실하고 순결하며 가정적인 모습을 지킴으로써 성취되는 것이었다.[14] 남성과 여성은 일반적으로 서로 다른 여가 활동을 추구했으며, 지역 발전을 위해 서로 다른 목표를 지닌 다른 시민단체에 참여했다. 설령 공적 영역에서 남녀가 섞이는 일이 발생한다 해도, 기업은 남성과 여성에게 별도의 응접실 및 대기실을 제공하면서 성별의 공간적 분리를 강화하는 경우가 많았다. 그러나 이제는 역사학자들도 인정하는 이러한 사회적 경계는 영구적이기보다는 훨씬 더 상호 침투가 가능한 것이었다. 예를 들어, 테다 스카치폴이 19세기 후반 사회정책 조항에 대한 연구에서 발견했듯이, 지역 여성단체는 투표권을 얻기 수십 년 전부터, 선출직 공무원에게 복지 지출을 늘리고 노동 규제를 확대하고 보건 교육을 추진하도록 요구하는 로비 활동을 벌이기 위해 전국적 연합을 결성했다. 따라서 진보 시대는 퇴행적 젠더 정치에 전적으로 지배된 것도 아니었고, 공적 정신을 갖춘 여성들을 위한 전적으로 멋진 신세계도 아니었다. 오히려 이 역사적 시기는 다른 여러 시대와 마찬가지로 성역할 기대gender expectation에 대한 믿음이 활발하게 경쟁하고, 재구성되고, 변형되던 시기였다.[15]

그렇기에 당연히 19세기 말의 전문적 정기간행물에서도 미국 여성이 있어야 할 장소에 대한 논쟁이 자주 등장했다. 특히 건강 및 의학 분야에서 전문가들은 남성과 여성으로 분리된 물리적 공간의 필요성을 두고 싸웠고, 예전에도 그랬듯 신체화된 성차의 과학에 대해 자주 논쟁하곤 했다. 예컨대 남학교와 여학교의 분리를 지지하는 사람들은 자신들의 주장을 뒷받침하고자 "외적 및 해부학적" 차이에 대한 주장을 활용했다. 한 보건 저널은 다음과 같이 질문했다. "자연 상태에서 여성은 남성과 신체적으로 동등하며, 이 가설의 예시로 원시적이거나 야만적인 여성이 꾸준히 언급된다. 이러한 주장을 하는 사람들은 야만인 남성들이 여성의 연약함과 삶의 특정 시기의 취약성을 얼마나 잘 알고 있는지, 그리고 그러한 시기에 여성들을 위해로부터 보호하여 건강을 지키기 위해 어떠한 주의를 기울였는지 알고 있는가?" 결국 필자는 다음과 같이 추론을 이어간다. "여성의 삶은 남성의 삶처럼 순탄하게 흘러가지 않는다. 그것은 여성 특유의 기능 영역을 지배하는 밀물과 썰물, 거대한 생명의 물결에 의해 뚜렷이 드러나는 주기성으로 특징지어진다." 이 기능은 "생식 기능의 우월성"[16]으로 정의된다. 반대로 남녀공학 지지자들은 그러한 주장이 "주관적이고 부정확한 의견"에 불과하다고 비난했다. 가령 다른 필자에 따르면, 남녀공학에 반대하는 의견들은 "어떤 사실이나 통계"에 따른 적절한 근거가 부족하다는 문제가 있었다. 그는 실제로 신빙성 있는 데이터를 살펴보면, "남녀공학이자 과학적인 교육을 받은 여성은 대학에 재학하는 동안 일반적으로 건강이 향상된다. 심지어 그들의 평균 건강은 같은 학업 과정을 밟으며 동등한 성취를 이루는 남성들보다도 더 좋다"고 썼다.[17]

그러나 진보 시대에 또 하나의 뜨거운 논쟁 거리였던 공중화장실에 대해서는 젠더화된 몸과 젠더화된 공간 배치에 대한 믿음이 메인 요리보다는 전채 요리에 가까웠다. 특히 공공 편의 시설의 부족으로 인한 수많은 질병('전립선 비대증'처럼 말 그대로의 질병에서부터 방광을 비우고 싶을 때에는 술집에 강제로 들어가야만 한다는 사회적 문제까지)에 대해 수많은 보건 및 의료 전문가들이 내린 평가를 읽다 보면, 그러한 텍스트 속에서 남성이 도시의 거리를 지배한다는 막연한 감각이 한층 선명해진다. 어떤 의학 저널에서 한 필자는 뉴욕 시민들이 겪고 있는 딜레마를 다음과 같이 묘사했다. "지금 뉴욕은 둘 중 하나이다. 방광을 터뜨리거나 술집에 들어가는 것. 하지만 술집에서의 예의이자 관습에 따르면, 음료를 한 잔 마셔야만 마셨던 음료를 화장실에서 내보내는 특권을 누릴 수 있다!" 게다가 만일 도시의 거리에서 배출 충동에 굴복하면, 최근 "트럭 바퀴살에 소변을 본 행위"로 지역 신문의 헤드라인을 장식했던 것처럼 "저급하며, 의심의 여지없이 근본 없고 무례한 시민"으로 전락할 수 있었다. 당연하게도 그는 “범행 도중 현행범으로 체포되었고 법정에 소환되어 5달러의 벌금형에 처해졌다”.[18] 그러나 같은 시대 의학 분야의 필자 중 몇몇은 놀라울 만큼 평등한 방식으로 도시 여성들의 곤경을 고려하기도 했다. 한 보건 전문가는 “휴식 공간으로 삼을 술집조차 없는 여성들은 오직 백화점 주변에 있을 때에만 용변을 볼 수 있다”고 한탄하며 미국 정치가들이 “유럽의 여러 공중화장실 모델”의 선례를 따르고 공공 인프라에 투자해야 한다고 요구했다. 그렇게 해야 남성과 여성이 모두 도시에서 자유롭게 외출을 하면서 “내장의 평안”을 누릴 수 있게 된다는 것이다.[19]

다시 말해, 19세기에 남녀공학에 대해 토론할 때에는 신시아 훅스 엡스타인이 사회적 성차를 내재적인 혹은 선천적인 것으로 묘사한 것처럼 “기만적 구분”[20]을 무수히 만들어냈지만, 의학 저널이 공중화장실에 대해 논할 때에는 공개적으로 젠더에 관해 이야기하기를 피했다. 그러나 그들은 유해한 사회적 구분과 고정관념을 강화했던 것만큼이나 인종 및 계급의 분리에도 집중하는 경향이 있었다. “내장의 평안”을 지지하는 사람들은 공중화장실이 늘어나면 얻게 될 신체의 청결은 보다 깨끗한 도덕성이라는 결실로 이어질 것이며 “인간의 영혼을 담은 신전을 언제까지나 더럽게 둔 채 평생 교회 및 주일학교에 참석하는 것보다 욕조와 화장실에 쉽게 접근할 수 있을 때 아이들은 훨씬 더 많은 선을 얻을 것”이라고 주장했다. 그리고 이러한 의학 저널의 필자는 위생적 이상은 모든 시민에게 중요하지만, 특히 “이탈리아 및 그리스계 노점상이나 하층계급 폴란드계 유태인처럼 성장과 개선”이 필요한 사람들에게 더욱 중요하다고 주장했다.[21] 마찬가지로, 또 다른 필자는 “위생 안내서”의 “상하수도 및 폐기물 처리에 대한 모든 정보가 대도시”에 집중되어 있는 경향을 우려했다. 이는 “우리 인구의 대부분”이 지방에 살았기 때문만이 아니라, 그가 “시골 사람들의 배설물 처리는 선사시대 조상들이 그저 땅 위에 배설물을 늘어놓던 시절에 비해 전혀 발전하지 않았다”고 말했듯, 바로 그 지역들이 사회적, 문화적 발전에서 뒤처져 있어서기도 했다. 그러나 필자는 또한 충분히 훈련된 보건 공무원이 얼마든지 문제를 해결할 역량을 갖추고 있다고 덧붙였다. 공중화장실 관리를 포함하여 "건강 유지와 질병 및 통증 예방의 측면에서 이루어진 발전"을 널리 보급함으로써, 보건 공무원의 "대중 교육"은 의문의 여지없이 "진보의 걸음에 날개를 달아줄 것"이었다.[22]

이렇게 "위생과 건강은 서로 결부된 관계"[23]라는 관념으로 인해 의료 전문가들은 위생 개선에 대한 정치적 활동에 참여하게 되었다. 활동은 대부분 전염병 확산을 억제하는 것에 관한 조언으로, 이는 보건 전문직 종사자들의 명백한 목표이기도 했다. 뉴욕에서 보건 당국은 공공 자원봉사자들과 협력하여 도시 거주자들에게 "자기 건강 유지"를 교육하고 "현명한 위생 개혁"을 위해 로비를 벌이는 위생 보호 연맹을 창설했다. 위생 및 보건의 향상은 "국가의 비용을 절감하면서도 행복 및 도덕성을 증진하는 데 훨씬 더 큰 영향을 미칠 것"이었다.[24] 뉴욕 의학 협회의 연례 회의에서 한 의사도, "이러한 [전염성] 질병이 우리 인류의 역사에 미치는 영향은 언제나 끔찍했기" 때문에 국제적인 "위생 관리 시스템"을 신속히 채택해야 한다며 극적인 태도로 주장을 펼쳤다.[25] 그러나 의료 전문가들은 또한 그들의 직업적 책무를 공중화장실을 포함한 보다 일상적 문제와도 연결시켰다. 예를 들어, 캘리포니아주 보건위원회 구성원들은 의사와 교수로 이루어진 패널을 소집하여 "올바른 위생법"을 홍보하고 "대중"에게 가장 큰 영향을 미치는 장소, 즉 "공공건물 및 도로"의 세면장 및 화장실에 특별히 주목할 것을 완곡하게 촉구했다.[26] 동부 해안 지역의 한 필자는 좀 더 직설적으로 "적절한 화장실 제공은 공리적이다. 그리고 이러한 편의를 제공하지 않는 것은 미국 도시와 마을, 특히 뉴욕의 불명예이다"라고 말하며, 이 상황을 해결하기 위해서는 "시정 위원회에서 몇 가지 실용적 제안을 통해 은둔과 격리로부터 벗어나야" 한다고 결론지었다.[27]

그러나 그들이 콜레라에 집중하든 변기에 집중하든, 그러한 담론은 의료 및 보건 전문가들이 뛰어난 과학 지식을 통해 미국 시민을 보호할 수 있는 고유한 능력을 가지고 있음을 암시했다. 전문가들이 자신의 전문성을 입증하기 위해 과학 전문용어를 신중하게 활용하고, 원본 실험 데이터를 보고하며, 학술 인용 관행을 그대로 사용했기 때문에, 그들의 주장이 선명히 드러나지 않는 경우도 적지 않았다. 한 필자는 부족한 배관 시설로 인해 "세균이 확산되는 것은 물론 위생 환경이 열악해짐으로써 질병에 걸릴 가능성"이 증가할 것을 우려한 나머지 뉴욕시의 도랑에서 "가스 냄새가 나는 흙 표본 16종"을 수집하고 "통제를 위해 복제"한 모든 기록까지 포함하여 거기에 "질병 세균"이 있는지 여부를 "엄격한 주의를 기울여" 평가했다.[28] 의학 논문이 해당 분야의 과학적 우월성을 마치 신파 드라마처럼 호소하는 경우도 있었는데, 그럴 때에는 서슴없이 노골적이었다. 한 저널에서는 "인간의 사회적, 집단적 본능이 야기하는 폐해는 반드시 사회적으로 해결되어야 한다. 그리고 이 목적을 달성하기 위해 사회가 행사할 수 있는 가장 효율적인 힘은 고도로 훈련된 의료 공무원의 영향력이다. 모든 의사는 열성적으로 공공 위생에 대한 지식을 전파하는 의료 자선가이자 선교사가 되어야 한다"고 주장하기도 했다.[29] 그러나 대부분은 자신의 전문성과 공공 인프라의 관련성을 주장하기 위해 과학과 사회 선善을 부드럽게 뒤섞으며 미묘한 중간 영역을 노렸다. 예를 들어 어떤 필자는 철도 "역, 열차, 상점 등"에 화장실 및 기타 위생 시설을 설치할 때 "개별 시스템에 배치하여 각각의 목적 및 성격에 따라 운영하면 온전히 만족스러운 결과를 얻을 수 있는지" 걱정했다. 그래서 그는 의료 전문가들이 "무엇이 효과적인지 인정할 수 있는 기준을 마련해야"하며, 나아가 "채택된 조치가 제대로 시행되고 있는지 확인할 (…) 효율적인 조사단"을 구성해야 한다고 제안했다.[30]

물론 19세기 말 보건 저널에서 공공장소의 젠더화를 다룬 기사 중에는 젠더와 관련된 도덕적 혼란에 겨워 격하게 울부짖은 글도 적게나마 있었다. 이는 핵심 사회적 행위자가 비교적 사소한 사건 혹은 문화적 변화에 반응하여 거대하고 "근본적으로 부적절한"[31] 두려움과 우려를 폭발시킨 경우다. 하지만 대부분의 필자는 정반대의 접근법을 택하여, 증거 중심적이고 과학 중심적이며 놀랍게도 중립적인 전문성을 보였다. 그들이 공립학교에 남녀공학을 확대할 가능성에 집중했든, 동료와 환자들에게 더 많은 (혹은 더 나은) 위생 교육을 제공했든, 상하수도 기반시설에 더 많은 자금을 투입하도록 지역 정치인에게 로비 활동을 했든, 동료를 대상으로 글을 쓰는 의료 및 보건 전문가들은 실증주의라는 굳건한 기반이 본인들이 가진 전문성의 가장 강력한 자산이라는 믿음을 공유하고 있었다. 그러나 아이러니하게도 공중화장실을 확대하거나 개선해야 한다는 수사적 호소가 더 과학적인 성향을 띨수록, 그들은 또한 더욱 정치적이 되었다. 많은 필자들이 공중화장실은 가능한 한 언제 어디서든 대중의 건강 및 복지를 향상시키도록 설계될 수 있다(실은 설계되어야 한다)고 생각했다. 그러나 가장 최첨단의 위생적 성과를 달성하려면, 보건 및 의료 전문가 동료들의 정치적 참여 또한 반드시 필요하다고 생각했다. 그들은 새로운 화장실 기적을 창조하려면 전문가의 도움이 필요하다고 주장하면서, 자신의 연구 분야만이 공익을 증진시키는 데 필요한 과학적 지식을 보유하고 있다는 의견을 확립했고 이를 통해 시민사회의 발전을 약속하며 자신들의 직업적 정당성을 강화했다.

"의료인, 건축가, 배관공은 모두 배관 시설이 과학임을 알고 있다"

그러나 의료계는 진보 시대 초입에 제도적 집단으로 통합되기 시작한 여러 가지 느슨한 직업 공동체 중 하나에 불과했다. 이러한 진화 과정은 전문가들이 각자의 영역에서 경계를 구축하고자 노력하면서 남긴 독특한 궤적을 기록하려 애썼던 19세기 사회학자들의 관심을 끌었다. 그렇게 사회학자들은 향후 수십 년간 이어질 사회과학 연구 중 하나인 전문직화, 즉 특정 업무나 직무를 맡은 고립된 개별 실무자들이 독립적이면서도 굳게 연결되어 있고 널리 알려진 공인된 권위자 집단으로 변모하는 현상에 대한 연구를 시작하게 되었다. 20세기 중반 무렵 이 집단적인 지적 프로젝트는 전문직화를 (하나의 특수한 분야가 아니라) 다양한 직업 환경에서 나타나는 선형적이고 규칙적이며 예상 가능한 연속체로 이론화하려는 시도로 발전했다. 이 연속체가 구성되는 순서에 대한 이해는 학파마다 달랐지만, 전문 지식을 공통적이고 중앙 집중화된 체계로 구축하는 것이 필수 요소라는 데에는 예나 지금이나 대부분의 사회학자들이 일반적으로 동의하고 있다. 이런 생각은 어떤 분야의 전문 지식이 면허 절차를 개발하거나 공식적 수련 과정을 필수화하는 등의 구조적 개선을 통해 동료와 대중 모두로부터 정당성을 얻게 된다는 특성으로도 이어진다. 그러나 정당성을 얻기 위해서는 문화적 변화도 필요하다. 여기엔 앤드루 애벗이 쓴 것처럼 "합리성, 효율성", 그리고 무엇보다도 "과학"[32]이라는 가치와의 일체성을 높이기 위한 전문적 담론의 수사적 변화도 포함된다.

그 규범적 예측에 따라 건축, 시공, 토목 공학 분야의 정기간행물도 의료 및 보건 저널의 수사적 진화 경로를 그대로 지나왔다. 이는 두 분야에 차이가 없다는 뜻이 아니다. 사실 이전에는 두 분야에서 화장실 문제에 대해 설정한 프레임에 매우 큰 차이가 있었다. 의학계 담론에서는 공공의 도덕성에 대한 열성적 주장이 주를 이룬 반면, 건축 저널은 훨씬 더 건조한 편이었다. 어떤 글은 최첨단 배관 제조 회사들이 활용하는 화장실 설계의 "건축 및 자재"에 대한 세부 사항을 소개하기에 앞서, 인간의 배설물을 처리하는 "평범한 화장실"의 기능을 향상시키기 위해 "새로운 계획을 세우고 성공적인 시스템을 연구하는 데 수백만 달러가 지출되었다"며 연극적으로 이 문제를 다루기 시작했다.

> 퍼티나 시멘트는 전적으로 배제된다. 이 재료는 반드시 날 수밖에 없는 유해한 냄새를 흡수한 뒤 공기 중으로 다시 내뿜으면서, 위험하고 불쾌한 냄새를 지속시키기 때문이다. 한 가지 중요한 특징은 변기의 볼 부분이 일반적으로 사용되는 것보다 커서, 변기 아래쪽 개구부에 비해 물의 표면을 더 넓게 유지할 수 있다는 점이다. 게다가 물을 내리는 순간, 볼 바닥 중앙에서 직접 물이 빠져나가서 엄청난 힘으로 밖으로 밀려나기에, 물을 내릴 때마다 배수관을 완벽하게 비운다. 이렇게 하면 배수관이 흙으로 막히거나 악취를 내는 오수가 고이는 일을 막을 수 있다. 물을 가두기 위해 팬 대신 밸브를 사용하면, 다른 변기와 공유하는 거대한 물탱크가 필요하지 않다. 물이 넘치는 것을 방지하는 새로운 건축 기술은 악취가 전혀 나지 않는 화장실을 원하는 모든 사람에게 반드시 추천해야 할 기능이다.[33]

다른 저널의 유사한 글은 "배관 기술"에 대한 시적 송가로 시작한다. 이 글은 "인간의 배설물의 발산 방지"를 위한 잡다한 세부 사항으로 넘어가기 전에 "화장실은 가을의 낙엽만큼이나 무수하고 다양한 스타일로 발명되었다"고 주장한다. "세균, 간균, 구균과 그들의 방대한 자손"에 대한 생물학적 연구를 간단히 검토한 후, 이 글은 화장실 기술 혁신에 관한 지루한 목록으로 방향을 전환했다. "가장 먼저 눈에 띈 것은 변기 대야에 10센티미터의 하수관과 4분의 3 S형 트랩이 연결되어 구조상 가장 간단한 것 중 하나인 '힐리어드 호퍼Hilliard Hopper'였다." 다음은 "'제인 위생 변기Zane Sanitary Closet'인데 하수관과 변기 볼 두 군데에 물이 고여 있어" 이중으로 악취가 차단되기 때문에 "훨씬 더 복잡하면서도 어떤 면에서 더 나은 변기"였다. "데머레스트The Demorest는 구조상 매우 유사하지만 "일반적으로 만족스러운" 일련의 "밀수관(관의 일부에 물이 고여 냄새의 역류를 막는 부분 — 옮긴이)"을 포함하여 여러 가지 훌륭한 기능을 갖추고 있다. 그리고 마지막으로 덴버의 토목공학자 H. C. 로리가 발명한 변기는 "완벽한 차단을 만들어내"어 "환기관을 전부 없애"버릴 정

도였다.[34]

그러나 20세기로 접어들면서, 건축 및 건설 저널에 실린 글들이 시설 혁신에 관련한 근시안적 초점에서 벗어나 의학 저널과 마찬가지로 위생에 대한 소유권을 주장하는 방향으로 이동하기 시작했다. 어떤 이들은 "대중들에게 배관공을 선택할 때 차별이 필요함을 깨닫게 하는 것"이 그들의 신성한 임무라고 단언하며, 동료 공학자와 건축가 들에게 "더 이상 침묵하지 말고 최고의 학교에서 얻은 지식, 즉 실천적 관찰, 계획 및 실험의 혜택을 널리 알려 나누어야 한다"[35]고 촉구했다. 여전히 화장실 시설 주변에 "얇은 바닥"을 깔면 "기둥의 틈새나 거친 석고면"[36]에 먼지나 쓰레기가 쌓이는 것을 방지할 수 있다는 등의 실용적 안내를 제공하는 저널도 몇 종 있었지만, 교육을 잘 받은 배관공과 설계사를 고용할 필요성을 공개적으로 선전하는 저널이 더 많아지기 시작했다. 이를테면 다음과 같이 지적하는 글도 있었다. "현대 주택 건설업자가 직면하는 첫 번째 문제 중 하나는 비용을 의사에게 지불하는 것과 배관공에게 지불하는 것 중 무엇을 선호하는지 결정하는 일이다. 만일 배관공이 자신의 일을 양심적으로 훌륭히 해낸다면 질병을 예방하는 역할을 할 것이고, 부주의하거나 비효율적으로 한다면 그 가정에는 반드시 의사의 도움이 필요하게 될 것이다." 결국 이는 "적절한 위생"에 대한 전문성이 온전히 "배관공의 어깨" 위에 올라가게 되었음을 의미한다.

> 이를 위해서는 다양한 설비를 씻어내는 데 충분한 물 공급, 에나멜을 입힌 철이나 도자기 재질의 설비, 조명과 환기가 충분한 실내, 폐기물을 전부 옮길 수 있을 만큼 크면서도 자체 세척이 어려울 정도로 크지는 않은 하수관, 배수 시스템의 모든 부분에 적절히 환기가 이루어질 수 있도록 효율적으로 배치된 환기 시스템, 하수관이 부식되지 않고 갑작스러운 온도 변화에도 견딜 수 있을 만큼 양질의 파이프, 그리고 작업이 완료되었을 때뿐만 아니라 모든 배관이 설치되는 동안에도 실무자에 의해 이루

어지는 철저한 시험 및 검사 시스템이 필요하다.

이 글은 다음과 같이 결론을 맺는다. "배관공은 진정으로 양질의 배관이 무엇인가에 대한 기술과 지식으로 병원 진료비를 절약하고 수많은 질병을 가정으로부터 내쫓을 수 있는 사람이다."[37]

그리고 당연하게도, 교육에 대한 명시적 요구는 곧 보다 과학적으로 배관에 접근해야 한다는 명시적 요구로 대체된다. 건축 저널의 일부 필자는 "공중목욕탕과 화장실"과 같은 제목으로 동료 건축가들이 새로운 공공 공간을 설계하기 전에 참고하고 고려할 가치가 있는 참고 자료 목록을 축적했다.[38] 또 어떤 필자들은 과학적 접근에 대한 직업적 이해가 크게 바뀌게 된 점을 축하했다. "10~20년 전만 해도 누가 과학과 배관 기술이 사실상 교환 가능한 용어라고 말했다면 그는 비웃음을 면하기 힘들었을 것이다. 그러나 오늘날에는 그 반대를 주장하는 사람이 비웃음을 당한다." 필자는 실제로 이러한 변화가 단지 건축 분야 내부만이 아니라 더 광범위한 영역에서 이 분야에 대한 직업적 평판을 가늠할 때에도 나타났다는 주장을 이어갔다. "의료인, 건축가, 배관공 모두가 배관이 과학임을 인식하고 있으며, 때때로 세계 각지에서 개최되는 학회에서도 배관을 과학적으로 다룬 논문이 정기적으로 읽히고 논평되었다." 그리고 그 과학적 기반은 "의료인"보다 "배관공"에게 훨씬 더 중요했다. "부주의하고 무능한 의사는 한 사람에게만 영향을 미치지만, 부주의하고 무능한 배관공은 한 가정 전체에 한꺼번에 영향을 미칠 수 있다."[39] 다른 글에서는 이를 훨씬 더 간결하게 정리했다. "일반적으로는 하나의 평범한 업종으로 여겨지지만, 건설업에서 배관보다 더 과학적인 작업이 필요한 영역은 없다."[40]

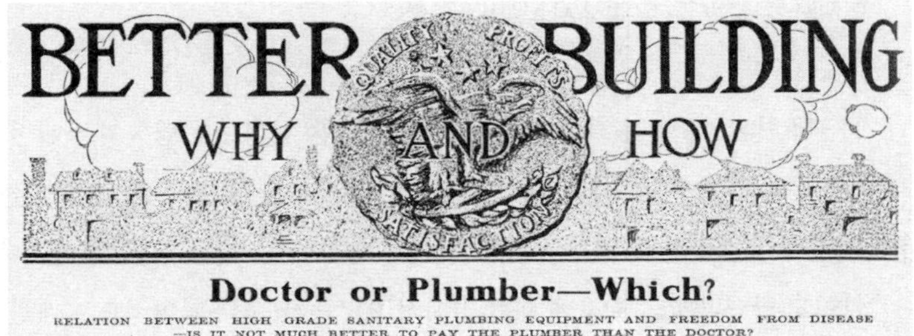

그림 1. 〈의사와 배관공 중 어느 쪽을 택할까?〉
《아메리칸 카펜터 앤드 빌더American Carpenter and Builder》 기사 헤더(1912).

(간단한 보충 설명: 20세기 초에 공중화장실 개선을 추구하던 모든 직종이 과학적 논리를 갖춘 것은 아니다. 예를 들어 사회학자들은 그들의 초창기 분야가 보건, 의료를 비롯하여 세기가 바뀌며 변형된 다른 "정상 과학"[41]과 가지는 거리를 배관 문제와의 관련성에 대한 근거로 제시했다. 대표 저널인 《미국 사회학 저널》에 기고한 한 필자는 다음과 같이 한탄했다. "시의회, 입법부, 연방 의회는 조치를 통과시킨 다음 사회적 의지의 실행을 의사에게 떠넘긴다. 그러나 의사는 무엇보다 병리학과 질병으로부터 배우는 일이 우선이기에, 공공복지보다 알약을 강조하는 경향이 있다." 적어도 "사회 이론"을 보다 진지하게 받아들이지 않는 한, 그렇게 의사에게 일방적으로 위임하면 유감스럽게도 부적절한 위생과 관련된 "사회 진보의 진정한 문제점"은 해결되지 않은 채 남아 있을 수밖에 없다.[42])

그러나 결정적으로 의학 저널의 필자들이 과학적 논리를 바탕으로 다른 직종은 자신들만큼 대중을 성공적으로 보호할 수 없다고 주장하며 외부로 향하게 된 반면, 건축 저널의 필자들은 내부로 향하는 경향이 있었다. 어떤 필자는 최근 위생 과학의 발전에 비추어 "업계의 변화된 조건"에 대하여 이렇게 주장했다. "젊고 진보적인 기술자는 개선된 작업 방법뿐 아니라" 세기 초 건물 건축에서 "실천의 기반을 뒷받침하는 이론도 잘 알고" 있어야 한다.[43] "일류 시스템의 필수 요건이 무엇인지, 위생적이고 건강한 결과물을 완성해 내기 위해 절대적으로 필요한 사항이 무엇인지 아는 것"은 분명히 세기 초부터 고조되던 사회 진보의 물결에 없어선 안 될 중요한 임무였지만, 건설업자들은 이를 넘어 자신을 개별 전문가로 차별화하기 위한 지식도 사용할 수 있어야 했다.

> 거의 모든 사람이 집의 뼈대를 만들 수 있지만, 최신 개정 사항을 반영한 최고의 기준에 걸맞은 집을 짓기 위해서 무엇을 설치해야 하는지 알려면 장인 정신이 필요하다. 모든 것이 빠짐없이 포함되었는지 확인하려면 어떻게 해야 할까? 현대 빌딩을 계속 점검하라. 때때로 도시를 방문하라. 공사 중인 건물을 둘러보라. 책임 건축가의 기획을 살펴보라. 흐름을 따라잡는 방법은 많다. 완전히 이해하지 못한 부분이 있다면 꼭 카탈로그를 요청하라. 흡수할 수 있는 지식을 모두 흡수했다면 주변을 둘러보며 얼마나 많은 건물이 당신이 익힌 새로운 기준에 따른 완벽한 설비를 갖추었는지 확인하라. 건물주들과 바쁘게 활동하며 그들도 생각하게 만들어라. 머지않아 당신은 이러한 작업에 몰두하게 될 것이다.[44]

다시 말해, 위생 과학에 대한 담론적 호소를 통해 개개의 건축가, 건설업자, 도시계획자, 배관공이 지닌 개인적 지식은 그들이, 그리고 그들만이 해당 기술을 정당하게 수행할 수 있는 실무자임을 알리는 신호가 되었다. 혹은 다른 필자가 지적했듯, "지난 30~40년에 걸친 의학의 급속한 발전"은 중요하게는 "개인위생에 대한 주장"으로 이어졌고 이는 "매우 빠르게 주거 설계에서 욕실을 별도의 구성 요소"로 배치하게 만들었다. 그러나 "낡은 '양철 욕조'"를 "보기 좋은 법랑이나 도자기"로 대체하고, "못생긴 납 파이프를 반짝반짝한 구리나 니켈 파이프"로 세대교체하며, "타일 바닥과 벽 하단 장식용 판자"를 설치하면서 진정으로 "이 방을 아름다움과 완벽한 위생의 공간으로 변모시키"는 일은 전문 건설업자의 현대적 솜씨다.[45]

이러한 기업가 정신은 가정용 배관에서 그치지 않는다. 공공 배관에 대해서도 과학에서 스타일로의 유사한 이동이 나타났다. 한 건설업자는 공중화장실 및 기타 화장실에 대한 전문적 관심의 필요성에 대한 글에서 "이 시대의 유망한 징후 중 하나는 공중화장실의 배치 및 장비의 중요성이 점차 증가하고 있다는 것이다"라고 지적했다. 그의 관점에서 보면 "배관업자"는 "위생 배관 설비 및 전문 기술이 발전"한 결과 대중에 대해 중대한 의무를 가지게 되었다. 그와 같은 사람들은 "위생은 필수 요건이며 특히 질병 예방과 직접적으로 연관되어 있다는 점에서, 이러한 변화의 가능성이 기초 상식 및 일반 대중 교육의 문제로 발전할 때까지" 위생에 대해 계속해서 목소리를 내야 한다. 그러나 소변기 칸막이의 간격, 주어진 공간에 적당한 변기의 최대 개수, 그러한 칸막이 및 변기에 "오물 축적"을 방지하는 방법에 대한 현대 배관공의 "중요한 의견 및 경험"을 가장 경청해야 할 청자는 다른 건설업자였다. 건축을 담당한 화장실의 내부와 외부를 모두 완벽한 수준의 현대적이며 "정말로 매력적인 외관"으로 완성하려는 건설업자라면 특히 더 그렇다. 실제로 그는 "이것이야말로 배관 공동체 전체가 열렬히 환영할 조언"이라고 농담을 던지기도 했다.[46]

따라서 의학 저널과 건축 저널 모두에서 과학적 권위에 대한 호소는 직업적 담론의 중요한 부분이었고, 과학적 권위에 대한 그러한 호소는 각 영역이 발전하기 위한 결정적 순간에 개별 전문가가 지닌 전문성을 검증하는 데 도움이 되었다. 그러나 직종의 전문성을 정당화하는 담론 내에서 만들어진 약속은 분야마다 상당히 달랐다. 실내 화장실, 공중화장실 등에 대한 의학 저널의 기사들이 새로운 과학적 발견을 기반으로 정치적 로비를 펼치고 궁극적으로 대중의 복지를 향상시키는 데에 초점을 맞추고 있다면, 건축 저널에서

그림 2. W. K. 글렌, 〈현대적 배관시설〉, 《아메리칸 빌더American Builder》 기사 헤더(1925).

과학과 위생 사이에 구축된 연관성은 개별 건축가들이 가능한 한 최첨단의 배관 인프라를 구축하는데 필요한 지식과 기술을 습득하도록 장려하는 데 훨씬 더 중점을 두었다. 게다가 그 최첨단이란 과학적, 기술적 발견에서 선두에 서기 위한 것만은 아니었지만, 공공의 이익을 위한 위생 개선을 제1 목표로 하는 것도 아니었다. 건축 분야의 글이 가정용 화장실을 위한 도자기 기술을 찬양하든, 공중화장실의 좌변기와 소변기의 이상적인 기하학을 시각화하든, 그들이 찬양한 전문적 관점과 기술적 숙달은 개별 전문가들이 현대적 인프라를 완벽하게 구현할 수 있게 하는 한에서만 가치가 있었다. 그리고 현대성은 건설업자와 배관공에게 그저 새롭고 바람직한 직업적 가치에 그치지 않았다. 현대성은, 건축 담론도 주장했듯, 상당히 시장성이 높았다.

“양질의 배관 시설은 건물의 가치를 높인다”

전문직 분야에 대한 사회—과학적 관심보다 훨씬 더 오래된 것은 시장과 도덕성 사이의 복잡한 상호작용에 대한 사회—과학적 관심이다. 18세기까지 거슬러 올라가면, 샤를 드 몽테스키외와 애덤 스미스는 국제적 상업을 통해 개별 상인들이 “성실함과 시간 엄수”의 태도뿐 아니라 “점잖은” 매너를 갖추게 될 것이라고 상상했다. 19세기에 카를 마르크스와 소스타인 베블런은 자본주의 생산과 관련된 시장구조는 도덕적으로 부패한다며 강력히 비판한 것으로 잘 알려져 있다.[47] 그러나 직업사회학이 발전하며 초기에 지배적이던 단순 흑백논리의 프레임에서 벗어났던 것처럼, 경제사회학도 시간이 지날수록 보다 과정적인 이해로 옮겨 갔다. 오늘날 이 영역의 지배적 이해는 마리옹 푸르카드와 키런 힐리가 관찰한 바와 같이 “시장은 문화다. 시장이 인간의 실천 및 감각이 만들어낸 산물이기 때문”일 뿐만 아니라(물론 그것도 사실이지만), 그것은 “명백하게 규범성으로 가득 차 있는 도덕적 과제이기 때문”[48]이다(강조는 필자). 예를 들어 여러 연구에서 보여주듯, 지역의 정치운동은 새로운 시장의 출현을 촉진할 수 있으며, 이는 개별 로비스트보다 사회 변화의 속도를 훨씬 더 높일 수 있다. 인간의 장기나 생식세포 등 도덕적 부담이 큰 상품의 시장은 수요와 공급의 합리적 규칙보다 여론의 변화에 더 크게 반응한다. 그리고 가장 친밀한 관계인 가족 관계조차 어떤 사회적 유대를 다른 것보다 더 가치 있다고 표시하는 경제적 교환으로 가득 차 있다.[49]

1910년에서 1920년 사이의 건축 및 건설 전문가들도 시장성과 도덕성의 배제를 주목했다. 그들은 실내 배관 설비의 확대, 첨단 화장실의 도입, 넓은 공중화장실의 설치를 동료들에게뿐 아니라 이윤을 추구하는 시민 지도자들에게도 열성적으로 제안했다. 가령 한 보건 저널의 보고에 따르면, 뉴올리언스는 수백만 달러의 하수도 설치 및 공중화장실 시설(“위생의 관점에서 뉴올리언스를 다른 어떤 미국 도시와도 동등하게 만들” 뿐 아니라, “훌륭한 모범 사례로서 미연방의 모든 도시가 본받게” 만들 정도의 시설)의 제공을 포함한 “공공 주택 청소라는 대대적 사업”을 수행하고 있었다.[50] 한편 그와 유사한 건축 저널은 콜럼버스시의 다양한 위생 시설 개선에 다른 방식으로 접근했다. 뉴올리언스와 마찬가지로 이 도시는 이미 사람이 많은 상태에서 “인구가 급격히 증가"하고 있었다. 그러나 기사는 오하이오 지역에 거주하는 주민들의 필요보다 "사업이나 여가를 위해 이곳에 찾아오는 수천 명의 방문객 및 외부인", 특히 사업차 방문하는 사람들을 강조했다.

> 콜럼버스로 들어오는 철도 및 수송로의 네트워크와 여러 컨벤션, 주 박람회 및 기타 행사로 인해 매일같이 도시로 들어오는 사람들의 수는 열차 단위로 헤아려진다. 여행 시즌에는 매주 일요일마다 수천 명의 사람들이 콜럼버스에 찾아온다. 일요일뿐 아니라 평일에도 관광을 하거나 공공기관을 방문하기 위해 남성, 여성, 어린이 들이 콜럼버스로 몰려든다. 콜럼버스의 대규모 제조 및 상업적 이익 때문에 주의 수도를 방문하는 사업가도 많다. 이 중 많은 방문객들이 호텔에 투숙하지 않고 당일에만 이곳에 머무른다.

충분한 하수도 시설 및 공중화장실이 없다면, "삶의 일반적 편의"를 보장받지 못한 사업가들은 "화장실을 구걸하기 위해 회사나 술집에 들어갈" 수밖에 없다. 필자는 이 슬픈 상황이 "대중에게는 부끄럽고 콜럼버스에는 수치스러운" 일이라고 결론지었다.[51]

그러나 이 장의 첫 부분에서 설명했던 공중화장실을 확대하고자 노력한 볼티모어의 경우와 마찬가지로, 이러한 개선을 가치 있고 정당하게 보이도록 만들기 위해서는 로이 수다비와 로이스턴 그린우드가 "설득력 있는 언어"라고 묘사했던 바를 반드시 찾아내야만 했다.[52] 따라서 건축 전문가들은 호텔이나 백화점 등의 민간 건축물(이 시기에 이곳은 공간적 성별분리의 표본이었다)에서 이미 제공하고 있는 가장 현대적이고, 매력적이며 아름다운 화장실 시설이라는 특성을 공공시설에도 바람직한 구성 요소로서 배치했다.[53] 예를 들어 한 필자는 뉴욕 로체스터 교외 콥스 힐의 한 기차역을 "장식적이면서 매력적으로 디자인한 건축가의 천재성"을 찬양했다. 외부 장식으로는 "건

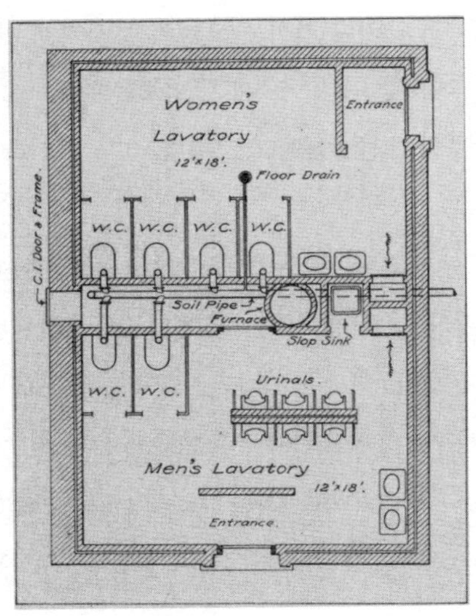

그림 3. 뉴욕 콥스 힐 공중화장실의 설계도.
〈뉴욕 콥스 힐의 공중화장실〉, 《건축의 시대Building Age》(1911)에서 발췌.

물의 측벽과 출입로의 측면"에 "붉은 벽돌"을 쌓았고 "바닥 위 벽 부분은 (…) 회반죽으로 마감"했다. 그리고 내부 장식으로는 이용객들을 위해 물을 내릴 때 "물 공급을 조절하는 밸브에 니켈 도금 파이프"를 연결했고, 둘로 나뉜 개별실에는 최신식 "자동 잠금 냉수 수전"을 설치했다. 그러나 도덕의식이 높은 도시와 시민 모두에게 가장 중요한 것은 "남성과 여성이 별도로 사용하는 공간으로 이어지는 (…) 계단이 다른 지점에 따로 설치되어 있다"는 점이었다.[54] 최근 스크랜턴에 설치한 공중화장실에서 "남자 화장실과 여자 화장실로 이어지는 계단을 완전히 다른 거리에" 배치한 점을 더 과장해서 칭찬한 기사도 있었다. 그뿐만 아니라 모든 사용자들의 사생활과 체면을 지키기 위해, 그 계단으로 향하는 두 개의 진입로를 "너무 눈에 띄지 않도록 관목"으로 가려두었다. 필자는 이를 "실로 훌륭한 배치"라고 평했다.[55]

내가 '직업적 삼투'라 부르는 문화적 흡수의 과정은 지배적 가치를 전문적 담론의 일상적 용어에 침투시킨다. 이는 전문 영역의 정당성에 대한 주장을 강화하는 동시에 기저에 있는 문제적 이데올로기를 강화한다. 그중에서도 필자들이 성별을 중심 소재로 다루는 경우, 그 삼투는 상당히 가시적인 것이 되곤 했다. 예를 들어 뉴어크에 "중앙에 위치한 공중화장실"이 새롭게 지어졌을 때, 한 글에서는 그저 "다른 지역의 화장실 설계에 나타나는 오류를 피했을" 뿐 아니라 화장실을 "둘로 나눈 뒤 건물의 같은 쪽 끝에 있더라도 남성용 출입구와 여성용 출입구를 최대한 멀리 떨어뜨렸다"는 이유로 두 건축가를 상찬했다.[56] 마찬가지로 시애틀의 건축가들도 "시 당국의 입장에서 공중화장실의 막대한 편의성에 대해 급속히 발전하고 있는 평가"에 대응하여 "화장실의 남성 구역과 여성 구역으로 통하는 출입구"를 "차양의 끄트머리에 이르기까지" 서로로부터 "가능한 한 멀리" 위치시키면서, 부르주아의 성별 이데올로기를 자신들의 작업에 연결했다.[57] 그러나 성별분리의 정당성과 수익성은 평소엔 일상적일 뿐인 기술에 대한 기록 속에 조용히 암시되는 경우가 더 많았다. 가령, 신시내티에 새로운 공중화장실이 등장한 후, 한 필자는 화장실에 설치된 현대적 설비의 매력을 자세히 설명하며, 남성과 여성에게 별도의 화장실을 제공하는 공간 분배에 강한 동의를 표했다.

> 개별실은 좌변기 유형으로, 물탱크는 칸막이 뒤편 공간에 숨겨져 있으며, 사양은 더글러스 삼손 조합과 유사한 설비를 도입했다. 대리석 칸막이 뒤로 숨겨져 있는 남자 화장실의 소변기 배관은 모트의 6067 R 새니토 임페리얼과 비슷한 사양이다. 세면대는 자동 잠금 수전이 달린 법랑 도자기로 구성되었다. 여자 화장실에는 벽에 매립형 음수대를 마련했으며, 남자 화장실의 중앙에는 스탠더드 아티산 P 639와 비슷한 음수대가 설치되었다.[58]

분명히 말하자면 건축적 담론도 대중에 대한 관심은 결코 부족하지 않았

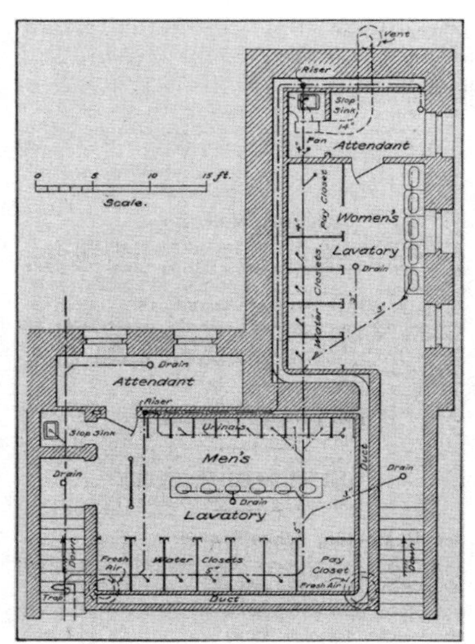

그림 4. 뉴욕 로체스터 공중화장실의 설계도,
〈공중화장실 세부도〉《건축의 시대Building Age》(1911)에서 발췌.

으며, 때로는 과감한 태도로 불평등한 젠더 이데올로기를 영속화하기도 했다. 그러나 대중에 대한 관심의 측면에서, 공공의 이익을 고려해야 한다는 광범위한 요구는 근대성을 향한 찬가에 비해 영향력도 적고 정교함도 떨어졌다. 한 저널에서는 공원 건물 및 교회의 설계와 같이 보다 시급한 문제로 재빨리 넘어가기 전 짧게 "미국 전역의 도시에는 공중화장실이 필요하다. 그것은 혼잡한 모든 지역의 건강과 복지에 반드시 필요한 공공의 필수 요소이며, 이전에 화장실을 제공하던 약간의 술집이 사라진 이후 그 필요성이 한층 더 절실해졌다"[59]고 언급했다. 젠더 이데올로기 측면에서 여성이 있어야 할 곳은 가정이라는 주장은 전문적 글보다는 일반 잡지에 훨씬 더 흔하게 등장했다. 가령, 한 일반 출판물은 여성을 "배관 설비 및 가정의 위생 상태를 유지하는 데 도움이 되는 방법에 대한 지침과 관련된 기저의 과학 원칙"을 지지하기 위해 “과학과 사회를 연결하는 근대의 가교”로 위치시켰다.[60] 또 다른 기사에서는 이런 활동을 하는 목표가 여성들이 “일반적으로 가정적이라고 분류되는 기술을 잘 아는 만큼이나 건축에 대해 잘 알게 하는 것”이라고 썼으며, 이는 여성 대상의 한 교육에 따르면, “인간의 삶을 향상시키기 위한 하나의 수단으로써 건축에 대한 깊은 이해”를 촉진하는 것이 “단순히 필요”하기 때문이었다. 더욱이 그러한 교육에서 “구조 과학으로서”, 즉 “건물이란 무엇을 위한 것이며 남성과 여성을 어떻게 도와주는지를 알려주는 과학”으로서 건축을 가르치는 것은 필수적이었다. 그러한 교육을 통해 여성들은 더 능숙하게 “가정을 [관리하고] 더 올바르게 [관리]할” 수 있게 되어 결과적으로 “삶을 더 훌륭하고 고상하게 만들 뿐 아니라, 모든 예술 작품이 그래야 하듯 건물에서도 선을 위한 세련됨과 영향력을 끌어내”게 된다.[61]

그러나 공공 인프라의 시장성이 점점 더 높아짐에 따라, 건축 및 토목 저널들은 수사적 호소를 개인 투자자들의 관심을 끄는 언어 쪽에 압도적으로 집중시켰고, 그렇게 함으로써, “화장실의 경제”에 대한 그들의 언어 속에 성별 구분이 은근히 스며들게 만들었다.[62] 일부는 “훌륭한 배관 시설은 건물의 가치를 높이”기에 “잠재적 사용자”의 관심을 끌기 위해 “매력적일 뿐 아니라 고급스럽기까지 한” 좌변기와 소변기를 포함하도록 홍보하면서, 그만큼 배관 작업의 가격을 높여야 한다고 주장했다.[63] 다른 일부는 가정용 화장실, 준공중화장실, 공중화장실 등 모든 종류의 화장실 시설에 담긴 “작은 사치와 편리함”의 혜택을 찬양했다. 가령 주택의 경우, 욕실에 “현대식 설비”를 설치하면 “잠재적 세입자 및 구매자”가 기꺼이 지불하고자 하는 금액이 높아질 것이며 상업 공간에서 “사업가”들은 “여러 건물의 배관 설비를 고려할 때 거의 자신이 거주할 집을 고를 때만큼 관심을 기울일” 것이라고 추측하기도 했다. 그리고 공중화장실에 대해 사용자들은 설비의 “준수한 설계, 정확한 자재, 적절한 시공”에 대해 보는 눈이 점점 더 높아졌고, 특히 여자 화장실과 남자 화장실에 별도의 "가구 및 설비"를 갖추는 것을 중요한 고려 사항으로 삼았다.[64] 그러나 또 다른 사람들은 "믿음직한 제조업체가 만든 유리 도기, 도자기, 법랑 등을 사용한 현대적이고 위생적인 설비"가 곧 전 세계에서 "미국의 우월성"을 나타내는 또 하나의 신호가 될 것이며, 미국의 배관 기술의 발전에 비해 "훨씬 뒤처져" 있는 "구세대 국가들"에게 이를 팔 수도 있다고 예상했다.[65] 그러나 이 모든 담론들은 가능한 한 "가장 현대적인 화장실 시설"을 추가하여 공공시설 건축의 전체 비용이 상당히 증가한다 해도, 필라델피아의 새로운 리그 아일랜드 공원이 그랬던 것처럼, 공중화장실이 그 지역에서 "가장 크고 매력적인" 곳, 나아가 세계 어디에서도 "복제할 수 없는" 곳으로 완성된다면, "테네시 대리석", "자동" 설비, 그리고 남녀 화장실의 "별도 제공"에 비용을 투자하는 것도 충분히 가치가 있다고 판단했다.[66]

젠더의 제도적 성취의 첫 번째 요소: 제도적 유동성

그리하여 젠더에 대한 믿음이 진보 시대 사회생활의 많은 영역에서 뜨겁게 논쟁되고 재검토되고 변형되는 동안, 공중화장실을 다룬 건축 분야의 글에서만은 그 믿음이 여전히 흔들리지 않았다. 그러나 놀랍게도 그 흔들리지 않는 입장은 여성이 본성적으로 나약하며 공적 영역에서 고유의 취약함을 가진다고 추정하는 문화적 믿음과는 직접적으로 관련이 없는 경우가 많았다. 물론, 법학자 테리 코건이 직장 화장실에 대한 역사적 연구에서 발견했듯이, "여성은 체력과 지적 능력 모두에서 본질적으로 남성보다 약하다"는 믿음에 기반하고 있는 "정숙함에 대한 후기 빅토리아 사회의 [퇴행적] 시각"이 특정 종류의 공중화장실은 성별에 따라 분리해야 한다는 입법 요구를 강화하는 데 실로 강력한 영향을 미친 것은 사실이다.[67] 그리고 더 깊이 파고들면, 배관 전문가 지망생들이 내세운 사생활과 체면에 대한 중산층과 상류층의 시각 역시 여성의 신체는 무력하다는 추정 및 19세기 여성의 사회적 종속성에 확고하게 뿌리를 두고 있었다. 그러나 이 장에서 내가 연구하는 전문가 담론의 경우, 위생에 관한 새로운 과학을 현대성의 시장성에 주목하는 관점에 연결하려는 담론적 노력은 공중화장실의 성별분리가 제도화되는 과정 못지않게 강력한 경로였다. 그 직업적 삼투의 과정, 즉 정당화 전략의 일환으로서 헤게모니적 문화적 가치가 거의 감지할 수 없을 정도로 은근하게 전문적 담론의 일상용어로 흡수되는 과정은 궁극적으로 젠더 이데올로기가 미국 화장실 건축에 가장 크게 미친 영향은 여전히 간접적인 방식, 즉 오직 20세기 초입에 이루어진 다른 조직의 변화를 통해서만 영향력을 발휘하는 방식에 의한 것이었음을 의미한다.

〈계층, 직업, 신체: 젠더화된 조직에 대한 이론〉에서 조앤 애커는 조직 담론의 이러한 미묘함이 젠더 불평등의 재생산과 밀접하게 얽혀 있음을 발견했다. 그의 설명에 따르면, '성중립'이라는 조직 논리로 직장에서 남성과 여성 사이에 동등한 경쟁의 장을 제안할 수도 있겠지만, 실제로 그것은 직장의 암묵적 계층화를 숨길 뿐이다. 성중립은 곧잘 조직의 모든 행위자는 남성이며 그들이 남성성의 문화적 표지를 구현한다는 전제를 감추는 역할을 하기 때문이다. 간단히 말해서 애커에게 젠더는 젠더화된 행동의 배경을 이루며 그것을 형성하는 조직 환경과 별개로 작용하는 문화적 힘이 아니라, 바로 그 동일한 조직적 힘의 일부이거나 더 정확히 말하면 그것의 산물이다. 하지만 애커의 논문은 그러한 조직 내의 성차별을 뒤집으려는 노력만큼이나 조직을 연구하는 학자들에게도 행동을 촉구했다. 사회학자들이 관료적 기능의 모든 측면에 스며 있는 암묵적인 이데올로기적 전제를 간과한다면, 젠더와 같은 문화적 분류 체계가 실은 "통제와 지배의 과정을 이루는 복잡한 구성 요소"임을 파악하기는 불가능하다고 애커는 주장했다.[68] 즉, 젠더의 작동 방식, 특히 젠더가 관료적 구조 내에서, 그리고 그것을 통해서 작동하는 방식을 진정으로 이해하기 위해서는 먼저 이데올로기가 조직 생활을 뒷받침하는 수많은 미묘한 경로를 반드시 밝혀야 한다.

젠더에 대한 이데올로기적 전제가 거의 감지할 수 없는 방식으로 유입된다는 점을 감안할 때, 세기 초 건축과 토목 저널은, 애커의 주장 중 젠더를 조직의 정책, 절차 및 담론에 지속적으로 주입하는 방식은 공공연하기보다 은근할 때가 더 많다는 핵심 명제를 분명히 확인시켜준다. 젠더의 차이 및 구별에 관해 두드러지는 증거만을 찾는다면, 개발되고 시각화되고 설명되는 배관의 이상향 속에 가부장적 추정이 천천히 지속적으로 스며드는 양태를 놓치기 쉬울 것이다. 사실 내가 오직 전문적 과정에만 초점을 맞춘다면, 이 장에서 다루는 화장실의 성별분리에 대한 이야기가 훨씬 더 단순하게(그리고 부정확하지도 않게) 표현될 수도 있다. 그 서사는 이런 식으로 진행될 것이다. 20세기 초, 자신의 직업을 어엿한 전문직으로 자리매김하고자 한 설계 실무자들은 과학적 발견을 참조하고 과학적 어휘를 활용하여 그들의 지식 및 훈련을 전문적인 것으로 나타냈으며, 그에 따라 모방할 수 없는 현대성과 시장성을 갖추고 있음을 과시했다. 그러나 애커의 핵심 주장은 그렇게 중립적으로 보이는 언어 속에 도사리고 있는 위험을 찾아내야 함을 상기시킨다. 그리고 여기서 건축가와 기술자들이 젠더에 대한 세기 초의 헤게모니적 믿음을 의도적으로 강화하려고 나서지는 않았다 해도, 그러한 믿음은 여전히 그들의 담론적 작업은 물론 그들이 모범 사례로서 서로에게 전파한 전문적 실천에도 스며들었다. 따라서 그들의 글에 담긴 객관성의 겉모습은 젠더화된 신체, 성적 사생활, 적절한 사회적 경계에 대한 부르주아적 신념이 미국 도시 및 지역사회의 물리적 건축구조에 침투하는 것을 감춰주었다. 요컨대 젠더화된 조직에 대한 애커의 연구가 예측하듯, 건축 전문가들의 일견 가치중립적인 담론은 분명히 불평등한 젠더적 현실을 위장한다.

그러나 삼투라는 화학적 은유는 다른 제도적 논리의 변화가 젠더화된 조직의 이데올로기적 힘과 어떻게 불가분의 관계를 맺는지를 전면에 내세우기 때문에 이를 통해 애커의 연구에서 한 걸음 더 나아갈 수 있다. 건축 분야 필자들이 현대적 인프라를 시 공무원, 지역 사업주, 화장실의 예비 사용자들에게 설득할 때, 그들은 도덕적 적절성을 계층화한 시각을 서서히 전문화 담론에 동화시켰는데 이 작업은 두 가지 층위에서 이루어졌다. 그들은 위신의 정치에 의지하여 중산층 및 상류층의 개별 독자들(그 독자들이 동료 전문가든, 시 공무원이든)에게 담론을 호소하고자 했으며, 자신들의 산업 전체의 직업적 지위를 향상시키기 위한 언어를 사용했다. 물론 다른 문헌을 살펴보면 애커도 계급과 젠더가 중첩되어 영향을 미친다는 점을 인식하고 있다. 예를 들어 〈불평등 체제: 조직에서의 젠더, 계급, 인종〉은 첫 문장에서부터 "미국 및 다른 산업국가에서 사회적, 경제적 불평등의 대부분은 조직 안에서, 그리고 업무를 조직하고 실행하는 일상적 활동 속에서 발생한다"[69]고 지적하며, 이어서 계급과 인종이라는 요소가 관료적 환경 안에서 젠더화된 개인(과 특히 젠더화된 노동자)의 바람직한 행동 양식에 대한 우리의 기대를 정확히 어떻게 형성하는지 설명한다. 그러나 젠더와 계급은 개별 노동자에게 영향을 미치는 만큼이나 조직적 절차를 형성하며, 따라서 젠더와 계급이 조직적 담론을 형성하는 방식은 마치 용매 속의 분자처럼 계속해서 움직이고 재정착한다.

이러한 산업 내 과정을 분석하면서, 나는 젠더를 제도적 성취의 산물로 이론화하는 데 필요한 첫 번째 요소를 도출하고자 한다. 즉 제도적 흡수 및 적응, 한마디로 유동성에 핵심 초점을 맞추는 것이다. 분자가 끊임없이 세포막을 통과하며 움직이듯, 젠더에 대한 믿음도 형식을 갖춘 조직을 통과하며 끊임없이 움직인다. 그러나 세포와 마찬가지로 조직도 선택적으로만 침투할 수 있다. 따라서 사회학자들이 어떤 젠더 규범이 지속적으로 제도화되는지(그리고 제도화되는 이유와 방식은 무엇인지) 진정으로 이해하려면 또한 젠더를 둘러싼 믿음의 흐름, 특히 젠더 중심의 이데올로기를 공식적인 조직 담론에 침투시키는 믿음의 움직임을 연구해야 한다. 예를 들어, 공공 토목 기술자들에게 전문 업종으로서 자기 분야의 정당성을 확립해야 할 필요가 있었음을 먼저 파악하지 못한다면, 어떤 특정한 역사적 순간에 왜 성별분리가 공중화장실의 구성적 요소가 되었는지 이해하기란 여전히 어려울 것이다. 마찬가지로, 새로운 공공 편의 시설의 평면도와 백화점의 평면도에 공통점이 상당히 많다는 점을 간과한다면, 계급 정치가 어떻게 오늘날 공중화장실의 조상격인 화장실을 말 그대로 형성했는지 파악하지 못할 수 있다. 그러나 젠더와 간접적으로밖에 연관되지 않은 변화까지도 포착할 수 있다면, 우리는 젠더에 대한 특정한 기대(성별화된 몸과 성적 사생활에 대한 중산층과 상류층의 끈질긴 믿음)가 언뜻 보기에 젠더와는 명확한 관련이 없어 보이는 조직의 절차(가령 19세기 말 등장했던 배관 분야의 "모범 사례"의 결정체처럼)에 어디서 어떻게 조용히 흡수되는지 좀 더 쉽게 알 수 있다. 그리고 그 결과 우리는 급진적 사회 변화에도 불구하고 왜 이따금 전통적인 젠더 이데올로기가 바뀌지 않고 버티는지 파악할 수 있다. 이는 그 어느 때보다 더 많은 미국 여성이 작업장과 도시 거리에서 미국 남성들과 공간을 공유하기 시작한 어떤 역사적 순간에 오히려 성별분리가 공공 편의 시설에 한층 본격적으로 도입되었던 사례에서도 마찬가지다.

또 이러한 제도적 흐름 중 몇 가지 특정 사례는 향후 수십 년간 계속해서 화장실 인프라의 진화를 만들어가게 되었다. 이는 이 장에서 언급했던 공중화장실의 대다수가 폐쇄되었던 1930년대를 훨씬 넘어서까지 이어진다.[70] 1927년 캘리포니아에서 최초의 통일 건축법 초안을 작성하고 승인하기 위해 국제건축공무원회의를 소집했을 때, 엘리트 기업 및 도심 공중화장실에 지배적으로 도입된 공간적 구분은 이후 지어지는 모든 건물과 구조물의 "안전하고 안정적인 설계"[71]를 위한 전문적 지침으로 문서화되었다. 따라서 다른 국가의 여성들이 이전엔 성중립적이었던 공중화장실을 성별에 따라 분리하기 위해 수십 년 동안 캠페인을 벌여야 했던 반면[72], 20세기에 미국에서 새로 지어진 화장실의 대부분은 자동적으로 성별이 구분된 공간으로 설치되었다. 그리고 1940년대와 1950년대에 시의 보건 공무원이 가정 및 공공 배관 시설의 "안전과 청결성"을 보장하기 위한 선전을 시작하면서, 그들은 "상이한 규정의 난립으로 인한 혼란 및 통일성 부족"을 경감시키기 위해 배관 관련 규정을 중앙 집중식 지침으로 통합하는 작업을 추진했다.[73] 더불어 "건축가, 건설업자, 배관업자, 배관 기사, 자문 기사"[74] 그리고 보건부가 전적으로 이 통합을 주도해야 한다고 주장했다. 따라서 의사는 실제로 "한 번에 한 명을 대상으로 작업"할 수밖에 없지만, 배관공은 "한 번에 한 가구 전체를 대상으로 작업"[75]할 수 있다는 건축 전문가의 주장처럼, 건축 및 토목 공학이라는 새로운 전문 업종의 집합적 힘은 20세기 향후 미국 배관업의 모든 부분에 막대한 영향을 미치게 되었다.

3

화장실 규제

먼 옛날, 때늦고 실패한 성평등 수정안이 주 의회에서 검토되고 있을 때, 일부 반대자들은 걸핏하면 "만일 성평등 수정안이 통과되면, 우리는 남녀공용 화장실을 써야만 하게 될 것이다"라고 경고했다.

엘런 굿맨Ellen Goodman, 〈평등을 위해 별개로?〉, 《워싱턴 포스트》, 1998년 2월.

1970년 8월, 2만 명이 넘는 여성들이 뉴욕의 거리에 모여 '평등을 위한 여성 파업'을 벌였다. 비준을 위해 필요한 36개 주의 승인에 테네시주가 마지막으로 아슬아슬하게 동참하면서 50년하고도 이틀 전에 통과된 수정헌법 제19조(여성의 참정권을 인정한 헌법 수정안 — 옮긴이)를 기념하여 열린 이 대규모 시위는, 《타임》지의 표현에 따르면 "참정권 시위 이후 가장 큰 여성 인권 집회"였다.[1] 전미여성기구의 초대 회장인 베티 프리단은 여성해방운동에 대해 높아지는 관심을 두드러지는 집단행동으로 전환하기 위한 최선의 전략을 짜고 있었고, 처음엔 진정한 파업을 구상했다. 엄마들은 "국가적 양육 시스템의 필요성을 극적으로 드러내기 위해 정부와 기업 사무실에 아이를 맡길" 것이고, 비서들은 "타이핑 작업을 중단"할 것이며, 가정이나 직장에 매이지 않은 젊은 여성들은 "쇼핑을 중단"할 것이었다.[2] 그러나 비록 일시적이라 한들 일하는 여성을 일터에서 벗어나는 위태로운 상황에 처하게 만드는 대신 저녁 5시 직후에 "열정적인 시위대"가 맨해튼 5번가를 행진하게 되었고, 프리단의 표현에 따르면 "아무리 과감한 상상을 한들 그 상상을 초월하는" 수의 인원이 참가했다.[3]

또한 프리단의 예상을 뛰어넘은 것은, 전국 각지에서 개최된 비슷한 집회의 인기였다. 뉴욕 집회의 기록적인 참가자 수는 분명히 독보적이어서, 실제로 러시아워가 절정인 시간에 "여성들의 행렬을 한 차선으로 제한"하기 위해 시에서 최선을 다해 노력했음에도 결국 "교통체증이 지속"되어 몇 시간 동안이나 "경적 소리가 공중을 가득 메우는" 사태를 막지 못했을 정도였지만[4], 다른 지역의 집회도 그 자체로 상당히 주목할 만했다. 컬럼비아특별구에서는 이른 오후에 천 명이 훌쩍 넘는 여성들이 "우리는 평등을 요구한다"고 적힌 현수막을 앞세우고 코네티컷 애비뉴를 급습했고, 그 집회에 참가할 수 없었던 공무원들은 "러셀 상원 사무실 건물에서 [여성의 권리에 대한] 교육"을 주도했다.[5] 로스앤젤레스에서는 수많은 여성 시위자들이 "좁은 보도에 갇혀" 있으면서도 언론인, 시 공무원, 지나가는 노동자에게 전단을 배포하여 여성의 "저임금"은 물론 그보다 더 큰 문제인 실업률 증가에 관심을 모으는 데 성공했다. 버클리에서는 여성들이 "냄비와 팬을 등에 메고" 거리에 나섰으며, 보스턴에서는 한 여성이 "거대한 종이 타자기에 사슬로 묶인 채" 혼자서 행진했다. 네 명의 과격한 펜실베이니아인은 가차 없이 여성운동을 조롱한 라디오 진행자가 있는 "피츠버그 라디오 방송국에 계란을 던지다"가 잡히기까지 했다.[6] 한 기자는 이날에 대해 "전체적으로 여성의 권리라는 문제에 대해 남성과 여성이 새로운 지지는 물론 의심의 여지없이 새로운 인식을 얻게 된 날이었다"고 결론지었다.[7]

그 "새로운 지지"와 "새로운 인식"은 같은 해 8월 여성권리운동을 위한 또 하나의 기념비적 진전을 만들어내는 데 한층 더 힘을 발휘했다. 드디어 미국

헌법의 성평등 수정안을 하원 안건으로 올릴 수 있게 된 것이다. 이 예비 수정헌법은 "법에 따른 권리의 평등은 성별을 이유로 연방이나 주에 의해 감소되거나 축소되어선 안 된다"고 간단히 명시하고 있다. 이 수정안이 처음으로 하원에 등장한 것은 무려 50년 전이었고, 그 이후 "40년 이상" 한 해도 빠짐없이 매번 검토 대상으로 다시 의회에 제안되었다.[8] 그러나 "여성단체의 거대한 연합"이 견고하게 조직된 연방 로비스트 및 다양한 풀뿌리 활동가들과 함께 작업한 덕분에, "여성에 대한 법적 불평등의 마지막 잔재를 쓸어버리는 것"[9]에 대한 연방 의원의 지지가 충분히 결집되었고, 마침내 1970년에 수정안을 표결에 부치게 되었다. 그리고 '성평등 수정안'이 하원 법사위원회에서 하원 원내로 빠르게 이동했던 만큼, 그것은 1971년 10월 12일 압도적으로 통과되어 상원에 진출했다.[10]

그러나 안타깝게도 상·하원 모두의 승인을 받는 과정에 방해물이 없는 것은 아니었다. 여성운동의 오랜 균열은 일련의 과속방지턱을 설치했는데, 여기에는 성평등 수정안을 전면적으로 지지하는 부유하고 학력이 높으며 대부분 백인인 여성들과 수십 년의 역사 내내 수정안에 반대하며 적극적으로 로비를 벌여온 노동계급 여성들 간의 분열이 포함된다. 디트로이트의 한 노조 지도자가 설명했듯, 성평등 수정안은 규제를 없애는 성격이 매우 강하기 때문에 "여성의 일간 및 주간 최대 노동시간을 제한"하는 보호 법령을 위협했으며, 이는 "낮에 조립 라인, 세탁 공장 혹은 호텔에서 임금노동"을 마치고도 여전히 "집에 돌아가 요리와 청소를 하고 아이를 돌봐야" 하는 여성들에게 매우 위험한 제안이었다.[11] 수정안이 "부친에게 자녀의 부양 책임을 강제하는 주법을 무너뜨릴" 수 있다고 우려하는 반대자들도 있었다.[12] 더 위험하게는 젊은 여성들이 젊은 남성과 동일한 군 징집 및 전투 규정의 적용을 받을 수도 있다는 우려도 있었다. 이에 대해 존 스테니스 상원 군사위원장은 "얼마나 많은 상원의원들이 이 나라의 젊은 여성들, 상당수가 어린아이의 어머니인 여성들이 군화를 신고 병영에서 생활하는 꼴을 보고 싶어 하는 것입니까?"라고 추상같이 일갈했다.[13]

그러나 무엇보다 가장 큰 방해물은 성평등 수정안이 법 안에, 어쩌면 사회 전체에 존재하는 성차를 모조리 없애버릴지도 모른다는 의심이었다. 실제로 상원 법사위원회가 기존의 가족법과 군사 절차를 그대로 남겨두기 위해 수정안의 어구를 변경할 가능성을 검토하는 동안, 샘 어빈 상원의원은 "남성과 여성은 달라야 한다는 '하느님의 선한 계획'에 대한 일장연설"로 상원에서 악명을 떨쳤다.[14] (그러나 그의 아내는 그 연설의 방향성을 전적으로 지지했다. 그는 언론을 상대로 "당신들은 이 문제에서 내가 남편에게 동의하지 않을 거라 예상했겠지만, 나는 샘이 완전히 옳다고 생각한다. 나는 그가 여성들을 도우려 하고 있다고 믿는다"라고 발언했다. 다만 그는 모든 여성이 그렇게 생각하지 않을 수 있다는 점도 이와 같이 인정했다. "내 딸은 약간 불만을 가지고 있다."[15]) 성평등 수정안 지지자들이 "평등이라는 십자가에 여성들을 못 박는다"[16]는 어빈의 비난의 핵심에는 수정안으로 인해 "남녀 별도의 감옥과 별도의 공중화장실과 같은 성차"[17]마저 모두 불법이 될지도 모른다는 주장이 있었고, 이는 다른 무엇보다 결정적인 경고가 되었다. 게다가 성평등 수정안 지지자들이 그러한 주장은 수정안이 상원을 통과하지 못하게 막는 "연막"이라고 비난하자, 그에 발끈한 어빈은 하버드대학과 시카고대학에서 두 명의 법학 교수를 섭외하여 성평등 수정안이 통과되면 "남녀로 분리된 화장실 시설"[18]을 의무화하는 주법이 무효화될 가능성이 높다는 확인을 받았다.

성평등 수정안 지지자들은 어빈이 여성의 권리를 위한 운동을 가능한 한 가장 진부한 "화장실 농담"[19]의 안건으로 축소하는 데 계속해서 저항했고, 결국 수정안은 1972년 3월 22일 다시 한번 압도적으로 상원을 통과했다. 이후에 그들은 심지어 뉴욕주 같은 곳에서도 비준에 대한 지지를 얻었는데, 뉴욕주는 예전에 성평등 수정안이 "여성과 남성이 공중화장실을 함께 사용하도록 강요"할 것이라는 우려로 인해 여러 카운티에서 수정안 승인에 찬성하는 여성보다 남성이 더 많은 놀라운 성별 편향이 나타났던 곳이었다. 그러나 다른 주의 성평등 수정안 찬성 운동 중에는 그렇게까지 운이 좋지 않은 경우도 많았다. 예를 들어 버지니아주 상원에서는 찬성표가 단 한 표 모자랐는데, 문제의 그 상원의원이 각 주에서 여전히 "여성과 남성의 신체적 차이를 고려한 법", 특히 "성차를 존중한 사생활"[20]에 관련한 법을 통과시킬 수 있다는 확신을 가졌다면 얼마든지 찬성으로 넘어올 수도 있었다. 심지어 불과 몇십 년 전 여성 참정권에 결정적 한 표를 던졌을 뿐 아니라 최초에 성평등 수정안을 승인한 열 개 주 중 하나였던 테네시주도 "'남녀공용' 화장실"의 망령을 동원한 성평등 수정안 반대의 수사가 펼치는 "감정적 캠페인"의 희생양이 되어 결국 이전에 던졌던 비준 찬성표를 번복하기에 이르렀다.[21]

• • • • •

평등권 수정안의 도전 및 고난이 보여주듯, 20세기 중반 미국의 젠더에 대한 법적 풍경은 아찔한 문제였다. 이는 여러 측면에서 제2차세계대전 후 노동 분야에 전개되었던 마찬가지로 현기증 나는 변화에서 비롯한 현실이다. 공정하게 말하자면 20세기 중반에 미국에서 여성이 노동력으로 존재한다는 사실 자체는 (특히 부유한 지역사회 외부에선) 새삼스러운 일이 아니었고, 여성 노동자가 겪는 고유한 어려움을 지원하고자 하는 법은 (설령 그 법이 진정한 보호라기보다는 온정주의적인 성격이 더 강했다 하더라도) 이미 수십 년 넘게 존재해왔다. 그러나 한때는 중산층 여성에게 유급 노동시장이 아내와 어머니라는 보다 영구적인 임무로 향하는 도중에 일시적으로 들르는 곳이었다면, 점차 대부분의 미국 여성이 성인이 된 이후에는 꾸준히 정규직 지위를 유지하기 시작했으며 심지어 사업, 법, 의학과 같이 남성이 지배하는 영역에까지 자리를 잡았다. 한때는 어떤 소득 계층에서든 기혼 여성 및 유자녀 여성이 노동시장에 참여하는 것에 관한 문화적 낙인이 심했지만, 젊은 여성들은 자신의 삶이 결혼에 따른 상황보다는 커리어로 규정되리라고 기대하기 시작했고, 그에 따라 장래에 자신의 직업적 성공을 뒷받침해줄 교육 기회에 투자했다. 그리고 과거엔 주의 노동 규제로 여성의 고용 상태를 제한하는 것이 보편적이고 고정적인 노동환경이었으나, 이제는 성에 따른 차별을 보장하기보다는 방지하는 주법 및 연방법이 등장했다. 특히 1964년 민권법 제7조는 인종, 피부색, 종교, 출신 국적 그리고 이 장에서 가장 중요한 성별에 기반한 고용차별을 금지했다.[22]

이러한 초기의 법적 프레임은 직장 내 화장실에 새로운 법적 지평이 도래하는 것을 포함하여 이후 수십 년 동안 미국의 일터에 많은 연쇄적 영향을 미쳐왔다. 적절한 화장실 시설이 제공되지 않을 수 있다는 가능성은 연방법원에 소송을 제기할 구실이 될 수도 있었다. 1장에서 화장실 관련 공공 정책의 종합적 역사에 대해 깊이 설명했듯이, 1960년대부터 1990년대까지 여성의 노동 참여가 증가함에 따라 미국의 직장에 동등하지만 별개인 남녀 화장실을 의무화하는 주법의 수는 급격히 치솟았다. 그러나 21세기에 접어들면서 성별에 따라 직장 화장실을 규제하는 입법적 관심은 포화 상태에 이르렀고 곧 크게 감소했다.[23] 반대로, 성별 및 직장 화장실과 관련된 최초의 연방 소송이 1960년대 후반 연방 소송 일람표에 선명히 자리 잡은 문제가 된 이후로, 매 10년마다 심리되고 판결된 소송의 수는 꾸준히, 그리고 기하급수적으로 증가했다. 1970년대에는 성별과 직장 화장실 관련 불평등을 문제 삼은 소송이 열일곱 건에 불과했지만, 그 수는 1980년대와 1990년대를 거치며 네 배 이상 증가하여 총 100건 이상이 되었다. 그리고 2010년까지는 거기에 100건이 더 증가했으니, 그때까지도 소송이 늘어나는 속도는 똑같이 유지되었다.

이 장에서는 1967년부터 2013년까지 작성된 직장 화장실에 대한 연방 의견서 256건을 분석하여 그러한 법적, 문화적 변형의 흔적으로 남은 텍스트를 검토한다. 표현의 자유나 세법만큼이나 화장실에 관한 법적 틀도 고유한 특성을 가진다는 점을 감안할 때 이 시기에 연방법원은 화장실에 대해 놀라울 정도로 다양한 범위의 불만을 다루었지만, 나는 구체적으로 화장실이 성차별 혐의에 휩싸인 사건, 일견 특수한 주제처럼 보임에도 불구하고 민권법 제7조의 더 넓은 범위를 설명하는 데 꼭 필요한 사건들로 논의의 초점을 제한하고자 한다. 사실 연방법원은 직장 화장실의 형태, 범위, 분리 여부에 대한 불만들을 경박한 것으로 폄하하지 않았고 오히려 해가 갈수록 화장실 관련 차별을 더욱 심각하게 받아들였다. 노동이 행해지는 사회조직에서 일어나는 구조적 변화와 법적 판례의 제도적 진화에 대응하면서, 그들은 성평등에 대한 새로운 문화적 서사를 이미 판례에 올라 있는 권위 있는 차별 소송에 대한 창의적 재해석과 함께 뒤섞었다. 그렇게 함으로써 그들은 미국 전역의 직장에서 여성과 남성에게 동등하게 사용 가능하고 동등하게 접근 가능한 화장실을 제공하도록 의무화하는 것을 도울 뿐 아니라, 법의 관점에서 관여할 수 있는 성차별의 정의를 지속적으로 확대했다.

그러나 성평등을 향한 이러한 진전과 더불어 치명적인 문화적 정체가 있었다. 내가 내용과 주제적 구조(엄격하게 연대순을 따르지는 않았다)의 측면 모두에서 분석했듯이, 화장실 차별에 관해 법원에서 가장 큰 반향을 불러일으킨 법적 주장은 본질적 성차에 관한 의견을 근거로 한 것이었다. 특히 사법적 개입을 요구하는 소송인들은 고립감, 배척감, 굴욕감, 당혹감 등을 차별 주장에 대한 구체적 증거로 사용하며, 연방 판사들 역시 법적 조치를 취할 만한 화장실 침해가 실제로 발생했는지 여부를 판단하는 데 체화된 감정의 부산물을 사용한다. 게다가 의견서 중에는 젠더화된 몸이 되는 정동적인 경험(나는 이를 '**젠더를 실감하는 경험**feeling gender'이라고 부른다)에 대해 남성과 여성은 물론 시스젠더와 트랜스젠더 소송인을 모두 동등한 방식으로 다루는 경우도 있지만, 대부분의 의견서는 시스젠더 여성의 몸이 특히 더 위해를 입기 쉽다는 프레임을 가지고 있다. 따라서 연방법원이 성차별의 법적 경계를 판단할 때마다, 그들은 또한 미국 법의 문면과 정신에 성차에 대한 문화적 믿음을 새겨 넣는다. 즉 이러한 법적 과정은 여성의 신체는 취약하며 그들의 사생활은 명백히 신성하다는 이데올로기를 영속화하며, 무엇보다 중요하게도 우리 모두는 물질 세계의 가장 개인적인 측면 중 하나인 우리의 신체를 성별화된 실체로 인식해야 한다고 암시한다.

"화장실이 없다"

미국의 법사학자들과 미국의 대학 학점 선이수 시험의 정치학 과목을 공부하는 고등학교 졸업반 학생들은 알고 있듯이, 미국 연방법원의 가장 결정적인 특징 중 하나는 영국 공법에서 차용한 '선결 구속력의 원칙stare decisis'이다. 19세기에는 법원이 너무 정치적이며 사건을 판단하기 위한 법적 절차가 부족하다는 믿음이 널리 퍼져 있었다. 이에 대응하여 대법원은 과거에 내려진 판례에 따른다는 규범을 채택하고, 이를 통해 법원이 내린 결론의 공정성과 중립성을 더욱 굳게 다지고자 했다. 이후로 이 관행은 연방법원 체계의 모든 단계로 전파되었으며, 이제는 법적 판단에 의견서를 더하는 관행을 통해 선례의 논리도 더욱 체계화되었다. 오늘날, 정치학자, 법학자, 사회학자 들은 모두 판례가 실제로 법원의 법적 행동을 어느 정도 구성하는지에 대해 논쟁하고 있다. 이에 법학자들은 일반적으로 "대부분을 형성한다"고 주장하고 사회과학자들은 관습의 영향력과 마찬가지로 "사람들이 생각하는 것만큼은 아니"라고 주장하지만, 우리는 모두 계약 조항이나 행정적 결정의 정당성을 설명하는 사유서를 작성할 때 판례가 결정적인 역할을 한다는 데 동의하는 경향이 있다. 실제로 최근의 경험적 증거에 따르면, 설득력 있는 논리로 근거를 충실히 갖추고 있다면, 더 오래된 대법원 판결을 새로운 사건에 인용할 가능성이 높으며, 과거 판례를 무효화하는 새 판결은 판례를 보존, 유지하는 판결에 비해 한층 신중하게 과거 판례에 기반을 두는 경향이 있다. 이는 의견서를 집필한 판사가 보수파든 진보파든 마찬가지다.[24]

과거 판례와의 문서상 일관성이 계속 유지되어야 한다는 점을 고려할 때, 연방법원에서 성별과 화장실을 둘러싼 직장 내 갈등을 중재한 초기 사건 중 다수는 성차별에 관해 가장 익숙한 용어를 중심으로 다루어졌다. 즉, 고용주가 고의로 화장실 시설을 여성의 훈련, 고용, 승진을 거부하는 전략으로 이용했다고 주장한 것이다. 1973년 연방법원에서 화장실을 직장 내 성차별의 한 가지 경로로 다룬 최초의 사건인 오스타포비치 대 존슨 브론즈사 소송 Ostapowicz v. Johnson Bronze Co.에서, 일군의 여성들은 여성 기계공에 대한 의도적 차별을 주장하는 집단소송을 제기했다. 그 공장에서 교육은 "그저 지켜보는 것만으로 이루어졌으며" 공장 기계가 조립될 때 "여성들은 설정을 보고 있지 말고 화장실에 다녀오라는 지시를 받았다".[25] 화장실을 이용해 고용된 여성들을 중요한 직장 경험이나 교육에서 물리적으로 분리시키면서 여성 노동자들의 접근을 차단하고 남성 노동자에게 직접적으로 이득을 제공한다는 사례는, 화장실과 관련된 다른 성차별 사건이 따를 수 있는 확실한 경로를 제시했다. 이러한 사건에는 1978년 로즈 대 짐 댄디사 소송Rhoades v. Jim Dandy Co.처럼 여성을 위한 "화장실이 없다"는 이유로 애초에 여성을 고용하지 않으려 한 고용주들도 포함되었고,[26] 야근 중 사용 가능한 화장실 시설이 없다는 이유로 추가 업무 및 추가 수당에 대한 기회를 박탈당한 여성과, 여성을 위해 별도의 상시적이고 청결한 화장실을 설치하는 것을 피하려던 고용주에게 해고당한 여성들도 포함되었다.

하지만 연방법원은 그 후 몇십 년 동안 화장실과 관련하여 한층 더 다양한 사건들을 다루게 되었고, 이러한 사건들은 성차별의 법적 정의에 대한 더욱 광범위한 변화를 이끌어냈다. 다수의 원고가 여성을 위한 별도의 화장실이 불편한 위치에 있거나 내부 설비가 제대로 갖춰지지 않은 상태라면 화장실이 충분히 제공된다고 볼 수 없다고 주장했기 때문에, 연방법원은 직장 내 화장실을 충분히 검수하고 더욱 구체적인 사항까지 세세하게 평가해야 했다. 예컨대 1998년 스탭 대 오버나이트 운송사 소송Stapp v. Overnite Transportation Co.에서는 여자 화장실을 찾는 여성 화물 트럭 운전사에게 한 터미널 감독관이 "'달 모양이 그려진 작은 갈색 건물'을 사용하라"고 말했으며, 또 다른 감독관은 작고 "불도 잘 들어오지 않는" 여자 화장실을 사용하기 위해 "오랫동안 기다리도록" 강요했다.[27] 21세기로 넘어가 2006년 웨도 대 캔자스시티시 소송Wedow v. City of Kansas City은 자주 이용하는 소방서 화장실 시설의 여러 가지 문제에 대해 도시를 상대로 소방국 대대장 두 명이 소송을 제기한 사건이다. 그 문제에는 여자 화장실이 "남자 샤워실이 포함된 남자 탈의실 안에" 위치해 있거나, 여자 화장실을 "소방서 반려견을 위한 물과 사료" 등의 물품을 보관하는 "창고로 사용"하거나, 여자 화장실을 특히 "비위생적인" 상태로 유지하는 등이 포함되어 있었다.[28] 더욱 최근인 2009년 스피스 대 제임스 마린사 소송Spees v. James Marine, Inc.에서도 용접 공장에서 일하는 유일한 여성 노동자를 위한 화장실에서는 "수도를 사용할 수 없었"으며, 용변을 보는 개별 칸은 "정식 화장실이 아닌 이동식 화장실"이었다.[29] 이러한 사건의 판결은 부실한 화장실이 "단순한 불편" 이상의 큰 의미를 가진다고, 즉 소송 가능한 차별의 최소 요건을 크게 넘어선다고 밝혔다. 잘 갖추어진 화장실의 부재로 인해 여성 노동자들이 직무의 "핵심 기능을 수행"하는 능력이 "곤경에 처하기" 때문이다.[30]

이렇게 점진적인 변화 외에도, 1986년 메리터 대 빈슨 소송Meritor v. Vinson(메리터 저축은행에서 근무한 원고가 직장 상사에게 지속적 성희롱을 당해왔으나 사내 절차를 통해 항의나 시정 요구를 할 수 없었다며 은행과 상사를 고소한 사건. 이 사건에서 대법원은 피해자에게 직접적 불이익을 주지 않더라도 적대적 노동환경을 조성하는 방식으로 행해진 성희롱은 민권법 제7조를 위반한 것이라고 판단했다. 이 판결을 계기로 성차별의 범위가 적대적 환경형 성희롱까지 확대되었다 — 옮긴이)을 계기로 민권법 제7조의 범위가 크게 확대되었다. 이 소송을 통해 대법원은 환경형 성희롱 역시 소송 가능한 성차별로 인정했다. 특히 화장실 문제에서 메리터는 원고와 연방 판사 모두에게 직장에서 화장실과 관련하여 가해지는 위해에 대한 주장을 정당화할 수 있는 새로운 길을 열어주었다. 그러한 사건 중 하나인 1991년 리드 대 셰퍼드 소송Reed v. Shepard에서 법원의 의견은 인디애나주 벤더버그 카운티 감옥의 모든 직원이 얼마나 "남녀를 불문하고 보수는 물론 다른 측면에서도 유사한 대우를 받았는지"를 입증하기 위해 많은 노력을 기울였다. 그러나 문제는 그 안에 있는 "부소장 및 교도관"의 평등주의적이지 못한 행동과, 더 구체적으로는 그들이 "감옥에서의 지루한 시기를 보내기 위해 소일거리를 찾는" 방식이었다. 하급법원 판결에서 인용한 의견은 다음과 같다.

> 원고는 자신이 주취자 격리실과 비상문 문짝에 수갑이 채워져 묶여 있었으며, 그 상태로 외설적 발언에 노출되었다고 주장한다. (…) 대화는 종종 구강성교를 중심으로 전개되었으며, 신체적으로 콩팥 부위에 구타를 당하기도 했고, 머리를 잡혀 거기 있던 무리의 무릎 위에 강제로 올려지기도 했으며, 음탕한 농담의 대상이 되었다. 그들은 원고가 앉아 있던 의자를 갑자기 빼 가기도 했고, 전기 충격봉을 원고의 다리 사이에 넣었으며, 원고를 간질이는 일도 빈번했다고 증언했다. 그는 세탁 바구니에 넣어졌고, 엘리베이터 안에서 수갑이 채워지거나, 변기에 수갑으로 묶인 채 얼굴을 물속에 처박혔고, 최루가스로 공격받기도 했다.[31]

같은 1990년대에 발생한 또 하나의 화장실 관련 괴롭힘 사건인 1999년 코쇼프 대 러넌 소송Koschoff v. Runyon은 원고가 화장실 내부가 아닌 외부에서 신임 상사에게 당한 "차별적 행위"에 초점을 맞추었다. 코쇼프의 주장의 핵심은 상사가 그의 화장실 사용에 제한을 두었다는 것이었다. "그는 배송 중에는 화장실에 갈 시간을 얻을 수 없었으며", "허락을 구하지 않고 화장실을 사용하면 징계를 받았으나 남성 직원들은 그렇게 해도 징계를 받지 않았다".[32] 이렇게 화장실을 사용할 때마다 "관리자에게 통보해야 한다"는 암묵적 규정은 몇 달간 지속되었고, 결국 그는 "직장 관련 스트레스"[33]로 인해 수면 장애부터 재발성 편두통에 이르는 질환이 너무 심각해진 나머지 장애 퇴직을 신청하기에 이르렀다.

하지만 메리터 소송과 같은 사례를 통해 수립된 새로운 판례에도 불구하고 화장실과 관련된 비슷한 성격의 성희롱 사건은 종종 상반된 결론에 다다르곤 했다. 심지어 같은 시기 같은 연방법원에서 진행된 사건들도 결과는 제각각이었다. 2010년 존슨 대 애틀랜틱 카운티 소송Johnson v. Atlantic County이 다루고 있는 사례는 리드의 소송과 크게 다르지 않은 "신입 괴롭힘 사건"으로서 원고에게 "상당히 굴욕적이고 신체적으로 위협적"인 결과를 초래했으며, 2011년 로드리게스 대 플로존 소송Rodriguez v. Flow-Zone에서는 남성 동료가 여자 화장실을 사용하여 원고가 "통제할 수 없을 정도로 울음을 터뜨렸고" "공황 발작"으로 고통받았다고 진술했다. 두 사건 모두 지방법원 판사들은 소송을 제기한 여성들이 심각한 성희롱의 대상이 되었다고 판단했다. 존슨 소송의 판사는 이 사건이 "대인관계 면에서 여성들에게 매우 상이한 대우를 하기로 유명한" 남성 직원들에 의해 "수행"되었다고 발언했다.[34] 그러나 리드 소송과 코쇼프 소송에서는 원고들이 부당한 대우를 겪어야 했다는 점에 최대한 초점을 맞추었음에도 불구하고, 각 법원은 피고의 손을 들어주었다. 리드 사건에서는 원고가 "성적 암시를 담은 농담 및 활동을 열렬히 수용"했다는 점이 그가 동료들의 행동을 "괴롭힘이자 학대"가 아니라고 이해하고 있다는 증거로 작용했다.[35] 그리고 코쇼프 사건의 경우 상사의 화장실 제한이 그의 몸에 가한 신체적 고통은 모종의 "불리한 고용 조치"가 이루어졌다고 보기에는 불충분하다고 법원은 판단했다. 의견서의 주장에 따르면, 상사가 직원의 화장실 사용을 감독하는 것과 같은 행위가 불편할 수는 있지만, "직원의 보수, 고용 기간, 조건 또는 고용 특권에 실질적 변화를 야기하지 않는다"고 했다.[36] 그리하여 그가 겪은 괴롭힘은 메리터 사건에서 정의한 소송 가능한 성희롱에 언급된 "심각하거나 만연한"이라는 요건을 충족하지 않는다고 판단되어, 그의 소송은 원고에게 유리하게 심리되거나 해결되지 못했다.

사실, 애비게일 사가이가 미국과 프랑스의 성희롱 법을 비교 분석하며 발견한 바와 같이 "다른 장소에서는 다른 의미를 가지게 되"[37]는 것은 성희롱 사건뿐만이 아니다. 오히려 기존 판례와 밀접하게 관련된 전형적인 성차별 사건에서도 마찬가지로 상반되는 결과가 모두 존재하는 평행적 패턴이 나타났다. 1983년의 캐틀렛 대 미주리 고속도로 및 교통 위원회 소송Catlett v. Missouri Highway and Transportation Commission에서는 법원이 "관리 직원이 근무하는 동안 여성이 사용할 수 있는 화장실 시설이 없었으며, 해당 직무가 긴 노동시간을 요하고, 혹독한 날씨에 위험한 활동을 수반했다"[38]는 사실에서 차별의 증거를 충분히 발견하여 원고에게 유리한 판결을 내렸다. 그러나 화장실과 관련된 다른 성차별 소송 중에는 성공적인 결과를 얻지 못한 경우도 많았다. 가령 1999년 매키 대 섈레일라 소송Mackey v. Shalala에서 원고는 국립보건원 하위 부서의 한 책임자가 "남자 화장실에서 비공식 회의를 진행"[39]하여 남성 동료들에게 제공되는 승진 기회가 원고에게는 제한되었다고 주장했다. 그러나 법원은 그러한 사건이 발생했다 하더라도, 그것이 "의도적 차별"[40]에 해당하기에는 불충분하다고 판단했다. 이와 비슷하게 2012년 가스페리니 대 도미니언 에너지 뉴잉글랜드사 소송Gasperini v. Dominion Energy New England, Inc.에서도 원고의 남성 동료들은 식사 시간에 남성 탈의실에 모여 있었지만, 원고는 "해고 위협 없이"

는 그 자리에 참여할 수 없었다고 주장했다. 법원은 이로 인해 그가 "조직적으로 고립되고 동료들로부터 배제"되었을 수 있지만, 이러한 감정은 "불리한 고용 조치를 구성하기에는 너무 사소하다"고 판단했다.[41]

이처럼 성차별과 직장 화장실에 관한 연방 소송 사례들은 각각 내용이 다양함에도 불구하고 하나의 공통된 주제를 공유하고 있다. 모든 사례가 화장실을 직장에서 성차별의 결과적 도구로 적극적으로 구성한다는 점이다. 매키나 가스페리니 소송과 같은 경우 궁극적으로는 화장실 내부나 주변에서 발생한 차별적 행위가 금지 명령이나 금전적 보상을 받기에는 너무 부차적이라는 결론이 내려졌지만, 이러한 사례가 연방법원의 소송에 포함되어 있다는 사실 자체가 직장에서 화장실은 부차적이거나 사소한 부분이 아님을 시사한다. 반대로 화장실 설비, 화장실 설치물, 그리고 화장실 내 상호작용은 노동환경에서 누가 환영받고, 누가 존중받으며, 누가 가치 있게 여겨지는지를 전달한다. 이 모든 요소들은 법적으로 인정되는 형태의 성차별로 통합될 수 있다. 더욱이 이러한 사례는 성차별이 고용차별과 같은 익숙한 메커니즘뿐만 아니라 당연하게 여겨지는 일상적 상호작용 과정을 통해서도 강화될 수 있음을 시사한다.[42] 그러나 이러한 사례들, 특히 비슷한 원고들이 비슷한 주장을 제기한 소송의 결과가 각기 달랐다는 점은 또다시 의문을 제기한다. 화장실과 관련된 직장 내 상호작용이라는 특정한 상황에서, 캐틀렛과 존슨의 경우에는 해당 법원이 원고에 대한 직장 내 괴롭힘 또는 성차별의 설득력 있는 증거를 발견한 반면, 코쇼프나 가스페리니의 경우엔 결국 피고의 편을 들게 된 데에는 어떠한 차이가 있는 것일까?

"신체가 모든 사생활 보호 권리 중에서도 가장 신성하고 의미 있다"

최근 젠더와 법에 관한 사회학 연구에서 그 질문에 한 가지 답을 모색할 발판을 찾아볼 수 있다. 이 학문은 지난 수십 년 동안 법학 연구에서 이루어져온 패러다임 전환으로부터 자신의 지적 계보를 찾는다. 20세기 말, 페미니즘 법학 연구와 비판적 법학 연구는 미국의 사법 체계가 의미 생성적이고 문화적인 제도라는 인식틀을 통해 그것을 바라보기 시작했다. 다시 말하면 그들도 어느 정도까지는 사법부를 한때 막스 베버가 관찰한 것처럼 "합리적으로 제정된"[43] 자율적이고 독립적인 논리를 기반으로 작동하는 규제적인 힘으로 이론화하는 관점을 이어갔지만, 또 한편으로는 그것을 다른 지식과 권력 체계, 특히 다양한 형태의 사회적 주변화를 강화하고 재생산하는 체계를 수용하는 것으로 보기도 했다. 21세기 초, 법을 중시하는 사회과학자들은 이러한 비판적 시대정신에서 한 발 더 나아가 법을 애초에 젠더, 섹슈얼리티, 인종, 장애와 같은 복잡한 사회적 실체가 무엇인지 결정하는 원점으로 삼았다. 사회적 범주가 구체화되어 문화적으로 구성되는 과정에 법원이 언제 어떻게 참여하는지 이해하고자 하는 이 기본적인 충동은 꾸준히 현대 젠더사회학 중 법적 연구의 구심점이 되어왔으며, 최근의 연구에서는 법원이 '여성'과 '남성'이라는 개념 자체를 정의하고, 남녀 사이의 사회적 관계를 규정하며, 그들이 담당한 소송인들이 속한 성별 범주가 미치는 영향을 명확히 밝히려는 사법적 노력을 입증하고자 하고 있다.[44]

직장 화장실에 관한 소송에서는 성차의 의미와 그로 인해 초래되는 상황에 대한 주장이 사실상 흔했다. 때때로 이러한 이데올로기적 주장은 연방 의견서 중 해당 사건의 사실관계를 기술하는 부분에 등장하기도 했다. 이는 고용주나 직원들이 젠더화된 신체 및 젠더화된 상호작용에 대해 어떠한 믿음을 주장하고 있는지를 단적으로 드러낸다. 1983년 고용기회균등위원회 대 M.D. 뉴매틱스사 소송EEOC v. M.D. Pneumatics, Inc.은 이러한 경향을 잘 보여주는 대표적인 사례이다. 이 소송의 의견서는 두 명의 전 직원이 상사들이 드러내지는 않지만 은밀하게 신봉하는 성차별적 믿음에 대해 증언했다고 언급한다.

한 인사 담당자는 "여성을 고용하면 화장실을 지어야 하고, 여성이 하기엔 작업이 너무 힘들며, 혹시라도 외모가 출중한 여성을 고용하면 공장의 생산량이 떨어질 것"이라고 믿었다. 또 다른 인사 담당자는 처음부터 "작업이 너무 힘들고 더럽기 때문에 여성들은 공장에서 일하고 싶어 하지 않을 것이며, 그런 여성들은 남성들을 성가시게 할 것"[45]이라고 공공연히 밝히고 다녔다. 그러나 이와 동일한 논리가 법원의 최종 결정의 근거를 설명하는 표현에도 나타났으며, 이는 2000년 디클루 대 센트럴 일리노이 라이트사 소송DeClue v. Central Illinois Light Company에서 특히 두드러졌다. 이 사건에서 전기 회사의 유일한 여성 전선 기사는 적절한 화장실 시설의 부족에 따른 적대적 업무 환경(이는 법적으로 성희롱의 범주에 해당한다)을 근거로 고용주를 고소했다. 그러나 법원은 이러한 사실을 중립적인 방식으로 기술하지 않고 성별에 대한 편집자적 논평을 여러 지점에 끼워 넣었다.

> 전선 기사는 전선이 있는 곳에서 일하는데, 그곳은 종종 공중화장실로부터 멀리 떨어져 있으며, 전선 기사의 트럭에 화장실 시설이 내장되어 있지도 않다. 남성 전선 기사들은 말하자면 야외에서 소변을 보는 데에 어떠한 거리낌도 느끼지 않았다. 그들은 공중화장실을 찾느라 일을 중단하지도 않는다. 여성들은 공공장소에서 소변을 보는 것을 남성보다 더 조심스러워한다. 그래서 피고의 남성 전선 기사들은 작업 현장에 화장실 시설이 없어도 어려움을 느끼지 않았지만, 원고는 매우 어려움을 겪었고, 가령 전선 기사의 트럭에 모종의 화장실 시설을 설치해달라는 등 반복적으로 시정 조치를 요청했지만 받아들여지지 않았다.[46]

또한 의견서의 최종 결론은 고용주가 비뇨기를 포함하여 "성별에 따라 구조적으로 나타나는 상체 근력이나 다른 특성의 차이를 조율"[47]할 의무를 가지고 있다고 밝혔다. 다수를 차지한 이 판결에 동의하지 않는 반대 의견에서도 자명한 신체적 성차라는 주제는 마찬가지로 반복된다. 이 의견은 "사실 생물학이 남성에게는 화장실에서 할 일을 더 적게 주었고, 그 일을 훨씬 더 쉽게 할 수 있게 만들었다. 만약 남성이 야외에서 소변을 보는 데 주저함이 덜하다면, 그것은 대부분 그들은 그저 지퍼를 열고 조준하기만 하면 되기 때문이다"라고 주장한다.[48]

그러나 연방 사례들은 젠더화된 생물학 및 다른 형태의 성차를 이해하는 동시에 또 하나의 핵심 문제를 고려 대상으로 삼았다. 그것은 바로 신체적 사생활이다. 이 고려 사항은 나체 노출이 상상 속 가능성이 아니라 불가피한 현실인 노동환경에서 비롯된 사건들에서 특히 뚜렷하게 드러났다. 가령 1981년 배커스 대 뱁티스트 병원 소송Backus v. Baptist Medical Center(남성 간호사인 배커스가 남성이라는 이유로 분만 및 출산 부문 간호사직을 배정받지 못한 일에 대해 민권법 7조를 위반한 성차별로 자신이 일하던 뱁티스트 병원을 고소한 사건 — 옮긴이)에서는 남성 간호사가 성차별로 병원을 기소했지만, 지방법원은 전적으로 피고의 편을 들었다. 의견서에서는 관련 판례를 열거하며 다음과 같이 언급한다. "이 문제를 정면으로 다룬 법원들은 신체는 모든 사생활 보호 권리 중에서도 가장 신성하고 의미 있는 권리에 해당한다고 판단했다."[49] 따라서 "자신의 생식기 부분과 연관된 개인적 사생활에 대해 깊이 자리 잡은 감정을 존중하는 것"은 고용주에게 "직원의 능력"보다 더 중요한 고려 사항이라고 덧붙였다.[50] 교도소와 관련된 사건에서는 더욱 의견이 제각각이었다. 고용에서의 성평등을 주장하는 것이 수감자의 신체적 사생활과 상충될 수 있기 때문이다. 한편에서는 교도소에서 성별에 기반한 고용 분쟁이 발생할 때에는 성평등이 최우선적 결정 요인이 되어야 한다고 주장했다. 1977년 도타드 대 롤린슨 소송Dothard v. Rawlinson의 의견서에서는 "유죄 판결을 받은 범죄자의 위협적 행동 때문에 여성들의 취업 기회를 박탈하는 것은 우리 사회의 우선순위를 뒤집는 일"[51]이라고 서술한다. 반면, 1994년 컬럼비아특별구 교도소 여성 수감자 대 컬럼비아특별구 소송Women Prisoners of District of Columbia Department of Corrections v. District of Columbia의 의견서는 수감자들은 무해하고 내밀한 활동을 포함한 모든 행동을 교도소 직원들에게 감시당하기 때문에 특수하게 취약한 위치에 있다고 언급하며 다음과 같이 설명한다. "여성[수감자]들은 철저히 구속되어 있어 괴롭힘에서 벗어나는 것이 교도소 자체에서 탈출하는 것만큼이나 어렵다. 남성들이 교도소의 여성 감방을 빤히 들여다보거나, 여성 생활 구역에 남성 교도관이 예고 없이 나타나는 것과 같은 신체적 사생활의 일상적 침해는 여성 수감자들이 끊임없는 학대에 노출된다는 사실을 상기시킨다."[52]

그리고 마지막 인용문에서 암시하는 바에 따르면, 이러한 사생활 논리는 성차의 논리와 체계적으로 뒤얽혀 있다. 1978년 포츠 대 워드 소송Forts v. Ward의 의견서는 그 현실을 특히 선명하게 보여주는데, 이 사례에서는 수감자들의 사생활 권리의 범위에 대해 1977년 울피시 대 레비 소송Wolfish v. Levi의 판례를 언급하며 다음과 같이 말한다. "당연하게도, 교도소에 수감될 때 개인의 일반적인 사생활 권리는 시설의 보안을 위해 필연적으로 제한될 수밖에 없다." 그리고 이렇게 덧붙인다. "음모가 진행 중이거나, 교도관 혹은 다른 수감자를 공격하는 데 사용하기 위해 금속 조각을 갈아 만든 면도날처럼 조잡하지만 효과적인 무기를 만들고 있는 중은 아닌지 확인하기 위해서는, 수감자들이 계속해서 추적되어야 하며 때로는 불시에 감시받아야만 한다." 그러나 동시에, 의견서는 교도소 감시의 범위에도 한계가 있어야 한다고 판단했다. "형벌학자를 비롯한 다른 사람들의 관점에 따라 수감자의 사생활 권리가 얼마간 제한받는다 하더라도, 모두가 한 가지에는 동의한다. 사생활 권리라는 것이 존재한다는 사실이다." 더구나 사생활 권리에는 고용 평등 및 교도소 감독에 관한 기존의 법학에서 제대로 다루어지지 않은 중요한 차원이 있었는데, 그것이 바로 젠더였다. 따라서 의견서는 베드포드 힐스 교도소의 수감자들이 자신들의 사생활 침해에 대해 특히 변론 가능한 주장을 하고 있다고 추론했다. “모두가 동의하는 바와 같이, 여성 수감자가 화장실을 사용하는 동안 남성 교도관이 지켜보는 일은 수감자의 사생활 권리에 대한 침해이다. 설령 교도관이 자신의 정상적 업무를 수행하고 있는 중이라 하더라도 마찬가지이다.”[53]

사실 신체적 사생활의 젠더화된 특성은 너무나 뿌리 깊고 강력한 힘이었기에 적당한 조건이 있는 경우에는 다른 법적 지침보다 우선시될 수 있었다. 따라서 포츠 소송의 판결에서 베드포드 교도소의 교정의 임무에 관해 “자격을 갖추고 훈련을 받았다면 남성이든 여성이든 동일하게 수행될 수 있다”는 주장에는 “논쟁의 여지가 없다”고 밝혔지만, “사생활 권리를 위해 직업 기회의 평등은 어느 정도 양보되어야만 한다”는 결론을 내렸다.[54] 심지어 편재형 ubiquitous 감시가 행해지는 교도소 환경에서조차 여성 수감자가 자신의 나체를 남성 교도관들에게 보이지 않을 권리는 침해될 수 없다. 그리고 이는 정확히도 신체적 사생활의 젠더화된 특성 때문이다. 법원은 인류학자 마거릿 미드의 《사모아의 청소년》을 인용하면서 그 이유를 설명했다.

> 역사가 기록되기 시작한 때부터 남성과 여성이 특정한 생활 영역에서 사생활을 보호해야 할 선천적 필요성을 가지고 있다는 것은 명백하다. 거의 모든 사회, 심지어 성인도 옷을 입을 필요가 거의 없고 아동은 전혀 입지 않아도 되는 사회에서조차 여성의 생식기는 가려야 한다는 규칙이 있다. 그리고 사모아와 같은 사회는 “해변을 변소로 사용”하면서 “사생활 보호나 수치심의 감각을 전혀 느끼지 않는”[55] 반면, 오늘날 서구 사회는 가정 내에 폐쇄된 화장실 시설이 있어야 하고 공공장소에도 분리된 화장실 시설이 있어야 하며, 아동들은 어려서부터 그곳을 사용하도록 교육을 받는다. 서구 세계에서는 심지어 어린아이라 할지라도 스스로 옷을 챙겨 입고 사적인 부분은 가려야 한다. 이러한 사회적 규칙은 성인으로 성장하면서 완전히 의무화된다. 아무리 사생활 보호의 필요가 사회적 조건화의 산물이라 해도, 그 사실로 인해

사생활이 침해되었을 때 느끼는 당혹감이나 수치심이 줄어들지는 않는다.[56]

그에 따라 법원은 교도소 관리자에게 "최소한의 인간의 존엄성과 그나마 남아 있는 삶의 질을 가능한 한 보존"할 수 있게 보장해주는 편의 시설을 만들도록 명령했다. 여기엔 샤워 시설에 반투명 가림막을 제공하고 여성 수감자의 나체를 목격할 수 있는 직무는 여성 교도관에게만 할당하는 것이 포함된다. 연방법을 준수하기 위해 교도소는 반드시 "평등한 직업 기회를 극대화"해야 한다는 판단에도 불구하고 법원은 또한 "자신을 지켜보는 업무를 수행하는 남성"의 "실질적, 잠재적인 목격으로 인해" 여성 수감자가 겪을 수 있는 "당혹감, 수치심, 또는 굴욕감의 위험"은 교도소 환경에서 무조건적인 고용 평등을 달성하는 문제보다 훨씬 더 중요하다는 결론을 내렸다.[57]

더구나 앞서 언급한 예시들에서도 드러났지만 이러한 사생활 권리는 모든 젠더 집단에 균등하게 분배되지 않았으며, 시스젠더 남성이나 트랜스젠더보다는 시스젠더 여성이 혜택을 입었다. 이러한 경향은 2004년 카스틀 대 매리코파 카운티 전문대학 학구 소송Kastl v. Maricopa County Community College Dist.과 2005년 엣시티 대 유타 교통국 소송Etsitty v. Utah Transit Authority과 같이 트랜스젠더 여성이 원고인 사건에서 가장 분명하게 드러났다. 카스틀은 자신에게 남자 화장실을 사용하게 한 기관의 새 화장실 정책에 저항한 뒤 겸임 교수직에서 해고되었다. 그는 개정된 정책으로 인해 "남자 화장실을 사용하면서 심각한 신체적 상해"에 대한 두려움을 느꼈고, 지속적으로 "자신의 사생활이 침해"당하는 것을 우려하게 되었다고 증언했다. 그럼에도 법원은 여자 화장실의 다른 여성 사용자들이 제기한 사생활 침해 문제로 인해 카스틀의 해고는 유효하며, 그 문제는 카스틀이 "성확정 수술을 완료"하면 해결될 것이라고 판단하면서 피고의 편을 들었다.[58] 유사한 상황에 직면한 엣시티 소송에서도 다수 의견이 유사한 평결을 내렸다. "피고가 주장하고 법원이 동의한 바에 의하면, 여성 전용으로 지정된 공중화장실을 남성이 사용하는 경우 많은 여성들이 분노하고, 수치스러워하며, 심지어 자신의 안전을 걱정할 것이라는 결론을 도출하기 위해 따로 연구를 할 필요는 없다. 사생활 보호, 안전, 예의에 대한 우려는 우리 사회에서 성별에 따른 화장실이 보편적으로 수용되는 이유이다."[59](강조는 필자) 지방법원과 항소 법원도 "UTA 운전사들은 일반적으로 UTA 시설의 화장실이 아닌 운행 경로상의 공중화장실을 사용"하는데 원고인 버스 기사의 "남성 생식기"와 "생물학적 남성" 상태로 인해 "그의 화장실 사용을 수용할 수 없다"[60]고 판단했다. 그리하여 카스틀 사례와 마찬가지로, 두 법원 모두 그가 성확정 수술을 진행하지 않는 한 해고를 유지해야 한다고 판결했다.

요컨대, 직장 화장실과 관련된 연방법원의 의견은 일관적으로 여성과 남성의 신체가 명백하게 구별된다고 가정하고 있으며, 이 가정은 인용하는 증거를 통해 미묘하게 제시되거나 공표하는 결론을 통해 분명하게 표현된다. 따라서 1999년 가테나 대 오렌지 카운티 소송Gatena v. County of Orange에서 언급되었던 것처럼, "나체가 될 수 있도록 따로 설정된 공간"[61], 즉 다른 종류의 젠더화된 신체(더 정확히 말하자면 다른 종류의 젠더화된 생식기)[62]를 서로에게서 분리해주는 공간을 확보하지 못하는 것은, 어떤 시대든 어떤 법정에서든 가장 심각한 수준의 개인적 침해를 구성한다고 이해되었다. 실제로 디클루와 같은 사건에서 연방법원의 의견서가 여성에게는 배출을 위한 고유의 생리적 필요가 있다고 주장하거나, 카스틀 소송 등의 판례법이 트랜스젠더 여성들은 성확정 수술을 이행하지 않는 한 화장실 사생활을 요구할 권리가 없다고 주장할 때, 이러한 주장은 테이 메도가 트랜스젠더의 적절한 법적 성별 범주에 대한 사법적 논쟁을 연구하며 예리하게 관찰한 것처럼, "이상적인 '남성'과 '여성' 그리고 규범적인 남성성, 여성성 및 섹슈얼리티라는 해묵은 개념을 한층 더 강화한다".[63] 그러나 내가 제시한 사례들은 특정 종류의 젠더화된 기대와 특정 종류의 젠더화된 신체를 일치시키는 데 그치지 않는다. 연방법원이 물리적인 신체를 평가하고, 그 평가의 일부로 젠더 규범을 동원하는 것은 의심할 여지없이 사실이다. 그러나 법원은 또한 소송인들이 직장 화장실 안팎에서 지각된 성적 침해로 인해 경험한다고 주장하는 심리적 상태도 고려한다. 그렇게 함으로써 법원은 직장 화장실 안팎에서 노출되곤 하는 젠더화된 신체를 소유한다는 것이 생물학적인 일일 뿐만 아니라 감정적인 일이기도 하다는 믿음을 드러낸다.

"너무 분노한 나머지 몸이 아프기까지 했다"

젠더의 신체화의 심리적 토대는 최근 들어 사회과학 분야 외부, 특히 트랜스젠더 연구라는 학제적 영역에서 빈번하게 학문 탐구의 대상이 되어왔다. 부분적으로 젠더 인식과 감정에 대한 관심은 트랜스젠더 경험을 둘러싼 표준적 문화 내러티브에서 비롯된다. 제이 프로서는 트랜스젠더 경험은 "그 정의 자체에서부터" 개인이 "자신의 성별이 출생 시 부여된 성별과 다르다고 느낄 것"을 요구한다고 기술한다.[64] 그러나 이러한 관심은 또한 이 분야의 지적 기반인 정신분석학과 현상학에서 나오기도 했다. 이는 본질적으로 정신과 신체의 상호작용에 관심을 가지고 있는 철학적 분야이다. 오래전에 시몬드 보부아르가 "여자로 태어나는 것이 아니라 '여자가 되는 것이다'"라는 유명한 주장을 한 이래로, 페미니즘 학자들은 신체를 사회적으로 구성된 것으로 간주해왔다. 즉, 몸이란 날것의 신체적 구조 측면뿐 아니라 더 나아가 애초에 몸을 구성하는 것이 무엇인지를 정의하는 측면에서도 지속적이고 불가피하게 문화적 힘에 의해 형성된다는 것이다.[65] 그러나 지난 몇 년 동안 자크 라캉이 설명한 심리적 발달 중 "거울 단계"(유아가 거울에서 처음으로 다른 버전의 자신을 인식하는 단계)나 모리스 메를로퐁티가 발굴한 "고유감각

proprioception"(자신의 신체 움직임과 공간적 지향을 이해하는 과정)[66]과 같은 철학적 기준점으로 인해 이러한 문화적 과정에 대한 사고가 내부로 방향을 돌리고, 특히 우리의 신체적 자아 내에서 성별을 감지한다는 것이 무엇을 의미하는지 탐구하게 되었다. 게일 살라몬이 몸에 대해 "느껴진 감각felt sense"이라고 지칭한 이 감각은 물질적인 동시에 심리적이며 또한 사회적이다. 즉, 이는 신체의 물리적 부분과 체화된 몸에 대한 보이지 않는 내적 인식 그리고 우리를 둘러싸고 있는 신체에 대한 제도적 믿음을 모두 뒤섞는다.[67]

이러한 철학적 용어가 화장실 관련 판례법에 등장하지는 않았지만, 신체에 대해 어떤 느낌을 받는 직관적 경험은 분명히 존재했다. 예를 들어 2011년 월도 대 컨슈머스 에너지사 소송Waldo v. Consumers Energy Co.에서 원고는 자신이 성별로 인해 소외되었으며, 그에 따라 자신의 직장은 객관적으로 여성에게 적대적이라고 볼 수 있다고 주장하면서 핵심 증거로 화장실 시설의 가용성 및 상태를 제시했다. 그의 상사는 "월도를 비롯한 다른 여성들을 원하지 않고 환영하거나 수용하지도 않"으며, "그를 내쫓을 생각"[68]이라고 공개적으로 발언했다. 그는 화장실 시설을 사용할 수 없는 경우가 잦았고, "화장실을 쓰고 싶다면 트럭의 짐칸 또는 발판 위에서 '남자처럼' 소변을 봐야 한다"[69]는 말을 들었다. 그러나 이러한 주장들을 한데 묶어준 것은 감정적 문제였다. 소송이 계속 진행되자, "월도가 빠져나가지 못하도록" 남성 동료들이 트럭으로 "이동식 화장실의 문을 막아버리"는 등 직장에서 "일반적으로 무시당하고 배척받는"[70] 환경을 더욱 부정할 수 없게 만드는 여러 행동을 벌였고, 이러한 감정들로 인해 실제로 소송이 월도의 승리로 기울어졌다. 2000년 카스트로 대 뉴욕시 위생국 소송Castro v. New York City Department of Sanitation 역시 비슷한 경로를 따른다. 의견서는 여자 화장실의 부재가 "업무 사이의 휴식 시간"을 박탈당하는 것, "노동조합 대리인 없이 심문 및 질책"을 받는 것, "[해당 여성의] 평가가 전반적으로 양호함에도 불구하고 부정적인 업무 평가를 받는 것"과 동등하다고 판단하였으며, 이는 화장실의 부재가 이 직장에서 여성은 "환영받지 못한다"는 메시지를 선명하고 확실하게 전달하기 때문이라고 밝혔다.[71]

다른 사례에서는 감정적 경험이 "못난 감정ugly feeling"의 수준으로 한층 심화된다. '못난 감정'은 심리학자 준 프라이스 탱니가 "그저 행동만이 아니라 자아 자체를 고통스럽게 뜯어보게 만드는 포괄적이고 괴로우며 황폐한 경험"[72]을 가리켜 만들어낸 용어이다. 이러한 감정은 원고가 사용 중인 화장실 공간에 다른 성별의 동료가 들어왔을 때 가장 자주 발생했다. 가령, 2005년 제임스 대 미국철도여객공사(암트랙) 소송James v. National Railroad Passenger Corp.에서 원고는 암트랙을 상대로 작업장 중 한 곳에 남녀공용 화장실을 허용하고, 여성들이 화장실을 사용하는 동안 남성들이 들어오는 일이 일상적으로 벌어지는 "심각한 사생활 침해"[73]에 대해 차별 소송을 제기했다. 동료나 상사가 물리적으로 화장실 공간에 들어가지 않아도 신체적으로 침해당한 느낌을 받는다는 사례도 있었다. 2005년 콜러 대 와파코네타시 소송Kohler v. City of Wapakoneta에서는 남성 동료가 장치를 설치하여 "목소리나 '개인적 소음'이 아니라 오직 "물 흐르는 소리, 문이 열리는 소리 및 기타 물건들이 내는 소리"만을 녹음했다고 한다. 그러나 그 동료가 여자 화장실 공간에 무단으로 침입하여 녹음 장치를 설치했다는 사실을 알게 된 이상 콜러는 여전히 "그 사건으로 인해 눈에 띄게 분노와 충격"[74]을 느꼈다. 이러한 반응은 종종 실질적인 병의 형태로 발전하기도 했다. 2006년 코트릴 대 MFA사 소송Cottrill v. MFA, Inc.에서는 고용주가 원고의 화장실 이용을 엿보기 위해 구멍을 만든 것으로 인해, 원고는 "너무 분노한 나머지 신체적으로 아프기까지 했으며, 그로 인해 일터를 떠나 집이라는 사적인 공간으로 피신해야만 했다".[75]

그러한 감정적 경험은 너무나 강력한 형태의 증거인 나머지, 원고의 감정적 강도가 낮을 때에는 법원에서 원고에게 유리한 판결을 내는 경우가 거의 없을 정도였다. 판사들이 원고의 경미하거나 중간 정도의 당혹감 또는 불편함을 인정하는 사례도 있었지만, 궁극적으로 그러한 감정만으로는 법적 성차별이 발생했다는 주장을 온전히 성립시키기에 충분하지 않다고 판단했다. 가령 1994년 먼데이 대 북미 웨이스트 매니지먼트사 소송Munday v. Waste Management of North America, Inc.에서 의견서는 상사가 화장실 열쇠를 소유하고 있었고, 열쇠를 요청할 때 "얼마나 급한가요?"와 같은 발언을 했으며, 화장실 휴지가 제대로 채워지지 않는 것이 "많은 직장 환경에서 발생하는 일종의 적대적 상황"[76]이라고 보고했다. 이러한 적대적 상황은 상당히 불쾌한 직장 경험이었지만, 법원이 성희롱 혐의를 온전히 인정하는 데 필요한 심각한 감정적 고통에 해당하지 않는다고 판단했다. 또 다른 사건인 2004년 브라운 대 스노 소송Brown v. Snow에서 법원은 여성 상사가 남성 원고에게 화장실에 갈 때 보고하라고 요구하는 것은 실제로 "불편한" 일이라며 원고의 주장에 동의했지만, 그러한 불편함만으로는 "조치 가능한 성희롱의 수준에 도달하지 못한다"[77]고 판단했다. 또한 2007년 포드퓨게이트 대 페덱스 프레이트 소송Ford-Fugate v. FedEx Freight에서는 원고가 화장실 이용을 관리, 감시받는 것이 "불편"하겠지만, 제시된 증거가 "'지옥 같은' 업무 환경이라는 주장을 입증할 수 있을 만큼 충분하지 않다"고 판결했다.[78] 2005년 슐츠 대 화이트 소송Schultze v. White에서도 원고가 패소했는데, 상사가 원고의 "화장실 방문을 감시"[79]할 때 원고에게 당혹감이나 불쾌감을 야기한 증거가 전혀 없었기 때문이다.

그러나 원고가 승소하기 위해 마찬가지로 중요한 것은 그러한 감정적 경험 중에서도 결정적인 영향을 미치는 젠더화의 요소였다. 그러므로 연방법원은 오직 굴욕적인 감정의 존재나 강도만을 평가하는 것이 아니라, 각 노동자가 젠더를 실감하는 것, 즉 주어진 사회적 상황에 대응하여 나타나는 자신의 체화된 감정적 반응을 직관적으로 경험하고 그것이 남성, 여성, 혹은 다른 유형으로 젠더화된 사람으로서 자아에 대한 감각에 결코 분리될 수 없는 형태로 연결된다는 점에 대한 증거를 찾고 있었다. 1998년 워너 대 인디애나

테레호테시 소송Warner v. City of Terre Haute, Indiana에서 여성 경찰관의 상황처럼 증거를 찾을 수 없는 경우에는 차별이 존재하지 않는 것으로 판명된다. 이 사건에서 원고는 "자신의 근무지를 떠날 때마다 경찰서장에게 전화를 걸도록 요구하는"[80] 근무 정책에 대항하여 소송을 제기했고, 의견서는 "화장실에 갈 때마다 남성에게 전화를 걸어 허락을 구해야 하는 것은 분명히 굴욕적"일 것이라고 인정한다. 그러나 피고는 남녀 모두에게 동일하게 적용되는 "업무상의 필요성을 입증"[81]했기 때문에 법원은 그 정책이 법적으로 허용 가능하다고 판단했다. 마찬가지로 2013년 파머 대 딕슨 전기 시스템 및 시공사 소송Farmer v. Dixon Electrical Systems and Contracting, Inc.에서는 병원 공사 현장에서 일하는 여성 전기기사가 "소변기에 대한 불평을 너무 많이 한다는 이유로"[82] 해고된 후 고용주를 상대로 소송을 제기했다. 문제의 '소변기'는 작업 현장의 표준형 이동식 화장실에 부착된 외부 요강이었으며, 파머는 남성 동료들의 성기를 일상적으로 봐야 하는 상황을 "굴욕적이고 비하적"이라 느꼈다. "그러나" 의견서에 따르면 파머의 다른 여성 동료들은 외부에 소변기가 설치된 상태를 불쾌하게 여기지 않았으며, 그 시설을 사용하는 남성들 역시 "사용하는 동안 마찬가지로 당혹스러웠다"[83]고 보고한다. 그 굴욕은 모든 건설 노동자들에게 고르게 퍼져 있었기 때문에 성차별을 구성할 만큼 특정 성별에 국한되지 않았다.

그러나 가장 중요한 점은, 원고의 젠더 관련 정동이 여성성 및 남성성에 대한 보다 광범위한 문화적 기대에 부합해야 한다는 것이었다. 예를 들어, 2010년 브로먼 대 A. 크리벨리 뷰익 폰티악 GMC사 소송Vroman v. A. Crivelli Buick Pontiac GMC Inc.에서는 남성 서비스 기사가 여성 상사가 이따금 자신들이 일하는 건물의 남자 화장실을 가로질러 다니는 것을 문제 삼았다. 상사는 화장실 안에 있는 창고에 가기 위해 화장실에 들어간 것이지만 원고는 상사의 행동을 극도로 "모욕적"이라고 평가했으며, 상사가 그에게 화장실 침입에 대해 사과했지만 그것은 "자신이 제기한 불만의 본질 및 심각성에 상응하는 충분한 대응"[84]이 아니라고 생각했다. 사실 그는 자신이 여성이었고 상사가 남성이었다면 그런 화장실 침입은 "즉각적 해고로 귀결되었을 것"[85]이라고 믿었다. 그리고 그의 평가는 정확했을지도 모른다. 그의 소송에 대해서는 법원이 성희롱의 증거를 찾지 못했지만, 남녀의 입장이 바뀐 사건을 다룬 다른 법원들은 종종 성희롱을 인정했기 때문이다. 실제로 2011년 애덤스 대 뉴욕시 소송Adams v. City of New York에서는 여성 교도관을 위한 편리한 화장실 시설의 부재나, 자리를 떠날 때 무전을 통해 다른 교도관에게 화장실 이용을 알려야 하는 규정 때문에 원고가 승소한 것이 아니었다. 오히려 이 소송의 핵심은 원고들이 단 하나의 발언으로 인해 경험한 "극도의 불편과 굴욕"이었다. 그것은 화장실에 가겠다고 요청한 교도관에게 남성 교도소 지휘관이 역시 여성들은 "집에서 맨발로 임신이나 하고 있어야 한다"[86]고 발언한 사건이었다.

젠더의 제도적 성취의 두 번째 요소: 체화된 정동

대체로 법에 대한 기존 사회학 연구를 보며 예상할 수 있듯이, 성별과 직장 화장실에 대한 연방법원의 판결은 확고하게도 판례에 근거하며 성별 및 사생활에 대한 규범적 기대를 옹호한다. 그러나 미국 법원이 원고의 직장 화장실 공간 내부 및 주변에서 법적 조치가 가능한 성차별 행위의 발생 여부를 판별하려 할 때에는 또한 결정적인 감정적 증거를 찾으려고 한다. 특히 이 장에서 분석한 의견서의 경우, 화장실 불평등 및 사생활 침해에 관한 문제제기에 법원이 답변할 때 그것은 원고들이 위반을 인식함에 따라 젠더를 실감하는 정도(실감한다면)를 중심으로 전개된다. 즉 직관적이고 정동적이며 물리적 신체와 분리할 수 없는 방식으로 자신이 젠더화된 인간임을 감각하게 되는 것이다. 더구나 연방법원은 그렇게 답변을 모색하는 과정에서 젠더의 신체화에 관해 서로 연관되어 있는 여러 문화적 믿음을 강화한다. 가령, 시스젠더 남성은 만족할 줄 모르는 성적 포식자이며, 트랜스젠더는 시스젠더에 비해 법적 보호를 받을 자격이 덜하고, 무엇보다 시스젠더 여성은 본질적으로 공격에 취약하며 나약하다고 여겨진다. 다시 말해 고용차별에 대한 법적 언어를 활용하여 표현하자면, 화장실 관련 판례법은 "표면적으로 중립적"으로 보일 수 있다. 즉 젠더 범주에 상관없이 모든 원고에게 동등하게 적용되는 근거에 기반하고 있다. 그러나 현실에서 그러한 판례는 "전혀 다른 영향력"을 발휘한다. 의견서가 토대로 삼는 감정들이 가부장적이고 시스젠더중심적인 전제를 모두 포함한 규범적 성역할 기대를 재생산하기 때문이다.

〈젠더 행하기Doing Gender〉에서 캔디스 웨스트와 돈 치머만은 성별에 따른 기대가 생물학적 필연이기보다는 문화적 창조물이라는 사실을 상기시킨다. 그들은 젠더가 "상황에 따른 행위를 통해 획득된 특성"이며, 이는 "사회적으로 제시되는 지각적, 상호작용적 및 미시정치적 활동의 복합체"를 통해서만 존재할 수 있다고 말한다.[87] 그들은 젠더 순응적 행동이 일상생활에 매우 빈번하고 편재되어 있기 때문에 젠더 체계가 "자연스럽고 본질적이며 생물학적"으로 보이게 된다고 설명한다.[88] 이러한 명제를 구성하는 요소로 가장 잘 알려져 있고 가장 자주 인용되는 것은 아마도 일상 속에 살아 숨 쉬는 사람들이 직접 만나 교류하는 구체적 순간들로 이루어진 미시사회학적 요소들이겠지만, 그들의 이론은 모든 측면에서 상호작용적일 뿐 아니라 제도적이다. 그들이 논문 제목을 통해 설명하듯, 젠더를 "행한다doing"는 것은 "자신의 젠더 범주에 적합한 태도 및 활동에 대한 규범적 개념에 비추어" 행동을 관리하는 것을 의미하며, 이러한 규범적 개념은 다름 아닌 "[사회적] 관계가 규정되는 제도적 영역"의 산물이다.[89] 즉, 젠더를 "행한다"는 것은 여성다움이나 남성다움 혹은 다른 어떤 것을 유희적이고 주체적으로 수행하는 것이 아니다. 우리는 모두 젠더 규범에 따라 행동해야 하며, 이러한 기준에서 벗어나려고 할 경우에는 사회적으로 제재를 받을 위험이 있다. 따라서 그들은 젠더에 관한 기대의 구조와 이러한 제도적 제약을 촉진하는 일상적 교류 사이에 반복적이고 지속적인 상호작용이 존재한다고 결론짓는다. 이 상호작용은 인간이 주체적으로 행위할 여지를 마련해두긴 하지만, 궁극적으로 그 주체성이 제도를 변화시킬 수 있는 경우는 거의 없다고 간주된다.

여러 측면에서, 직장 화장실에 대한 연방 판례는 웨스트와 치머만의 기본적 사이클을 강력하게 보여준다. 상호작용의 측면에서, 법원에 중재를 요청한 원고들은 제도적 심의 과정에 매우 적극적이고 능동적으로 참여하는 구성원이다. 원고와 피고가 서술하는 서사가 각 법원이 성차별의 존재 여부를 평가하는 데 필요한 증거의 기반을 형성하기 때문에, 원고와 피고 역시 그들의 주장을 중재하는 판사만큼이나 화장실 법리를 구성하는 데 많은 부분을 차지한다. 그리고 수십 년간의 화장실 판례법을 조사하면서, 나는 그러한 상호작용적 기여는 끝없이 진화하는 특성을 가지고 있으며, 그에 대응하여 제도적 구조도 변화한다는 증거를 충분히 발견했다. 성차별 판례는 시간이 지남에 따라 극적으로 발전했고, 사법적 해석은 각 사건의 세부 사항에 따라 유동적이고 반응적으로 이루어진다. 그리고 연방법원은 꾸준히 화장실 문제를 이용하여 소송 가능한 성차별의 정의를 확장해왔다.[90] 그러나 제도적 측면에서 법원은 분명하게도 본질적 성차에 대한 전통적인 이해에 기울어져 있으며, 이는 가령 원고가 직장에서 겪은 고통스러운 경험에 대한 절박한 호소에 의지하거나 특정한 화장실 배치에 대해 "대부분"의 노동자들이 어떻게 느낄지 주장하는 등의 방식으로 젠더에 대한 헤게모니를 강화한다. 사실 원고는 "합리적인" 사람이 "반대" 성별에게 신체가 노출되었을 때 어떤 경험을 할 것인가에 대한 법원의 기대에 부합하는 방식으로 자신의 화장실 관련 문제를 전달할 수 있을 때에만 성차별이 실제로 발생했다는 판결을 받을 수 있다.

그러나 웨스트와 치머만은 초기의 정의를 보완하는 지각적 활동에 대해서도 설명한다. 이는 자주 인용되진 않지만 마찬가지로 중심이 되는 주장이다. 다시 그들의 말로 돌아가면, 사회의 모든 구성원은 "젠더적 함의에 따라 자신 및 타인의 행동을 감시하는 자기 규제 과정"에 참여하는 법을 배운다.[91] 그리고 이 장에서 열거한 증거에 따르면, 내부에서 일어나는 정신적 과정은 젠더사회학의 주변부에서 중심으로 옮겨져야 한다. 내가 분석한 직장 내 성차별 소송에서, 연방법원의 최종 결론은 적어도 그 자체로는 성차의 원초적 특성이나 판례로부터 도출한 사법 논리보다 각 원고가 직장에서 겪은 신체가 젠더화되는 사건에 대한 직관적 경험을 중심으로 전개된다. 위생적 화장실이 아예 없는 경우나 노동자가 화장실에 편리하고 안전하게 접근할 수 없는 경우, 화장실 공간을 성별에 따라 완벽히 분리하는 데 실패한 경우 등 어떤 사건을 다루든, 직장 내 불평등에 대한 사법적 평가는 원고가 인지한 화장실 침해로 인해 젠더를 실감하게 되었는가, 얼마나 강렬하게 실감했는가를 중심으로 이루어진다. 더구나 미국 법제의 자기 참조적 특성으로 인해, 화장실 관련 성차별을 호소할 때 원고가 승소하고자 한다면 법원에 보고한 감정을 진정으로 느끼는지 여부에 상관없이 감정이 가득 실린 판례에 더욱더 맞춰가야만 한다. 결과적으로 이는 개인의 젠더 경험과 제도적 성역할 기대 사이에 반복적 사이클을 촉진하며, 젠더를 실감하는 것이 무슨 의미인지에 대한 협소하고 규범적인 비전을 계속해서 법의 구조적 짜임 그 자체에 엮어 넣는다.

따라서 젠더를 제도적 성취로 이론화하는 두 번째 요소는 젠더의 정동적 측면에 주목하는 것이다. 분명히 밝히지만, 이는 사회학자들이 자신의 내부에서 그리고 자신에 대해서 발생하는 젠더화된 감정을 더 성실히 연구해야 한다는 뜻이 아니다.[92] 오히려 정동이라는 용어는 젠더화된 신체가 되는 직관적 경험이 언제, 어디서, 어떤 방식으로 젠더의 내적이고 자기 규제적인 측면을 젠더에 대한 더 넓은 문화적 기대와 결합하는지, 혹은 그 반대의 과정을 촉발하는지에 우리의 관심을 집중시킨다.[93] 다시 한번 이 장의 실증적 데이터를 살펴보면, 내가 연구한 성차별 판례법에서 감정은 작은 부분이었다가 점점 중심적 부분이 되면서, 젠더가 신체화되는 경험과 정동을 증거로 사용하는 것 모두가 승소에 한층 더 필수적인 조건으로 여겨지게 되었다. 다시 말해, 젠더 질서에는 심리적이고 신체화된 무언가가 포함되어 있으며, 그것은 젠더를 구성하는 보다 가시적인 상호작용 및 제도적 요소만큼이나 사회학적 의미를 가진다. 그러나 최근 몇 년간 온갖 종류의 사회현상의 "미시적 토대"를 연구하는 사회학자들이 상기시켜주듯, 그러한 감정적 서술은 웨스트와 치머만이 젠더의 특성이라 설명했던 것처럼 사회적 규칙에 따라 작성된 것이다.[94] 따라서 젠더화된 사회성의 정동적 기질을 효과적으로 이론화한다는 것은 감정 자체의 충동적이고 즉각적이며 무의식적인 경험을 포착하려는 것이 아니다. 오히려 그것은 우리의 가장 내밀한 감정과 그 감정에 대한 우리의 상호작용적 서술이 앨리 러셀 혹실드가 "감정 규칙feeling rules"[95]이라 지칭한 것과 교차하는 방식을 면밀히 탐구하는 것이다. 감정 규칙이란 어떤 사회적 상황에 처했을 때 느끼는 것이 마땅하며, 내가 덧붙이자면 특정 종류의 젠더화된 신체에 내재되어 마땅하다고 제도화되어온 감정에 대한 기대를 말한다.

그리고 그렇게 제도화된 기대가 어떤 식으로든 연방법원의 판례에 기록되면, 그것은 향후의 소송을 훨씬 넘어선 범위까지 영향력을 행사한다. 피에르 부르디외가 관찰한 바와 같이 "법은 국가가 가지고 있는 질서에 대한 시각을 신성화함으로써 구축된 질서를 신성화한다". 나아가 "만인의 이름으로 만인에게 정통의 신념을 선포함으로써" 법은 그 시각에 "공식적이라는 실질적 보편성을 부여한다".[96] 따라서 법은 규제적인 만큼이나 상징적이다. 법이 어떤 사건이나 경험을 옳거나 진실이라고 제시할 때마다, 거기엔 그 옳음과 진실이 보편적이라는 의미가 내포되어 있다. 연방법원이 의견서에서 소송인이 직장 화장실 침해라는 특수하게 보이는 문제에 반응하여 자신의 몸에 대해 느낀 감각을 설명할 때, 매우 내밀한 그 감각은 제도적으로 감정보다는 사실로서 인식된다. 그리고 이 사실들은 우리 각각이 젠더화된 신체가 되는 것을 처음부터 어떻게 경험해야 마땅한지를 암시한다. 다시 말해, 법적 담론에는 사회적 권위가 너무나 많이 실려 있기 때문에, 그 내용과 결론이 사실은 논쟁의 여지가 있는 문화적 구성물임에도 불구하고 그저 일반 상식인 양 우리에게 제시된다. 그 결과, 법원이 젠더란 무엇이며, 무엇을 의미하는지에 대한 이해를 언어로 정리하여 연방법원의 의견서로 공표하면, 그것은 젠더에 대한 일견 견고하고 최종적인 시각을 이후의 입법 활동, 다른 조직의 일상적 의사 결정 작업, 그리고 건축 환경 모두에 새겨 넣는다. 이러한 견고하고 최종적인 특성으로 인해 그 젠더 질서에 어떤 식으로든 도전하거나 대안을 찾기란 현저하게 어려워진다. 여기엔 물론 이 책 후반부에서 탐구할 성중립 화장실에 제기하는 도전 및 대안도 포함된다.

… 하지만 "제도는 자기만의 정신을 가질 수 없다."

메리 더글러스, 《제도는 어떻게 생각하는가》

4

화장실에 반대하기

건물은 당신들이 거주하는 곳이다. 그것은 은유가 아니다.

니콜라 푸치냐Nicola Fucigna, 〈시와 건축〉, 《컨스트럭션Construction》, 2015년 여름 호.

1990년 7월, 텍사스주 휴스턴의 실내 경기장 '서밋'에서 콘서트를 관람하던 데니즈 웰스는 불쑥 남자 화장실로 방향을 틀었다가 결국 경찰에게 제지를 당하고 200달러의 벌금을 물게 되었다. 그가 처음 경기장에 들어왔을 때에는 여자 화장실 문밖까지 서른 명이 넘는 여성들이 줄을 서 있었기 때문에, 콘서트가 시작되고 나면 줄이 약간 줄어들 것이라 짐작하며 그때까지 볼일을 미루었다. 그러나 화장실에 다시 가보자 줄은 두 배로 늘어나 있었다. 화장실에 가야 할 "필요성이 점점 급박해"지던 차에 마침 복도 맞은편의 남자 화장실로 "어떤 남자가 여자 친구를 데리고 가는 모습"을 목격하자 그는 그저 그 커플을 따라 남자 화장실에 들어가기로 했다.[1] 사건 이후, 웰스가 휴스턴 지역 기자에게 설명한 바에 따르면, "결코 진정으로 원해서 선택한 바가 아니"었지만, 그는 일단 손으로 눈을 가리고 소변기를 지나친 뒤 개별 칸으로 들어가

볼일을 해결하는 것이 할 수 있는 한 최선의 행동 방식이라고 판단했다.[2] 그러나 나오자마자 웰스는 남자용 시설에 여자가 들어왔다는 "남자들의 불만 신고를 받고" 출동한 경찰관을 맞닥뜨렸고, 결국 "해당 개인의 성별과 반대되는 성별 전용으로 지정된" 화장실에는 입장을 금지한다는 휴스턴 지역의 조례를 위반한 벌금을 받았다.[3]

이후에 웰스가 벌금형에 맞서 법정에서 싸우기로 결심하면서, 지역 조례에 대한 평범한 분쟁으로 시작했던 일은 금세 전국적 소동으로 확대되었다. 한 지역 라디오 방송국은 웰스에게 소송비용과 또 다른 콘서트 관람 비용을 지원하는 것은 물론 공연 중에 혼자서 사용할 수 있는 이동식 화장실까지 제공하겠다고 제안했다. 《시카고 트리뷴》은 휴스턴 주민들을 대상으로 이 사건에 대해 설문 조사를 진행했는데, 응답자의 4분의 3이 "자연의 힘이 인간을 잘못된 화장실로 인도한" 사건이라면 "법도 눈감아줘야 한다"고 생각한다는 결과가 나와 편집 위원들을 놀라게 했다.[4] 그리고 사건이 재판의 단계에 이르자, 여성 배심원 후보 서른 명 중 열 명이 자신도 인생의 어느 시점에 "반대 성을 위한 공중화장실"을 사용할 수밖에 없었던 적이 있다고 보고했다.[5] 어떤 이는 《뉴욕 타임스》 필자에게 웰스가 "분란을 일으킬 의도는 분명히 없었다"는 의견을 밝혔으며, 또 어떤 이는 이 사건이 훨씬 더 큰 문제에서 비롯되었다며 "나는 여성의 생리적 필요가 너무 오랫동안 무시되어왔다고 생각한다. 지금은 다시 공공건물 문제로 돌아가 여성에게 적절한 시설을 제공해야 할 때이다"라고 말했다.[6] 웰스의 변호사인 밸로리 웰스 대븐포트는 캐나다와 오스트레일리아 같은 먼 곳의 여성들에게서까지 자신도 "남자 화장실에서 위기를 모면한 적이 있다"며 웰스의 벌금 및 소송비용을 지불하겠다는 지지 전화를 받았다.[7] 그러나 대븐포트는 수많은 제안을 전부 거절했고, 이 사건이 분명히 사람들의 "심금을 울렸"기에 그런 만큼 가능한 한 최대의 결과를 추구해야 한다고 역설했다. 그는 언론에 "너무나 중요한 문제이기 때문에 절대로

질 수 없다"고 선언했다.[8]

정작 웰스 사건 자체는 무죄 평결을 내리기까지 배심원단이 무려 23분이나 숙고하며 상당히 쉽게 해결되었지만, 이 사건으로 인해 전국적으로 일어난 여성과 공중화장실에 대한 토론은 좀처럼 수그러들지 않았다. 《시카고 트리뷴》의 한 필자의 관찰에 따르면 웰스가 전국에 걸쳐 "화장실 말장난을 위한 재료를 풍부히 제공"해주기도 했지만, 그가 겪었던 수난은 "경기장, 박물관 및 극장에서 끝없이 늘어져 좀처럼 줄어들 줄 모르는 화장실 줄에 갇혀 짜증을 삭이면서 웬만해선 절대 줄이 생기지 않는 남자 화장실을 질투 어린 눈으로 바라보던" 자신을 떠올린 수많은 미국 여성들에게는 전혀 "재미있는" 일이 아니었다.[9] 이에 대응하여 선출직 공무원들은 그 문제를 완화하기 위해 명시적인 조치를 취했다. 예컨대 웰스가 살고 있던 텍사스주에서 주 의회는 모든 "대중이 모이는 시설에서는 여자 화장실 대 남자 화장실 비율을 반드시 2 대 1 이상으로 맞춰야 한다"[10]는 법률을 미국 최초 중 하나로 통과시킨 것이다. 앤 리처즈 주지사는 이러한 노력을 매우 따뜻하게 받아들여, 이 법안을 처음 발의한 주 상원의원 곤잘로 바리엔토스를 '영웅'이라 치하할 정도였다. 그리고 법안을 승인하는 서명을 하며 주지사는 "제가 감사드리고, 저의 두 딸이 감사드리며, 저의 세 손녀가 감사드립니다"라고 말했다.[11]

그러나 20세기 말 소위 "변기 평등" 법을 만들어낸 원동력이 오직 서밋 경기장의 남자 화장실 소동뿐이었던 것은 아니다. 화장실 사용의 성차에 관한 학술 연구도 웰스가 국가적인 관심을 받기 훨씬 전부터 여성의 화장실 평등에 대한 대화를 촉진하고 있었다. 플로리다와 펜실베이니아 주 의회에서는 코넬대학 한 학부생 연구자의 워싱턴주 고속도로 휴게소 연구를 언급했다. 연구자가 화장실 사용 시간을 조사하자, 남성은 평균 45초, 여성은 79초로 성별 간에 상당한 차이가 나타났다.[12] 버지니아테크대학의 박사과정 학생인 샌드라 롤스도 화장실 사용에 대한 성차 연구로 버지니아주 선출직 공무원들에게 주 법률을 개정하도록 영감을 주었다. 그의 연구팀은 고속도로 휴게소, 스포츠 경기장, 공항, 컨퍼런스 센터를 포함한 다양한 장소에서 여성이 화장실을 사용할 때 남성에 비해 96초 더 걸리며 이 평균적 차이는 코넬 연구의 거의 세 배에 달한다는 점을 발견했다. 한 언론인이 재빨리 "단지 여성들은 손을 씻기 때문이 아니며", 월경 같은 생물학적 문제 때문도 아니었다고 덧붙였다. 그는 오히려 여성들이 시간이 오래 걸리는 이유는 다름 아닌 문화 때문이라고 밝혔다. "복장의 제한, 시간 절약형 설비(예를 들어 소변기)의 부재 그리고 종종 들고 들어가야 하는 가방 등 각종 소지품"이 주요한 이유라는 것이다.[13]

이러한 정량적 지표와 사회 분석은 향후 몇 년 동안 새로운 공공 공간을 설계하는 설계자, 건축 기획자, 건축가 들에게 유용한 대화 주제를 제공했다. 볼티모어에서 오리올스 구단의 새 야구장을 짓던 개발 업자들은 새로운 여성용 소변기를 시험해보려는 계획에 영감을 주었다며 화장실 성차에 관한 연구를 언급했다. 제품 디자이너인 캐시 존스에 따르면, 이 새로운 설비는 물을 내릴 때 더 적은 물을 사용하고, 기존 변기보다 적은 면적을 차지하며, 무엇보다 "옷을 덜 벗어도 되고 몸을 돌릴 필요가 없으며 화장지로 덮어야 하는 변기 시트도 없기 때문에 여자 화장실의 줄을 줄이는 데 도움"이 될 것이라고 밝혔다.[14] 덴버에서 콜로라도 컨벤션 센터를 짓던 건축가는 필요할 때 철거할 수 있도록 건물의 "남자 화장실과 여자 화장실을 이동식 벽으로" 분리하기로 했다. 그러면 다가오는 정맥주사 전담 간호사 협회의 전국 대회 때처럼 "필요한 경우 여자 화장실을 남자 화장실의 세 배까지 크게" 만들 수 있었다.[15] 다시 텍사스로 돌아와서 오스틴에 마찬가지로 새로 지어지는 컨벤션 센터는 처음부터 "여자 화장실에 극도로 유리하게" 설계되어 남자 화장실에 비해 변기는 20퍼센트, 세면대는 50퍼센트 더 많았고 총 면적도 50퍼센트 더 넓었다. 더불어 덴버의 컨벤션 센터와 마찬가지로 "적절한 때에 센터 관리자가 각

성별에 화장실을 얼마든지 '재배정'"할 수 있도록 설계되었다.[16]

그러나 변기 평등의 지지자들이 이뤄낸 가장 큰 성과는 개별 건물 기획자의 설계 전략을 훌쩍 넘어 건물 건축에 대한 공식적 지침을 바꾼 것이었다. 화장실 사용을 정량화하려는 국지적 노력에 영감을 받아 미국 배관 기사 협회의 이사는《시카고 트리뷴》의 한 기자에게 여성에게 화장실 평등은 "매우 큰 문제"라고 설명했다. 따라서 그는 협회 자체에서 진행한 기간 4년, 총 예산 500만 달러 규모의 연구를 열정적으로 지원했는데, 이 연구의 목적은 다양한 공공장소에서 남녀 화장실 시설의 이상적 비율을 결정하는 것이었다.[17] 다른 전문직 집단도 "여성들도 남성만큼 화장실을 충분히 확보할 수 있도록" 보장하기 위해 전국의 컨벤션 홀 및 공연 예술 센터의 여자 화장실에 설치해야 하는 변기 수를 두 배로 늘리는 등, 건축 규정 및 건설 기준을 영구적으로 변경해야 한다고 권장하기 시작했다(그러나 경기장은 해당되지 않는다. "극장에 방문한 여성의 복장이 여가 및 야외 활동 복장에 비해 화장실에서 더 오랜 시간을 소모할 것이기 때문"이다).[18] 그리고 성별 관련 화장실 문제에 보다 보편적인 해결책을 마련하기 위해 미국 건축가 협회는 기존의 화장실 배치에 보다 창의적인 대안을 제안하기 시작했다. "여성들이 흡연을 하고 화장을 하며 기저귀를 갈 수 있는 별도의 휴게실", 남녀 화장실 사이에 위치한 공동 "손 씻기 공간" 그리고 가장 급진적인 아이디어로 대규모의 다양한 사용자가 활용할 수 있는 "남녀공용 화장실" 등이 제시되었다.[19]

• • • • •

이러한 변화는 1970년대와 1980년대의 기업과 다른 직장에서 인구학적 차이를 포용하기 시작했기에 성공적으로 이뤄낼 수 있었다.《기회 균등의 발명》에서 프랭크 도빈은 다음과 같이 말했다. "1960년 이전에는 대부분의 회사에서 흑인 남성이나 백인 여성이 관리직을 얻는 것은 그저 어려운 정도가 아니라 불가능한 일이었다. 미국에서 대다수의 고용주는 백인 남성이 거부하지 않는 일자리에는 절대 여성이나 흑인, 라틴계를 고용하지 않았다.”[20] 그러나 1980년대 후반에서 1990년대 초반까지 반편견 교육, 다양성 관리 부서, 외부 평등 전문가의 방문 등이 모두 정규 기업 관행으로 정착되면서, 20세기 중반에 비해 관리 인력도 훨씬 다양해졌다. 더욱이 이러한 변화는 직장의 세계를 넘어서까지 확산되었다. 초·중등학교와 대학에서는 다문화주의가 필수 교육 패러다임이 되었는데, 이는 다양성과 차이에 대한 관심을 백인 남성 중심의 획일적 지적 규범에 통합시키기 위한 것이었다. 언론 및 광고 업계에서도 텔레비전 화면과 인쇄 매체에 더욱 다양한 피부색과 체형을 대표하는 인물을 등장시키기 시작했다. 심지어 도시계획자들조차 그들의 도시가 역사학자 린 홀런 리스의 표현처럼 “가능한 한 가장 폭넓은 시민들에게 매력적”[21]으로 다가갈 수 있는 방법을 고려했으며, 그리하여 도시의 공공 공간이 그들이 보존한 랜드마크, 그들이 지은 새로운 공간, 그들이 승인하여 개조한 건물을 통해 모든 거주자와 방문객 들에게 더욱 의미 있는 공간이 될 수 있기를 바랐다.[22]

화장실 공간은 이러한 변화에서 떼려야 뗄 수 없는 부분이었고, 특히 포용성에 대한 새로운 기대가 20세기 후반 입법 정치에 도입되면서 더욱 중요해졌다. 1장에서 상세히 설명했듯, 웰스 사건의 대소동에 힘입어 제정된 법을 포함한 “변기 평등”법은 공항이나 경기장과 같은 대형 공공건물을 넘어 공원과 도서관과 같은 작은 공간에까지 적용되기 시작했다. 각 시의 시장과 지방자치단체 공무원들은 도심 주거지역, 특히 저소득층과 노숙인 인구가 많은 지역에 진정한 공중화장실을 설치하거나 개선하기 위한 자금 흐름을 부활시켰다. 연방 의회조차 21세기 화장실 인프라의 포용성에 막대한 영향을 끼치게 될 법률인 ‘1990년 미국 장애인법Americans with Disabilities Act, ADA’을 통

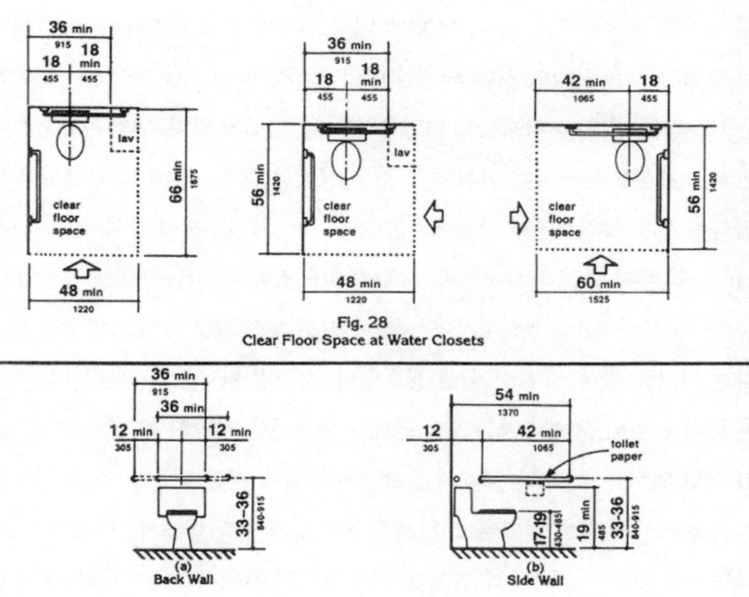

그림 5. 미국 장애인 표준 디자인 규격 4.17절 "개별 칸 및 변기"에 대한 설계도(1991).

과시키면서 변화의 물결에 뛰어들었다. 미국 장애인법은 고용 환경 및 공공 장소에서 발생하는 장애인 차별을 해결하기 위해 수많은 정책을 도입했다. 여기에는 고용에 대한 절차적 규정, 대중교통 접근성에 대한 지침, 그리고 이 책과 가장 관련 있는 '미국 장애인 표준 디자인 규격Standards for Accessible Design, SDA'이 포함된다. 92페이지에 달하는 이 건축 절차 목록은 (이후에 업데이트 된 2010년 개정판에서는 279페이지로 늘어났다) 박물관, 도서관, 레스토랑, 공연장, 쇼핑몰 등의 "공공 편의 시설"[23]에 새로 설치되거나 개조된 모든 화장실에서 개별 칸의 문과 같은 칸막이나 자판기 등의 설비를 어떻게 설치해야 하는가에 대해 인치 단위까지 상세하게 명시했다.[24]

이 장에서는 '공공 편의 시설'이라는 용어에서 '공공'이란 부분에 주목하여 역사 유적지 및 랜드마크, 도서관, 대중교통 허브라는 세 유형의 공공기관의 배후를 파고들면서, '변기 평등'에 대한 법률이나 미국 장애인 표준 디자인 규격과 같은 규정이 지난 30년간 이러한 시설에 성중립 화장실을 보급하는 데 어떠한 영향을 미쳤는지 설명할 것이다. 이렇게 법적 측면과 물질적 측면의 교차점을 탐구하기 위해 나는 각 시설에 처음으로 성중립 화장실이 도입되는 것을 목격하거나 도입에 기여한 조직 책임자, 시설 감독, 건물 관리자, 그 외 행정 인력과 진행한 총 24회의 반구조화 인터뷰(중요한 질문의 내용 및 순서는 사전에 정해두지만, 상황에 따라 후속 질문 등의 가변성을 허용하는 인터뷰 방식 — 옮긴이)를 활용한다. 성중립 화장실의 가능성 및 위험에 대한 논란이 끊이지 않는 오늘날 대중 담론과는 극명히 대조적이게도, 내가 만난 인터뷰 응답자들에게서는 그러한 공간에 대한 당혹감, 경악, 분노의 증거를 거의 찾을 수 없었다. 오히려 그들은 앞의 두 단락에서 설명한 것처럼 다양성을 포용하는 문화적 변화로 인해 그들의 건물이 모든 고객들에게 한층 접근 가능한 곳이 될 가능성을 자신과 동료들도 옹호하게 되었다고 회상했다. 하지만 이렇게 도덕적 저항이 거의 없었음에도 불구하고, 기존 인프라에 물질적 한계가 있는 데다 지역, 주, 연방의 법이 연동되어 엄격한 요구 사항이 늘어나면서, 매우 바람직하다고 생각한 화장실 개조조차도 부담스러운 조직적 난관이 되어버리는 일이 발생했다.

그러나 응답자들에게 가장 최근에 화장실을 개조한 과정을 자세히 되짚어달라고 요청하자, 그 방해물 중 하나인 법이 화장실을 개선할 때 언제나 극복 불가능하지는 않았음이 분명하게 드러났다. 오히려 지방자치단체가 부적절한 위생 인프라 문제에 맞닥뜨리는 경우, 그곳의 관계자들은 장애인법 등의 규제를 창의적으로 활용하여 변화의 원동력으로 삼을 수 있었다. 특히 규정을 준수하지 않을 때 발생하는 잠재적 비용이 규정에 맞게 개조하는 데 필요한 예산을 초과할 위험이 있는 경우는 더욱 그렇다. 그러나 내가 '법적 조화'라 부르는 것을 이뤄내기 위한 가장 영리한 전략, 즉 성중립 화장실의 부재와 같이 까다로운 조직 문제를 변칙적으로 적용 가능한 법적 틀을 동원하여 해결해보려는 전략조차도 젠더화된 화장실이 지닌 물질적 역사를 극복하기란 결코 쉽지 않았다. 응답자들은 모두 최소한 한 개 이상의 성중립 화장실을 짓는 방향으로 규제의 요구 사항을 이용할 수 있었지만, 최소 기준을 갖춘 화장실로 개조할 수 있을 만큼 지리적으로나 재정적으로 여유 있는 지방자치 조직은 아주 일부에 불과했다. 그렇기에 안타깝게도, 그들의 경험은 조직의 인프라가 실제로 얼마나 포용적일 수 있는지 결정하는 논의의 뒤편에서 해묵은 건물과 부족한 지방자치단체 예산이 어떤 식으로 결탁하는지를 보여준다.

"대대적인 배관 곡예"

웰스 사건은 성별에 대한 토론, 특히 성차에 대한 토론이 현대 화장실 담론의 도처에 존재한다는 것을 명백하게 보여준다. 20세기 말부터 시작된 "변기 평등"에 대한 대중의 토론이나 트랜스젠더의 화장실 출입을 제한하거나 보장하려는 "화장실 법안"을 둘러싼 최근의 우여곡절을 살펴보면, 화장실 인프라와 관련하여 성별화된 신체에 대한 격렬한 논평이 수없이 쏟아진다. 젠더사회학 이론의 가르침에 따르면, 어떤 면에서 그 격렬함은 '여성'과 '남성'은 각각 고유하고 대립적인 문화 범주라는 관념에 대한 우리의 집단적 애착에서 비롯된다. 예를 들어 1977년 어빙 고프먼은 우리가 범주적 성차에 얼마나 강력히 이끌리는가에 대해 "종교가 아니라 성별이야말로 인민의 아편"이라며 입담 좋게(하지만 정확하게) 표현했다.[25] 그 이후로 수많은 연구들이 성별은 이분법적 특성을 지닌다(그것이 중성적 이름처럼 상징적인 것이든 특정 젠더용 장난감을 '잘못' 고른 아동의 놀이처럼 실체적인 것이든)는 믿음에 도전하는 것이 용인되기보다 제어되는 경향이 있다는 점을 찾아냈다.[26] 화장실은 이러한 일반적인 경향이 특별히 양극화된 변형이다. 로럴 웨스트브룩과 크리스틴 실트는 트랜스젠더에 관한 미디어 담론을 분석하면서, 성별로 분리된 공간은 특히 "성별 공황"을 유발하기 쉽다는 사실을 발견했다. 이는 외관상 성별의 자연성을 위협하거나 방해하는 사회적 상황에 맞닥뜨렸을 때 남녀 성차의 안정성과 선천성을 신경증적으로 주장하는 것을 말한다.[27]

이러한 성별 공황은 지방자치단체 응답자들과의 인터뷰에서도 이따금씩 불거졌다. 대중교통 센터에 가족 화장실을 만들고자 했을 때 반대당한 기억이 있는지 묻자, 찰스는 이렇게 답했다. "공중화장실에 대해 물으면 사람들은 약간 진저리를 냅니다. 특히 저희처럼 통근 인구로 붐비는 장소는 더욱 그렇고요." 그리고 그는 덧붙였다. "질문에 대답하자면, 그것은 그저 동물적 본능입니다. 정말 많은 사람들이 하루도 빠짐없이 이곳을 거쳐 가는데, 저희는 공항 검색대처럼 승객이 대중과 분리되어 있는 체계가 아니니까요. 그러니 아무나 들어와서 무엇이든 할 수 있고, 어떤 남자가 어떤 여자를 쫓아와 폭행할 수도 있다고 상상하며 심각하게 걱정하는 사람이 많았지요." 마거릿도 도서관이 처음으로 성중립 화장실 옵션에 대한 토론을 시작했을 때, 대중에게 물리적으로 과도하게 공개된다는 점에서 동료들이 불안을 느꼈다고 전했다. 특히 "이 문제가 정치적으로 입맛에 맞는 일이 되기 훨씬 전에" 이러한 대화가 시작되었기에 더욱 그랬다고 한다. 그는 직원들로부터 필요치 이상의 지지를 얻기 위해 "생각이 통하는 동료들"과 함께 활용한 다양한 전략에 대해 이야기하면서, "LGBT 관련 이슈는 여전히 꽤…… 아슬아슬해요. 더 나은 표현을 찾을 수 있으면 좋겠지만, 좀 더 보수적인 동료들에게는 더욱 그렇고요"라고 넌지시 언급했다. 나중에 "아슬아슬하다"는 말의 의미를 추가로 물어보았을 때, 그의 대답은 찰스의 발언과 놀라울 정도로 비슷했다. "솔직히 말해서, 노골적인 동성애 혐오 같은 것 때문이라기보다는 불법적이거나 음란한 행위가 있을 것이라고 생각하기 때문일 거예요. 사람들이 가족과 청소년을 지원하고 싶어 한다 해도, 아무나 불쑥 들어와서 화장실에서 해선 안 될 짓을 하는 사태는 벌어지지 않을 거라고 안심을 시켜줘야 했던 것이 떠오르네요."

그러나 가족과 청소년에 대한 언급이 암시하듯, 내가 만난 대부분의 응답자들은 성중립 화장실을 설치할 가능성에 대해 도덕적 분노를 드러내는 경우는 거의 없었다고 보고했다. 오히려 압도적 다수가 그러한 공간이 자기 조직의 사명 및 가치와 생산적으로 연결되어 있다고 보았다. 마거릿과의 대화는 이러한 경향을 잘 보여준다. 그는 인터뷰 초반에 나에게 "모든 유형의 포용적 화장실 공간"은 자신이 일하는 도심 도서관이 포함된 지역사회의 "모든 구성원에게 서비스를 제공하는 데 절대적으로 필수적"이라고 말했다. 따라서 그는 이 필수적인 특성이 모든 공공 도서관이 지닌 사명에 포함된다고 생각했다. 그는 "저희는 대중 전체에게 봉사합니다. 그리고 그 대중은 온갖 형태, 크기, 정체성 범주를 지니고 있고요"라고 설명했다. 그러나 또 한편으로는 도서관이 "게이 마을에 인접"해 있기 때문에 도서관 건물 및 직원들이 특정한 부담을 느끼게 되었으며, 이는 화장실에 관련한 의사 결정에까지 이어진다고 서술하기도 했다.

마거릿: 저는 젠더와 섹슈얼리티 문제를 집에서 검색하기 껄끄러운 나머지 그에 대한 답을 찾기 위해 여기로 찾아오는 청소년들을 몇 년이고 보아왔습니다. 그러니 도서관은 단순히 정보를 제공하는 곳에 그치지 않아요. 이곳은 실제로 안전한 피난처이고, 때로는 그들이 실질적으로 이용할 수 있는 유일한 피난처이기도 합니다.

인터뷰어: 그러면 화장실도 그 피난처의 일부라고 보시나요?

마거릿: 그럼요. 모두에게 열린 화장실 공간을 마련하는 것은 여러 가지 이유로 여러 이용객에게 도움이 되지만, 화장실 문에 붙어 있는 표지판처럼 작은 것이라 할지라도 그런 수용적인 신호가 자신의 정체성을 찾기 위해 안간힘을 쓰고 있는 젠더퀴어 혹은 트랜스젠더 아이들에게 크나큰 차이를 만들어줄 수 있습니다.

케이트와의 대화에서도 비슷한 서사가 중심이 되었다. 그는 최근에 공공 도서관의 제도적 환경이 전면적으로 변화함에 따라 직원들도 자신들의 건물에 성중립 화장실을 추가하는 데 관심을 가지게 된 과정을 자세히 설명했다. "미국 도서관 협회American Library Association, ALA의 주요 추진 사업 중 하나가 도서관 포용성을 극대화하는 것이었어요." 그에게 이것은 교외 도서관이 지역사회에 여러 가지 새로운 책임을 가지게 된다는 의미였다. "지금은 문화적 흐름에 대응하기 위한 도서관 프로그램은 물론, 생활이 빈곤하거나 집에서 인터넷을 사용할 수 없는 등 다른 방식으로 소외된 지역사회 구성원을 효과적으로 지원하는 활동에 대한 온라인 자료가 넘쳐나죠. 얼마 전에는 다양성 프로그램을 살펴보던 중 도서관 내 성중립 화장실의 중요성에 대한 팸플릿을 발견하기도 했으니까요." 그런 뒤 그는 보다 광범위한 문화적 변화를 특정 지역에 맞게 조정한 일련의 절충안과 연결하여 다음과 같이 말했다. "저는 우리가 공간에 대해 내리는 선택이 이용객들에게 모종의 메시지를 보낸다는 점을 사서들도 충분히 알고 있다고 생각해요. 그리고 우리 ○○ 도서관은 성중립 화장실을 만들 방법을 모색할 때 모든 직원이 정말 빠르게 동참했고요." 그러나 조직의 집단적 승인은 화장실 개조라는 빙산의 일각에 불과했다. 케이트는 성중립 화장실을 마련하려는 시도에 동료들이 매우 신속히 동참한 것에 대해 조금도 의외라고 생각하지 않았지만, 그것의 도입을 막는 새로운 방해물이 마찬가지로 신속하게 등장한 데에는 상당히 놀랐다. "문제는 그것을 위한 공간을 확보하는 일이 얼마나 복잡한지에 대해 저희가 전혀 대비하지 못했다는 점이었어요." 그는 잠시 숨을 골랐다. "대대적인 배관 곡예를 하지 않고 별도의 일인용 화장실을 설치할 만큼 충분한 면적을 찾아내는 일이 얼마나 어려운지 깨닫고 저희는 정말 깜짝 놀랐습니다." 찰스는 화장실을 개선할 때에 물질적 여건이 중요하다는 점에 대해 케이트만큼 놀라지는 않았지만, 대중교통 센터 화장실의 공간 배치에서도 마찬가지로 물질적 어려움이 핵심이라고 언급했다. "물리적 건물에 어떤 변화를 주려면 수많은 제약 속에서 창의성을 발휘하는 수밖에 없습니다. 기존의 전기, 배관, 덕트, 단열재 등 모든 것을 최대한 건드리지 않는 편이 좋으니까요"라고 그는 주장했다. 설명을 보충하기 위해 그는 가정의 비유를 들었다. "새로 집을 짓는 경우와 기존의 집을 개조하는 경우를 비교하며 생각하면 쉬울 텐데요. 당신의 부지 중 특정 장소로 수도 배관이 들어오겠죠. 그로 인해 새 집에 부엌, 세탁실, 욕실을 배치하는 데 다소 제한이 생기겠지만, 그렇게 많지는 않아요. 하지만 일단 집이 완성된 후에는, 침실과 거리를 두기 위해 세탁기와 건조기를 위층으로 옮기거나 손님용 화장실을 추가하는 등의 작업을 할 때 기존 욕실을 위해 이미 배관이 설치되어 있는 벽을 활용하는 편이 훨씬 쉬워요."

다시 말해, 케이트의 도서관과 찰스의 대중교통 센터의 경우, 당시 화장실을 개조할 가능성은 과거에 그들이 조직의 물리적 구조에 대해 내렸던(혹은 지침에 따라 내려야 했던) 건축적 선택에 달려 있었다. 때때로 성중립 화장실을 곧바로 도입할 수 있었던 인터뷰 응답자들은 그러한 물리적 역사를 화장실을 개선할 가능성이 넘치는 윤택한 보물 창고로 묘사하곤 했다. 가령, 내가 에린을 만나 최근 그가 일하는 유적지에 성중립 화장실 공간을 새로 도입한 일에 대해 이야기했을 때, 그는 그 화장실의 건축 과정을 매우 기쁜 마음으로 설명했다. "저희는 정말 운이 좋았어요. 새로 배관 공사를 하려면 엄청나게 비쌌을 거예요. 특히 시에서 검증한 회사를 고용해야 하기 때문에 인건비가 어마어마하거든요. 그런데 저희 건물에 싱크대와 대걸레용 개수대가 설치된 청소 도구실이 있었던 거예요……." 그는 잠시 말을 흐리더니, 다음의 내용을 시각적으로 보충하기 위해 두 주먹을 내밀어 서로 맞대어 보였다.

> (…) [싱크대와 개수대가] 남자 화장실과 여자 화장실 사이에 있는 벽에 연결되어 있었어요. 저희가 해야 하는 일은 뒷벽을 뒤쪽 사무실 쪽으로 몇 피트 미루고, 기존 설

비를 일반적인 장애인용 화장실 설비로 교체한 뒤 자물쇠를 바꾸어 안에서 문을 잠글 수 있게 하는 것뿐이었어요. 그러니까 원래의 질문에 답하자면, 반드시 해야만 하는 일이 있었고, 하루아침에 될 일도 아니었죠. 그런데 저희가 해야 했던 일은 대개 외부적 수리였을 뿐, 뼈대를 건드릴 필요는 없었어요. 모든 점을 고려했을 때, 저는 저희가 성중립 화장실의 선택지를 이토록 신속하게 정착시켰다는 것을 정말 기쁘게 생각합니다.

저스틴 역시, 지역의 선출직 공무원이 유적지 화장실에 성별 구분을 없앨 가능성에 대해 문의했을 때, "애초에 현대적 화장실을 추가하기 어려운" 역사적 건축물이 부여한 이 "고유한 도전" 이 오히려 긍정적 혜택이었다고 묘사했다. "저희는 이미 개별 칸 화장실이 있었기 때문에 성중립 화장실로 변경하기가 쉬웠습니다"라고 그는 설명했다. "그래서 결정을 내리고 지역의 승인을 받고 난 뒤 저희가 해야 할 일은 새 표지판을 주문하고 그것을 바꿔 붙일 드라이버를 꺼내는 것 정도였어요."

그러나 성별이 구분되어 있는 기존 화장실 인프라로 인해 가능성이 제한되는 경우가 훨씬 더 많았다. 순식간에 표지판을 교체했다는 저스틴의 보고와 달리, 오래된 건축물에서 일하는 지방자치단체 조직의 인터뷰 응답자들은 대부분 그에 따른 제약으로 힘들어했다. 내가 교외 유적지 화장실에 관련한 역사에 아는 바가 있는지 물었을 때, 킴벌리는 "저희에게 이 문제는 정말 얄궂은 아이러니예요"라고 밝혔다. "1980년대에는 저희 직원들을 위해 이 건물에 별도의 여자 화장실을 확보하는 것이 엄청나게 중요한 투쟁이었어요." 계속해서 그는 그 당시엔 여자 화장실을 추가하면 "건물의 본래 건축 양식을 해친다는 둥, 140년이나 된 건물에 과도한 스트레스를 준다는 둥" 온갖 우려가 쏟아졌다고 회상했다. 하지만 20년이 지나서 방문객의 편의를 위해 훨씬 더 많은 사람이 요구하는 가족용 화장실을 추가하려 하자 "그토록 격렬하게

그림 6. 성중립 화장실(남녀공용형) 표지판(촬영은 필자).

싸워 얻어낸 여자 화장실이 걸림돌이 되고 말았습니다"라고 덧붙였다. "여자 화장실을 만들 공간이 거의 없었거든요. 그래서 설치가 가능한 유일한 공간에 여자 화장실을 만든 뒤로는 정말 끝이었어요. 지금은 화장실을 만들 공간이 전혀 없습니다." 그러나 좀 더 현대적인 역사를 가진 건물에서 일하는 응답자들도 비슷한 문제를 내세웠다. 내가 도심 교통 센터에 있는 가족용 화장실의 기원에 대해 묻자, 데이비드는 이렇게 답했다. "두 번의 개조 공사를 하기 전인 1990년대 중반부터 이야기를 시작해야 합니다. [주 정부가] 공중화장실의 여자 화장실에 개별 칸 및 설비 증설을 의무화하는 법안을 막 통과시킨 차였어요. 그때엔 문제가 없었습니다. 저희도 개별 칸 공간, 세면대 주변의 보행 공간 등을 확장하고 싶었거든요. 그런데 그때 평등법의 요건을 충족하기 위해 여유 공간 대부분을 흡수해버린 나머지, 20년이 지난 지금 추가해야 하는 장애인 및 성중립 화장실을 설치할 공간을 찾기가 매우 어렵습니다."

이처럼 내가 인터뷰한 지방자치단체 조직에서 이분법적 젠더 이데올로기는 기존 화장실의 성별 구분을 없애거나 성중립 공간을 새로 추가하는 작업을 가로막는 명실상부한 방해물이었다. 그러나 그 이데올로기적 방해는 오늘날과 같은 도덕적 분노보다는 과거로부터 전해 내려온 조직의 물질적 환경을 통해 작동하는 경우가 훨씬 더 많았다. 다시 말해, 내가 인터뷰한 응답자들과 그들의 조직은 제프리 보커와 수전 리 스타가 "관성inertia"이라고 부르는 것, 즉 과거에 수행된 문화적, 조직적 작업을 통해 물리적 인프라에 내재된 가능성과 한계[28]를 역사적인 건축적 선택 및 건물 설계 기준이라는 측면에서 맞닥뜨리고 있는 것이다. 에린과 저스틴 같은 일부 응답자들은 젠더화된 법과 젠더화된 역사의 구체적이고 물리적인 잔재 덕분에 새로운 성중립 화장실을 손쉽게 안착시킬 수 있었다. 그러나 그 문화적 화석은 난관으로 작용하는 사례가 훨씬 더 많았다. 특히 건물의 기존 배관 설계가 두 개의 동등하지만 분리된 화장실 공간을 기준으로 구성되어 있을 때에는 더욱 그렇다. 실제로 킴벌리의 박물관과 데이비드의 교통 센터의 경우, 불과 10~20년 전에는 최첨단의 화장실 평등을 대변하던 계획과 정책이 이제는 이미 시대에 뒤떨어진 주장이 되기 시작했다. 그것이 더 이상 바람직하거나 적절한 젠더 관습을 반영하고 있지 않기 때문이다. 결과적으로 내 응답자들은 보다 수용적인 화장실을 만들자는 가설적 목표에 헌신했고, 심지어 열렬히 매진하기도 했지만, 이전부터 각 조직이 사용해온 물리적 구조로 인해 현재 그들이 지향하는 성중립 공간을 실제로 구현해내는 능력에 심각한 제약이 가해졌다.

"가짜 접근성 문제를 지어내다시피 하다"

그러나 국가 차원의 화장실 설치 요건에 대해 데이비드가 지나가듯 언급했던 내용은 성중립 화장실을 설치할 때 물리적 구조만이 유일한 방해물은 아니라는 현실을 암시한다. 구조 규제의 복잡한 결합은 현대 미국 건물의 건축을 결정하거나, 더 정확히 말하면 과잉 결정한다. 미학적으로 아름다운 건물

라인을 확보하기 위해 도심 고층 빌딩 높이의 상한을 정하는 것에서부터 화재 확산을 예방하기 위해 내열 자재를 의무화하는 정책에 이르기까지, 인프라는 많은 건축학자들이 관찰했듯, “엄청나게 규제된 세계”이다.[29] 이러한 규제는 특히 화장실에 아주 많다. 지역 조례로 화장실 문에 특정 종류의 표지판을 눈에 잘 띄게 붙이도록 요구하는 경우도 많고, 주의 배관 규정은 문 뒤에 설치되어 있는 설비의 세부 사항은 물론 법적으로 그 설비를 만드는 데 사용할 수 있는 자재까지 지정한다. 연방 지침은 몇 명의 직원 및 방문자가 사용하는가에 기반하여 직장, 업무 및 자치 공간에 몇 개의 화장실 공간을 제공해야 하는지까지 상세히 규정한다. 심지어 국제 건축 표준조차 배관 안전 및 에너지 효율성을 최적화하기 위한 프로토콜을 제공한다.[30] 결과적으로 지리적 위치나 문화적 정체성(‘지역 공공 도서관’처럼 좁은 정체성이든 이 장에 등장한 ‘공공 자치 조직’의 제도적 반영과 같은 광범위한 정체성이든)을 공유하는 조직들은 배관 인프라에 대해서도 공통적 접근을 취하는 경향이 있다. 조직사회학자들은 이 규제를 ‘강제적 동형coercive isomorphism’이라 부르는데, 이는 법적 환경을 공유하고 있는 조직들이 비슷한 관행과 정책을 채택하는 경향으로, 법적 금지 사항을 위반했을 때 발생할 수 있는 제재를 피하기 위해 형성되는 경우가 가장 흔하다.[31]

이러한 강제적 영향력은 내가 인터뷰 응답자들에게 화장실 공간의 세부적 특징을 물어보기도 훨씬 전에 이미 인터뷰 내용에 영향을 미치기도 한다. 교외 공공 도서관의 의사 결정자인 제너비브는 인터뷰 초반 지역 및 주의 건물 규정으로 인한 제약에 대해 다음과 같이 양해를 구했다. “여러 측면에서 저희 공간을 저희가 완전히 통제할 수 있다면 환상적이겠지요. 이쪽 벽을 허물고 저쪽에 아동용 서고를 새로 짓는 식으로 말이에요. 그러나 도서관 직원이 보기에 바람직한 변화 중에는 인가된 건설 업체로부터 건축 허가를 받지 않고서는 이루어질 수 없는 부분이 너무나 많아요. 심지어 허가를 받은 후에도 저희가 원하는 바가 전부 건축 규정에 부합하는 것은 아니고요." 그러나 또 다른 상황에서 법적 규정 및 요건에 관한 이야기는 인터뷰가 오늘날 하나 이상의 성중립 화장실을 건설하기까지 거쳤던 특정한 논의 및 조직적 과정에 대해 보다 세밀하게 다가갈 때에만 등장했다. 예를 들어, 에이미가 자신이 일하던 도심 유적지를 되돌아보면 인프라에 대한 접근 방식이 확실히 제너비브보다 가벼웠지만 궁극적으로는 비슷한 결론에 도달했다. "재밌게도, 미국에서는 등록된 유적지에 적용할 수 없는 변화가 너무 많습니다. 물론 그럴 만한 이유가 있죠. 역사적 공간이니까요!" 그는 잠시 말을 멈추었다가 생각에 잠긴 듯한 표정으로 말을 이었다. "그렇지만 저희는 기본적으로 주간 고속도로 주변에 설치된 화장실과 동일한 시설을 가지고 있습니다. 둘 다 주에서 관리하는 화장실이기 때문이죠. 저희 건물이 고속도로 옆 건물보다 약 150년 더 오래되었다는 사실은 아무 상관없습니다. 저희는 모두 ○○주의 일부일 뿐이에요."

어느 쪽이든 앨런이 자신이 일하는 도서관의 성중립 화장실을 생생하게 묘사하며 압축적으로 보여주었던 것처럼 젠더는 그러한 논의에 반드시 영향을 미친다. 제너비브나 에이미와 마찬가지로 그는 자기 일터의 세 가지 화장실(남자용, 여자용, 가족용)의 역사를 설명하며 이야기를 시작했고, 그중 법적 문제를 특히 강조했다. "저희에게 가장 까다로운 부분은 '공중' 화장실이(그는 검지와 중지로 따옴표 표시를 하며 이 말을 강조했다) 저희가 쓰는 직원 화장실이기도 하다는 점이었습니다. 무슨 뜻이냐면……." 그는 걱정거리를 늘어놓기 전에 숨을 깊이 들이마셨다. "건물의 배관을 쉽게 변경할 수 있는지 여부와 건물 관련 지출의 배정 방식을 아주 상세하게 지시하는 지방자치법의 지침 문제만 해결하면 되는 것이 아니었어요. 우리는 산업안전보건청과 관련해서도 어려움이 많았습니다. 산업안전보건청은 우리와 같은 규모의 작업장에는 남녀로 분리된 직원 화장실을 만들어야 한다고 규정했고, 거기에 더해서 주법은 그 화장실들이 반드시 갖춰야 하는 수준에 대해 더욱 까다로운 요건을 제시했어요."(강조는 응답자) 그러나 그는 짧은 독백을 마무리하며 이 문제의 진정한 본질은 그저 젠더에 관해 상충하는 법적 명령들의 혼란스럽고 모순된 결합이 아니라고 설명했다. 오히려 그를 비롯하여 지역 도서관 세계의 다른 관리자들이 거의 "두 손 두 발 다 들고 포기하게" 만든 것은 "저희가 계획하여 승인받은 예산 내에서는 고용된 시공 회사가 우리가 원하거나 바라는 것을 전부 실현해줄 수 없었"다는 사실이었다. 이런 문제들이 겹치면서 배관에 관련하여 일련의 "정말 이례적인" 선택이 이루어졌다. 가령 "휠체어 접근성이 보장된 성중립 화장실"을 추가할 때, 그 화장실을 "오랜 시간 존재했던 건물을 가장 덜 바꿀 수 있는 부분"에 두는 선택지는 애초에 사라지게 되는 것처럼 말이다. 따라서 끝까지 그 화장실을 완성하려면, "그토록 작은 화장실에 모두가 예상했던 것에 비해 훨씬 더 많은 시간과 재설계"가 필요했다.

그러나 법은 조직을 좁디좁은 하나의 행동 경로로 몰아넣는 전능한 깡패와는 아주 거리가 멀다. 오히려, 내가 인터뷰 응답자들에게 일터의 성중립 화장실의 역사를 기억할 수 있는 한 자세히 알려달라고 정중히 요청하자, 그들은 법적 의무 사항이 의외로 생성적인 역할을 했다고 말하기 시작했다. 이러한 견해는 미국 장애인법과 그에 따른 미국 장애인 표준 디자인 규격이 대화의 주제일 때 종종 등장했다. 물론 장애인 표준디자인 규격이 매우 구체적으로 규정하는 부분도 있지만(가령 이 장 앞부분의 〈그림 5〉에 등장하는 안전바의 길이처럼), 미국 장애인법은 유난히 유연한 법안이며, 시간이 흐름에 따라 그것이 실행되는 양상도 상당히 변화했다.[32] 예컨대, 화장실 설치에 대한 포괄적인 도면을 제공한 뒤 바로 몇 절 다음에는 건물 및 시설물의 접근성 지침이 등장하여 접근성을 향상시키기 위해 기존 평면도에 성중립 화장실을 추가할 것을 주장한다.

> 경험에 따르면 접근 가능한 '성중립' 혹은 일인용 화장실을 제공하는 것은 휠체어 사용자와 그의 동행인, 특히 반대 성별인 동행인에게 접근성을 제공하는 합리적 방법이다. 따라서 이러한 시설이 매우 유용하다는 것이 증명되었기 때문에, 시설을 새로 지을 때, 특히 쇼핑몰, 대형 공연장 및 컨벤션 센터의 경우에 다수의 개별 칸을 갖춘 화장실을 접근 가능하게 만드는 것에 더하여 '성중립' 화장실을 설치하는 것이 유리하다고 고려되는 경우가 많다.[33]

무수한 의사 결정자들이 장애인법에서 이와 같은 절이 가장 최근 일어나고 있는 화장실 개조 작업을 포함하여 인프라 관련 개조 공사의 결정적 원동력이 되었다고 언급한다. 가령 해리는 2010년 법무부의 접근성 표준 개정이 그가 일하는 유적지의 관리자들에게 "저희가 이미 가지고 있는 공간을 재구성하기 위해 새로운 설비 및 변기를 주문하고 설치"하는 데 필요한 "자극"을 제공했고, 그 결과 두 성별분리 화장실 사이에 작은 성중립 화장실을 확보하게 되었다고 회상했다. 마찬가지로 리처드는 특정한 일인용 화장실 관련 조항이 자신의 유적지가 기존의 개조하기 어려운 화장실로 인해 발생할 수도 있었던 "접근성에 관해 법적 위반이 생길 모든 가능성을 방지하는" 널찍한 가족용 화장실을 갖춘 "완전히 새로운 부속 건물"을 짓는 동기가 되었다고 지적했다.

그러나 장애인법이 이토록 생성적일 수 있는 이유 중 하나는 조직의 법적 환경을 연구하는 사회학자에게 친숙한 현실, 즉 궁극적으로 규제 지침을 실제 조직적 관행으로 해석하는 것은 사람의 손길이라는 현실이었다.[34] 따라서 주디와 같은 응답자에게 성중립 화장실은 연방법에 대한 강제적이고 반응적인 대응이 아니라, 행위자로서 그가 자율적이고 적극적으로 조사한 결과였다. 그가 일하는 시민 랜드마크는 최근에 하나가 아닌 세 개의 성중립 화장실을 설치했다. 그는 이러한 배치가 모든 형식의 공공장소에 보다 보편적으로 적용되어야 한다고 단언했다. "10대 트랜스젠더가 《굿하우스키핑(여성 잡지 — 옮긴이)》에 긍정적이고 가족을 소중히 하는 태도로 찾아온다면, 이젠 저희도 젠더 관련 사업을 시작해야 할 때가 온 셈이죠. 게다가 벌써 2015년이나 됐는데 누구랑 같이 볼일을 볼지가 아직도 그렇게 문제 삼을 일일까요?" 그러나 내가 한정된 자치 예산으로 정확히 어떻게 일인용의 성중립 화장실을 여러 칸 설치할 수 있었는지 묻자, 젠더는 잠시 그의 서사에서 사라졌다. "저희는 저희가 장애인법 규정을 완벽히 지키지 않았다는 것을 알고 있었고, 그렇다고 상위 조항의 힘을 빌려 이를 간과하는 것은 접근성 시설이 필요한 저희 이용자들에게 공정한 처사가 아니었습니다. 그래서 저와 몇몇 동료들이 머리를 맞대고 고민했고, 일석이조, 즉 젠더 친화성과 휠체어 접근성을 동시에 높일 수 있는 방법을 찾아냈죠." 다시 말해, 장애인법은 그들에게 상사가 대대적인 화장실 개조를 승인하도록 설득할 수 있는 관료적 명분을 제공했다. 이를 위해 그들은 주디의 표현에 따르면 "이거 보세요, 여기 우리가 겪고 있는 온갖 법적 위기와 그것을 해결할 수 있는 방법이 있습니다. 이 제안을 집행할 수 있게 허락만 해준다면 우리가 보조금 계획을 작성하고 기부자들에게 전화를 걸겠습니다"라는 서신을 써서 소장에게 보냈다. 그리고 그가 만족스러운 미소를 지으며 무엇보다 좋았던 것은 "소장이 너무나 기뻐하며 결재란에 사인을 했다"는 점이었다고 말했다.

즉, 주디는 조직의 실질적인 문제를 해결하고 인프라 차원의 목표에 도달하기 위해 장애인법을 전략적으로 동원할 수 있었다. 비록 그가 언급한 연방법의 특정 조항은 그들이 겪고 있는 문제에 간접적으로 연관되어 있을 뿐이었지만 말이다. 내가 '법적 조화legal consonance'라고 부르는 것을 이렇게 신중하고 의도적으로 키워나가는 전략은 제임스에게 훨씬 더 절실히 필요했다. 도심 도서관에 대한 인터뷰 초반에 그는 이렇게 말했다. "주변 지역은 부유한 곳이 아닙니다. 저희가 응대하는 지역의 아이들 중 절반 이상이 무료 혹은 할

그림 7. 성중립 화장실(모든 젠더형) 표지판(촬영은 필자).

인 급식에 의지해서 지내고 있고, 도서관 여름 프로그램조차 거의 음식을 중심으로 기획해야 할 정도니까요." 심지어 도서관 인프라에 대한 대화로 화제가 옮겨 갔을 때에도 그는 "기업 기부자들은 ○○ 지역[인근의 부유한 지역]에 비해 이곳에는 자금을 지원할 의향이 거의 없어요"라고 재빠르게 쏘아붙였다. 중립적이고 일정 거리를 유지하는 외부인으로서 인터뷰에 임하겠다는 나의 목표를 잠시 잊어버린 채 공감의 웃음을 보내며 나는 그렇다면 자금을 어디서 조달했는지 물었다. 그의 도서관에는 이례적으로 넓고 최첨단 설비를 갖춘 성중립 화장실이 있었기 때문이다. 그 순간, 인터뷰 데이터가 철저히 익명으로 처리되는지 다시 한번 확인한 후, 제임스는 화장실 개조를 추진하기 위해 본인과 직원들이 "장애인법 지침을 신중하게 활용"했다고 조용히 고백했다. 즉 성중립 화장실을 한 칸 설치하고 남녀 화장실을 개선하기 위한 특정 설비를 확보하기 위해 "가짜 접근성 문제를 거의 지어내다시피" 했다는 것이다. 그는 이렇게 설명을 덧붙였다. "저희 화장실은 수십 년 동안 한 번도 업데이트되지 않았습니다. 아주 정확한 사실이라고 장담할 수는 없지만, 당신도 설비나 수도관을 직접 봤어야 해요. (…) 보기 민망할 정도였어요." 하지만 그러한 문제는 "지역에서 짊어지게 될 소송을" 유발하기 때문에, 장애인법은 법적 위협이 되었던 동시에 그것이 아니었다면 실현되기가 불가능하지는 않더라도 상당히 어려웠을 화장실 개조를 추동하는 원동력이 되었다.

그렇기에 예상과 달리 노동자에게 성별이 분리된 동시에 휠체어 접근성을 갖춘 화장실을 제공하기를 요구하는 연방 명령처럼 제약을 가하는 듯한 법적 의무는 한편으로 성중립 화장실로 가는 데 놀라울 정도로 유용한 경로가 될 수도 있다. 그러나 내가 인터뷰한 응답자들 역시 그러한 조직적 반응을 일으키는 데 반드시 필요한 성분이었다. 오직 그들만이 일견 관련이 없어 보이는 (혹은 아주 약간만 관련된) 법적 틀을 시급한 관료제 차원 혹은 인프라 차원의 문제에 이식하여 법적 조화를 만들어낼 창의력을 가지고 있었고, 오직 그들만이 다른 방식으로는 너무 어려웠거나 이룰 수 없었을 개조를 만들어내는 길을 마련할 수 있었다.[35] 제임스가 회상했듯이, 비싼 소송에 휘말리게 되면 그들이 추구하는 상대적으로 온건한 빌딩 업데이트에 비해 지방자치단체의 이미 부족한 재정 자원이 훨씬 더 큰 타격을 입을 수 있다고 직원들을 선동하기 전에는 그가 일하는 도서관에 넓은 성중립 화장실을 만들 자금을 모으기란 요원한 일이었다. 혹은 주디의 서사가 암시하듯 현장을 직접 찾아가는 실질적 활동 또한 포스트모던적 젠더 정치를 직접 언급하지 않으면서도 화장실 인프라가 그 정치를 반영하게 만들 수 있다. 가령 장애인법의 안전바를 활용하여 장애와 젠더 모두로 소외된 방문객까지 확실히 공간적으로 포용하는 성중립 화장실의 장점을 강조할 수 있다. 따라서 응답자들이 낙후된 건물에서 관찰한 바와 법적 요구 사항에 대한 자신의 지식을 결합하면, 설령 가장 강력한 법적 제약조차 화장실 개선 및 다른 개조 공사의 근거로 바꿀 수 있었다.

"아예 건물을 완전히 밀어버리고 새로 지을 여유가 있다면"

그러나 제임스가 "기업 기부자들"에 대해 쏘아붙였던 데서 알 수 있듯이, 법적 조화를 아무리 교묘하게 이뤄낸다 해도 항상 최적의 화장실이라는 결과물을 도출할 수는 없다. 지방자치단체를 둘러싼 부의 지리적 분배는 화장실 개조의 원활함 및 범위에 상당한 영향을 미쳤다. 이는 사회적 불평등이 공간적 경계를 이루며 나타난다는 사회학자들의 주장을 완벽하게 보여주는 일군의 계층화된 상황이다. 1920년대로 거슬러 올라가서, 로버트 파크와 어니스트 버지스가 시카고의 공간 조직에 대한 획기적 연구를 수행했을 때 사회학자들은 물리적으로 거주하고 있는 지역의 문화적 규범과 구조적 조직이 어떻게 거주자들에게 수입, 부, 교육 수준 등 고전적 종속변수의 차이에서부터 정신 건강과 인터넷 접근성 등 현대적 관심사의 차이에 이르기까지 광범위하게 불평등한 결과를 초래하는지 탐구했다.[36] 오늘날, 사회학자들이 성별 임금 격차나 교육이 노동시장의 결과에 미치는 영향, 인종과 부의 연관성과 같은 고질적인 사회문제를 계속해서 연구함에 따라, 지리학은 불평등의 개념적 모델에서 다시 한번 중요한 고려 사항으로 등장했다.[37] 그러나 그들이 정량적 방법을 사용하든, 계층화에 대한 전체론적 이론을 열망하든, 이렇게 수많은 학문적 흐름들은 모두 하나의 포괄적인 결론을 가리킨다. 즉 제시 리봇과 낸시 리 펠루소가 '접근성'을 "사람이 사물로부터 이득을 얻을 수 있으며, 활용 가능한 수단"[38]이라는 고전적 정의로 규정했을 때, 이는 지리적인 포함 및 배제의 문제와 불가분의 관계에 있다.[39]

따라서 비교적 부유하지 않은 지역에서 일하는 응답자들이 장애인법에 호소하여 화장실 개조 예산에 접근한다 해도, 그 예산은 매우 느리게 집행되는 경우가 많았다. 리베카의 교외 도서관에서 예산이 지연된다는 것은 가능한 한 가장 형식적으로만 접근성을 갖춘 성중립 화장실을 설치할 수 있다는 의미였다. "저희는 창고 수납장을 가져와 저희에게 필요한 배관 파이프가 지나는 곳에 맞추어 벽에 구멍을 뚫고 거기에 변기와 세면대를 설치했습니다. 그렇게 문제를 해결했지요." 설상가상으로 화장실 개조 예산이 드디어 집행된다 해도, 진정한 공사 비용이 아니라 최소한의 변경 비용만 지급하는 경향이 있었다. 앤은 자신이 일하는 도심 대중교통 센터에 대해 논의하며 그러한 상황을 다음과 같이 설명했다. "시공 업체가 가장 합리적인 방법을 찾기 위해 벽을 지나는 기존 배관을 확인하기 시작하자, 처음 예산으로는 상당히 부족하며 예산에 맞추려면 화장실이 실제로 갖출 수 있는 접근성을 어느 정도 포기할 수밖에 없다는 사실이 더더욱 분명해졌어요." 그는 중앙 홀에서 성중립 화장실이 있는 쪽의 반대편을 가리키며 말을 이었다. "가장 이상적인 위치라면 저쪽 벽 뒤에 화장실이 설치되었어야 해요. 저쪽에 일인용 화장실을 크게 지을 수 있을 만큼 충분한 빈 공간과 구조적 틀이 갖추어져 있거든요." 그런 뒤 그는 다시 성중립 화장실의 입구 쪽으로 손을 움직이더니 우뚝 멈춰 바닥 아랫면을 가리켰다. "그렇지만 하수관이 저기에 있었어요. 그러니 결국 화장실을 저쪽에 지을 수밖에 없었죠. 당연히 규정은 전부 지켜서 만들었어요. 애초에 새 화장실을 설치하는 이유가 그것이었으니까요." 그는 원래 자세로 돌아와서 나를 똑바로 쳐다보더니 이렇게 결론을 내렸다. "그렇지만 직접 저 화장실에 가서 보셨으니까 아시겠죠. 저 안에 휠체어나 유아차와 더불어 옆에서 도와줄 동행인이 들어갈 공간을 확보하기란 정말 어려울 거예요."

그러나 보다 부유한 지역의 지방자치 조직에는 사실상 그러한 제약이 존재하지 않는다. 재정적 제약이 사실상 존재하지 않기 때문이다. 댄의 경우가 여기에 해당한다. 그가 일하는 교외 도서관은 1990년대 후반에 화장실 개조 공사를 위한 제안서를 작성하며 "장애인법을 가장 중심이자 전면에 내세웠"다. 성중립 화장실에 대한 관심은 도서관의 "휠체어 친화성" 향상에 대해 비공식적 논의를 하는 과정에서 처음으로 등장했지만, 그 아이디어는 도서관

그림 8. 가족용 화장실 표지판(사진, 마크 부카비츠키, 크리에이티브 커먼스 라이선스에 의거하여 활용).

자원을 가장 빈번하고 꾸준하게 찾는 방문자들에게 최선의 서비스를 제공하기 위한 방법을 논의하기 시작하면서 "훨씬 더 각광받게" 되었다. 그는 "일상적으로 찾아오는 방문자들은 대부분 미취학 아동의 어머니들이나 은퇴한 노인들이기 때문에, 우리는 이 두 집단이 책을 읽을 장소를 마련하기 위해 서고를 재배치할 방법을 논의했습니다. 그러면서 공간을 활용하는 다른 방법이 더 없을지 다시 생각하게 되었고요"라고 설명했다. 그러면서 자신이 일하는 도서관에 "성중립 화장실이 필요한 여러 가지 이유가 있다는 점을 깨닫게" 되었다. 그러나 그와 그의 동료들이 결정적인 세 가지 질문, "우리 도서관의 이용자는 어떤 사람들인가, 그들은 어떤 이유로 도서관을 이용하는가, 우리는 그들에게 필요한 것을 충분히 제공하고 있는가"에 온전히 집중할 수 있었던 이유는 오직 "넉넉한 자금 지원 행사"가 있었기 때문이었다. 그 결과 하나가 아닌 두 개의 성중립 화장실이 설치되었다. 하나는 신문 열람실 근처에 설치되었다. "연령이 높은 이용자들이 주로 그곳에 머무르며 그날의 뉴스를 읽기를 좋아했"기 때문이다. 또 하나는 문에 매력적인 가족용 화장실 표지판까지 붙여서 "어린이 구역의 한가운데"에 설치되었다. 더 좋은 것은 그 후에도 여전히 자금이 남아 포용성을 높일 다른 방법까지 시도할 수 있었다는 점이다. "노년의 신체에 맞게 조절할 수 있는" 인체공학적 의자, "아이와 부모가 함께 책을 읽을 수 있을 만큼 넉넉하고" 알록달록한 2인용 소파, 그리고 시력이 약한 이용자들을 위한 최첨단의 "화면 확대 및 화면 읽기" 소프트웨어 등이 갖춰졌다.

댄의 경우와 마찬가지로 이상적인 인프라를 구현할 수 있었던 몇몇 인터뷰 참가자들은 그렇게 이상을 실현하는 데에는 재정적인 측면을 비롯한 여러 가지 특권이 반드시 필요하다고 명시적으로 인정했다. "이토록 다양한 면에서 다양성을 갖춘 지역에 자리하고 있다니 우리는 엄청나게 운이 좋지요." 마거릿은 우리의 대화가 재정적 문제로 향하기 시작하자 이렇게 답했다. "그러나 한 가지 중요한 점은 우리에겐 모든 소득 계층의 이용자가 찾아온다는 사실이에요. 게다가 이곳이 아마도 우리 시에서 가장 진보적인 지역일 것이기 때문에, 우리나 NPR(전미 공공방송 협회National Public Radio, NPR — 옮긴이) 같은 공공기관을 지원하는 데에는 관심이 끊이지 않습니다. 분명 모든 곳이 다 이렇지는 않겠지요." 하지만 그런 여건의 응답자들은 자신들의 상황을 당연하게 여기는 경우가 훨씬 많았다. 예를 들어, 내가 리처드에게 그가 일하는 유적지에 장애인법을 준수하는 성중립 화장실을 설치한 시점에 대해 물었을 때, 그는 충분한 인적, 재정적 자본이 그의 조직을 지원하고 있다는 사실을 어느 정도 인식하면서 답변했다. 그러나 지칠 줄 모르는 대중적 지지의 본질에 대해 언급할 때에는 그러한 자본을 활용할 수 있는 여건을 기정사실로 취급했다.

이곳은 ㅇㅇ시입니다. 이곳은 미국 역사 교과서의 미국독립혁명 부분에서 가장 먼

> 저 등장하는 도시 중 하나이며, 특히 ○○ 기관은 초등학교 1학년부터 고등학교 졸업반까지의 학생들을 대상으로 한 해에 200회 이상 현장학습을 주최합니다. 우리의 시민과 입법자들은 이 정체성을 정말 소중히 여깁니다. 다음 세대를 위해 우리가 그 유산과 전통을 보존하고자 노력하는 일에 대중의 관심이 부족한 적이 없습니다. (…) 빈손으로 여기에 와서 자수성가한 이민자들이든, 유서 깊은 가문에서 태어난 미국 혁명의 딸들이든, ○○ 시민들은 자신의 아이들과 손주들에게 이 전통을 물려주고 싶어 하고 이 전통이 유지되기를 원합니다.

심지어 "넉넉한 자금 지원 행사" 덕분에 가장 최근의 도서관 개조 공사에 자금을 마련할 수 있었다고 분명히 언급했던 댄조차도 자신이 일하는 도서관의 조직적 사명에 초점을 맞추어 이야기할 때에는 재정 자원을 과소평가했다. "우리는 우리가 지역사회 내 포용성의 모델이라고 생각합니다. 우리 주변의 세상이 어떻게 변화하는지에 주의를 기울이고, 우리가 목격한 것에 대응하기 위해 할 수 있는 모든 일을 한다는 의미입니다. 이렇게 주의를 기울이고 적절한 대응을 하는 것이 우리가 추구하는 바입니다." 한 발 더 나아가 그는 마지막으로 양팔을 활짝 펼치며 이렇게 말을 맺었다. "그리고 모든 공공도서관이 추구하는 바이기도 해야 하고요."

반대로, 부유하지 않은 지역이나 개조 공사 예산이 넉넉지 않은 곳에서 일하는 응답자들은 그러한 의무감이 사뭇 다른 방향의 대화로 이어졌다. 가령 케빈은 자신의 유적지에 대해 인터뷰하는 동안 수차례나 분통을 터뜨렸다. 그는 짜증을 담아 말했다. "솔직히 말씀드리자면, 그 장애인 화장실은 악몽이었어요. 정말 악몽 그 자체였어요." 그는 잠시 말을 멈추더니 다음과 같이 선을 그었다. "오해하지 않으셨으면 좋겠어요. 저는 위생적이고 휠체어 접근이 가능한 화장실을 갖추는 것이 중요하다는 시와 주 정부에 절대적으로 동의합니다. 그리고 저는 특별한 도움이 필요한 방문자가 혹시라도 자신이 환영받지 않는다고 느끼게 되는 일을 결코 원치 않아요. 하지만,” 그는 자신이 처음 가지고 있던 생각의 흐름으로 되돌아가 말했다. “출입구나 벽 공간 1인치 정도를 가지고 유난을 부려대는 통에 우리 모두가 질려버린 부분이 있어요. 저는 큐레이터 동료에서부터 기념품 가게 직원까지 모든 직원들에게 불만 전화를 받아왔다고요.” 그는 다시 말을 멈추더니 작게 한숨을 쉬고는 이전 진술의 입장에서 결론을 내렸다. “사실은 화장실에 관한 문제가 아니에요. 끊임없이 바뀌는 건축 규정 요건과 관련해서 작년 한 해에만도 열 개 이상의 문제가 쌓여 있는 와중에 화장실이 마지막 결정타가 되었어요.” 그는 미간을 찌푸리더니 결국 법을 탓할 문제도 아니라는 결론을 내렸다. “우리가 정기적으로 흑자 예산으로 운영되고 있다면 상황이 또 달랐겠지요. 하지만 역사적 랜드마크의 금고는 예전처럼 넉넉하지 않습니다. 특히 ○○시의 이쪽 지역은 더욱 그렇고요.”

설상가상으로 많은 응답자들에게 그러한 예산 제한은 궁극적으로 성중립 화장실의 범위를 넘어서까지 좌절과 부적절함을 초래했다. 어떤 경우에는 성중립 화장실을 새로 짓는 비용 때문에 다른 화장실 공간을 개선할 비용이 거의 사라져버리기도 했다. 제임스는 “문제는 우리가 만들 수 있는 **유일한** 변화가 고작 규정을 준수하는 정도로 매우 낮은 기준을 겨우 넘는 것뿐이라는 점”이라고 한탄했다(강조는 응답자). 성별분리 화장실이 상대적으로 더 열악한 상태인 이유도 그것인지 묻자, 그는 그렇다고 답했다. “정확히 그렇습니다. 성중립 화장실을 불편하게 여기는 이용자도 있고, 직원들에게는 별도의 남녀 화장실이 제공되어야 하기 때문에 기존 화장실을 한꺼번에 닫을 수는 없지만, 개조 공사 예산으로 세 가지 화장실을 전부 새로 지을 수도 없었거든요.” 잭과 같은 응답자들은 훨씬 더 우려스러운 문제를 개탄했다. 그는 자신이 일하는 시골 도서관의 성중립 화장실이 “너무 작다”는 점이 불만이었다. 최대한 사용자 친화적인 화장실을 만들기 위해 필요한 “기저귀 교환대나 다른 유용한 부가 설비를 설치할 공간이 없다"는 뜻이었다. 그는 빠르게 다음과 같이 덧붙였다. "하지만 누덕누덕한 건물 지붕이나 끔찍하게 느린 컴퓨터만큼 걱정스러운 일은 아니죠. 그뿐 아니라……." 그의 목소리가 점점 작아지더니 잠시 침묵에 빠졌다. 그러다 분노가 치밀어 오르는 듯 도서관 서고를 과장된 몸짓으로 가리키더니 다음과 같이 말을 마쳤다. "……세상에, 그 외에도 너무 많아요." 잠시 침묵이 흘렀다. 적당한 후속 질문을 찾기 위해 내가 기억을 뒤지고 있는 동안, 그가 조용히 말을 이었다. "아예 건물을 완전히 밀어버리고 새로 지을 여유가 있다면, 할 수 있는 일이 정말 많겠죠. 하지만 우린 지역의 공공 도서관이고, 지역 공공 도서관에 대한 재정 지원은 제가 여기서 일한 20여 년간 꾸준히 감소했어요. 우리가 하는 거의 모든 일이 우리를 진퇴양난의 상태에 몰아넣을 뿐이에요."

젠더의 제도적 성취의 세 번째 요소: 물질적 관성

요컨대, 지방자치단체 조직의 화장실에 관련한 변천은 순전히 젠더 정치에 의해 만들어지지도, 지방법 및 주법에 의해 만들어지지도 않았다. 분명, 내가 조사한 지방자치단체 조직에서는 정치적 이념 및 적법함에 대한 법적 관념이 화장실 설계 및 건축을 형성했으며, 특히나 복잡하고 강력한 방식으로 영향을 미쳤다. 그러나 성중립 화장실을 구현할 능력을 발휘하지 못하게 인터뷰 응답자들을 방해하는 가장 까다로운 방해물은 그들의 조직이 과거로부터 물려받은 젠더의 물질적 역사였다. 그리고 그 역사의 어떤 부분에 대응할 때에는 법적 조화, 즉 조직의 문제를 해결하고 지향하는 인프라에 도달하기 위해 지방법, 주법, 연방법을 전술적으로 활용하는 방식이 생산적인 차선책이 되어줄 수는 있지만, 그것이 개조 공사에 관련한 모든 문제를 해결해줄 수는 없었다. 실제로 인터뷰를 진행하던 당시 내가 조사했던 지방자치단체들은 적어도 한 개 이상의 성중립 화장실을 보유하고 있었지만, 그 공간의 범위와 내용, 그리고 화장실을 만들 수 있었던 속도에 따라 두 개의 서로 다른 그룹으로 나뉜다. 한 그룹은 법적 의무에 의해 마련된 개조 예산으로 만들 수 있는 몇 가지 작은 변화에 만족해야 했다. 그러나 또 하나의 그룹은 인프라에 관해 전혀 타협하지 않을 수 있었다. 때로 이것은 조직 건물의 벽 뒤에 숨겨진 파이프와 골조가 직원들이 새로운 화장실에 대해 가지고 있던 꿈과 놀랍도록 잘 맞아떨어지는 매우 우연한 행운 덕분이기도 하다. 그러나 기존 인프라가 가진 어떤 문제적 특성이든 모두 극복할 수 있을 만큼 조직에 재정 자원이 충분했기 때문인 경우가 훨씬 더 많다. 그 덕에 그들은 특권이 적고 자원도 부족한 조직들에게는 아득한 꿈일 수밖에 없는 유형의 진정한 변화를 만들 수 있다.

〈변화하는 패러다임과 도전하는 범주〉에서 주디스 로버는 사회학이라는 학문 자체를 진정한 '페미니즘 혁명'을 일으키는 데 필요한 것의 사례로 제시하면서 젠더에 관련한 진정한 변화의 가능성에 대해 이야기한다.[40] 이 논문은 경험적 난제로부터 시작한다. 그는 "주류 사회학자들이 계급, 인종, 민족적 차이에 따른 사회적 구조를 이해하는 데는 아무 문제가 없다"고 생각한다. 즉 그들이 그 구조를 가변적 문화적 창조물이라고 이해한다는 것이다. 하지만 성차에 관해서는 생물학적 설명 이상으로 좀처럼 나아가지 못한다고 보았다.[41] 게다가 그는 그런 경향이 젠더의 사회적 구성에 대해 수십 년간 이루어진 사회학 연구를 정면으로 위배한다고 생각했다. "페미니즘사회학자들이 생물학과 생물학 데이터가 사회적으로 구성되기도 한다는 것에 대해 아무리 자주, 그리고 아무리 광범위하게 보여줘도, 우리는 쥐, 뇌 조각, 급증하는 호르몬, 유전자 조작에 대한 연구가 얻는 사회학적 신뢰를 얻지 못한다."[42] 그러한 충동을 극복하기 위해서 그는 모든 사회학자들이 "젠더, 섹스, 섹슈얼리티의 다양성"[43]을 보다 잘 인식할 수 있는 연구 관행을 채택하고 그에 따라 성차가 선천적이거나 불가피하다는 가정을 재생산하지 않아야 한다고 주장한다. 다시 말해, 사회적 세계를 연구하기 위한 방법론적 도구로 선형 회귀 모델에 의존하든 현장 민족지학적 관찰에 의존하든, 더 나은 사회학 연구를 하고 상아탑을 넘어 보다 성평등한 세계를 만드는 데 도움이 되는 가장 명확한 경로는 이분법적 사고방식에 의지하지 않고 젠더(와 섹스와 섹슈얼리티)를 개념화하는 것이다. 로버의 표현을 빌리자면 "젠더, 섹슈얼리티, 생리적 성의 범주를 재고하는 것, 특히 이분법에서 다중성으로 옮겨가는 데에 급진적 가능성이 내재되어 있다".[44]

지방자치 조직에서 일하는 인터뷰 응답자들은 동료 사회학자들과 상당히 다른 사회적, 제도적 위치에 있지만, 그들의 말은 로버의 주장처럼 젠더를 재고하는 것이 변화의 중요한 전제 조건임을 잘 보여준다. 특히 1990년대 혹은 2000년대에 처음으로 성중립 화장실을 열망했던 조직 대표들 사이에서 "여성과 남성은 생물학적으로 다르다"[45]는 가정은 그러한 개조를 늦추거나 막는 방식으로 화장실 관련 논의의 표면 아래로 녹아들었다. 또한 응답자의 대부분이 젠더 개념의 진보보다는 휠체어와 가족 친화성에 초점을 맞추고 있었다는 사실은 로버가 "자연스럽다고 여겨지는 이분법"[46]이라고 설명했던 것이 여전히 곳곳에서 건재함을 보여주는 암시적 증거일 수도 있다. 그러나 보다 긍정적으로 해석하자면, 인터뷰 대화에서 젠더에 관한 반대가 거의 없었다는 것은 또한 지난 30년간 젠더 다양성에 대한 인식이 무수한 지방자치단체 조직에 상당히 스며들었다는 의미이기도 하다. 물론 내가 조사한 지방자치단체 조직이 대부분 미국 북동쪽에 위치해 있다는 점을 고려할 때, 이러한 변화가 어디서나 보편적으로 나타난다고 주장할 수는 없다. 그러나 미국 도서관 협회의 국가 지침이나 트랜스젠더 청소년에 대한 《굿 하우스키핑》의 특집 기사 등이 참조점으로서 정기적으로 활용되었다는 것을 통해, 로버가 "페미니즘의 강점"[47]이라 불렀던 제도적 포용이 폭넓게 이뤄지기 시작했으며, 더 중요하게는 여전히 그러한 참조점으로 인해 내가 만난 응답자들이 더욱 포용적인 시민 서비스의 비전을 만들어냈다는 점을 알 수 있다.

다만 화장실은 근본적으로 물리적인 공간이기 때문에, 젠더 질서를 "재고하는 것"이 "급진적"인 것과 결코 동의어가 아니라는 점도 알게 되었다. 건물 규정과 기타 법적 규정에 담긴 잠재성을 아무리 창의적으로 최대한 활용한다 해도, 가장 좋은 의도와 진보적인 뜻을 담아 화장실 공간을 개조하려는 응답자들의 노력이 실망스러운 결과로 이어질 수도 있다. 따라서 젠더 이분법에 도전하는 것과 여성보다 남성에게, 트랜스젠더와 논바이너리 및 다른 다양한 젠더의 개인보다 시스젠더 개인에게 보상, 자원, 혜택이 차별적으로 할당되는 것에 도전하는 것은 보다 평등한 사회제도를 구축하기 위한 집단적 노력이나 한층 더 범주에서 벗어난 젠더 이해를 발전시키기 위한 상징적 작업으로만 구성될 수 없다. 물론 이러한 작업도 중요하며 결코 간단한 일이 아니다. 그러나 이분법적 젠더 이데올로기는 그저 다중성이나 스펙트럼으로 쉽게 재개념화될 수 있는 추상적이고 인지적인 구조가 아니다. 그것은 또한 법적 틀, 조직의 역사 그리고 무엇보다 가장 두드러지는 건축 환경이라는 구성적 요소로 이루어져 있다. 그리고 이 장에서 내가 발견했듯, 조직이 어디까지 젠더를 "허물undo" 수 있는가는 물리적 환경에 구축되어 있는(말 그대로 콘크리트로 구축되어 있다) 성차의 요소를 구성원들이 재설계할 수 있는 능력과 밀접하게 얽혀 있다. 따라서 물질성은 조직이 자신의 건물에 어떤 일을 할 수 있는지의 가능성, 심지어는 개연성을 알려주는 것 이상으로 훨씬 더 중요한 의미를 갖는다. 또한 이것은 페미니즘 혁명이 진정으로 도달할 수 있는 범위가 어디까지인지 설정하기도 한다.

그렇기에 젠더를 제도적 성취로 만드는 세 번째 요소는 현재까지도 젠더의 가능성을 빈번히 제약하곤 하는 과거의 문화적 이데올로기, 조직적 선택, 제도적 요건이 만들어낸 물질적 관성이다. 다시 말해, 사회학자가 조직이 어떻게 젠더를 구축하고 젠더는 어떻게 조직을 형성하는지를 진정으로 파악하려면, 물리적 환경이 특정 유형의 조직적 행동을 촉진하고 미리 배제하는 방식을 반드시 이해해야 한다. 화장실처럼 뚜렷하게 젠더화된 공간에서는 이러한 양상이 직관적이고 어쩌면 명백하게까지 드러난다. 그러나 젠더는 그 외에도 수많은 방식으로 건축 환경을 형성한다. 예를 들어 사소한 물리적 단서가 어떤 공공 도서관이나 기차역이 여성에게 보다 우호적이거나 안전하다는 신호가 될 수 있고, 오랫동안 적용되어온 건축 규정 중 상당수는 오직 남성의 신체만이 공공장소를 사용한다는 가정하에 고안되었다.[48] 게다가 물질성에 관심을 기울이면 조직 자체가 계층화되어 있음을 다시금 깨닫게 된다. 풍부한 재정 자원을 통해 물질적 구조의 문제를 보다 빨리 혹은 보다 철저히 극복할 수 있기 때문이다. 확실히 개조 공사에 필요한 자원을 무한히 확보할 수 있다면 특정한 물리적 제약을 무의미하게 만들 수 있으며(이 장에 다루었던 지리적으로 부유한 지역의 조직들도 마찬가지였다), 지방법, 주법, 연방법의 개정에 따라 궁극적으로 화장실 공간의 젠더 구분을 완전히 없앨 수도 있다(특히 미국 장애인법과 달리 새로운 법적 규정이 기존의 건축물을 바뀐 법령에 따라 개조하지 않고 그대로 유지하는 것을 허용하지 않는다면 더욱 그렇다). 그러나 무한한 자원 공급이나 급진적인 정치적 개편이 없는 상황에서는, 오직 부유한 지역의 지방자치단체만이 다양한 신체와 정체성, 젠더에 관한 경험 및 그 외의 경험을 가진 이용자들의 접근을 보장할 수 있을 것이다.

공공장소는 종종 미국 민주주의에 필수적인 것으로 여겨지곤 하는데, 이는 대개 공공장소에 혁명적 사회 변화를 촉발할 능력이 있다고 상상하기 때문이다. 그러나 진정으로 포용적인 공공장소가 경제적 특권을 가진 시민들에게만 제공된다면, 공공장소의 촉매로서의 잠재력은 필연적으로 비활성화되거나, 더 나쁘게는 사회 불평등을 뒤엎기는커녕 확대하는 역할을 할 것이다. 게이와 레즈비언의 주류 인권운동에 대한 연구에서 딘 스페이드는 “소수의 엘리트 전문직 게이 및 레즈비언"[49]의 이해관계가 동성혼 합법화와 기업의 반차별 정책의 인지도에 시의적절한 이익을 부여했지만, 그러한 이득은 퀴어 및 트랜스젠더 권리가 한때 추구했던 보다 포괄적인 사회적, 경제적 정의에 대한 비전을 희생해서 얻어진 것이라고 지적했다. 성중립 화장실도 마찬가지다. 부유한 지역은 장애인, 트랜스젠더, 그 외 성별분리 화장실로 인해 불편을 겪는 모든 사람들을 지원하는 방식으로 지방자치단체 조직을 구축할 여유를 재정적으로든 비유적으로든 가지고 있었지만, 덜 부유한 지역은 과거의 젠더 이데올로기가 남긴 물질적 결과를 떠안은 채로 "'가진 자'에 비해 뒤처지는"[50] 악순환을 계속해서 가속하게 된다. 따라서 성중립 화장실을 늘리는 것은 21세기의 그 어떤 조직에도 가치 없는 목표가 아니지만, 진정으로 화장실에 혁명을 일으키려면 공공성을 민영화하는 모델로부터는 반드시 벗어나야 한다. 이를 위해서는 오늘날 미국에서 지배적으로 이루어지는 투자와는 상당히 다른 종류의 공공선에 대한 투자가 요구될 것이다.

5

화장실의 영향력

수세식 화장실은 사치품이어야 한다.

A. W. 페리, W. H. 메이스A. W. Perry and W. H. Mays 편,
《샌프란시스코 웨스턴 랜셋San Francisco Western Lancet》, 1879년 9월.

1991년 3월 메릴랜드주 베데스다의 몽고메리 몰은 상층부에 독특한 시설을 선보였다. 미국 쇼핑센터 최초의 가족용 화장실이었다. 원래 쇼핑몰에서 어린아이를 동반한 부모들의 어려움을 해결하기 위한 수단으로 고안된 새로운 화장실은 "이따금 아빠가 어린 딸을 남자 화장실에 데려가야 하거나, 어린 아들이 남자 화장실에 혼자 들어가면 엄마는 손톱을 깨물며 복도를 서성대야 하는 어색한 순간"에 반가운 해결책을 제공한 것으로 워싱턴 지역 신문에서 잠시 주목을 받았다.[1] 쇼핑몰의 마케팅 담당자는 새로운 공간을 소개하는 한 언론인에게 다음과 같이 좀 더 자세히 설명했다. "아이가 한 명 있으면, 가방을 내려놓을 공간이 있는 화장실을 찾는 것만도 너무 힘들다." 편안하게 "아기의 기저귀를 갈아줄" 공간이 충분한 화장실은 말할 것도 없다. 그러나 넓은 새 시설은 엄마와 아빠 모두가 일상적인 화장실 관련 볼일을 처리하면서도

"아이들 모두를 지켜볼"[2] 수 있는 장소를 보장해주었다. 실제로 가족용 화장실은 부모들 사이에서 너무 인기가 많은 나머지, 쇼핑몰 사장이 장차 개장하려던 새 건물의 설계를 재빨리 수정하여 가을 시즌까지는 틀림없이 두 번째 가족용 화장실을 사용할 수 있을 거라 장담할 정도였다.

그러나 그 인기는 단지 새로운 화장실로 인해 부모들이 전통적인 성별분리 화장실의 내재적 한계를 극복할 수 있게 된 덕분만은 아니었다. 그 공간이 쇼핑몰을 방문한 가족들에게 수많은 추가적 혜택을 제공했기 때문이기도 했다. 이는 《워싱턴 포스트》가 "남녀가 육아 책임을 더 많이 분담하는" 시대라고 명명했던 시기에 결정적인 중요성을 가졌다. 유아차에 태울 수 있을 만큼 작은 아이를 동반한, 혹은 그저 그날의 쇼핑으로 짐이 너무 많아진 부모들을 위해 몽고메리 쇼핑몰의 개조 공사에는 기저귀 가방, 크고 작은 쇼핑백, 심지어 번거로운 2인용 유아차까지도 넉넉하게 보관할 수 있는 별도의 대기실이 포함되었다. 조금 더 나이가 많지만 다인용 성별분리 화장실을 혼자서 다녀오기에는 아직 어린 아동들을 위해 가족용 화장실은 두 개의 화장실 공간을 마련해두었다. 하나는 "아동용 변기 및 세면대"를 갖춘 화장실이고 하나는 성인 크기의 설비에 "장애인 접근성"까지 갖춘 화장실이었다. 그리고 모든 연령대의 화장실 이용자를 위해 쇼핑몰은 화장실의 "담황색 대리석 타일"이 한층 돋보이도록 그곳에 《이상한 나라의 앨리스》의 매혹적인 그림을 장식했다. 그뿐만 아니라 새 기저귀(예기치 않게 기저귀가 떨어진 경우를 위해)부터 일회용 종이 깔개(대형 기저귀 교환대 위에 깔기 위해)까지 다양한 필수품을 제공하는 반짝반짝한 자판기 행렬이 근처에 설치되었다. 요컨대, 한 아버지가 흥분에 차서 했던 말처럼 "이것은 정말 편리하다".[3]

새로운 가족용 화장실에 쏟아진 압도적인 호평으로 인해 몽고메리 쇼핑몰의 지주회사는 곧이어 워싱턴 교외에서 시도해보았던 기획과 유사한 가족용 화장실을 미국 전체의 여러 다른 지역에 설치하는 후속 사업을 진행했다.

가족용 화장실을 "사람들이 과연 좋아할지" 불신을 표명한 지역 운영자처럼 여전히 회의적인 쇼핑몰 경영진도 있었고, 그곳을 그저 흔하디흔한 고객 서비스 문제로 보는 사람들도 있었다. 예를 들어 세인트루이스시 웨스트 카운티 센터의 관리자는 자신이 일하는 쇼핑몰에 새로 마련된 화장실에 대해 "필요가 있었으니 거기에 응답했다"[4]라고 담백하게 말했다. 그러나 가족용 화장실의 연이은 성공 행보는, 포트로더데일시 교외에 있는 브로워드 몰 한 관리자의 표현처럼 "시대의 징표"로 이해하는 사람이 더 많았다. 즉, 머지않아 미국 쇼핑센터에 도래할 한층 더 가족 중심적인 미래를 예고하는 징표라는 것이다. 그는 "쇼핑몰에 가는 것이 가족 행사로 바뀌었다"며 "다 함께 쇼핑하는 가족들이 점점 늘어나기" 때문에 가족용 화장실은 "그러한 가족들을 수용하기 위해" 가장 우선적이며 중요한 변화라고 말했다.[5]

미국 쇼핑센터에서 가족용 화장실이 일시적 유행이나 국한된 지역에서만 각광받는 참신함이 아니라는 증거가 점점 더 많아지면서, 그 화장실의 인기는 20세기 말까지 계속해서 높아졌다. 웨스트 로스앤젤레스의 한 총괄 책임자는 가족용 화장실의 인기는 교외 지역만의 독특한 현상이라는 통념에 도전하기까지 했다. 대신 그는 "다시 가족에 초점을 맞추는 것이 90년대가 가야 할 길"이기 때문에 자신이 일하는 도심 쇼핑센터에도 곧 그러한 공간이 등장할 것이라고 믿었다.[6] 그러한 관찰의 증거로, 가족 친화적 쇼핑몰의 변화는 화장실 공간만 개조하는 수준을 넘어서는 경우가 많았다. 브로워드 쇼핑몰의 가족 화장실은 "유아차 대여", "수유용 소파", 심지어 "어린이용 공중전화"와 함께 등장했다. 근처의 데들랜드 몰에는 "세 군데의 '어린이 놀이터'"를 마련하여 "아이들이 뛰어노는 동안" 어른들이 잠시 쉴 수 있는 공간을 제공했다.[7] 캘리포니아 카노가 파크의 토팡가 플라자에서는 개발자들이 심지어 "미니어처 테이블과 의자를 구비한 '와구와구' 식사 공간"을 추가로 만들기까지 했다.[8]

물론 다른 문화 공간들도 금세 이러한 가족 친화적 변화에 관심을 기울이기 시작했다. 애틀랜타의 새 야구 경기장인 터너 필드를 지은 건축가는 1990년대 초 경기장 기획자들 사이에서 "야구장을 한 단계 더 진화"시켜야 한다는 압력이 점차 높아지고 있었다고 묘사하면서, 많은 구단주들에게 새로운 우선순위가 "야구 전용 시설"에서 "총체적인 가족 경험"을 제공하는 것으로 옮겨가는 중이었다고 언급했다.[9] 따라서 가족용 화장실은 안전, 공간, 편의를 넘어서는 고유한 사용자 경험을 제공하면서 그들을 현혹하는 하나의 수단이 되는 것이다. 예를 들어, 세인트루이스시로 돌아가보면 미국 풋볼 리그 중 가장 최근에 이전한 팀을 위해 새로운 돔 경기장을 건설하는 공사가 시작되자, 건축가와 개발자들이 "최첨단"의 특성을 모은 패키지를 제시하며 투자자들을 유혹하기 시작했다. "표준보다 1인치 더 넓고" 모든 자리에 개인용 음료수 홀더가 장착된 좌석, "대부분의 메이저리그 경기장에서 제공했던 것보다 더 다양한" 종류의 음식과 매점 품목, "가정용 텔레비전에 필적하는 해상도"의 영상 리플레이와 실시간 "경기 기록, 외부 경기의 진행 상황 및 그 외 기타 정보"를 표시하는 별도 구역을 지원하는 거대한 전광판, 편하게 계단을 오를 수 없는 방문객을 위해 "여덟 대의 엘리베이터"가 설치된 고급 관람석 그리고 경기장 건설을 취재하는 기자에게 프로젝트 책임자가 자랑스럽게 밝힌 바와 같이 "남성들의 소변기와 같은 수로 맞춘 여성들의 개별 칸"과 더불어 당연하게도 모든 층마다 여러 개의 가족용 화장실이 경기장 도면에 그려져 있었다.[10]

이러한 시설들은 아이를 둔 이용객들뿐만 아니라, 쇼핑몰과 경기장 소유주들에게도 이득이 되었다. "엄마, 아빠, 아이 들을 유인하기 위해 엄청나게 노력하는" 소비 허브의 경우, 가족용 화장실은 성공적으로 중산층을 찾아오게 하고 재량 지출을 이끌어내는 요인이 될 수 있다. 앞서 언급했던 웨스트로스앤젤레스의 쇼핑몰 관리자는, 앞으로 푸드코트에도 가족용 화장실이 추가될 예정이며 “작년에 쇼핑몰이 아동 관련 사업으로 800만 달러를 벌었기 때문에” 쇼핑몰이 가족들의 관심을 끌 수만 있다면 어떤 변화든 당연히 추진할 수밖에 없다고 말했다.[11] 확실히, 쇼핑몰과 스포츠 경기장에서 출발한 초창기 화장실 개조 공사가 계속해서 언론의 긍정적 평가를 모으자, 《뉴스위크》의 한 기자는 전국의 다른 여러 소비 공간들도 “매우 90년대적인 이 개념”의 “시장성”을 활용하기 위해 점차 노력을 쏟고 있다고 밝혔다.[12] 일부 개발업자들이 깨닫기 시작한 것처럼, 사실 가족용 화장실도 편리한 만큼이나 세련될 수 있다. 실제로 “쾌적한 조명, 검은 대리석 재질의 세면대 및 기저귀 교환대, 차분한 회보라색 타일 벽” 등으로 장식한 새너제이 외곽 쇼핑몰의 새로운 가족용 화장실은, 한 기자가 보기에 “양쪽에 위치한 전통적 화장실보다도 한결 고급스러웠다”고 한다.[13]

• • • • •

20세기 말의 몇십 년 동안 미국 상류층의 문화적 취향은 기념비적 변화를 겪었다. 그것은 리처드 피터슨과 로저 컨이 간결하게 요약했듯, “교양 있는 속물에서 잡식으로”의 진화였다. 한때는 부유한 미국인들이 클래식 음악이나 오페라와 같은 “교양 있는” 장르를 강력히 선호했던 반면, 그들의 음악적 지평은 힙합이나 포크 음악을 포함하여 역사적으로 “저급한” 취급을 받던 장르로까지 확장되기 시작했다. 레스토랑을 이용할 때에도 그들은 대부분 수세기 전통의 고급 프랑스 요리만을 추구하는 최고급 레스토랑만을 찾았지만, 점차 준비가 간단하고 차림새도 정갈한 프랑스 누벨 퀴진을 높이 평가하고, 미국적 요리의 관점이 선명한 레스토랑을 애용하며, 유럽과 북미 너머에서 미식의 영감을 찾은 요리사들을 찬양하기 시작했다. 나아가 그들은 멕시코 할머니의 몰레 소스나 유태인 할머니의 라크스를 최대한 본토의 맛에 가깝게 제공한다면 얼마든지 저렴하고 이국적인 맛을 즐기는 새로운 시대를 열었다. 그리고 미국의 주요 도시에서 투자가 가장 적었던 지역, 한때는 도심의 젊은 전문직들이 한사코 거부하던 지역 중 상당수가 그들이 여가 활동을 즐기고 상당한 양의 재량 소득을 소모할 수 있는 지역으로 인기를 끌게 되었다.[14]

이러한 취향의 변화에 응하여 문화 조직도 변화했다. 고급 술집과 나이트클럽은 과거에 노동계급이 살던 지역으로 옮겨 갔고, 레스토랑은 지역 농산물 중 최상품을 산지 직송하여 사용한 메뉴를 개발했으며, 미국의 주요 교향악단과 오페라단을 보유한 음악 공연장에서는 그들의 전통적 공연과 더불어 당대에 떠오르는 작곡가들의 공연 계획을 점차 늘려갔다.[15] 20세기 말까지 성중립 화장실을 포함하여 일견 중요하지 않은 건축적 세부 사항이 이렇게 새로 나타난 잡식성 상류층을 끌어들일 생성적 수단이 될 수 있음을 인식하기 시작한 것은 쇼핑몰과 스포츠 경기장만이 아니었다. 물론 이러한 화장실은 100여 년 전 실내 수세식 화장실이 개발된 이래 광범위한 소비 공간, 정부 청사 및 다른 공공장소에 계속 존재해왔다. 결국 이 책 중 역사를 다룬 부분에서 분명히 밝혔듯, 준 공중화장실의 성별분리는 20세기를 거치며 강력하게 제도화되었지만, 이것은 결코 보편적이지도 최종적이지도 않다. 그러나 미국의 여러 문화 조직에 설치된 성중립 화장실은 1970년대와 1980년대에는 사소한 건축 요소로서 그에 대한 논평도 거의 없었다가 1990년대부터 2010년대까지는 좀 더 화제성 높은 호기심의 대상으로 진화했다. 이 장에서는 레스토랑, 쇼핑몰, 공연장, 박물관이라는 네 가지 유형의 문화시설에서 소유주, 소장, 관리자를 비롯한 다른 의사 결정권자들을 대상으로 40건의 반구조화된 인터뷰를 활용하여 이러한 화제성의 원인과 결과를 조사함으로써 조직의 대표들이 성중립 화장실에 대해 어떻게 이야기하는지 연구한다. 화장실 관련 주제를 금기시하는 일반인과 학자의 설명과는 대조적으로 내가 인터뷰한 대부분의 응답자는 자신들이 만든 화장실에 대해 깊이 있게 이야기할 기회를 반갑게 여겼다. 일부는 화장실 관련 농담을 피했지만, 많은 사람들이 자신의 인프라 범위 내에 성중립 화장실이 도입된 일을 기뻐했으며, 내가 바로 그 화장실에 대한 이야기를 듣고 싶다며 보인 관심에 감사를 표했다. 이전 장에서 조사한 지방자치단체의 의사 결정권자들과는 다르게 그들은 조직의 인프라가 유연하고 역동적이라고 자주 묘사했으며, 성중립 화장실을 새로 짓는 공사도 실행하기 쉬웠다고 설명하는 경우가 많았다. 더구나 그들은 이러한 변화가 진보적인 젠더 정치, 가족 가치, 혹은 다른 어떤 이데올로기적 목표에 대한 관심을 수동적으로 반영한 결과가 아니라고 설명했다. 오히려 성중립 화장실은 조직이 건축적 창의성을 발휘할 뿐 아니라 자신의 임무를 물리적 환경의 작은 구석까지 확장하면서, 핵심적 기반 고객의 필요와 선호가 만들어내는 임무도 충실히 이행할 수 있는 적극적인 의사소통 방식이었다.

그러나 성중립 화장실이 스스로 이러한 의사소통의 목적을 달성할 수는 없다. 관심 있는 외부인인 내게 자신이 속한 조직의 화장실에 대해 이야기하면서 응답자들은 그 모든 의미 있는 성취의 배후에는 강력한 추진력을 가진 인물이 있었다고 밝혔다. 그렇게 추진력을 가진 인물이 누구였을까? 바로 응답자 자신이다. 크롬으로 도금한 우아한 수도꼭지나 변기의 디지털 물 내림 장치 등 아주 작은 세부 사항까지 세련된 스타일과 혁신이라며 열정적으로 소개하는 등, 문화 조직을 대표하여 내 인터뷰에 참여한 의사 결정권자들은 더없이 일상적인 화장실 개조를 매우 중요한 변화의 신호로 능숙하게 변환할 수 있었다. 이렇게 비범한 솜씨 덕분에 각 응답자들은 변덕스러운 제도 환경 내에서 자기 조직의 선택과 현재 유행하는 가치를 조화시킨 성과에 대해 정확히 설명할 수 있었고, 나는 이 기술을 '정당화의 용이성ease of justification'이라고 명명했다. 또한 나는 응답자와의 대화에서 직접 겪은 경험을 그 자체로 검토할 가치가 있는 한 가지 형식의 사회적 데이터로서 중요하게 활용하기 때문에, 정확히 어떻게 그 용이성이 잠재적인 대인관계 자원으로 기능하게 되는지에 대해서도 분석할 것이다. 실제로 그 자원이 화장실 이야기에 사용될 때마저도 정당화의 용이성은 놀라울 정도로 생성적인 방식으로 능력을 발휘하여, 새로운 화장실이 조직의 의사 결정권자들이 인프라를 업데이트하는 데 드는 재정적 비용(의 일부)을 회수할 뿐 아니라 그들의 조직을 세련된 문화 공간으로서 꾸준히 차별화해준다고 설명한다.

"별로 중요하지 않은 고려 사항이라고 생각할 수도 있습니다"

화장실은 실제 사회에서든 학계에서든 악명 높은 금기 주제다. 어빙 고프먼이 일상의 사회적 상호관계에 대한 고전적 이론인 《자아 연출의 사회학》에서 관찰한 것처럼 화장실은 "무대 뒤"의 공간에 해당한다. 이는 우리가 공적 자아로서 일상적으로 수행하는 "역할에서 벗어나게"[16] 해주면서 다른 사람에게 노출되거나 감시당하지 않도록 우리를 물리적으로 감춰주기 때문만이 아니라 화장실 자체가 신체적 배출과 긴밀히 결합되어 있기 때문이기도 하다. 신체의 노폐물을 제거하는 것은 실제로 보다 고차원적인 신체적, 인지적 능력이 의존하고 있는 인간의 근본적 욕구 중 하나일 수 있지만, 고프먼의 설명에 따르면, 배뇨 및 배변과 연관된 오염에 대한 인식은 공적 생활의 "청결 및 순수함의 기준에 맞지 않는다".[17] 게다가 그 오염의 감각은 화장실 공간 내에서 이용자가 사회질서에 따른 예절을 지키기 위한 다양한 대인적 의례를 따르게 만드는 데 그치지 않고[18] 화장실 문밖의 무수한 사회적 환경에서는 화장실에 대한 이야기를 기피하게 만든다.[19] 사실, 사회적으로 낙인찍힌 주제를 연구하는 사회학의 한 구석에서조차, 화장실에 대한 글을 쓰겠다는 선택만으로도 학문적 규범을 위반하는 것처럼 보일 수 있으며, 따라서 자신의 연구 주제가 지닌 금기의 성격을 (노골적으로 사과하지는 않더라도) 스스로 검열하여 인정하는 태도가 반드시 필요하다시피 하다.

그에 따라, 화장실에서 벌어지는 행동 자체를 조사하기보다는 화장실 공간에 관한 조직적 의사 결정을 이해하려 노력함으로써 화장실과 어느 정도 거리를 둔 연구 목표를 설정했음에도, 금기를 피하려 하는 경향성으로 인해 인터뷰 응답자 후보 중 다수가 연구 참여 요청에 답하기를 망설였다. 특히 기억에 남는 전화 통화 중 하나는, 도심 박물관에서 일하던 인터뷰 후보가 "프린스턴대학에서 공부를 했으면 고도로 훈련된 전문가에게 **화장실**에 대해 묻는 것보다 분명히 더 훌륭한 일을 할 수 있지 않을까요"(강조는 응답자)라고 빈정거린 직후에 갑자기 전화를 끊어버린 것이었다. 심지어 내 연구에 참여하기로 동의한 의사 결정권자들도 연구가 화장실 문제를 중심으로 한다는 것을 잘 아는 나머지, 공식적 인터뷰 도중에 위와 비슷한 감정을 드러내는 경우가 있었다. 가령, 마크는 전체 인터뷰 일정을 시작하며 던진 가장 첫 번째 질문에서 박사 논문을 처음부터 끝까지 공중화장실 같은 주제로 쓸 것이라는 나의 기획에 대한 본인의 당혹감을 공식적으로 밝혔다. 그가 일하는 도심 미술관이 성중립 화장실 공간을 처음 도입하기 시작한 상황에 대해 내가 질문하자, 그는 이렇게 답했다. "우선, 저는 화장실에 관한 학술 연구 프로젝트에 참여하게 되리라고는 전혀 생각지도 못했습니다. 예술사라면 있을 수 있죠. 심지어 우리 ○○미술관의 역사에 대한 연구도 있을 수 있겠죠. 하지만 화장실? 그 어떤 작은 주제에도 지적 우주의 한 부분이 정말 담겨 있나 봅니다." 내가 화장실은 오랜 시간 동안 정치적 스포트라이트를 받아왔다고 가볍게 대답하며 그의 발언을 넘기려 하자 그도 동의했다. "물론 그렇죠. 왜 아니겠습니까. 저도 방금 《슬레이트》에서 대학 내 성별분리 화장실 폐지에 대한 기사를 읽었는걸요." 그러나 그는 이어서 말했다. "하지만 저는 당신이 수백 페이지에 걸쳐 무슨 내용을 쓸 수 있을지 아직도 모르겠습니다!"

주제에 대해 거침없이 피드백을 건넨 마크의 사례는 흔치 않은 일이었지만, 화장실 주제를 은근히 경멸하는 듯한 뉘앙스는 다른 의사 결정권자들과의 대화에서도 여러 번 나타났다. 예컨대 제리와의 인터뷰는 이례적으로 유망한 방향으로 시작되었다. 그가 일하던 레스토랑이 최근 새 건물로 이전한 참이라 그는 이번에 마련한 모든 변화를 열성적으로 나에게 소개해주었다. "모든 것이 새것입니다." 그는 눈에 보이는 모든 시설을 하나하나 설명하기 전에 먼저 이렇게 강조했다. "메뉴판, 바, 의자, 간판, 페인트까지 전부 다요. 이날을 얼마나 오랫동안 기다려왔는지 모릅니다. 그리고 모든 요소가 함께 어우러지는 것을 보는 것은 정말 근사한 일이에요." 대화를 이어가면서, 그는 레스토랑 개조의 세부 사항을 점점 더 자세하게 설명했고, 심지어 최근 매립형 조명 기구에 설치한 LED 전구에 대해 몇 분에 걸쳐 찬사를 보내기까지 했다. 그러나 내가 건물 뒤편에 있는 성중립 화장실에 대해 물었을 때, 그의 관심은 현격히 사그라들었다.

제리: 그것은 사실 우리가 결정한 일이 아닙니다. 화장실과 주방은 ○○시에서 시키는 대로 해야 하니까요.

인터뷰어: 그게 무슨 뜻인가요?

제리: 시공 업자들이 규정을 확인한 다음, 우리가 수용하는 직원과 고객 수에 맞춰서 정확한 수의 설비 및 공간을 마련합니다. 정말 그게 다예요.

그리고 그 시점부터 레스토랑의 성중립 화장실에 대해 어떤 질문을 하든, 제리의 답변은 첫 번째 대답으로 돌아갔다. 아무리 부추긴들 레스토랑 화장실에 대해 더 깊이 논의할 가치를 그에게 납득시킬 수 없다는 사실을 깨닫고 나는 메뉴에 대해 즉석에서 떠올린 질문을 몇 가지 던지는 것으로 방향을 바꿨고, 물론 그는 훨씬 더 적극적으로 대답해주었지만 나는 계획보다 훨씬 더 일찍 대화를 마무리했다. (우리가 45분에서 한 시간 정도 대화를 하리라고 예상했으나 인터뷰를 시작한 지 14분 만에 나는 인터뷰 일정을 포기하기로 결정했고, 대화를 시작하고 총 18분이 지났을 때 녹음기의 전원을 껐다.)

그러나 연구 과정이 전개되면서 나는 그러한 저항이 특이 값이 아니라 전형적 결과에 가깝다는 점을 발견하기 시작했다. 처음에는 마이클과의 인터뷰도 마크나 제리와의 대화와 비슷하게 진행될 것처럼 보였다. 인터뷰 초입부터 그가 일하는 박물관에서 가장 최근에 화장실을 업데이트했을 때 법적인 의무의 범위 안에만 머물러야 했다며 실망감을 털어놨기 때문이다. 그는 이렇게 한탄했다. "우리 소유지의 모든 부분을 [박물관] 경험의 일부로 만들기 위해 노력한 것만큼이나 우리는 여전히 법에 **종속되어** 있었습니다. 우리는 건축 및 배관 규정의 요건에 따라 설비를 선택해야 하죠. 또한 화장실의 크기, 수, 휠체어 접근성에 대한 주 지침과 연방 지침을 준수하여 올바른 개수와 종류의 공간을 갖추어야 합니다."(강조는 응답자) 그러나 대화를 이어가면서 우리의 이야기는 법적 문제에서 건축 설계로 방향이 바뀌었고, 그러자 마이클이 그가 일하는 민간 박물관에서 인프라의 모든 측면에 얼마나 많은 배려와 고민을 담았는지에 대해 예상치 못한 발언을 봇물처럼 터뜨리기 시작했다.

> 우리 같은 기관에서 설계는 어느 부분에만 중요하고 다른 부분에는 중요하지 않다는 오해가 널리 퍼져 있습니다. 한때 저는 미술관의 화장실에 대해 "기능적 예술"이라는 표현을 들은 적이 있는데, 미술관 화장실의 특성을 매우 적절하게 짚어냈다고 생각했습니다. 실제로 예술가나 건축가에게 화장실 공간의 설계를 의뢰하든, 아니면 전통적 공중화장실과 아주 비슷하게 만들든, 그 화장실을 어디에 설치할지, 무엇을 넣을지, 외관은 어떻게 할지, 문밖에는 어떤 표지판을 붙일지 등등을 결정하기 위해서는 분명히 여러 위원회가 소집되어야 합니다.

이러한 일반적인 발언에서 방향을 바꾸어 그는 예상치 못한 가까운 대상, 즉 본인의 박물관에 대해 이야기하기 시작했다.

> 화장실을 예로 들어보겠습니다. 그건 그다지 중요하지 않은 고려 사항이거나, 설령 중요하더라도, 선택의 여지가 넓지 않다고 생각할 수 있겠죠. 하지만 사실은 얼마나 선택지가 많은지, 그리고 아주 작은 디테일이 공간의 전체적 느낌에 얼마나 큰 영향을 미칠 수 있는지 정말 놀라울 정도입니다. 물 내리는 방식은 어떻게 할지, 바닥이나 벽에 꼭 들어맞는지, 기반은 어떤 형태로 할지, 변기는 어떤 모양으로 할지, 변기의 물 내리는 장치는 어떤 모양으로 할지……. [잠시 멈춤] 바닥이나 벽, 칸막이의 형태에 관한 선택지는 말할 것도 없고요.

마이클은 자신이 일하는 조직의 성중립 화장실에 대해 (그리고 그 안에 설치한 변기의 뉘앙스에 대해) 대부분의 다른 응답자에 비해 훨씬 길게 이야기했을 뿐 아니라, 그의 인터뷰 전체가 우리가 계획한 시간 안에 담길 수 없을 정도였다. 결과적으로 전체 대화 시간은 정확히 93분에 이르렀다.

이처럼 여러 응답자들이 성중립 화장실에 대한 지원을 쉽게 얻어낼 수 있었던 이유, 더 중요하게는 그러한 화장실이 왜 설치할 가치가 있는가에 대해 나와 편하게 대화할 수 있었던 이유는 바로 문화 전달자로서 그들이 속한 조직의 핵심 정체성 때문이었다. 예를 들어 리베카는 성중립 화장실이 여타 평범한 화장실 개조와 비슷하다고 생각한다며, 다른 공연장도 보다 적극적으로 성중립 화장실을 도입해야 한다고 주장했다. "주차장의 접근성을 높이거나 엘리베이터를 설치하는 등의 규모가 큰 안건은 까다로울 수 있지만 휠체어를 탄 이용자를 위한 동반자 좌석은 거의 노력이 필요하지 않은 사안입니다. 보조 청취 기술도 라이브 공연에 주력하는 모든 시설에서 제공해야 한다고 생각해요. 대부분 전혀 복잡하지 않거든요. 이 모두가 작은 변화로 아주 큰 차이를 가져올 수 있는 작업들입니다." 그는 자신의 조직, 그리고 사실 모든 문화 조직에는 그러한 접근성 업그레이드를 추구하도록 실질적으로 동기를 부여하는 힘이 있다고 말했다. 그것은 다름 아닌 이용자의 변화하는 요구였다. 그는 이렇게 설명했다. "20년, 30년, 심지어 40년 동안 이 공연장을 찾아오는 관객들이 있어요. 그런 분들이 여기서 열리는 행사에 참가하는 데 말 그대로 고난을 겪는다면 그건 결코 용납할 수 없는 일이죠." 그는 내가 고개를 끄덕이며 이해했다는 신호를 보낼 때까지 충분히 기다린 뒤 이야기를 이어갔다. "우리는 그분들이 위층에 올라갈 수 있길 바랍니다. 좌석에 앉을 때까지 통로를 편하게 이동할 수 있길 바라고요. 동반자를 대동할 수 있을 만큼 공간이 넉넉하면서도 볼일을 볼 때 사생활을 충분히 보장하는 화장실을 이용할 수 있길 바랍니다. 접근성을 온전히 보장하지 않는다면, 우리는 그러한 관객들은 물론 그 관객들을 위해 이곳에서 공연하기로 한 공연자 모두에게 엄청난 해를 끼치는 것입니다."

이러한 정서는 조직의 유형과 지리적 위치를 막론하고 반복적인 주제로 등장한다. 샤론의 경우에는 몇 년 전 자신이 일하는 교외 박물관에 층마다 적어도 하나의 성중립 화장실을 마련하는 것이 매우 중요한 과제였다. 이는 그와 동료들이 화장실과 같은 건축 요소와 "예술을 대중에게 알린다"는 조직의 사명 사이에 긴밀한 연관성이 있다고 보았기 때문이었다. 그에게 성중립을 포함하여 다양한 화장실 옵션을 제공하지 않는 박물관이 있을 수 있다는 것은 상상도 하기 어려울 정도였다.

> 일부 박물관의 경우에는 이것이 여전히 넘기 힘든 문제라는 점이 오히려 놀라웠어요. 자신이 일하는 기관에서 표명하는 목적이 예술과 지역사회 사이에 다리를 놓는 것이라면, 그러한 다리로서 해야 할 일을 해야 하니까요. 우리 프로그램은 전방위에 걸쳐 다양합니다. 오전에는 엄마와 아기를 위한 상호작용적 탐구 활동을 진행하고,

> 매주 오후에는 은퇴한 방문객들이 예술에 참여할 수 있는 기회를 마련하며, 발달장애를 가진 성인들을 직접 찾아가는 방문 프로그램도 많습니다. 성중립 화장실은 이런 다양한 그룹을 모두 효과적으로 지원할 수 있는 시설 중 하나입니다.

그리고 주요 관객의 폭이 훨씬 좁은 타일러의 경우에도, 마찬가지로 조직의 사명과 실제로 그 공간을 사용하는 피와 살을 가진 사람들 사이의 관계로 인해 자신이 일하는 도심 공연장에서 기존 일인용 화장실의 표지판을 모두 '성중립'으로 바꿔 달았다. 인터뷰하기 몇 달 전의 일이었다고 한다. 그는 다음과 같이 설명했다. "우리는 지역사회의 소외계층 청소년을 위한 프로그램을 여러 가지 진행하고 있습니다. 그리고 특히 퀴어 청소년에게 춤과 음악은 편견 없이 안전한 곳에서 자신의 정체성을 탐험할 수 있는 공간입니다." 그는 잠시 말을 멈추었다 이렇게 덧붙였다. "'성중립' 표지판은 확실히 모든 사람에게 편리합니다. 화장실에 가고 싶을 때 복도 끝까지, 혹은 건물 반대편까지 질주할 필요가 없으니까요. 하지만 정말 중요한 것은 안심할 수 있는 편안함이에요. 소변을 보고 싶은데 그럴 수 있는 안전한 공간이 없는 상태에서 창조적 에너지를 발휘하기는 어렵습니다."

따라서 화장실은 의사 결정권자들이 조직의 가장 중요한 가치가 무엇인지 주장할 때, 그리고 그러한 가치를 조직이 속한 더 넓은 제도적 영역의 지배적 가치와 조화시킬 때 중요한 근거로 작용할 수 있다. 마이클처럼 화장실 설비의 세부 정보를 맹렬히 쏟아내든 리베카처럼 일반적 화장실 접근성 자체에 찬사를 보내든, 응답자들은 화장실 공간을 조직이 내세우는 정체성과 사명의 물리적 표현으로 구조화하여 설명했다. 나아가 그러한 대화적 기여는 화장실을 경제사회학자들이 "관계적 작업"이라 부르는 연결 고리로 묘사한다. 관계적 작업이란 조직이 목표 고객 및 이용자의 공동체와 광범위한 사회적 유대를 적극적으로 구축하고 유지하며 재구성할 수 있는 수단이다.[20] 따라서, 샤론의 교외 박물관과 테일러의 도심 공연장 같은 공간들이 관료적으로든 지리적으로든 서로 다른 세계에 존재한다 해도, 그들은 또한 서로를 잇는 공통된 연결선을 가지고 있었다. 그들을 대표하는 의사 결정권자들이 화장실을 민망한 장소나 점잖은 대화에서 언급해선 안 되는 주제로 취급하지 않았다는 점이다. 오히려 조직 환경의 다른 많은 요소와 마찬가지로 화장실은 여러 의사 결정권자들이 쉽고 심지어 즐겁게 논의할 수 있는 주제였다. 그러나 모든 응답자가 그렇게 느낀 것은 아니었기 때문에, 내게 화장실 개조 공사를 기꺼이 환영하는 태도를 드러낸 경우는 인터뷰 데이터에서 일관적으로 나타나는 특성이라기보다는 사례마다 설명을 붙여두어야 하는 변수였다.

"우리가 외우고 또 외운 주문은 '설계 우선'이었습니다"

게오르크 지멜이 20세기 초에 발표한 에세이 〈공간의 사회학〉에서 관찰한 내용으로 거슬러 올라가면, 화장실과 같은 물리적 실체가 사람마다 다른 것을 의미할 수 있다는 관념은 물질성에 대한 사회학 연구에서 지금까지 자명한 원리였다. 그러나 지난 20년 동안, 문화적 생산 및 문화적 수용에 대한 연구가 폭발적으로 늘어나면서 사회학자들은 특정한 의미가 특정한 시기 혹은 특정한 상황에 더욱 두드러지거나 들러붙는 이유가 무엇인지에 관심을 가지게 되었으며, 그러한 연구는 사물과 공간을 이해하기 위한 일상적 노력에서 맥락이 얼마나 중요한지를 보여주었다. 예컨대 그 연구는 특정한 전달 매체가 어떻게 누드 이미지의 의미를 예술에서 외설로 바꿀 수 있는지, 혹은 조각상의 물리적 위치만으로도 어떻게 그에 대한 전문적 평가의 내용과 가치 판단이 달라질 수 있는지를 보여주었다. 여기서 한 걸음 더 나아가 최근의 경험적 연구는 그러한 해석 관행의 과정적 본성을 강조해왔다. 다시 말해, 그러한 연구는 물질적 대상 혹은 물리적 공간의 의미를 식별하는 일이 개별적이거나 일회적인 사건이 아니며, 맥락이 그러한 의미 생성의 과정을 권위주의적으로 통제하지도 않는다는 점을 밝혀낸다. 오히려 물질적 개체의 의미는 사물과 공간의 본질적 특성과 그것을 둘러싼 더 넓은 범위의 물리적, 제도적 맥락 사이를 지속적으로 오가는 교환 속에서 파생된다.[21]

내가 인터뷰한 응답자들의 경우, 다른 무엇보다도 맥락 중 한 가지 특정 요소가 화장실 개조에 저항적인 자세를 유지할지 여부를 결정하는 것처럼 보였다. 바로 재정적 문제였다. 도심 레스토랑의 의사 결정권자인 에런과의 인터뷰 초반에 나는 그에게 레스토랑 내에 성중립 화장실이 한 개뿐인 것에 만족하는지 물었다. 그는 이렇게 대답했다. "물론이죠. 하지만 저는 제대로 기능하기만 한다면 무엇에든 만족합니다. 대안이란 무언가를 바꾸기 위해 건축 허가를 받고 시공 업자를 고용해야 한다는 뜻이니까요." 대안에 매력을 느끼지 못하는 이유에 대해 좀 더 자세히 설명해달라고 요청했을 때, 그는 개조 비용을 판단의 중심에 놓고 레스토랑 주방의 상황과 비교하면서 자신의 관점을 설명했다. "주방 배치에 아무리 불만스러운 부분이 있어도, 지금 상태가 이곳에 적용되는 모든 건축 규정 및 안전 규정을 충족시키고 있다는 점을 잘 알고 있습니다. 애초에 공사는 싸지도 않고 시간도 오래 걸리니까요. 게다가 보건 담당관이 모든 것을 다시 한번 점검하도록 검사 신청도 해야 하고요. 만일 바꾸고 싶은 부분이 시의 건축 규정에 부합하는 사항이라 해도요……. [잠시 침묵] 그렇기 때문에 배치는 있는 그대로 놔두는 것이 훨씬 편합니다." 마찬가지로 루크도 훨씬 더 다채로운 언어를 동원하긴 했지만 결국 재정적 요소를 가장 중요한 우선순위로 여기고 있다고 밝혔다. 그는 가장 최근에 자신의 교외 레스토랑을 개조하면서 "화장실에 관한 하찮은 헛소리를 가능한 한 최소한의 작업(이때 작업이란 비용을 암시하는 듯했다)으로 해결하는 것"을 최우선으로 삼았다고 회고했다. 1990년대 중반에 그와 그의 공동 소유주는 레스토랑의 일인용 화장실을 "최대한 빠르고 고통 없이" 업데이트하기 위해 시공 업자에게 매우 간단한 지시를 내렸다. "부가 기능은 필요 없습니다. 간단히 해주세요. 빨리 해주세요." 그리고 그는 말을 이었다. "어떤 부분을 더 고치라는 둥 끼워 팔려는 시도를 하지 않는 업체를 만나자마자 바로 계약했습니다."

그러나 보다 복잡한 문제는 똑같이 빠듯한 예산을 언급하면서도 경제적 지출로 간신히 얻게 된 결실에 찬사를 보냈던 다른 여러 의사 결정권자들이었다. 최근에 개업한 도심 레스토랑의 의사 결정권자인 테드와 나는 대화하는 내내 그가 자신의 공간에 추구한 균형의 문제로 거듭 되돌아왔다. 그는 처음으로 레스토랑 소유주가 되어 자신이 쓸 수 있는 예산을 넘지 않으면서도 고객에게 레스토랑의 시각적 영향력을 극대화하는 균형을 찾아야 했다. "처음 우리가 어떤 레스토랑을 만들지에 대한 비전을 그려보았을 때, 우리가 외우고 또 외운 주문은 '설계 우선'이었습니다. 그래서 가령 레스토랑이 어떤 느낌과 흐름을 가지기를 원하는가에 맞추어 딱 알맞은 테이블의 개수를 결정하고 싶었습니다. 그런 뒤 우리의 계획에 맞는 임대 공간을 찾았지요. 그 반대가 아니라요. 물론 최저선은 확실히 정해두었지만 그래도 가능한 한 타협은 적게 하고 싶었습니다." 그렇기에 우선은 단순히 비용을 절약할 수 있다는 이유만으로 성중립 화장실이 선택되었다. "이상하게도, 원래 저희의 계획에 따르면 한 쌍의 화장실이 필요했습니다. 아시다시피 남자용 하나 여자용 하나로요. 그러나 규정을 확인하면서 성중립 화장실 하나만 있어도 된다는 사실을 발견하고 저희는 열광했습니다. 그것은 모든 면에서 횡재였어요. 깨끗하게 청소하고 관리할 화장실이 하나 줄어들었고, 바와 바 창고로 활용할 수 있는 공간도 몇 평 더 생겼으니까요." 그러나 개조 공사가 진행됨에 따라, 설계팀은 자신들의 이상형에 더 잘 맞도록 "공간을 맞춤화"하려는 의지가 점점 더 강해졌다. 그리고 이는 그 한 개의 화장실을 "흥미로운 특징적 공간"으로 만들기 위해 "더욱더 많은 돈"을 지출한다는 의미였다.

이러한 이야기들을 직접적으로 비교해보면서 나는 에런이나 루크처럼 더 좌절한 응답자와 테드처럼 좀 더 활기찬 응답자의 차이는 제도적 요인이 아니라 개인적 요인 때문임을 깨달았다. 특히 문화 조직의 일부 의사 결정권자들은 심지어 긴축적 환경에 직면했을 때조차 그들의 화장실은 자발적 선택이라고 주장했고 적극적으로 나서기까지 했다. 예를 들어 내가 세련된 교외 레스토랑의 의사 결정권자인 제스에게 성별분리 화장실 두 개를 모두 성중립 화장실로 바꾼 시기와 이유에 대해 알려달라고 요청하자, 그는 무미건조하게 대답했다. "건물 전체를 허문 다음 처음부터 다시 시작했거든요." 너무나 태연한 답변에 당황하는 내 표정을 보더니 그는 작게 웃으며 보다 자세한 설명을 덧붙였다.

> 당연히, 화장실을 개조하기 위해 그런 건 아니고요. 어머 세상에, 그렇게 들렸다면 정말 황당했겠네요, 그렇죠? 하지만 그 부지에 있던 건물이 기준으로 삼았던 규정이…… [잠시 침묵] 제 기억에 1964년 규정이었거든요. 그쯤이었을 거예요. 그래서 우리는 전기 배선 전체와 배관 전체, 건물 기반 등 모든 부분을 점검하기 위해 검사관을 불렀습니다. 문제점 목록이 점점 길어지자 우리는 그냥 전부 불도저로 밀어버리고 다시 짓는 수밖에 없다는 농담을 하기 시작했지요. 그러던 어느 날 우리는 다 같이 서로를 바라보며 이렇게 말했죠. "이봐, 정말 불도저로 다 밀어버리고 다시 지으면 어떻게 될까?" 그래서 우리는 건축가와 상담하여 비용을 책정해보았고, 만일 새로 짓는다면 정말로 건물을 제대로 지을 수 있을 것 같다고 판단했습니다.

내가 "제대로 지을 수 있다"는 말의 의미를 좀 더 자세히 듣고 싶다고 요청했더니 그는 종이 냅킨을 펼치고는 내게 펜을 빌려달라고 부탁했다. 그러고는 냅킨에 선을 그리며 다음과 같이 설명했다. "가장 큰일 중 하나는 주방을 옮기는 일이었습니다……." 그 선들을 연결하여 큼직한 사각형 하나를 만드는 동안 그의 목소리는 점점 작아졌다. 그런 뒤 그 사각형 안쪽 한구석에 작은 사각형 세 개를 더 그렸다. 그는 설명을 이어갔다. "이전 건물에는 주방과 화장실이 여기, 건물 뒤편에 있었습니다. 평범한 구조였고, 괜찮았습니다. 별일 아니었어요. 하지만 건물을 아예 새로 짓는다면……." 그는 잠시 말을 멈추고는 빈 곳에 커다란 사각형을 하나 더 그렸다. 하지만 그 사각형 안에는 작은 사각형 세 개가 가운데를 향해 모여 있도록 그렸다. 그는 즐거운 듯 미소를 지으며 생각의 흐름을 들려주었다.

> 그런 종류의 다용도 공간을 사용해서 교묘하게 식당 공간을 만들어내는 선택지도 있거든요, 그렇죠? 그 결과, 이제 우리는 하나의 크고 개방된 공간이 아니라 세 개의 작고 보다 친밀한 식당 공간을 갖게 되었습니다. 그러면 각각의 고객들이 보다 개인적인 느낌의 만찬을 경험할 수 있습니다. 웨이터가 실제로 몇 개의 테이블을 동시에 응대하고 있는지 볼 수 없기 때문이죠. 그래서 맨 처음 질문으로 돌아가면, 화장실도 같은 원칙에 입각하여 우리가 수용할 수 있는 인원에 비해 크게 만들었습니다. 단 몇 제곱미터만 여유가 있어도 모든 것이 덜 비좁게 느껴지고, 그러면 모든 것이 더 고급스럽게 느껴지니까요.

어떤 응답자는 자신의 조직이 인프라 차원에서 발휘한 자발적 행위성의 증거를 보여주는 데 너무 흥분한 나머지 인터뷰 중 대화뿐 아니라 걷기를 제안하기도 했다. 그들이 나를 성중립 화장실로 데려가서 내부를 직접 보여주며 설명하고 싶어 했기 때문이다. 특히 내가 방문한 쇼핑몰에는 성중립 화장실을 설치할 때 전형적으로 동반되는 호화로운 보너스 목록이 있었고, 몇몇 응답자들은 그러한 장비들을 내게 직접 소개해주겠다며 열성적으로 앞장섰다. 키스는 자신이 일하는 교외 쇼핑몰의 다양한 화장실로 향하는 긴 복도를 함께 걷는 동안 소리 내어 웃으며 다음과 같은 의견을 밝혔다. "저는 평소에도 가족용 화장실을 이용합니다. 남자 화장실보다 훨씬 더 넓고, 대부분의 경우 더 깨끗하거든요." 그런 뒤 그는 문을 열고 넉넉한 크기의 기저귀 교환대("우발적인 유아 낙상" 및 "원치 않는 세균 감염"을 방지하는 최첨단 화장실 기술로 완성되었다고 그가 설명했다)와 작은 크기의 변기 및 세면대("미취학 아동 신체"의 편안함을 염두에 두고 설계했다)를 보여주었다. 그러나 쇼핑몰에서만 그러한 설비를 제공하는 것은 아니었고, 쇼핑몰에서 일하는 응답자만 내게 화장실을 직접 보여준 것도 아니었다. 다른 유형의 문화 조직에서 인터뷰를 하면서도 나는 화장실 시설을 둘러보았다. 화장실 근처에는 엄마와 유아를 위한 큼직하고 안락한 의자가 딸린 널찍한 수유 공간이 마련되어 있고, 농구나 복싱 경기를 보러 바에 온 사람들이 변기를 쓰는 동안에도 경기를 절대 놓치지 않도록 작은 텔레비전이 설치된 공용 화장실과 벽에 어린이들이 좋아할 만한 미국 역사, 현대미술 혹은 공룡에 관련한 사건들이 수없이 그려져 있는 성중립 휴게실이 갖추어져 있었다. 어느 박물관의 의사 결정권자인 메그가 설명하기로는 이러한 성중립 휴게실은 "엄마나 아빠가 버둥거리는 신생아나 유아 때문에 정신이 없을 때 나이 많은 오빠나 언니를 즐겁게 해주기" 위해 마련했다고 한다.

그리고 인상적인 몇 개의 인터뷰에서 잘 드러났듯, 이것은 단지 세련되거나 호화로운 화장실이 평범한 화장실보다 이야기하기 쉽다는 의미가 아니다. 훌륭한 조직적 의도가 뒷받침되고 있고 응답자가 공개적으로 논할 가치가 있다고 판단한다면, 작은 변화도 대화의 주제가 될 수 있다. 예를 들어 척은 자신이 일하는 교외 박물관의 넓은 성중립 화장실에 대해 처음에는 "특별한 점이 없다"고 설명했었다. 1990년대 초에 지어진 이래 근본적으로 정비된 적이 없었기 때문이다. 그러나 인터뷰 후반에 함께 사무실에서 나와 화장실을 향해 걸어가는 동안, 그의 얼굴이 환해지더니 "사실 이건 당신이 흥미로워할지도 모릅니다"라고 말했다. 그는 내가 이전에 물었던 질문 중 하나에 대한 답변을 마무리한 뒤 이렇게 설명했다. "저 문에 붙어 있는 표지판이 지난 20년 동안 네 번이나 바뀌었거든요." 그런 뒤 그는 화장실 표지판의 정교한 기호학적 역사를 들려주었다.

척: 90년대 초, 정문 복도의 사실상 모든 부분을 개조하면서, 우리는 함께 일하던 시공 업체에 휠체어가 그려진 표지판을 사용해달라고 분명히 당부했습니다. 결국 우리는 "화장실"이라고 쓰인 표지판을 사용하게 되었지요. 거기에는 세 가지의 사람 기호가 그려져 있었던 것으로 기억합니다. 하나는 치마, 하나는 바지를 입고 있고 또 하나는 휠체어를 타고 있었죠. 그 표지판은 그리 오래 쓰지 못했습니다. 저희가 점자 사용을 좀 더 확대하기 위해 표지판을 바꾸고 있었거든요. 그래서 얼마 지나지 않아 첫 번째 표지판은 사람 기호는 똑같지만 "접근 가능한 화장실"이라 쓰여 있고 그 아래에 점자도 병기된 표지판으로 교체되었습니다.

인터뷰어: 그런데 그것도 오래 버티지 못했나 보네요. 지금 이 표지판은 또 다르니까요.

척: 맞습니다. 2003년인가 2004년이었던 것 같은데, 가족용 화장실이 새로 등장해 위세를 떨치기 시작했거든요. 제가 그것을 알고 있는 이유는 동료인 ㅇㅇ 씨의 도움으로 화장실 표지판을 "가족용 화장실"이란 표기와 네 가지 사람 기호가 들어간 버전으로 교체하게 되었기 때문입니다. 그 사람 기호들은 하나는 키가 크고 치마를, 하나는 키가 작고 치마를 입고 있고, 하나는 키가 크고 바지를, 또 하나는 키가 작고 바지를 입고 있습니다. 우리는 그 기호 가족을 정말 좋아했어요. [웃음] 하지만 그것도 몇 달 전에 사라져버렸죠. 우리가 지금 쓰고 있는 이 표지판을 샀기 때문입니다.

그 새로운 표지판에는 자랑스럽게 "성중립 화장실"이라 쓰여 있고, 이전에 성별이 구분된 사람 기호가 그려져 있던 자리에는 변기 아이콘이 그려져 있었다. 그 아래에는 문자와 점자로 간단한 설명이 적혀 있었다. "어떤 젠더 정체성이나 젠더 표현을 가진 사람이든 이 화장실을 이용할 수 있습니다." 최신 표지판을 왜 그렇게 만들게 되었는지 척에게 묻자, 그는 이렇게 대답했다. “그게 말이죠, 더 이상 표지판을 새로 사지 않아도 되기를 바랐거든요. 그냥 변기 기호를 그려 넣는 것보다 더 포용적인 것은 없다고 생각했습니다.”

따라서 비비아나 젤라이저가 친밀성의 경제에 대한 연구에서 발견한 바와 마찬가지로, 내가 만난 응답자들에게 돈은 결코 “단일하고 상호 교환 가능하며 절대적으로 비인격적인 도구”가 아니다. 완성된 화장실의 형태와 내용이 자신이 자발적으로 선택한 결과라고 느낄 수 있다면, 설령 배관 개조 공사 비용이 높아진다 해도 그들은 거기에 “일상적으로 다른 의미를 부여”[22]했다. 그러나 그들의 재정적 인식보다 더 중요한 것은 그들이 직접 말로 표현하는 발언들이었다. 제스의 즉흥 미술이나 키스의 현장 방문 수업, 척의 역사 수업의 공통점은 성중립 화장실이 그들이 속한 조직에 상징적인 기회였던 동시에 그들 자신에게도 대화의 기회가 되었다는 인식이었다. 세 명 모두 대화를 통해 관심 있는 외부인인 나에게 그들 조직의 물리적 인프라에, 심지어 화장실 표지판의 뉘앙스에 이르기까지 얼마나 많은 배려, 관심, 숙고가 들어갔는지를 보여주었다. 그리고 세 명 모두 즉흥적인 시각 자료나 화장실 견학을 통해 내가 그들의 건물 설계를 보다 경험적인 시각으로 관찰할 수 있도록 도와주었다. 그렇게 함으로써 그들의 말과 행동은 성중립 화장실의 여러 조직적 이점이 실현되기 위해서는 인간의 개입이 반드시 필요하다는 점을 직접 증명해주었다. 보다 간단히 말하면, 척, 키스, 제스는 자신들의 화장실이 저절로 설명되리라고 기대하지 않았다. 그들 각각은 화장실의 가치를 직접 설명하는 것이 자신의 사명이라고 이해하고 있었다. 심지어 실질적으로 똑같은 두 개의 조직에 설치된 실질적으로 똑같은 두 개의 화장실 공간이라 해도, 하나는 비용만 많이 드는 골칫거리가 되고 또 하나는 가치 있는 투자가 될 수 있었던 이유는 바로 이러한 대화 역량 혹은 대화 역량의 부족 때문이었다.

"사람들이 무엇에 반응할지는 절대 알 수 없으니까요"

그러나 인간 상호작용의 힘은 그 자체로 조직의 자원이며, 모든 사회집단에 고르게 분배되어 있지 않다. 사회 계급구조의 미시사회학적 토대에 대한 정전적 연구에서 피에르 부르디외는 그 자원을 '문화 자본'이라고 설명했다. 이는 상층계급 가정에서 자라야만 얻을 수 있는 풍부한 지식과 상호작용 기술을 지칭한다. 최근 수십 년간 그러한 이론적 토대를 바탕으로 사회학자들은 그러한 지식과 기술이 특권계층이 어린 시절에 다니는 학교에서부터 성인이 되어 활동하는 직장까지 모든 종류의 관료적 환경에서 이점으로 작용한다는 근거를 충분히 축적했다. 가령, 전문직 서비스를 제공하는 회사에서 새로운 직원을 고용할 때, 전문가들은 기존 직원과의 "적합성"을 근거로 구직자들을 평가하는데, 이 적합성은 면접 환경에서 예비 직원들이 선보이는 대화 역량으로 결정된다. 마찬가지로, 중산층 청년들은 노동계급 청년들에 비해 명시적인 "게임의 법칙"을 그대로 따르지 않고, 대학이나 고용주에게 자신들의 요구를 들어달라고 요청할 가능성이 훨씬 더 높다. 그러나 피터슨과 컨이 설명했듯, 상류층 문화가 훨씬 더 잡식성의 방향으로 이동하면서 사회학자들은 그들이 힘들이지 않고 행사하는 특권이 이제 사회생활의 모든 곳에서 막대한 이점이 된다는 사실을 발견했다. 사실, 셰이머스 라만 칸이 《특권》에서 주장한 것처럼, 현대 지위 문화의 가장 두드러진 특징 중 하나는 모든 유형의 상호작용 환경을 얼마든지 "쉽고" 능숙하게 탐색할 수 있는 엘리트 개인의 능력이다. 이러한 용이함은 부르디외에 따르면 중산층과 상류층 구성원이 어떤 상황에서든 느긋하고 편안하게 보일 수 있는 (그리고 실제로 그렇게 있을 수 있는) 능력을 말한다.[23]

이 연구를 시작하기 전부터 나 역시 분명히 그러한 사회학 관점에 대해 잘 알고 있었지만, 내가 인터뷰한 대상 중 특히 수다스러운 응답자들이 그러한 부르디외의 예측을 얼마나 구체적으로 구현하고 있는지를 확인한 것은 정말 인상적이었다. 전체 연구 과정에서 가장 놀라웠던 지점 중 하나였을 것이다. 때때로 그러한 유사성은 특정 응답자들이 내가 어떤 새로운 질문을 던져도 아주 용이하게 하나의 중심 서사로 되돌아가는 모습에서 선명히 드러났다. 교외 쇼핑몰의 의사 결정권자인 줄리아는 몇 년 전 그들이 맡은 공간의 "가족 친화성"을 향상시킨 일로 자신의 동료와 나눈 흥분을 자세히 언급하면서 그 전략을 유감없이 발휘했다. 1990년대 중반 화장실 개조에 관한 동료와의 대화를 회상하며 그는 보다 총체적인 개조 공사의 중요한 구성 요소로서 "휠체어 접근성을 갖춘 성중립 화장실이 아니라 가족용 화장실"(강조는 응답자)을 만드는 것이 중요하다고 강조했다.

> 아들을 둔 엄마나 딸을 둔 아빠인 적이 있었다면 누구나 아이와 함께 외출했을 때 공중화장실을 쉽게 이용할 수 없어 생기는 온갖 고난을 겪어보았을 것입니다. 유아의 경우에는 기저귀 교환대를 찾을 수 있을지 여부가 언제나 문제입니다. 걸어 다닐 정도의 아이들은 예기치 못한 사고를 겪을 수도 있고, 갑자기 "오늘은 화장실 칸막이 밑으로 기어 나가고 싶은 날이야"라고 결정할 수도 있습니다. 그보다 좀 더 큰 아이라 해도 공공장소에서 알지도 못하고 믿을 수도 없는 어른들이 있는 화장실의 잠긴 문 안쪽으로 아이를 들여보내자니 걱정이 떠날 날이 없습니다. 우리는 모두 그런 경험을 해보았습니다. 우리는 모두 그런 경험에 대해 하소연하는 고객들을 만났습니다. 따라서 문제는 가족 친화적 화장실 공간을 추가해야 할지 여부가 아니었지요. 얼마나 빨리 그 공간을 만들 수 있을까였습니다.

그런데 이상하게도 그는 맨 처음 두 번만 가족이라는 단어를 강조하는 것이 아니라, 대화 중 "가족용 화장실"이라고 말할 때마다 계속해서 그 단어를 강조했다. 그가 아홉 번에서 열 번 정도 그렇게 하자 나는 결국 참지 못하고 그의 끈질기고 독특한 표현에 대해 물었다. 그는 조금의 망설임도 없이 이렇게 대답했다. “가족이란 아무도 반대할 수 없는 대상이니까요. 그것은 비정치적입니다. 뉴스에서 트랜스젠더가 어쩌네 화장실 안전이 저쩌네 온갖 일이 벌어지고 있는 상황에서 우리 고객들에게 그들이 단 한 명도 소외되지 않고 모두 화장실에 들어올 수 있으며 결코 불쾌한 일을 겪지 않으리라는 일관된 메시지를 전달하는 것은 중요합니다.”

응답자의 용이함이 대화의 인내심 속에서 느껴지는 경우도 많았다. 내가 준비해 간 인터뷰 순서에 따라 연이어 질문을 할 때마다, 몇몇 응답자는 자기 조직의 화장실에 가해지는 제도적 제약의 영향력을 의도적으로 축소하면서, 그 대신 자신의 특정한 성중립 화장실이 얼마나 흥미롭거나 유용했는지 피력할 순간을 기다렸다. 예를 들어 키스는 쇼핑몰 운영진이 개조 공사를 “차라리 일찌감치” 할 수밖에 없게 만든 “법적 규제”에 대해 간단히 언급했고, 또한 바로 그 개조 공사에 충분한 “시간, 에너지, 돈”이 투여되었다는 것도 인정했다. 그러나 내가 그 제약 중 하나 혹은 둘 다에 대해 보다 자세한 내용을 물을 때마다 그는 이의를 표하면서 표준 답변을 똑같이 반복했다. “우리는 그저 공간이 허락하는 한에서 가족 친화적 화장실을 짓고 싶었습니다.” 결국 내가 한발 물러서서 그 주제에 대해 자세히 설명해달라고 요청하자, 드디어 그가 적극적으로 나서더니 화장실의 다양한 용도에 대한 고객의 피드백과 자신의 관찰 결과를 마구 뒤섞어 늘어놓기 시작했다.

> 제가 받은 가장 일반적인 반응은 아마도 어린아이를 둔 엄마들의 반응일 것입니다. 그들은 잠글 수 있는 하나의 공간 안에 아이들을 모두 데리고 있을 수 있다는 점을 정말 감사하게 여겼으니까요. 가끔은 휠체어를 사용하는 고객들이 높이가 다양한 세면대가 있기 때문에 본인들에게도 성중립 화장실이 다른 화장실에 비해 접근성이 높다는 반응을 들려주었습니다. 저도 발달장애인을 동반한 손님이 그 화장실을 이

용하는 모습을 본 적이 있어요. 아, 그리고 홀리데이 쇼핑 시즌이 한창일 때 함께 쇼핑하던 여성들은 여자 화장실의 줄을 피하기 위해 분명 그 화장실을 이용할 테고요.

그는 만족했다는 듯이 살짝 미소를 지으며 잠깐 말을 멈추더니, 자신의 독백을 간결하게 요약했다. "모든 면에서 정말 대단한 일이었어요."

내가 어떤 문제를 제기하여 난관에 부딪칠 때마다 대화의 궤적을 공공연하게 조작하는 고급 문화시설 응답자들의 태도에서 용이함의 징표가 느껴지는 경우도 많았다. 도심 박물관의 의사 결정권자인 마일스와의 인터뷰에서 건물 건축가들이 소수의 갤러리에 성별분리 화장실 대신 성중립 화장실을 설치하기로 선택한 이유를 설명해달라고 요청한 후 나는 좀처럼 개입할 여지를 찾기 어려워 고전했다. 그는 그러한 특정한 선택이 "설계의 관점에서 합리적"이라고 대답했다. 그때 내가 추가적 개조 공사의 재정적 비용과 그러한 선택에 잠재적으로 영향을 미치는 요인인 주 건축 규정을 예로 들어가며 성중립 화장실에 관한 박물관의 판단에 다른 고려 사항이 더 포함되어 있다고 생각하는지에 대한 후속 질문을 던지자 그에게서 차가운 시선이 돌아왔다. 잠시 불편한 침묵이 흐른 후, 그는 마침내 이렇게 대답했다. "인간의 창의성과 감정을 구현한 대상을 보존, 보호, 공유하기 위해 존재하는 기관으로서, 우리는 이러한 대상에 적절한 배경을 마련하고 방문객에게 포괄적인 미적 경험을 제공하는 임무를 진지하게 받아들이고 있습니다. 그 사명은 결코 화장실 문 앞에서 끝나지 않습니다." 그때 내가 끼어들어 또 하나의 후속 질문을 하려 했지만, 그는 멈추지 않고 말을 이었다. "집이라고 생각해봅시다. 미스 반데어로에가 '아뇨, 저는 집 전체를 설계하지만 화장실만은 하지 않겠습니다'라고 말한다고 상상해보세요. 있을 수 없죠! 위대한 모더니스트들은 현대적 집의 단정한 선과 올곧은 우아함을 모든 방에 확장했습니다. 모든 방이 현대적 집의 형성과 기능에 필수적이기 때문이죠. 우리 박물관도 마찬가지입니다."

다시 말해, 줄리아, 키스, 마일스와 같은 응답자들이 그토록 수월하게 구사하던 대화 능력이 바로 내가 '정당화의 용이성'이라고 부르는 것이다. 이는 성중립 화장실과 같은 현재 조직 현실의 방어 논리를 쉽고 능숙하게 동원하면서 그러한 현실이 지배적인 일군의 조직 가치에 부합한다고 다른 사람들을 설득하는 능력이다. 예를 들어, 내가 레스토랑의 의사 결정권자인 테드에게 그가 한 개의 성중립 화장실에 상당한 자본을 투자하여 운영진을 놀라게 한 일에 대해 들으며, 이전까지 예산 편성에 신중하던 태도와 그 과감한 지출을 어떻게 조화시켰는지 묻자, 그는 "'옐프'와 '어번스푼'(둘 다 식당 리뷰 및 추천 앱 — 옮긴이)의 시대에" 세심하게 설계된 화장실은 "단순한 대화거리 이상"의 기능을 담당할 수 있다고 대답했다. 실제로 이러한 응답자들은 법적, 재정적 제약이 자신들의 화장실 관련 선택에 영향을 끼쳤음을 인정하는 답변을 할 때에도 그러한 제약을 강제적 고난이 아니라 가치 있는 자금 지출로 확고히 재구성했다. 최근 자신이 일하는 공연장에 여러 개의 성중립 화장실을 추가한 움직임을 유난히 장밋빛으로 설명하던 딜런에게 내가 이의를 제기했을 때에도 그는 마지못해 이렇게 인정했다. "물론 그것은 일종의 투자였습니다. ○○시에서는 인프라를 아무리 조금 바꾼들 엄청난 비용이 들어갑니다. 필요한 모든 허가를 차례대로 받고, 필요한 자격을 갖춘 시공 업자를 고용해야 하니까요. 거기에 하루가 다르게 비싸지는 것 같은 자재비와 정식 면허가 있는 인부를 고용하는 데 드는 무지막지한 인건비는 말할 것도 없고요." 그러나 그는 그런 비용에도 분명히 긍정적인 면이 있다며 설명을 계속했다. "그로 인해 관객에게 더 나은 경험을 제공했다는 성과를 얻었습니다." 그리고 더 나은 경험이란 궁극적으로 "다른 쪽에서 발생한 손실을 보상하는 것 이상"을 의미한다.

그러므로 테드와 딜런과 같은 이들이 진정으로 기대하는 바는 자신의 조직을 찾아온 이용자들과 고객들이 다른 사람들에게 그 레스토랑이나 공연장에 대해 이야기할 때 그들 나름의 '정당화의 용이성'을 행사할 것이라는 점이다. 실제로 스콧이 자신의 도심 레스토랑에 한 쌍의 성중립 화장실을 설치했던 과정을 예상 밖의 개인사를 바탕으로 서술했듯이, 화장실에 관한 열정은 조직 내부자보다 이용자들로부터 나올 때 가장 강력했다. 그는 웃으며 과거 얘기를 꺼냈다. "제가 몇 년 전에 라스베이거스에 갔는데, 어느 카지노였는지는 잊어버렸지만 화장실이 매직미러로 되어 있어서 볼일을 보는 동안 도시를 내다볼 수 있는 곳이 있었어요. 아주 강렬한 경험이었죠." "사물을 고객의 입장에서 보는 경험"을 바탕으로 그는 자신의 레스토랑에 대해서도 고민할 수 있게 되었고, 당시에 성별이 분리되어 있던 화장실도 "그 렌즈를 통해" 바라보았다. 그 순간 그의 눈에 당황한 빛이 역력해지더니, 재빨리 말을 덧붙였다. "전에는 그러지 않았다는 뜻은 아닙니다. 다만 메뉴나 서빙 직원에 대한 사항들 등등의 측면에 대해 더 많이 생각하고 있었지요." 그가 이렇게 생각을 정리하자 얼굴에 미소도 돌아왔다. "그리고 저는 속으로 이렇게 생각했습니다. '가만, 화장실이 꼭 섹시하지 않아야만 하는 건 아니잖아. 그곳도 다른 모든 것들만큼 섹시하고 매력적이어야지.' 사람들이 무엇에 반응할지는 절대 알 수 없으니까요." 마찬가지로 리사는 자신의 도심 레스토랑에서 일인용 화장실에 붙어 있던 "고전적인 남녀 화장실 표지판"을 그저 간단히 "화장실"이라 쓰인 표지판으로 교체한 이유를 들려주면서, 화장실 표지판처럼 일견 매우 특이한 디테일조차 놀라울 정도로 효과적인 대화의 촉매제가 될 수 있다는 점을 강조했다. 그는 이렇게 말했다.

> 우리는 화장실을 포함한 이러한 변화가 몇 번이고 다시 찾아오고 싶게 만들 만큼 손님들을 만족시킬 뿐만 아니라 친구들에게도 우리를 추천하고, 직장에서 행사를 열 때도 우리 공간을 활용하며, 거래처에도 추천하고, 타지에서 온 동료가 이곳에 머무

> 는 동안 가볍게 한잔하기 위해, 더 바람직하게는 저녁 식사를 하러 들를 곳으로 추천하고 싶게 만들어주리라 기대합니다. 그러기 위해 ○○ 지역에서 가장 훌륭한 식사 경험을 제공하는 것 외에도 우리가 할 수 있는 일이라면 아무리 사소한 부분이라 한들 돈을 투자할 가치가 있습니다.

그리고 내가 화장실 표지판이 사람들의 이목을 끌 것이라고 생각한 이유가 정확히 무엇인지 묻자 그는 조금도 망설이지 않고 대화를 내 쪽으로 돌리며 이렇게 대답했다. "그 이유가 무엇인지는 당신이 누구보다 잘 알고 있을 텐데요. 성중립이 요즘 가장 잘나가는 주제 아닌가요?"

젠더의 제도적 성취의 네 번째 요소: 담화 회로

따라서 미국 최대 도시 중 한 곳의 고급 미술관에서 일하든, 중산층 가정을 주 고객으로 하는 교외 쇼핑몰에서 일하든, 내가 인터뷰한 대상 중 가장 말수가 많은 응답자들은 어떤 근본적인 공통점을 공유하고 있었다. 그들은 화장실 공간이 각 조직이 추구하는 사명과 불가분의 관계에 있으며, 나아가 그러한 목표를 방문객에게 전달하는 활동과도 불가분한 관계라고 생각했다. 그러나 인터뷰 대화를 능숙하게 통제하는 그들의 태도가 더욱 확실히 보여주듯, 성중립 화장실과 같은 물리적 개체 자체가 스스로를 홍보할 수는 없다. 그것에도 반드시 '정당화의 용이성'이 필요하다. 즉 이 경우에는 모든 형태의 조직적 현실을 담론적으로 방어하면서 매우 중요하게 평가되는 조직의 가치를 반영하여 설계된 자발적이고 의도적인 선택이라고 물 흐르듯 설명할 수 있는 능력이 필요하다. 그리고 그 능숙한 상호작용 노동을 수용하는 쪽에 있으면서, 나는 그 용이성이 얼마나 강력한지를 몸소 실감했다. 물론 내가 인터뷰를 요청한 장본인이고, 상대방에 비해 학문적 전문성을 갖추고 있으며, 질문을 던지는 입장이었지만 인터뷰 도중 명백히 통제력이 뒤바뀌는 순간이 상당히 많았다. 응답자들이 나를 그들의 조직을 위해 내 나름의 '정당화의 용이성'을 행사해줄 수 있는 사람으로 인식했기 때문이다. 그들이 자연스럽게 대화의 주도권을 잡을 때, 그들의 말과 행동에는 혁신적이고 인상적인 화장실을 통해 가장 도시적이고 부유한 고객들의 호감을 사고 그 호감을 고객들의 도시적이고 부유한 사회연결망에 공유하게 만들겠다는 포부가 뚜렷이 담겨 있었다. 그리고 그렇게 함으로써 응답자들은 성중립 화장실처럼 일상적인 주제에 대해 가벼우면서도 설득력 있게 이야기하는 능력이 계급 특권을 드러내는 놀라울 정도로 강력한 신호가 될 수 있음을 강조했다.

〈교차성의 복잡성〉에서 레슬리 매콜은 범주적 불평등이 교차하는 형태, 특히 젠더, 인종, 계급에 초점을 맞춘 페미니즘 학문이 종종 그중 세 번째 요소의 잠재력을 과소평가한다는 점을 지적한다. 자신의 연구 궤적을 반추하면서 그는 이렇게 썼다. "나는 구조적 불평등을 점검하기 위해 여성들 간의 차이, 특히 계급이 다른 여성들 간의 차이를 강조했다. 교차성에 대한 새로운 연구 문헌에서는 인종에 비해 계급에 대한 관심이 훨씬 적기 때문이다."[24] 계속해서 그는 그러한 부재에 특히 주목해야 할 이유는 1990년대 후반에서 2000년대까지 "새로운 주요 사회문제가 곧 집중적 연구 및 정치적 논쟁의 주제가 되었기"[25] 때문이라고 말했다. 그 문제란 부유하고 교육 수준이 높은 미국인과 상대적으로 빈곤하고 교육 수준이 낮은 미국인의 소득 불평등이 극명하며 점점 더 심해지고 있다는 점이다. 그러나 그러한 지적 간과는 젠더학자들만의 문제가 아니었다. 줄리 베티가 그의 책 《계급 없는 여성》의 서문에서 지적했듯이, 그 시대에 계급을 연구한 학자들도 마찬가지로 젠더를 간과하는 경우가 많았기 때문이다. "계급 구조에 대한 여러 연구들에서 여성이 계급 분류에 포함되었을 수는 있지만, 젠더에 대한 이론은 없었다."[26] 다시 말해, 계급 불평등에 대한 연구에서 여성의 관점을 고려했을 수도 있고, 심지어 성별을 변수에 포함시켰을 수도 있지만, 엄격하고 지속적인 젠더 분석이 추가된 적은 거의 없었다는 것이다. 그리고 지난 10년 동안 이 두 사람의 표제적 진술이 매우 자주 인용되었음에도 불구하고(내가 이 글을 쓰는 시점에 매콜은 4500회 이상, 베티는 1000회 이상 인용되었다), 계급과 젠더를 별개의 분석 범주로 취급하는 관행은 오늘날까지 사회학계에서 널리 지속되고 있다.[27]

이 장에서 내가 발견한 내용은 젠더에 대한 믿음이 계급 계층화의 문화적 기반과 어떻게 불가분의 관계를 이루는지 보여주기 때문에 이러한 불균형을 바로잡는 데 도움이 된다.[28] 응답자들이 자신의 인프라가 가족 친화성, 퀴어 청소년의 편안함, 새로운 시대의 성중립성에 대한 수용과 같은 그들의 원대한 포부를 어떻게 반영하는지 이야기할 때, 그들은 그러한 목표가 본질적으로 가치 있다고 말하지 않았다. 그 대신 그들은 이렇게 존경받는 가치를 그들이 가장 소중하게 여기며, 또 가장 부유하기도 한 이용자, 고객, 방문객의 기대 및 선호와 단단히 연결시켰다. 때때로 그러한 수사적 전술은 중산층의 위신에 호소하기도 했다. 이를 보여주는 사례가 "가족 가치"가 발휘하는 정상화의 힘에 대한 줄리아의 발언인데, 그의 주장과 달리 가족 가치는 결코 "비정치적"이지 않다.[29] 그러나 또 다른 경우에 응답자들은 젠더에 대한 훨씬 더 급진적 믿음을 현대의 지위 문화와 연결시킬 수 있었다. 리사가 나에게 "성중립이 요즘 가장 잘나가는 주제 아닌가요?"라고 날카롭게 물었을 때, 내 인터뷰 조사에 대한 그의 반격은 질문이 아니라 의견이었다. 성중립적 패션, 성중립적 육아법 그리고 성중립적 이름이 실제로 2010년대의 트렌드이기 때문이다. 따라서 응답자들의 설명에 담긴 은근한(때로는 그다지 은근하지 않은) 도덕적 주장을 밝혀내면서 나는 성중립 화장실에 대한 지지가 지난 30년간 미국의 중상류계급이 추구하는 세계주의cosmopolitanism의 구성적 요소가 되었다는 사실을 발견했다. 이는 "다문화주의적 자본"에 대한 베서니 브라이슨의 관찰, 즉 문화적 관용이 가시적으로는 증가하지만 여전히 사회적 배제의 메커니즘으로 기능한다는 지적과 유사하다.[30]

그러나 젠더와 계급에 관한 사회학적 논의에서 한층 더 중요한 기여는 그러한 주장을 수용하는 입장에 있었던 나의 개인적 경험에서 비롯한다. 나와 인터뷰한 응답자들은 내 질문에 형식적으로 대답할 수도 있었지만(그리고 때때로 그렇게 했지만), 대부분 나와 공감할 수 있도록 적극적이고 능숙하게 젠더의 관점이 녹아 있는 서사의 방향으로 대화를 이끌어나갔다. 나는 교육 수준이 높은 전문직 계급으로서, 마찬가지로 부유한 친구와 동료들에게 그들의 조직에 대한 찬사를 퍼뜨릴 수도 있는 동료 구성원이기 때문이다. 그리고 그들의 그런 행동의 의도에 대해 내가 궁금한 점이 있을 때에는 인터뷰 대화의 세부 사항 속에서 반드시 답을 얻을 수 있었다. 인터뷰 참여자들은 화장실 개조 공사를 통해 이용자들을 설득하여 그들의 조직에 대한 평가를 높일 수 있다고 몇 번이고 계속해서 주장했다. 그러한 기대는 때때로 "대중적 호소력", "오래 남아 있는 인상"과 같은 표현으로 눈에 띄지 않게 우리의 대화 속에 숨어든다. 그러나 응답자들이 "우리 고객" 혹은 "우리의 이용자"가 그곳을 방문하여 무엇을 얻어가기를 바라는지 공개적으로 언급하면서 그들의 기대가 노골적으로 드러나는 때가 더 많다. 물론 이제는 경제적 압박으로 인해 모든 유형의 조직이 소비자의 선호에 맞추어 적응해야 하며, 고객 중심의 이미지를 투영하는 것이 장래의 인기와 성공을 보장하는 직관적 경로이다. 그러나 피에르 브루디외가 《구별짓기》에서 상기시켰듯이, 문화적 소비는 언제나 문화적 의사소통이며 그 의사소통은 언제나 "사회적 차이를 정당화하는 사회적 기능을 수행한다".[31] 따라서 응답자들이 단순히 자신의 직업적 책임을 수행했다 해도, 그들의 말은 성중립 화장실에 대한 "취향"[32]이 21세기 미국에서 계급 특권의 신호임을 보여준다. 그들과 그들의 조직, 그곳의 이용자들을 문화적으로 우월하다고 표시하는 것이다.

그리고 그 말의 힘을 통해 젠더를 제도적 성취로 이론화하는 네 번째 요소 즉 담론적 권력의 회로를 발견했다. 물론 권력은 위에서 언급한 교차성 이론가들을 포함하여 젠더사회학자에게 친숙한 영역이다.[33] 그러나 여기서는 특정한 개인이나 조직이 다른 상대보다 가치 있거나 유능하게 여겨지는, 분산되고 일반적인 경향을 지칭하는 것이 아니다. 물론 이러한 경향은 존재하며, 이론화할 가치도 있다.[34] 그러나 나는 젠더 이데올로기가 특정한 대화의 순간에 도덕적, 관계적인 흐름을 만들어낼 때 발휘되는 역동적이고 지역화되어 있으며 매력적인 기능을 포착하기 위해 회로라는 용어를 사용한다.[35] 예를 들어 이 장에서 인터뷰 응답자들은 내가 관찰한 권력의 흐름의 결정적인 구성 요소이다. 그들이 가지고 있는 대화 역량 덕분에 그들은 성중립 화장실의 가치를 열렬히 옹호하며 우리의 대화를 가족, 젠더 중립성, 심지어 미학이라는 대중적인 관념들로 채울 수 있었을 뿐 아니라, 필요할 때마다 그러한 노력을 증폭하거나 조절할 수도 있었다. 따라서 이러한 상호작용의 노력은 이데올로기를 불평등으로 변환하는 데 도움이 되었다. 특권계급층(예: 나의 인터뷰 대상들)이 젠더와 관련된 특정한 믿음(예: 성중립성의 유행)이나 조직적 행동(예: 성중립 화장실 설치)의 가치 혹은 의미를 표명할 때, 그들은 상징적 힘을 동원하여 그러한 믿음이나 행동을 자극한다. 그러나 회로가 작동하려면 반드시 순환 궤도가 완성되어야만 하고, 이를 통해 위의 변환이 성공적으로 이루어지려면 반드시 다른 구성 요소, 즉 방문객, 고객 혹은 나처럼 관심 있는 외부인이 존재해야 한다. 따라서 이러한 전기적 은유는 힘이 수동적으로 존재하는 것이 아니라 관계 속에서, 특히 조직과 이용자의 관계 속에서 적극적으로 발생한다는 사실을 상기시킨다.

그러므로 유사한 제품, 상점, 상품, 경험이 너무나 많은 시장에서는 심지어 화장실에 대한 대화조차 문화 조직이 자신을 돋보이게 하거나 더 바람직하게는 이용자들이 해당 조직을 특별한 곳으로 바라보게 만드는 영리한 기술이 될 수 있다. 게오르크 지멜이 그의 고전적 사회학 논문 〈패션〉에서 주장했듯, 새로운 양식, 형식, 미적 판단을 수용하면 사회집단에 순응하지 않고 거리를 두고자 하는 사람들이 원하는 바를 이룰 수 있다.[36] 그리고 가장 중요하게는 응답자들이 자기 조직의 가치라고 주장했던 매우 다양한 의견을 통해 자신과 조직 그리고 그곳의 이용자들을 일반적 의미는 물론 부르디외적 의미로도 구별 지어주었다. 공중화장실을 젠더화하는 문제에 대해 앞으로 패션의 추가 어느 쪽으로 움직일지는 오직 시간이 지나야만 알 수 있다. 지금 성중립성의 인기가 높아진다고 해서 21세기가 전개되는 내내 젠더 이분법이 시대에 뒤떨어진 것으로 취급되리라는 보장은 없기 때문이다. 그러나 장차 규제적 구조, 젠더에 대한 믿음, 건축적 유행이 어떻게 바뀌든, 이러한 변화를 주도하는 데 꼭 필요한 문화 자원을 갖춘 조직, 즉 새로운 화장실처럼 일상적인 조직의 변화를 가족 친화성, 진보적 정치, 그리고 무엇보다 결코 놓칠 수 없는 최첨단의 취향을 추구한다는 자발적이고 가치지향적인 주장으로 둔갑시킬 의욕과 능력을 갖춘 인력을 가진 조직은 끝없이 변화하는 물결 속에서도 가장 주도적인 위치를 완벽히 지킬 수 있는 조직이 될 것이다.

6

화장실을 변신시키기

개방형 기숙사는 어떤 문제도 해결하지 못했다.
실제로는 새로운 문제를 일으켰다.

벳시 웨이드 Betsy Wade, **〈개방형 기숙사 및 남녀공용 욕실〉, 《월스트리트 저널》, 1973년 10월.**

2002년 봄, 해버포드대학과 스와드모어대학의 주거 정책에 생긴 작은 변화가 엄청난 대중적 반향을 불러일으켰다. 앞으로 캠퍼스에 거주하는 학부생들에게 혼성 기숙사를 선택할 수 있게 한 것이다. 남녀공학 기숙사는 1960년대부터 미국의 여러 대학에서 흔히 찾아볼 수 있었다. 웨슬리언대학과 같은 몇몇 인문대학에서는 1990년대 중반부터 이미 혼성 기숙사와 남녀공용 화장실을 조용히 제공하고 있었다. 그러나 《피츠버그 포스트 가제트》의 한 기자가 "젠더 혼합의 궁극적 단계"[1]라고 강렬하게 묘사했듯, 21세기 초에 해버포드와 스와드모어 대학 같은 곳에서 퀴어 및 트랜스젠더 학생 활동가들이 새로운 룸메이트 혁명을 일으키기 전까지 남녀공학 기숙사는 대부분 금지된 상태로 남아 있었다. 그들에게 "온 세상이 이성애자다"[2]라는 전제는 어떤 환경에서든 부적절하고 배제적인 것이었다. 게다가 이 전제를 대학 기숙사 정책에 정식으로 포함시킨다면, 그것은 "동성애 혐오나 성적 긴장으로 인해 동성 룸메이트와 생활공간을 공유하는 것이 불편한"[3] 학생들에게 특히 더 "어색한"[4] 상황을 제공하게 된다.

당연하게도, 해당 대학에서 성중립 기숙사는 더 많은 관심을 끌었고, 성소수자 학생들은 빠르게 이를 환영했다. 웨슬리언대학 2학년 학생인 재커리 슈트라스부르거는 "대학 기숙사에서의 끈끈한 공동생활"이야말로 대학교 1학년 때 경험하기를 기대했던 여러 가지 중 하나였다"고 아쉬운 기색으로 발언했다. 안타깝게도 학교 기숙사 정책에 따라 1학년 학생들은 반드시 법정 성별이 같은 상대와 룸메이트가 되어야 했던 것이다. 그는 그러한 배정 원칙은 트랜스젠더 학생들에게는 지속 가능하지 않을 뿐 아니라 향후 그들의 룸메이트가 될 학생에게도 달갑지 않은 일이라고 설명했다. "제가 아주 불편하리라는 것은 알고 있었고, 저와 같이 사는 사람도 매우 이상하게 느낄 거라고 생각합니다." 그는 마지못해 대학 기숙사 교직원이 당시에 제공할 수 있었던 유일한 제안인 일인실을 받아들였다. 그러나 웨슬리언 기숙사 중 한 곳에 성중립 층이 새로 생기고 대학생활관 행정실에서 "젠더 정체성 그리고/또는 젠더 표현이 표준 패러다임과 다른 학생들과 자신의 젠더가 같이 생활할 사람을 결정하는 데 영향을 미치지 않아야 한다고 믿는 학생들"[5]을 지원하겠다고 밝히는 새로운 정책이 발표되자, 이후에 입학할 1학년 트랜스젠더 학생들은 더 이상 룸메이트와 함께 생활하는 것과 자기 방에서 안전함을 느끼는 것 중 하나를 선택하지 않아도 되게 되었다.

하지만 이상하게도 새로운 혼성 기숙사에 입주한 학생들 가운데 가장 많은 수를 차지한 것은 젠더 정체성이나 성적 지향으로 인해 소외된 학생들이 아니었다. 해버포드대학 4학년인 제시 리틀우드는 대학이 혼성 기숙사라는 선택지를 제공하는 중요한 이유 중 하나가 분명히 "섹슈얼리티나 성적 지향"에 대해 "미리 짐작하지 않기" 위해서라고 설명했다. 그러나 리틀우드와 같이 시스젠더 이성애자 남성인 학생에게 성중립 기숙사는 우연히 성별이 여자일 뿐인 절친한 친구 두 명과 함께 살 수 있다는 의미였다. 사실, 언론인들은 혼성 기숙사가 "학교에서 공인해준 난잡함의 문을 활짝 열어젖힐 것"이라고 농담을 했지만, 전반적인 생활은 관련된 모든 사람들에게 놀라울 정도로 무해했다. 정작 리틀우드의 연인인 로라 스무트는 그와 함께 살기 위한 방편으로 성중립 정책을 사용하는 데 전혀 관심이 없었다. 로라는 "각자의 공간을 가질 수 있어서 좋다"며, "바람을 피울지도 모른다는 걱정은 전혀 하지 않는다"고 했다. 무엇보다 "진저와 리즈"는 자신의 "너무나 좋은 친구들"이기도 하기 때문에 그러한 걱정은 "너무나 쓸데없는 것"이라고 말했다. 심지어 그들의 부모도 우호적이었다. 《필라델피아 인콰이어러》에서 리틀우드의 룸메이트 중 한 명의 어머니에게 상황에 대한 의견을 물었을 때, 그는 단순히 이렇게 대답했다. "저는 그들을 믿습니다. 모두가 좋은 친구들이에요."[6]

이렇게 담담한 태도는 미국 전역의 다른 대학에서 포괄적 기숙사 및 흔히 그와 동반되는 성중립 화장실을 둘러싸고 나타나는 문화적 경향을 고려할 때 특히 눈에 띄었다. 북동부의 다른 대학인 워싱턴앤드제퍼슨대학의 학생처 부처장은 그 두 가지 공간적 혁신을 공개적으로 비난했다. 그가 보기에 "학생들에게 동거하는 법을 배우라고 독려한다는 발상"은 "솔직히 무책임"한 것으로, 그가 일하는 인문대학에서 기숙사나 화장실 공간을 성중립으로 만든다면 분명 "온갖 함정"이 펼쳐질 것이라고 생각했다.[7] 사실 퀴어 학생들 및 관련된 행정관 모두가 수용할 수 있는(터프츠대학에서는 이를 위해 예비 룸메이트들이 "낭만적인 관계로 얽히지 않겠다고 [약속]"해야 했다) 성중립 기숙사 시범 사업을 만들기 위해 학부생 활동가들이 대학 교직원과 부지런히 준비했을 때조차, 성중립 기숙사의 기획은 마지막 순간에 총장이나 수석 학장의 "성행위 조장에 대한 우려"로 인해 무산되는 경우가 많았다.[8] 이러한 우려는 너무나 선명해서, 캘리포니아대학교 버클리처럼 "엄청나게 자유주의적인" 학교에서도 기숙사 생활지원국 교직원은 몇몇 "동부 학교들이 남녀공학 기숙사를 허용한다"는 소식을 듣고 깜짝 놀랐다." 기숙사 생활지원국 부국장은 언론에 "우리 학교에도 남녀공학 기숙사 건물과 남녀공학 욕실 그리고 단일성별 [공간]이 있다. 그러나 남녀가 방을 함께 쓰는 기숙사에 관해서는 들어본 바가 없다"고 발언했다.[9]

그러나 다시 웨슬리언대학으로 돌아가면, 그곳의 교직원들은 성중립 공간을 기꺼이 환영하면서도, 다른 지역의 대학들이 생각하는 것처럼 자신을 급진적이거나 혁명적이라고 생각하지 않았다. 그들에게 성중립적 공간을 마련하려는 노력의 수혜자가 1학년 학생이든 4학년 2학기의 학생이든, 성중립 기숙사는 '술, 담배, 약물 금지 기숙사'나 그 외 형태의 친화성 기숙사와 같이 대학이 이미 제공하고 있던 "다른 기숙사 선택지와 크게 다르지"[10] 않은 것이었다. 마찬가지로 스와드모어대학에서도 학생들 스스로가 "룸메이트와의 친밀한 관계에 대한 금기"[11]를 강력하게 지지, 옹호하고 있었기에, 그것이 혼성 기숙사가 행정적으로 순조롭게 수용되는 데 도움이 되었을 것이다. 그러나 기숙사 관장에게 성중립 기숙사는 정말로 그들이 제공하는 기숙사의 선택지가 자연스럽게 진화하는 과정에서 눈에 띄지 않게 나타난 다음 단계처럼 보였다. 그는 "우리는 남녀공학 건물을 마련했습니다. 그리고 남녀공학 강당을 만들었죠. 이제는 남녀공학 기숙사 방을 만들었습니다"라고 설명했다. "많은 남녀가 그저 친구 사이잖아요. 그렇다면 함께 살 수도 있지 않나요?"[12] 심지어 성중립 기숙사의 선택지를 1학년에게는 아직 제공하지 않던 해버포드 학생 기숙사의 관장조차도 다른 대학의 기숙사 관계자들이 보이는 도덕적 분노는 과장되었다고 암시했다. 그는 이렇게 말했다. "우리는 60년대 이후로 취침 점호를 한 적이 없습니다. 우리는 그들을 젊은 성인으로 대하고 있습니다."[13]

작은 정책 변화 하나로 성소수자 학생들의 주거 요구를 충족시키고 모든 학생들의 생활 방식에 더 많은 선택지를 제공한다는 일석이조의 효과를 낼 수 있기 때문에, 내부자와 외부자 모두 성중립 공간에 대한 지지가 금세 들불처럼 번지리라고 예상했었다. 스와드모어의 기숙사 관장은 성중립 기숙사가 지닌 "유일한 문제"는 "누군가가 떠나서 새로운 학생이 들어올 때 남녀공학인 경우에는 배정이 조금 더 복잡하다는 것뿐"이라고 보고했다. 하지만 학생들이 혼성 공간을 너무나 좋아했기 때문에, 그는 "3~5년 사이에" 전국 각지 "대부분의 대학"에서 널리 인기를 얻게 될 것이라고 기대했다.[14] 그러한 기대에 부응하여 《세인트루이스 포스트디스패치》의 한 필자는 남녀공학 기숙사가 당장 "소수의 동부 대학"을 넘어서까지 적용되기에는 너무 과격하지만, "보다 전통적인 중서부 대학"들이 "선례를 따르게 되는 것은 그저 시간문제일 뿐"이라는 확실한 믿음을 표명했다.[15] 그리고 아니나 다를까 인근 카네기멜론대학의 한 기숙사 관장은 이미 성중립 기숙사에 대해 "학생들로부터 수차례 문의"를 받은 적이 있다며, 아직은 산발적인 관심이 보다 실질적인 형태로 구체화된다면 성중립 기숙사 사업을 공식적으로 진지하게 고려하겠다고 약속했다. "학생들이 그에 대해 제안한다면, 우리는 학생들이 가져오는 다른 모든 아이디어를 대할 때와 마찬가지로 그 제안을 기꺼이 검토할 것입니다."[16]

• • • • •

성중립 기숙사에 대한 전망이 대중 언론에서 악명을 얻게 된 21세기로 전환되기 훨씬 전, 미국의 고등교육기관에서는 이미 여러 가지 기숙사 혁명이 일어나고 있었다. 1960년대 초 대학에서는 '부모 대신' 대학이 학생들의 도덕적 품성을 형성하는 역할을 전담한다는 "학부모를 대신하여"라는 절대적 원칙이 꾸준히 해체되고 있었다. 1972년 개정 교육법 제9조와 같이 교육 형평성에 초점을 맞춘 연방법이 자리를 잡았고 각 캠퍼스 수준에서 학부생들의 독립성을 더욱 성장시키기 위한 정책을 시행하는 경우도 늘어났다. 그 결과, 오랫동안 남녀공학을 거부해오던 대학 중에서도 점점 더 많은 수가 단성 교육 모델을 포기했고 모든 유형의 고등교육기관에서 여성들이 세부 전공에 진학하고 한때 남성의 전유물이었던 과외활동까지 참여하는 경우도 늘어났다. 따라서 1970년대와 1980년대를 거치며 대학은 그러한 변화를 수용하기 위해 다양한 측면의 물리적 환경을 개편하기 시작했다. 운동 시설과 학생 건강 센터부터 기숙사 및 화장실 배치에 이르기까지, 한때는 의문의 여지없이 성별화되어 있던 공간들이 천천히 하지만 확실하게 혼합되어갔다. 그리하여 20세기가 끝날 때쯤, 혼성 기숙사는 여러 측면에서 스와드모어의 기숙사 관장이 언론 논평을 통해 지적한 바와 정확히 일치하는 양상, 즉 오래 이어져온 변화의 궤적 속에서 단지 가장 최근에 나타난 사건일 뿐이었다.[17]

그러나 동시에, 성중립 기숙사의 출현은 과거와의 중요한 단절을 만들었다. 그것은 또한 대학 캠퍼스에서 일어난 새로운 혁명적 사회운동인 레즈비언, 게이, 바이섹슈얼, 트랜스젠더, 퀴어LGBTQ 학생운동과 떼려야 뗄 수 없이 얽혀 있었기 때문이다.[18] 이러한 노력에 부응하여 1990년대 중반부터 2010년대 초까지 다양한 제도적 변화가 일어났다. 전국의 대학에서는 LGBTQ 관련 활동과 지원 서비스를 감독하는 학생 담당 직원을 고용하고, 그러한 직원과 사업을 수용할 물리적인 LGBTQ 센터를 설립하며, 학내 차별 금지 정책에 성적 지향 및 젠더 정체성을 추가하고, 젠더 및 섹슈얼리티 문제에 관심이 있는 교수 및 교직원을 교육하기 위한 연수 프로그램과 워크숍을 실시했다. 그러나 이러한 변화 중 가장 눈에 띄며 가장 뜨거운 논쟁을 불러일으킨 사안은 전통적으로 성별에 근거하여 분리되어 있던 캠퍼스 공간에서 성별 지정을 없애라는 압력이었다. 여기엔 기숙사뿐만 아니라 화장실까지 포함된다.[19] 그리고 남녀공학 기숙사가 1960년에서 1970년 사이에 나타난 특이한 제도적 실험에서부터 1980년대와 1990년대 학부 기숙사 생활의 지배적 패러다임으로 진화했던 것처럼, 젠더 포용적 기숙사 및 화장실도 2000년대와 2010년대에 걸쳐 비슷한 방식으로 확산되었다. 처음에는 진보적인 대학운동으로 유명한 소수의 인문대학에서 시작되었으나, 이 장을 집필하고 있는 2014년 기준으로 150개 이상의 고등교육기관에서 이러한 정책이 제공되고 있으며, 그 이후로도 전체 수는 계속 증가하고 있다.[20]

이 장에서는 지난 20년에 걸쳐 성중립적 캠퍼스 공간이 출현하고 인기를 얻게 된 과정을 설명하기 위해 대학 행정관, LGBTQ 센터의 소장, 기숙사 생활지원국 교직원, 시설 책임자와의 64건의 인터뷰를 활용하여, 이렇게 떠오르는 흐름의 문화적 기반을 탐구한다.[21] 비록 혼성 기숙사와 성중립 화장실은 각기 고유한 특징이 있는 제도적 혁신이긴 하지만, 이번 장에서 이 둘을 함께 다루는 이유는 대부분의 대학이 상당히 큰 두려움을 안고 처음으로 접근하는 성중립 캠퍼스에서 가장 자주 등장하는 두 부분이기 때문이다. 때때로 그러한 두려움은 처음으로 일인 생활을 해보는 대다수의 학부생, 특히 여성 학부생의 안전과 사생활을 보호에 밀접하게 연결되어 있다. 그러나 내가 만난 응답자들은 그러한 공간적 변화가 대학 전체에 미치게 될 영향의 불확실성을 훨씬 더 자주 강조했다. 매우 소수의 대학, 특히 진보적 정치를 옹호하는 것으로 이미 잘 알려진 대학에서는 남녀에게 전례 없는 방식으로 기숙사와 화장실을 공유하게 해도 대학의 대외적 이미지가 손상되지 않으리라 믿을 수 있었지만 그 외 대부분은 그러한 조직적 변화가 해당 기관의 대중적 평판을 손상시키지 않을 것이라는 명확한 확신이 없었기에 젠더화되어 있던 공간을 새롭게 구성하기를 망설였다.

그러나 초반의 망설임을 야기한 바로 그 평판의 압박은 느리지만 확실하게 개별 캠퍼스 안은 물론 고등교육 환경 전반에 걸쳐 젠더 포용적 기숙사 및 화장실을 지지하는 중요한 촉매제가 되었다. 진보적인 의식을 가진 행정관과 교직원은 좀 더 회의적인 입장의 동료들에게 성중립적 공간의 가치를 설득하기 위해 다른 학교에서 비슷한 사업을 한 동료들에게 연락하여 지지를 얻을 수 있는 최선의 방법을 결정하고자 했다. 이와 같은 캠퍼스 간 접촉에서 압도적으로 많은 조언을 얻을 때도 종종 있었지만, 여러 응답자와 대화를 나눈 결과 변화를 일으킬 방법으로 다른 무엇보다 빈번하게 나타나는 한 가지 접근법이 있었다. 그들은 성중립 기숙사와 성중립 화장실을 통해 그들의 대학이 LGBTQ 친화적 교육기관으로 대중적 찬사를 받는 새로운 수준에 도약할 수 있다고 주장해야만 했다. 그 담론 전략을 나는 '상호작용적 동형성interactional isomorphism'이라 부른다. 이 전략은 한때 일탈적이거나 위험하다고 여겨졌던 급진적 혁신이 정상화될 수 있는 중요한 수단이다. 그러나 그러한 대인적 노력은 양날의 검이 될 수 있다. 다양성을 평가하는 성과 지표가 고등교육기관에서 점점 더 보편화됨에 따라, 성중립 공간을 순위 및 평판과 묶는 수사적 작업이 이루어지면서 대학들은 가장 눈에 띄는 공간적 변화를 더없이 끈질기게 추구하게 되었다. 특히 화장실의 포용성을 확장하려는 움직임은 실질적이기보다는 상징적이거나, 제도적 불평등을 진정으로 근절하기보다 강화하는 경향이 나타나기도 했다.

"변화를 꺼리는 의지야말로 그 기관을 일류로 만들어줍니다"

"혁신은 언제나 미국의 특징이었습니다."[22] 당시 미국 대통령이었던 버락 오바마는 2012년 연두교서에서 이렇게 주장했다. 그리고 오늘날 미국에 살고 있는 우리 대부분은 그 증거로 둘러싸여 있다. 페이스북과 같은 기업은 "빠르게 움직이고 모든 것을 부숴라"[23]라는 모토를 가지고 왕성하게 성장하고 있으며, 역대 가장 인기였던 테드 강연 중 상당수가 창의성의 변혁적 힘을 찬양하고, 《하버드 비즈니스 리뷰》는 소위 파괴적 혁신을 일상적으로 극찬한다.[24]

고등교육기관도 그러한 주장에 매우 익숙하다. 미국 대학 이사회 협회는 "오늘날의 대학이 직면한 문제에 대한 과감한 해결책"을 개발하는 데 필수적인 "혁신 문화"를 장려한다.[25] 소규모 공립대학이든 주요 사립대학이든 모두가 혁신 연구소를 설치하여 학부생들이 전공이나 부전공으로 선택할 수 있도록 전공 과정을 만들고, 기술, 교육, 기업가 정신, 의학 등 모든 형태의 전문직 분야의 리더를 위한 혁신 학술대회를 주최하고 있다. 실제로 "졸업률이 너무 낮고, 학생 참여 및 학습 결과의 수준이 용납할 수 없는 정도이며, 더 이상 대학은 들인 비용에 비해 높은 가치를 창출하지 못한다"[26]며 고등교육에 대한 비판이 높아지는 세계에서, 2013년 《크로니클 오브 하이어 에듀케이션》 기사 중 하나는 새로운 시도와 재창조는 더 이상 고상한 수사적 이상향에 그치지 않는다고 주장했다. 교수진, 행정관, 학생 들 모두에게 혁신은 대학이 21세기에도 살아남아 성공하기 위한 필수 요소인 것이다.

그러나 젠더 포용적 기숙사 및 화장실에 대한 인터뷰 초기에 나눈 대화에 따르면 제도적 혁신이 모두 똑같이 좋은 평가를 받는 것은 아니라고 생각하는 응답자가 많았다. 게다가 기숙사와 화장실 공간을 바꾼다는 것은 특히 까다로운 문제로 보였다. 한 LGBTQ 센터의 소장과 그가 일하는 대규모 공립대학에서 성중립 기숙사를 열기 위해 했던 사전 준비에 대해 이야기했을 때, 그는 "다른 경우에는 자신의 부서나 센터에서 포용적이고 LGBTQ 친화적인 문화를 조성하는 데 매우 적극적이고 우호적이었던 많은 사람들"이 성중립 기숙사라는 아이디어에만은 뒷걸음질을 쳤다고 언급했다. 그리고 그들은 너무나 완강히 저항한 나머지 결국 "결코 넘을 수 없는 선을 그어버렸다"고 덧붙였다. 내가 무슨 의미냐고 묻자, 그는 가장 열심히 "[그 대학의] 차별 금지 정책에 성적 지향과 젠더 정체성에 관한 문구"를 추가하려 했던 행정관과 직원 중 상당수가 성중립 기숙사 사업의 가능성에 가장 먼저 "유보" 의견을 표명했다고 설명했다. 그렇게 저항하는 사람들에게 "남녀가 같은 기숙사 방에서 생활할 수도 있다는 가능성은 쉽게 상상할 수 없는 일이었다. 성별과 사생활에 대한 사회규범은 결코 넘어선 안 될 선이었기 때문이다". 보다 작은 사립대학의 LGBTQ 센터 소장으로 일하고 있는 다른 응답자는 한층 더 완강했다. 그 역시 화장실 개조에 대한 우려가 "각 성별의 사생활 보호와 깊이 연관되어 있다"고 설명했지만, 또한 각 젠더를 현상 유지 하려는 경향에 공간적으로 혹은 그 외 여러 방식으로 도전하는 모든 시도가[27] 비슷한 형태의 충격을 일으키기 쉽다고 지적하기도 했다. "제가 보기에, 여기서 문제는 젠더 이분법의 지독한 끈질김과 그로 인해 발생하는 모든 문화적 부담입니다. 저는 어떤 식으로든 이 이분법에 도전하거나 이의를 제기하는 사고방식은 많은 사람들에게 여전히 매우 두려운 일이라고 생각합니다."

로럴 웨스트브룩과 크리스틴 실트가 공중화장실의 트랜스젠더 접근성에 관한 대중 논의를 분석하여 발견한 내용과 마찬가지로,[28] 그 두려움은 종종 여학생 보호를 중심으로 전개된다. 어떤 대규모 사립대학의 한 LGBTQ 센터 소장은 학교 건물에서 "가능한 한 많은 일인용 화장실을 성중립화"하겠다는 캠퍼스 전체의 노력이 행정적으로 실망스러운 결과에 직면했다고 말했다. 그는 다음과 같이 설명했다. "우리 학교가 통행량이 많은 지역에 위치해 있으며, 대학 공동체 바깥의 사람들도 우리 건물 주변 및 내부를 끊임없이 오가고 있기 때문에, 우리 학교 여학생들이 범죄의 대상이 될 수 있다는 우려도 있었습니다." 그 결과 "[화장실 문에 달] 새 표지판을 주문하기 위한 양식을 얻으려고 시작했던 일"이 궁극적으로 "캠퍼스 안전에 대한 훨씬 더 큰 문제로 확대되었습니다". 그러나 종종 개별 여성을 위험으로부터 보호하려는 그러한 열망은, 젊은 여성이 괴롭힘이나 폭행을 당할 수도 있는 위험한 곳으로 알려지는 것으로부터 대학 전체를 보호하려는 열망에 비하면 보잘 것 없어지곤 한다. 비슷한 규모의 다른 사립대학에서 일하는 한 기숙사 관장은 이렇게 회상했다. "저희가 성중립 기숙사와 성중립 화장실을 도입할 방법을 처음 알아보기 시작했을 때, 개정 교육법 제9조와 성희롱 사이의 긴장이 모두의 마음 속에 생생하게 되살아났습니다." 그리하여 학교는 "다른 대학에서 성중립 사업에 대해 매우 공개적이고 신랄한 반발에 직면하는 상황이 목격되었다"는 이유로 "공식적 성중립 정책을 꽤 오랫동안 보류하기로" 했다. 그들은 "우리 ○○대학에서도 같은 일이 벌어지는 것을 원하지 않았기" 때문에 앞으로 어떻게 나아갈 것인가 대해 "매우 조심스럽고 매우 신중"했다고 한다(강조는 응답자).

기관의 공적 이미지에 대한 이러한 우려는 때때로 응답자들의 설명에서 너무 뚜렷하게 드러나서 급기야 젠더를 완전히 초월하기도 했다. 내가 어떤 기숙사 관장에게 그의 학교에 성중립 시설을 도입하기까지 일정의 흐름을 알려달라고 요청했을 때, 그는 자신이 일하는 대규모 공립대학이 "요청 기반의 개인 숙소 모델"을 기숙사에 신속하게 승인했다고 설명했다. "트랜스로 정체화한 학생에게 일인실에 대한 우선권을 주는 것은 우리가 여러 해 동안 종교적 필요 등 다른 근거에 따라 학생들에게 제공해왔던 여타의 숙소 정책과 다를 바가 없기" 때문이었다. 그러나 이러한 예외 중심 접근 방식을 "젠더 기반의 필요가 있든 없든 모든 학생들이 활용할 수 있는 공식적 정책"으로 확장하는 것은 훨씬 더 어려웠다. "가장 큰 난관은 우리 학교 행정실을 설득하는 것"이었다고 그는 설명했다. "미국의 교육기관 중 가장 먼저 요청 기반의 포용적 기숙사 모델에서 벗어나는 학교 중 하나가 될 가능성을 별로 달가워하지 않았"기 때문이다. 비슷한 학교의 또 다른 LGBTQ 센터 소장도 마찬가지로 선두 주자가 되는 것에 대해 우려를 표명했다. 캠퍼스에 젠더 포용적 시설을 만들 때 가장 두드러진 방해물이 무엇이었는지 묻자, 그는 이렇게 대답했다. "새로움이었던 것 같아요. 기숙사에 대해 학생들이 처음 문제제기를 했을 때에는 참고할 모델도 없었다는 점을 명심해야 합니다. 우리는 학생들을 위해 성중립 시설을 도입한 미국 최초의 대학 중 하나였어요. 그렇기에 온갖 관련 부서에서 이 시설이 어떤 모습이어야 하는지, 그리고 장기적으로 우리에게 어떤 영향을 끼칠지 질문이 쇄도할 때 답변하기가 정말 어려웠습니다."

다시 말해, 응답자들은 폴 디마지오와 월터 파월이 "정당성 의무"라고 부른 것에 부딪치게 된 것이다. 정당성 의무란 어떤 조직의 행동이 다른 유사한 조직에 의해 합리적이고 바람직하며 적절하다고 인식되어야 한다는 개념이다. 이러한 요건으로 인해 변화가 촉진되기보다 전통이 강화되는 경우가 많다.[29] 여러 응답자가 상세히 지적했듯이, 검증되지 않은 혁신을 성급히 채택하면 대학의 공적 이미지가 돌이킬 수 없이 손상될 수도 있기 때문이다. 작은 사립대학의 한 행정관은 이렇게 설명했다. "우리의 평판은 긍정적인 방향으로 우리를 앞서갑니다. 어떤 식으로든 그 평판을 해칠 위험이 있다면 그것은 심각한 문제이지요. 예비 학생, 졸업생 기부자, 교수 임용 후보 들은 모두 마음속에 우리 ○○대학에 대한 이미지를 가지고 있습니다. 즉, 우리는 어떤 유형의 교육기관이며, 어떤 유형이 아닌지에 대한 평가가 있지요. 우리가 그 평판을 잃는다면 자원도 잃게 됩니다. 그리고 그 자원을 잃으면 미국 최고의 인문대학 중 하나라는 우리의 지위도 잃게 되고요." 비슷한 대학의 또 다른 행정관은 자신의 동료들이 "성중립 기숙사 확보를 위한 학생운동"에 진심으로 공감했다고 회상했다. 그러나 그 공감은 "대학의 성격"을 지켜야 한다는 우려를 압도하기에는 부족했다. 그들의 경우 대학의 이사회는 "원칙적으로 지지"했지만 안타깝게도 "그 정책의 도입을 앞당길 가능성은 없다고 단언했다". 내가 좀 더 상세히 설명해달라고 청하자, 그 행정관은 대학의 진행 과정에 대한 국지적 뉘앙스에서 보다 대담한 선언으로 이야기의 방향을 바꿨다. "어떤 면에서는, 변화를 꺼리는 의지야말로 그 기관을 일류로 만들어줍니다. 이러한 현실은 어떤 형식으로든 새로운 사업에 대한 요청, 특히 논란의 여지가 있는 사업에 대한 요청이 있을 때, 그에 대한 첫 번째 답변은 기본적으로 '기각'임을 의미합니다."

사실 이러한 평판의 압박은 주요 주립대학 및 경쟁률이 매우 높은 사립대학에서 일하는 응답자들과 인터뷰할 때 가장 빠르게 거론되는 요인이었지만 다른 유형의 기관에서도 마찬가지로 강력한 영향을 미쳤다.[30] 중서부에 있는 대규모 대학의 행정관에게 성중립 기숙사를 공식적 정책으로 진전시키는데 어려운 점이 있었다면 알려달라고 요청하자, 그들의 당파적 책임으로 인해 몇 가지 유형의 혁신이 다른 것에 비해 특히 더 어려웠다는 답변이 돌아왔다. "주 예산으로 운영되는 공립대학으로서, 우리는 ○○주 전체에서 발생하는 다양한 가치 체계와 우선순위를 고려해야만 합니다. 이러한 다양성은 우리 학생들, 교수진, 교직원들에게 풍요롭고 근사한 자원이지만, 논란이 될 수 있는 프로젝트를 언제, 어떻게, 왜 시행해야 하는가를 결정할 때 매우 신중하게 판단해야 하는 상황을 만들기도 합니다." 유사한 규모의 남부 대학에 설치된 LGBTQ 센터 소장의 발언에도 비슷한 정서가 담겨 있었다. 그는 진보적인 지역적 맥락이나 캠퍼스 문화조차도 더 넓은 정치적 환경과 상충되는 것처럼 보이는 사업이나 정책을 추진하는 데에는 거의 도움이 되지 않는다고 설명했다. "○○시는 정치 성향이 매우 진보적이며, 이는 주변 지역은 물론 대학 공동체에도 영향을 미칩니다. 그러나 결국 ○○주는 여전히 아주 보수적인 주이고, 이러한 더 넓은 맥락 속에서 공립대학이라는 우리의 지위는 우리가 제공할 수 있는 것에 상당한 영향을 미칩니다."

따라서 수십 년 전부터 이미 모종의 남녀공학 기숙사가 마련되어 있거나, 여러 학교 건물에서 이미 일인용 화장실이 다수 사용되고 있는 상황에서도, 성중립 공간을 만들겠다고 공식적으로 약속하는 것은 불가능하지는 않지만 상당히 어려운 제안이었다. 그들이 여학생이 겪을 고유한 곤경을 우려하든, 아니면 젠더에 관련한 고민을 일반화하여 문제라고 생각하든, 포용적 공간과 관련된 위험은 성중립 공간을 반대하는 데 강력한 힘을 발휘했다. 그러나 그러한 이념적 겉치레 밑에는 성중립 기숙사 및 성중립 화장실로 인해 예상되는 피해에 대한 한층 더 까다로운 우려가 숨어 있었다. 그것은 너무 급진적인 제도 혁신을 도입했을 때 대학의 공적 평판이 타격을 입을지도 모른다는 상상 속 피해였다. 즉, 젠더 포용적 시설은 제도적 규범에 대한 이중의 일탈을 나타낸다. 전통적인 젠더 관습을 지켜야 한다는 도덕적 압력을 무시했을 뿐 아니라, 자신의 대학과 유사한 다른 대학과의 조화를 유지해야 한다는 조직적 압력도 일축했던 것이다. 따라서 여러 응답자가 직접 목격했듯이, 고등교육기관에서 급진적 혁신은 수용 가능하고 심지어 바람직하기까지 하면서도, 오직 어느 정도까지만 허용된다. 그러한 혁신이 더 깊은 문화적 이데올로기, 특히 젠더화된 사생활이나 성적 규범과 관련된 이데올로기에 도전할 때에는, 적어도 더 신뢰할 수 있는 일군의 모델이 제대로 자리 잡기 전까지는 너무 위험해서 추구하기 어렵다며 거의 항상 제지된다.

"우리의 진보적 평판을 고려하면, 논리적인 다음 단계죠"

그러나 문화사회학과 조직사회학을 교차하며 이루어진 최근 연구에 따르면, 젠더 포용적 시설과 같은 급진적 혁신을 그토록 자주 가로막는 바로 그 평판의 압력이 오히려 변화의 강력한 촉매 역할을 할 수도 있다. 수십 년 동안 사회학자들은 범주와 분류가 대학을 비롯한 모든 조직의 정체성과 행동을 근본적으로 형성한다는 사실을 알고 있었다. 그리고 지난 수년간 이러한 맥락의 연구를 통해 조직이 속한 범주에 대한 멤버십은 너무나 강력해서 때때로 오랜 제도적, 문화적 규범으로부터 일탈을 촉진할 수도 있다는 것이 밝혀졌다. 그러나 문제는 모든 범주가 똑같이 급진적 혁신을 일으키지는 못한다는 점이다. 대신, 경험적 증거에 따르면 높은 지위를 가진 범주일수록 격리력도 강하다고 한다. 높은 지위 범주에 속한 조직일수록 위반적 제품을 도입하거나 오랜 도덕적 가치에 도전할 때 일반적으로 발생하는 부정적 결과로부터 조직을 보호할 수 있을 뿐 아니라, 높은 지위 범주에 속한 조직이 위반적 제품이나 관행을 채택하면, 그러한 제품이나 관행이 다른 조직에 채택될 가능성도 자동적으로 높아진다는 것이다. 따라서 그저 지위가 높은 조직이 선택했다는 이유만으로 다른 선택지보다 더 우월하다고 짐작되기 때문에, 한때 급진적 위반이었던 것조차 빠르게 규범적 기대가 될 수 있다. 즉, 조직의 경우에 특권적 문화 범주에 속해 있을 때 누릴 수 있는 최대의 특권 중 하나는, 외부인이 의심의 여지없이 특권층의 결정은 타당하다고 해석하리라는 확신을 가지고 스스로 행동 경로를 선택할 수 있다는 것이다.[31]

이러한 주장과 같은 맥락에서, 몇몇 소수의 응답자들은 젠더 포용적 시설에 대해 놀라울 정도로 저항이 없었던 지역적 역사를 들려주었다. 그들은 특히 "포용적인" 혹은 "학생 중심적인" 대학 집단에 속해 있었기 때문에, 불확실성이라는 난관과 젠더 관습 및 성적 관습을 침해한다는 위험 속에서도 포용적 기숙사 및 화장실을 활발하게 도입할 수 있었다. 어느 대규모 공립대학의 LGBTQ 센터 소장은 이렇게 설명했다. "동료들에게 중앙 데이터베이스를 통해 성중립 화장실을 확인하고, 성중립 화장실이 없는 건물에는 새로 설치해야 한다는 이야기를 꺼내기 시작했을 때, 나는 그들이 당연히 포용성의 가치를 이해하고 있으리라고 생각했습니다. 우리는 고등교육은 모든 사람들을 위한 것이라는 관념을 실현하기 위해 정말로 노력합니다. 그렇기에 그저 이것은 첫째, 우리의 가치에 부합하고, 둘째, 더 많은 사람들이 이 캠퍼스에서 환영받는다고 느낄 수 있도록 하기 위해 우리가 만들 수 있는 작은 변화라고 설명하기만 하면 됩니다." 초기에 변화를 망설이던 대학의 응답자들과 인터뷰할 때 망설임의 이유로 강조되었던 바로 그 조직 범주 중 다수가 사실은 먼저 나선 대학들이 성중립 기숙사를 순조롭게 도입할 수 있도록 뒷받침해준 원동력이기도 했다. 예를 들어, 사립대학의 응답자 중 몇몇은 자신의 기관이 변화에 매우 민감하다고 묘사한 반면, 또 다른 응답자들은 그 반대라고 생각했다. 그러한 사례 중 하나로, 어느 작은 사립대학 LGBTQ 센터의 소장은 젠더 포용적 기숙사를 처음 도입하고 차츰 확대해가겠다는 그들의 요청에 학교 측은 "정말 아무 저항이 없었다"고 몇 번이고 계속해서 답했다. 내가 놀라며, 학교가 그러한 요청에 그토록 우호적인 반응을 보인 데 대해 그들도 놀라지 않았는지 묻자, 그는 매우 간결하면서도 강력한 답변을 들려주었다. "전혀요. 우리의 진보적 평판을 고려하면, 논리적인 다음 단계죠. 우리가 포용적 기숙사를 지지한다는 것은 거의 정해진 결론이었습니다."

따라서 행정관과 다른 부서의 직원들에게 문제는 "올바른" 조직 범주에 속해 있으면서 모델로 삼을 만한 기관이 부족하다는 점이었다. 특히 성중립에 대한 논의가 시작된 초기에는 더욱 그랬다. 중규모 사립대학의 LGBTQ 센터 소장의 표현을 빌리자면, 일류 교육기관의 범주에 속해 있다고 자임하는 대학들의 경우에는 동료 조직 중 오직 엄선된 그룹만을 "우리 기관도 성중립적 공간을 추진해야 한다는 결정에 대한 설득력 있는 근거"로 삼는다.

> 제가 말을 건넨 사람들은 한 명도 빠짐없이, ○○대학이나 XX대학, △△대학(모두 아이비리그)은 성중립 기숙사 및 화장실에 대해 어떤 결정을 내렸냐고 물었습니다. 그리고 처음에는 긍정적 반응을 보였던 사람들마저 제가 그 세 개 대학은 아직 공식 정책을 수립하지 않았다고 대답하는 순간 한 명도 빠짐없이 눈에 띄게 물러서는 태도를 보였지요. 똑같은 대답을 몇 번이고 계속 반복하자니 진이 빠졌습니다. 특히 ㅁㅁ대학(대표적인 대규모 공립대학)과 ◇◇대학(소규모 인문대학)에서 그 사업이 성공적으로 시행되었다는 사례는 행정관들을 설득하는 데 필요한 근거가 아니라는 사실이 분명해질수록 더 그랬지요.

한편, 다른 지역이나 다른 유형의 대학에서 온 응답자의 경우 동일한 기본 원칙이 반대 방향으로 적용될 수도 있다. 즉, 아이비리그 대학, 지역의 명문 사립대학, 주의 대표 대학 등 높은 지위의 모델이 포용적 시설을 채택하는 쪽으로 방향을 전환했다 하더라도 다른 학교에서 기꺼이 모방하기에는 문화적으로나 제도적으로 너무 다르게 느껴질 수 있다. 이번에는 대규모 공립대학에서 온 또 다른 LGBTQ 센터 소장이 자신의 기관에서 성중립 기숙사를 제공하기까지의 과정을 다시 설명하면서 정확하게 그러한 어려움이 있었다고 회상했다.

> 트랜스 학생들을 더 잘 지원하기 위해 작은 변화를 만들어보자는 논의가 아직 비공식적 영역에 있었을 때, 학교 이사회가 성중립 기숙사에 반대했습니다. 그들은 LGBT 학생들을 위해 기숙사에 새로운 실험을 시작하는 것은 미국에서도 특히 자유주의적인 지역에 위치한 ㅇㅇ대학(아이비리그 중 하나), 혹은 유달리 진보적인 관행을 자랑스럽게 여기는 작은 인문대학과 같은 기관들에서나 할 법한 일이라고 느꼈습니다. 그러나 같은 종류의 사업을 우리 학교에서 시도한다면, 과연 상황이 어떻게 흘러가게 될지 불안이 너무 컸습니다.

이러한 응답자들은 그들 쪽에서 분류 권한을 얻으려면 막대한 대인관계적 노동이 반드시 뒤따라야 한다고 보고했다. 응답자들이 젠더 포용적 시설은 추구할 가치가 있음을 설득하여 충분한 수의 지지자를 확보하기 위해 열심히 수행했던 그 노동은 한 대학 안에서도 여러 부서에 걸쳐 전개되어야 하는 경우가 많았다. 소규모 사립대학의 LGBTQ 센터 소장은 캠퍼스 전역의 동료들과 "전화 통화를 하며 보냈던 무수한 시간"을 되돌아보면서 그러한 관점을 분명히 밝혔다. "우리 캠퍼스는 정말 작고 긴밀하게 연결되어 있기 때문에, 새로운 문제나 사업이 논의 선상에 오르면, 나는 수많은 부서에 수많은 전화를 걸어서, 새로운 제안이 중요한 이유에 대해 수많은 설명을 해야 하죠. 새로운 프로젝트를 성공시키려면, 그 프로젝트가 우리 기관의 사명에 부합한다고 설득하여 필요한 수만큼의 강력한 지지자를 확보하는 것이 매우 중요합니다."(강조는 응답자) 이때 연락의 양이 실로 큰 도움이 되면서도, 연락의 질이 꼭 필요한 마법 열쇠인 경우가 많았다. 고위직이나, 인망 있는 캠퍼스 지도자의 지지를 활용하면 기숙사 및 화장실 정책에 보다 효율적이고 철저한 변화를 이끌어낼 수 있는 경우가 많았기 때문이다. "새로운 일이 생길 때마다 대부분의 사람들은 대화에 열려 있지만……." 또 한 명의 LGBTQ 센터 소장은 이렇게 운을 띄운 뒤 긴 침묵에 빠졌다. 내가 "하지만?"이라며 부드럽게 재촉하자, 그는 말을 이었다. "하지만 이곳은 ○○대학(주요 체육대회에 주력하는 대학)이잖아요. 정말 어떤 사업을 이뤄내고 싶다면 내가 가장 먼저 찾아가야 할 곳은 운동 부서의 동료들입니다. 그곳이 이 캠퍼스에서 가장 권력이 집중된 곳이니까요. 그들의 지지를 얻기만 한다면, 논의가 실천으로 이어질 가능성도 훨씬 더 높아집니다."

나아가 이러한 캠퍼스 내 노력의 효과를 극대화하기 위해 응답자들은 캠퍼스 간 자원도 활용해야만 했다. 즉, 동료 네트워크를 통해 다른 대학에서 비슷한 역할을 하는 동료들과의 대화를 참고하는 것이다. 소규모 교육 중심 대학에서 LGBTQ 센터 소장을 맡고 있는 응답자를 인터뷰할 때, 그가 "인문학 환경 고유의 난관"이라 묘사한 화제 쪽으로 논의가 흘러갔는데, 그중 가장 두드러지는 문제는 학생 업무에 관해 새로운 변화가 논의에 오를 때마다 "몇 날 며칠 전화를 붙들고 있어야 하는 것"이었다. 그러나 그 소장은 젠더 포용적 시설에 행정적 승인을 받는 데 필요한 상호작용 차원의 기반을 다지기 위해 노력하면서, 앞으로 또 하나의 새로운 전화 마라톤이 기다리고 있음을 깨달았다. "모든 부서에서 제일 처음 나오는 질문은 이것이었어요. '○○대학(인문대학)은 어떻게 한대요? XX대학(또 다른 인문대학)은요? 동부에서 비슷한 교육을 하는 △△대학이랑 □□대학에서는 일이 어떻게 진행되고 있대요?'" 더 큰 문제는 그러한 질문에 답을 찾기가 결코 쉽지 않다는 점이다. 그들이 다른 대학에 연락을 취해도 그 노력은 다양하거나 때로는 모순되는 조언으로 귀결되곤 했기 때문이다. "◇◇대학(대규모 공립대학)에서 들은 조언은 트랜스젠더와 관련된 측면을 축소하고, 그저 학생들에게 더 많은 선택지를 준다는 점에 초점을 맞추라는 내용이었어요." 마찬가지로 대규모 공립대학의 한 기숙사 관장이 이렇게 밝혔다. "하지만 학생처에서 일하는 적어도 세 명의 다른 동료들은 이 사업이 LGBT 친화적 기숙사를 마련하기 위한 기획임을 뚜렷하게 표방하는 것이 일을 진행시킬 수 있는 최선의 방법이라고 강력히 주장했지요." 이로 인해 그는 본인이 알아서 "소위 옥석을 가려"내야 하는 답답한 입장에 놓이게 되었다.

그러나 조언들이 그토록 다양했기에, 응답자는 다른 무엇보다도 가장 신뢰할 수 있는 전략을 한 가지 찾아냈다. 그리고 그 전략은 조직사회학의 예측과 정확히 일치했다. 그것은 자랑스러운 조직의 범주에 대해 가능한 한 구체적으로 말하는 것이었다. 한 LGBTQ 센터 소장의 경우, 이렇게 문제를 재구성한 것이 포용적 기숙사를 위한 시범 사업에 행정실이 예산을 투자하도록 동기를 부여하는 데 결정적인 역할을 했다. "저는 한동안 '우리가 이 사안의 선구자가 될 수 있다', '우리가 이 사안의 선구자가 되어야 한다'고 계속해서 말해왔습니다. 그런데 이렇게 대화의 방향을 바꾸자 마침내 공감을 얻을 수 있었지요. '우리가 움직이지 않으면 이 사안에 관해 ○○대학(대규모 공립대학)과 XX대학(대규모 사립대학)보다 뒤처지게 될 거예요.'" 시범 사업을 넘어 성중립적 선택지를 제도적으로 확립하려던 응답자들이, 그러한 경계 그리기 전략을 통해 이상적으로 생각하던 화장실 및 기숙사의 비전에 더 가까워지는 경우도 있었다. 또 다른 LGBTQ 센터 소장은 인터뷰가 끝나갈 무렵 이렇게 말했다. "까다로운 문제 중 하나는 사립 인문대학 환경에서 효과적이었던 것을 포괄적인 지역의 환경에서도 효과적일 수 있도록 전환해야 한다는 점이었습니다. 그래서 △△대학(인문대학)과 □□대학(또 다른 인문대학)에도 정확히 우리가 목표로 하고 있던 유형의 사업 기획안이 있었지만 결국 우리의 초기 프로토콜은 ◇◇대학(대형 공립대학)에서 개발된 기획안을 기반으로 삼게 되었습니다." 그러나 "새 학기마다 저희는 '◎◎건물을 개조할 때 포괄적 화장실을 확보하는 것은 어떨까?' 혹은 '자, ■■기숙사에 성중립층을 추가하는 건 어때? 그러면 ◈◈대학(지역의 다른 대학)보다 더 돋보일텐데'라고 말하기 시작했어요."

어떤 면에서 그러한 대인관계 노력은 '조직적 동형화'를 예시한다. 이는 조직사회학자들이 공유된 문화적 환경과 그러한 환경에서 조직이 어떻게 행동해야 하는가에 대한 공유된 기대로 인해 조직이 함께 변화하고 발전하는 경향을 포착하기 위해 사용하는 용어다.[32] 그러나 지금 살펴보고 있는 이 대학들의 사례에서, 젠더 포용적 시설의 정당성은 단지 자신과 견줄 만한 대학들에도 그러한 공간이 널리 퍼져 있다는 단순한 사실로부터 기계적으로 확보한 것이 아니다. 단순히 널리 퍼져 있다는 사실만으로 정당성이 확보될 수는 없다. 대부분의 경우 포용적 시설을 보유한 다른 대학은 너무 드물거나 너무 달라서 활용 가능한 모델이 될 수 없기 때문이다. 그리하여 나의 응답자들에게 정당성은 오직 네트워크를 이룬 조직 행위자들 사이에서 경계 짓기 전략이 전염적으로 확산되는 방식을 통해서만 확보될 수 있었다. 즉, 다른 학교와의 이메일 교환, 전화 통화, 직접 방문을 통해, 다른 곳에서는 어떤 유형의 수사적 움직임이 혁신을 실행하는 데 도움이 되었고 그것이 자신의 캠퍼스에도 효과가 있을지에 대해 배울 수 있었다.[33] 다시 말해, 포용적 시설에 대한 지지를 얻으려면, 내가 '상호작용적 동형화'라고 부른 것이 필요하다. 이는 다른 비슷한 조직의 프로토콜, 정책, 절차에 변화를 만들어주는 특정한 범주적 구분을 찾고, 모방하고, 확장하고, 조작하는 조직 행위자의 적극적이고 구체화된 작업이다. 그리고 그 적극적이고 구체화된 작업은 내가 인터뷰한 응답자들에게 두 가지 결과를 가져왔다. 자신이 속한 대학에 혁신을 시도할 수 있도록 지지를 확보하는 것뿐 아니라, 그 혁신을 더 넓은 범위로 확산하는 데에도 도움이 되었던 것이다.

"최소한에 안주한다면 과연 '톱 10' 대학이라 할 수 있을까요?"

그러나 지난 10년 동안 성중립 캠퍼스 기숙사 및 화장실에 대한 지지를 높이기 위해 특정한 대상을 향한 상호작용적 노동만이 활용되었던 것은 아니다. 더 넓은 문화 환경이 실질적으로 변화하고 특히 정치적, 제도적으로 바람직한 방향으로서 다양성 사업이 부상하면서, 대학도 성소수자 학생들을 지원하기 위한 정책에 차츰 적응할 준비를 갖추었다. 1980년대부터 대학 행정관들은 인종 및 성 평등에 관련된 법률을 따르고 있음을 알리고자 담론을 채택하고 사업을 개발하기 시작했다. 1990년대와 2000년대 초반에 그 논리는 가능한 한 넓은 인구학적 집단에서 경쟁력 있는 지원자를 유치하고자 하는 공립과 사립을 불문한 여러 대학의 마케팅 전략으로 진화했다. 오늘날, 미첼 스티븐스와 조시파 록사가 지적했듯, 미국의 명문 대학 입학 사정에는 "다양성 의무"가 있다. 즉 "학문적으로 우수한 학교는 인종적으로 다양해야 한다"는 기대가 있다는 것이다.[34] 더구나 그 의무는 인종뿐 아니라 더 많은 측면의 다양성을 포괄한다. 역사가 수전 스트라이커가 지적했듯, 실제로 트랜스젠더의 제도적 인정조차 이제는 모든 형태의 조직에게 21세기의 포용성을 담은 공적 이미지를 만들 수 있는 귀중한 기회로 여겨진다.[35] 전통적으로 트랜스젠더는 "규범적 섹슈얼리티가 의존하고 있는 범주"[36]에 너무나 큰 혼란을 일으킨 나머지 게이 및 레즈비언 권리운동의 주변부로 밀려나 있었음을 고려하면 상당히 큰 변화다.

내 인터뷰에 참여한 여러 응답자들은 지난 몇 년 동안 그러한 변화가 실제로 가속되어 왔다고 진술했다. 그들은 다양성과 포용성이 "그 자체로 추구할 가치가 있는 목표"이며 "지난 20년간" 대학의 맥락에서 "점점 더 중심"이 되어왔고, "인종을 훌쩍 넘어, 젠더, 섹슈얼리티, 문화적 배경, 음악 취향, 문학의 선호, 성격과 인지적 특성 등을 모두 포함하는 포괄적 개념"이 되었다고 역설했다. 더구나 그들은 젠더 포용적 시설의 인기가 높아지는 것이 이러한 확장적 수용 덕분이라고 생각했다. 작은 사립대학의 한 행정관은 다음과 같이 말했다.

> 한두 명 정도의 예외를 제외하고는 모든 사람이 다양성에 찬성했습니다. 그로 인해 사회정의에 대한 논의도 달라졌고요. 성중립 기숙사와 같은 사업에 기꺼이 일단 믿어보려는 태도를 갖게 되었어요. 특히 성소수자 학생을 포함한 소수자 학생들에게 우리 캠퍼스가 더욱 안전하고 편안한 곳이 될 수 있게 만들려는 경우에는 더욱 그렇습니다. 포용적 기숙사, 포용적 화장실……. 이는 옳은 방향인 만큼 어떤 식으로든 결국은 일어나게 될 변화였지만, 캠퍼스 전체 차원에서 추진되는 평등 및 포용과 맞물리면서 더욱 순조롭게 실현되었습니다.

단지 기숙사와 화장실에 성별 지정을 없애는 것뿐 아니라 다양성 및 포용성 자체에 대한 중요성이 커지면서 이러한 변화도 더욱 빨라졌다. 어느 대규모 공립대학의 시설 관리자는 이렇게 설명했다. "일인용 화장실이 설치된 건물이 많았지만, 각각이 남성용과 여성용으로 정해져 있었어요. 그것은 명백히 성중립 화장실로 전환될 후보였지요. 실질적으로 해야 할 일은 표지판을 바꾸는 것뿐이었으니까요." 문제는 다른 시설의 업데이트가 끊임없이 우선시된다는 점이었다. "중요성 대 시급성 모델 아시죠? 성중립에 관련한 문제는 언제나 중요하지만 결코 시급한 일이 아니었어요." 결국 그 시설 책임자의 평등 및 포용 부서는 대학 내 성중립 화장실을 디지털 목록으로 정리하기로 했다. 책임자는 말을 이었다. "그러자 갑자기 이 작업이 평등의 문제가 되었고 모든 것에 속도가 붙기 시작했어요. 새로운 표지판을 주문하고 예전 표지판을 교체하기까지 모든 일이 그 주가 끝나기 전에 마무리됐죠."

그러나 다양성 의무는 최근 고등교육기관에서 나타난 변화 중 응답자들이 성중립 공간의 인기가 높아진 원인이라고 지적한 유일한 요소가 아니었다. 기관의 정책이나 절차를 평가하고 수정할 때 활용되는 교육적 순위가 유례없이 중요한 관심사로 발전하고 있었다. 중규모 사립대학의 한 LGBTQ 센터 소장은 이렇게 회상했다. "지난 5년 동안 모든 것이 데이터 중심으로 변했습니다. 그래서 소규모 학생들의 상대적으로 협소한 요청으로 시작된 것이 대학의 관료제 기계를 구성하는 톱니바퀴로 발전했습니다. 갑자기 이것은 우리가 수량화할 수 있고 다른 기관과 의미 있는 비교를 하기 위한 근거로써 자체 평가에 활용할 수 있는 무언가가 되었습니다." 실제로 많은 응답자들이 마이클 소더와 웬디 에스펠란드의 개념인 "순위의 훈육"[37]이 한때 평판을 위협하는 요인이었던 포용적 시설의 의미를 완전히 뒤집었다고 진술했다. 성중립 기숙사와 화장실을 광범위하게 도입하는 것은 더 이상 위험한 일이 아니다. 오히려 도입하지 않는 것이 위험하다. 이러한 정서는 다른 사립대학 LGBTQ 센터 소장의 발언에서도 드러났다. 그의 설명에 따르면, 2010년대 초에 LGBTQ 독자층을 대상으로 한 전문 잡지 《디 애드버킷》에서 "'트랜스 친화적 대학 톱 10'의 목록을 발표"했는데 "그것이 분수령이었다"고 한다. 내가 그 이유를 묻자 그는 자세히 대답해주었다. "다들 ○○대학(아이비리그 대학), XX대학(대표적인 대규모 공립대학), □□대학(또 다른 아이비리그 대학), △△대학(또 다른 대표 대학), 심지어 ◇◇대학(대규모 사립대학)과 같은 학교들을 목록에서 봤으니까요. 그러자 '왜 우리는 저 목록에서 빠졌지? 저기 올라가려면 어떻게 해야 하지?' 하고 묻는 사람이 많았습니다."

거기엔 한 가지 문제가 있었다. 새로운 형태의 외부 감시는 눈에 잘 띄는 시설 업데이트에 중점을 두었지만, 가장 눈에 띈다고 해서 언제나 다양한 젠더의 학생들, 교수진, 교직원에게 가장 유익한 것은 아니었기 때문이다. 대규모 공립대학의 한 행정관은 학생회관의 널찍한 성중립 화장실이 그러한 대실패의 전형이었다며, 다음과 같이 설명했다. "캠퍼스의 모든 부분에 빠짐없이 성중립 화장실과 같은 시설을 설치하는 것은 우리 규모의 캠퍼스에서는 어려운 과제입니다. 적어도 빨리 도입하려고 한다면 더욱 그렇고요. 그래서 우리는 화장실 전체를 재분류한 뒤 우선순위를 다시 정하기로 했습니다." 그리하여 행정관은 캠퍼스 전체 중 화장실 공간의 목록을 작성했고, 그 목록에서 "우선순위가 높은" 건물을 추려냈다. 가령 유동 인구가 많은 건물, 캠퍼스 중앙에 위치한 건물 등이 여기 해당되었고, 두 가지를 모두 갖춘 건물이 바로 학생회관이었다. 그는 이야기를 이어갔다. "한편으로, 그것은 분명히 매우 좋은 시도였어요. 화장실의 필요나 활용도에 대한 데이터를 수집하는 것만큼 쓸모 있거나 철저하지는 않았지만, 우리의 에너지를 어디에 먼저 쏟아야 하는지 알려준다는 점에서 확실히 유용했으니까요." 그러나 안타깝게도 그 에너지를 행동으로 전환해야 할 때가 왔을 때 상황은 그다지 긍정적이지 않은 방향으로 흘러갔다. "다른 한편으로, 그 데이터는 사용 빈도 관점에서 재정적으로 합리적이거나 최적인 선택은 무엇인가와 상관없이 가장 포용적인 '겉모습'이 필요한 건물의 우선순위를 정하는 근거가 되었습니다." 다시 말해 객관적으로 가장 부담스러운 화장실 개조라 해도, 만일, 어디까지나 만일이지만 학생들, 방문객, 그리고 물론 외부의 평가자들에게 바람직한 유형의 그림을 선보이기만 한다면 얼마든지 대학의 우선순위가 될 수도 있다는 것이다. "우리가 처음 주목한 건물이 또한 우리의 공식 캠퍼스 투어 가이드에 등장하는 건물이며, 학생회관의 거의 모든 출입구가 그 거대한 '성중립' 화장실로 향하는 것도 결코 실수가 아닙니다."

그리하여 역설적이게도 응답자들은 젠더 포용적 공간의 필요성을 제도의 엘리트 범주로 연결시키려 한 자신의 세심한 상호작용 활동이 결과적으로 역효과를 불러일으킬 수 있다는 사실을 발견했다.[38] 어느 대규모 공립대학의 LGBTQ 센터 소장은 그러한 상황의 전환을 다음과 같이 정확히 묘사했다. "우리의 비전은 ○○대학이나 XX대학(모두 소규모 인문대학)의 경우처럼 미국에서 가장 진보적인 기숙사 정책의 일부를 본 따 성중립 사업의 모델로 삼는 것이었어요." "기존의 모델을 최대한 똑같이 복사하되 더 큰 규모로 확대"하려는 노력 덕분에 학교의 평판도 괄목할 정도로 향상되었다고 한다. "마침내 우리는 비슷한 조건의 다른 여러 대학보다 앞서게 되었습니다." 그러한 향상은 또한 "트랜스 의료 서비스가 포함되도록" 학생 건강보험을 수정하는 등 다른 여러 제도적 변화의 길을 열었다. 그러나 성중립 기숙사에 관심을 보이는 학생들이 늘어나면서, 증가하는 수요를 따라잡기가 점점 더 어려워졌다. 내가 그 어려움의 본질에 대해 묻자, 처음에는 "기숙사실 부족"이나 "이례적으로 높은 등록률" 등을 언급하며 망설였으나, 곧 솔직한 대답을 들려주었다. "때때로 저는 '공적 이미지'라는 카드를 사용한 것이 어떤 면에서 저희를 방해했다고 생각합니다." 그는 마침내 고백하더니, 나쁜 평판의 어두운 면에 대한 한탄을 좀 더 길게 털어놓았다.

> 오해하지 마세요. 선구자가 되는 것은 고된 일이고 앞서 얘기했듯이 우리도 어떤 성중립 정책을 실행하든 단 한 번도 수월했던 적이 없습니다. 제 생각에 새로운 일을 처음으로 하는 사람이 되는 것이나 동료 기관들이 하고 있는 일에 중요한 개선을 이루어내는 것에는 어떤…… 반짝임이 있는 것 같아요. 그러면 당신에게 "이걸 해보자, 저쪽으로 나가자, 리더가 되자"라고 말할 수 있는 능력이 생기죠. 그러나 같은 종류의 주장을 두 번, 세 번, 일곱 번 반복해서 사용하다 보면, 그다지 효과가 없어요. 그리고 잘되고 있는 사업을 확장하거나 학생들의 필요를 더 잘 충족시키려고 노력할 때 도움이 되지도 않고요. 작고 점진적인 개선을 만들어내는 것은, 어떤 의미에서 더 어렵습니다. 그러한 세부 조정은 초기에 극적 변화를 만들 때처럼 수치로 확인 가

능한 결과를 낼 수 있는 일이 아니니까요.

따라서 분류의 힘은 우연한 축복인 만큼이나 예상치 못한 저주이기도 했다, 특히 화장실의 경우는 더욱 그랬다. "거기엔 논리가 있어요"라고 한 중규모 사립대학 LGBTQ 센터 소장이 말했다. "만일 저희가 LGBT 학생들과 함께한 사업을 통해 이미 미국 최고 중 하나의 기관으로 인정받고 있다면, 왜 우리가 기존에 하고 있는 것 이상의 일을 해야겠습니까? 그러나 슬픈 논리가 있습니다, 왜냐면……." 그는 잠시 말을 멈추었다. "음, 우선, 어떤 식으로든 최소한에 안주한다면 과연 '톱 10' 대학이라 할 수 있을까요? 그리고 두 번째로……." 그는 다시 말을 멈추었다. "트랜스젠더 문제에 대한 기준은 여전히 놀라울 정도로 낮아요." 그래서 심지어 그의 학교처럼 "퀴어 및 트랜스 친화성으로 유명한" 곳에서도 오래된 캠퍼스 건물에 성중립 화장실을 추가하는 데에는 "유인이 거의 없다"고 한다. "캠퍼스 일부 지역에서는 화장실 상황이 개선되고 있기는 하지만, 저희는 여전히 보다 중앙에 위치한 건물을 트랜스 및 다양한 젠더의 학생과 교원 들이 이용하기에 안전하고 접근성 높은 곳으로 만들려고 노력하고 있습니다." 즉, 다른 LGBTQ 센터 소장의 지적처럼 순위와 평판에 대한 관심은 대학 정책의 변화를 촉진할 수는 있지만, 인프라를 혁명적으로 바꾸는 데에는 거의 영향을 끼치지 못한다. 그는 이렇게 말했다. "우리의 원래 목표는 기숙사, 학술동, 도서관, 체육 시설 등 학교 전체의 모든 건물마다 적어도 하나의 포용적 화장실을 확보하는 것이었어요. 그러나 우리 학생들에게 어떤 건물에 무엇이 필요한지 조사하기 시작하면서, 그 모든 것을 한꺼번에 바꾸려면 우리의 예상보다 훨씬 더 많은 비용이 필요할 것이라는 사실이 고통스러울 정도로 분명해졌습니다." 좋은 소식은 그 학교에서 향후에 같은 문제가 발생하는 것을 방지하기 위해 신속하게 "다른 동료 기관과 마찬가지로 새 건물을 지을 때에는 반드시 젠더 포용적 화장실을 의무적으로 설치해야 한다는 정책"을 마련했다는 점이다. 나쁜 소식은 그러한 "동료의 압박"이 기존의 캠퍼스 화장실의 대부분에 스며 있는 성별분리를 바꾸는 데에는 거의 도움이 되지 않았다는 점이다. "솔직히 말하자면, 우리가 처음부터 새 건물을 짓는 일이 얼마나 자주 있겠습니까?"

젠더의 제도적 성취의 다섯 번째 요소: 조직적 네트워크

이렇게 다양성과 포용에 부여되는 새로운 가치부터 트랜스 친화성에 관한 양적 지표의 증가까지 제도적 변화가 합류하면서, 젠더 포용적 시설이 고등교육의 주변부에서 주류로 옮겨갈 수 있게 되었다. 그리고 지난 20년에 걸쳐 다양한 젠더의 학생, 교수진, 교직원 들에 대한 지원이 눈에 띄게 확산된 것은 미국 대학 내부뿐 아니라 그 너머의 문화적 변화로부터 비롯된 결과이다. 또한 이런 변화는 내가 만난 응답자들과 같은 사람들의 노력 및 '상호작용적 동형성'의 실천, 즉 자신의 조직에서도 유사한 변화를 만들어내기 위해 다른 비슷한 환경에서 변화를 촉발한 수사적 전략(특히 경계 그리기 전략)을 관찰하고, 차용하고, 구축하는 대인관계 노동 덕분에 이루어질 수 있었다. 그러나 안타깝게도 원칙적 차원에서 성중립 기숙사 및 성중립 화장실에 대한 지원이 언제나 실천적 차원에서 실질적인 변화를 가져오는 것은 아니며, 특히 화장실의 경우 더욱 그렇다. 성소수자 학생에 대한 지원이 캠퍼스 환경을 측정하는 차원으로 진화하여 이를 다른 대학과 비교하여 스스로를 평가하는 데 이용하게 되면서, 외부 감시라는 유령은 눈에 잘 띄고 정량화할 수 있는 시설 정책 및 변화만을 우선시하는 경향을 초래했다. 실제로 공간의 젠더 구분을 없애는 데 선도적인 대학에서도, 기숙사와 화장실 공간에 널리 퍼져 있는 성별 구분을 한층 더 줄이기 위한 지속적인 평판 유인이 부족하면, 기초적 진행이 중단되는 경우가 많았다. 그리하여 많은 기숙사와 화장실은 예전과 다를 바 없이 성별이 구분된 채로 남아 있다.

〈젠더 허물기〉라는 적절한 제목의 글에서 프랜신 도이치는 젠더 체계가 언제라도 해체될 수 있다는 가능성을 자신의 출발점으로 삼아, 제도적 불평등을 폐지할 사회적 상호작용의 혁명적인 잠재력에 관심의 초점을 맞춘다. 그의 지적에 따르면 20세기 후반 사회학자들이 내세운 젠더 모델은 "젠더는 역동적이다"라는 급진적인 관찰을 중심으로 전개된다. 이는 어린 시절에 "부모, 교사, 그리고 다른 권위"에 의해 우리에게 심어진 고정된 규범 및 관행의 집합이 아니다.[39] 따라서 젠더 불평등을 극복하기 위해 "다음 세대가 다른 방식으로 사회화될 때까지 기다릴" 필요는 없다.[40] 오히려 "적절한 성역할로 간주되는 것은 시간의 흐름에 따라 변하기" 때문에 "훨씬 더 짧은 시간 내에"[41] 사회변혁은 가능하며, 그 끊임없는 교란은 모든 사회적 상호작용에서 젠더 질서에 저항하고 도전하며 심지어 그것을 전복시킬 힘을 불어넣는다. 그러나 젠더의 상호작용 질서에 대한 도이치의 성찰의 중심에는 행동해야 한다는 요청이 있었다. 그는 젠더사회학자들은 모두 근시안적으로 "불평등의 끈질긴 지속성을 기록"[42]하는 데 초점을 맞추는 경우가 너무 많으며, 그로 인해 우리가 지닌 집단적 지적 통찰을 "저항의 이론으로"[43] 활용하는 능력을 약화시킨다고 생각했다. 따라서 그는 다르게 행동해야 한다고 역설한다. "전복적인 행동이 청중에게 미치는 영향을 조사함으로써, 우리는 그러한 행동이 젠더에 대한 규범적 관념을 변화시킬 때 바탕이 되는 조건은 무엇이며 이 새로운 관념이 언제 어떻게 제도적 변화를 이용하거나 심지어 추진할 수 있는지를 확인할 수 있다.[44] 즉, 도이치는 젠더가 언제나 만들어져 있다면, 그만큼 쉽게 허물 수도 있다고 생각한다. 그렇기에 우리와 같은 사회학자들은 그 저항이 언제, 어디서, 어떻게 연동하여 젠더 체계를 해체시킬지 조명할 수 있는 고유한 위치를 차지하고 있다.

물론 도이치는 조직적 행동보다는 개인적 행동에 초점을 맞추고 있지만,

그럼에도 나는 거시사회학적 변화 속에서 미시사회학적 구성 요소를 강조한 그의 주장이 이 장에서 내가 발견한 내용을 해석하는 데 상당히 유용하다고 생각한다. 다수의 응답자가 보고했던 젠더 포용적 시설에 대한 초기의 저항 중 상당 부분은 혼전 동거 및 젊은 여성 신체의 추정된 취약성을 가부장적 관점에서 우려하는 "전통적 젠더 관계"[45]에 근거하고 있다. 그리고 이러한 전통적 이데올로기의 지배력은 20세기 중반에 대학이 '부모를 대신'한다는 권위가 무너진 이후로 느슨해졌지만, 최근에 내 응답자들과 같은 대학 구성원들이 지치지 않고 끈질기게 현장에서 기숙사 및 화장실의 성중립화를 주장하며 벌여온 "전복적 행동"[46] 덕분에 한층 더 유연해졌다. 그러한 상호작용적 노력은 분명히 제도적 변화로 이어졌다. '상호작용적 동형성'이 한때는 건드릴 수도 없었던 조직의 젠더 질서 일탈의 형식을 고등교육 환경의 규범적 요소로 바꾸는 데 진정으로 도움이 되었기 때문이다. 혹은 도이치가 타당하게 예측했듯이 "젠더화된 제도는 바뀔 수 있고, 그것을 뒷받침하는 사회적 상호작용은 해체될 수 있다".[47] 한 행정관이 진술했듯, 실제로 이제 대학에는 퀴어 및 트랜스젠더 학생들과 관련하여 "더 많이, 더 잘해야 한다"는 압력이 엄청나게 가해지고 있으며, 이 압력은 해가 갈수록 더욱 커지고 있다. 이 모든 성과는 10~20년 전만 해도 성별이 분리되어 있던 기숙사와 화장실의 기존 상태에 의심할 여지없이 선명한 단절이 생겼음을 반영하며, 이는 그저 고등교육에 그치지 않고 미국 사회 전반에 걸쳐 훨씬 더 광범위한 젠더 혁명이 일어날 수 있음을 뚜렷하게 예고하는 것일 수도 있다.

그러나 수집한 인터뷰 데이터에 따르면, 젠더를 해체하는 것이 언제나 불평등을 해체한다는 의미는 아니다. 심지어 가장 숭고한 의도로 자신의 캠퍼스에 진정한 변화를 일으키고자 노력하는 행정관과 교직원조차(내가 만난 응답자들은 정말 그랬다고 굳게 믿는다), 포용적 시설에 대한 그들의 이야기는 21세기 고등교육 분야 특유의 개인주의적 "평판 경쟁"[48]을 맴도는 경우가 압도적이었다. 따라서 페미니즘 이론가인 사라 아메드가 고등교육 내 다양성 담론을 분석한 연구에서 지적했듯이, 다양한 형태의 사회적 차이를 재검토하려는 선의의 노력이 정작 기존의 교육적 위계를 대체하는 데에는 거의 도움이 되지 않는 경우가 많다.[49] 응답자들이 미국에서 가장 역사가 길고 명문인 대학에서 일하고 있든, 전국적 인지도가 낮은 지역 대학에서 일하고 있든, 성중립 기숙사 및 화장실에 대한 조직적 지원의 증가는 LGBTQ 친화성에 대한 평판을 높이거나, 다양성 지표에 따른 성과를 향상시키거나, 동료 기관보다 앞서가기 위해 역량을 강화하겠다는 이기적인 기대에 근거한 경우가 많았다. 그에 따라 젠더 이분법의 영향을 줄이기 위한 상호작용적 노력을 통해 캠퍼스 건축물에서 모종의 성별 구분을 없애기 위한 지원이 늘어났을 수도 있지만, 이는 또 한편으로 젠더 포용적 공간은 대부분 학교의 평판을 높이기 위해 존재한다는 감각을 강화하기도 했다. 결과적으로 사회학자들이 젠더를 해체하기 위한 대면 작업의 맥락과 내용을 충분히 고려하지 않는 한, 우리는 젠더 질서에 관한 것이든 아니든 진정으로 혁명적인 변화를 일으킬 수 있는 조건을 결코 확인할 수 없다.

따라서 마지막 장으로 넘어가 화장실에 진정한 혁명적 변화를 일으키기 위해서 무엇이 필요한지 살펴보기 전에, 맥락과 내용을 통해 제도적 성취로서 젠더를 이론화하는 다섯 번째 요소로, 젠더화된 조직과 그 안에서 행동하는 젠더화된 개인의 네트워크화된 성격을 밝히고자 한다. 어떤 면에서 네트워크는 우리를 이 책의 맨 처음인 서문으로 되돌아가게 한다. 내가 여기서 연구한 대학들을 이어주는 사회적 연결은, 여러 측면에서 조직의 근본적인 상호의존성을 잘 드러내는 전형이기 때문이다. 이 장의 여러 부분에서 그 상호의존성은 젠더화된 가능성을 미리 배제하거나 촉진했다. 이는 오랫동안 지속되어온 성적 관습에 도전하기를 거부하는 것이 도덕적 공황을 우려해서일 뿐 아니라 평판을 관리하기 위해서이기도 하기 때문이다. 사람과 사람 사이에(그리고 조직과 조직 사이에) 경계를 짓는 전략을 움직이면 급진적 젠더 이데올로기가 일상적 관료제의 세속성 속에 흡수될 수 있기 때문이기도 하다. 그러나 상호의존성에 주목해야 하는 이유는 무엇보다도 젠더화된 인프라가 변화하거나, 무너지거나, 진화할 수 있는 정도가 비교 대상인 동료나 명성, 공적 이미지에 따라 달라지는 경우가 많기 때문이다. 한편, 네트워크는 젠더를 구성하거나 해체하기 위한 맥락을 제공하는 것 이상의 역할을 한다. 네트워크는 또한 사회적 상호작용의 내용 속에서도 나타난다. 나의 응답자들과 같은 개별 노동자가 자신의 조직이 젠더 질서를 어떻게 취급해야 하는가를 정당화할 때 곧잘 네트워크에 의지하기 때문이다. 결과적으로 두 가지 수준의 네트워크 모두에 관심을 기울여야만, 젠더 불평등을 줄이기 위한 상호작용적 시도가 어떻게 다른 형태의 사회적 계층화를 궁극적으로 강화하는지 파악할 수 있다. 이러한 사회적 계층화는 대학이 젠더 포용적 공간을 통해 다양성과 포용에 대한 헌신을 과시하고, 그러한 평판에 따르는 수많은 보상을 축적하며, 미래에도 사회적 지위가 지속될 수 있도록 보장해줄 때 나타나는 결과이다.

따라서 미국에서 가장 트랜스 친화적인 대학을 선정한 《디 애드버킷》의 2012년 기사에서, “당연하게도 ‘톱 10’ 목록에서는 정치적으로 보다 진보적이고 트랜스 가시화가 이루어진 지역인 북동부 및 서부 해안의 대규모 공립 4년제 대학이 우세하다”[50]고 보고했지만, 그 목록에 오른 기관 중 절반이 《포브스》에서 정리한 미국에서 가장 부유한 22개 대학 목록에도 포함되어 있다는 사실 역시 놀라운 일이 아니다.[51] 또한 《USA 투데이》와 《인사이드 하이어 에드》와 같은 잡지가 고등교육 내 젠더 다양성의 “기후가 변화해가는 것”에 찬사를 보낼 때, 매우 탁월하며 학생 중심적인 사업을 진행하고 있는 지금 내가 속한 소규모 인문대학보다 내 모교인 프린스턴대학과 같은 기관을 훨씬 더 자주 언급하는 것도 전혀 놀라운 일이 아니다.[52] 그러므로 대학 캠퍼스 내의 젠더 포용적 기숙사 및 화장실에 행정적 지원을 늘리는 작업은 성소수자 학생들의 한층 더 안전하고 편안한 대학 생활을 위한 중대한 이동을 대변하는 일이기도 하지만, 그러한 지원이 트랜스젠더 학생, 교수, 교직원 들의 건강 및 행복에 실질적인 영향을 미치기 때문에 매우 절실히 필요한 일이기도 하다.[53] 그러나 막스 베버가 자신의 고전적 사회계층 이론인 〈계급, 지위, 파벌〉에서 서술했듯이 "지위의 발전은 본질적으로 찬탈에 기초한 계층화의 문제이다".[54] 그리고 퀴어 및 트랜스 친화성에 대한 영예가 (정당하든 아니든) 이미 교육적 지위 위계의 최상위에 있는 대학에 의해 계속해서 찬탈되는 한, 젠더 포용적 시설이 제공하는 제도적 포용의 약속은 훨씬 더 끈질긴 사회적, 문화적 배제의 패턴을 재생산하는 수단으로 계속 이용될 것이다.

결론

그리고 제도적 성찰성의 사례가 있다. 바로 화장실이다.
분리는 성별-계급 간 차이의 자연스러운 결과로 제시되지만,
실제로는 분리야말로 이러한 차이를 생산하거나
그렇지 않으면 신봉하는 수단이다.

어빙 고프먼 Erving Goffman, **〈성별 간의 배치〉, 《이론과 사회**Theory and Society**》, 1977년 9월.**

2016년 3월 23일, 노스캐롤라이나주 의회는 하원 발의 법안 2호인 '공공시설 사생활 보호에 관한 법률'에 대한 토론 및 투표를 위해 특별 일일 회의를 소집했다. 언론 보도를 통해 미국 전역에 빠르게 알려진 "하원법안 2호HB2" 혹은 "노스캐롤라이나 화장실법"은 노스캐롤라이나 주법에 두 가지 추가 사항을 제안했다. 첫째, 생물학적 성을 "남성 또는 여성이라는 신체적 조건" 특히 "출생증명서에 명시된" 성별에 따라 정의한다. 둘째, 교육, 공공, 업무 공간에서 성별분리 화장실에 대한 접근은 현재 법안의 다른 조항에 의해 엄격하게 정의된 생물학적 성별이 화장실 문에 지정된 성별과 일치하는 사용자로 제한한다.[1] 이 법안은 주 의회의 하원과 상원을 빠르게 통과했고(민주당이 법안에 항의하여 퇴장함에 따라 주 상원에서는 만장일치로 승인되었다), 바로 그날 밤 주지사인 팻 매크로리의 법안 서명까지 마무리되었다. 그의 입장에서 이 법안의 "즉각적"[2] 필요성은 간단했다. 공공시설에서 성적 지향이나 젠더 정체성에 관련한 차별을 방지하기 위해 최근 노스캐롤라이나 전역에서 수많은 지방 정책이 승인되었다. 가장 두드러진 지역은 샬럿시로, 그곳에서는 트랜스젠더 거주자가 자신의 젠더 정체성에 맞는 공중화장실을 사용할 수 있도록 보장하는 새로운 조례가 시행되었다. 매크로리는 늦은 밤에 하원법안 2호를 승인하면서 트위터를 통해 그 "조례는 상식에 어긋나는 것입니다"라고 설명했다. 그것은 "예를 들어 남자가 여자 화장실/탈의실을 사용할 수 있게 허용한다"는 의미라는 것이다. 그는 "이 초당파적 법안을 승인한 것도 바로 그런 일을 중단시키기 위해서입니다"라고 밝혔다.[3]

그러나 하원법안 2호가 주 의회를 통과하여 노스캐롤라이나 주법에 들어가자마자 정치적인 반대운동이 폭발했다. 주지사의 사인 및 트윗이 있었던 다음 날, 시위자들은 노스캐롤라이나주 의사당에 모여 법안의 통과뿐 아니라 법안을 통과시킨 그 수상한 방법에도 반대하는 목소리를 냈다. (특히 과감한 어떤 시민은 심지어 의사당 부지로 이동식 변기를 배달시켰다. 그러나 적절한 허가가 없었기 때문에 싣고 온 배달 트럭 짐칸에서 변기를 내릴 수 없었다.) 그 주의 주말까지 미국시민자유연맹the American Civil Liberties Union, ACLU과 람다리걸Lambda Legal 등의 전국 비영리단체는 노스캐롤라이나대학교 그린즈버러의 트랜스젠더 학생, 노스캐롤라이나대학교 채플 힐 직원, 노스캐롤라이나센트럴대학의 레즈비언 법학 교수를 대신하여 미국 지방법원에 고소장을 제출했다. 하원법안 2호가 수정헌법 제14조의 평등 보호 조항과 젠더 및 교육 평등에 관한 개정 교육법 제9조 부분을 다수 위반했다는 혐의를 주장하는 소송이었다. 하원법안 2호에 대한 반발이 일어나고 몇 주가 지나자 인근 주의 입법자들은 비슷한 반발의 가능성을 막기 위해 자기 주의 화장실 관련 성별 제한을 검토하기 시작했다. 예를 들어 조지아주의 주지사 네이슨 딜은 종교의 자유 법안을 "반-LGBT" 법안으로 판단하고 거부권을 행사했다(2016년 3월

당시 조지아주 의회는 공화당 주도로 종교적 신념에 따라 성소수자를 차별할 수 있다는 법안을 가결했다 — 옮긴이). 그 법이 적절하게 "우리 주의 성격과 주 구성원들의 성격을 반영하지" 않는다는 이유였다.[4]

하원법안 2호에 대한 전국적 분노는 사실상 대부분 그 법의 성격에서 비롯되었으며, 《샬럿 업저버》의 편집부는 이것이 "본질적으로 차별적"이라고 평가했다. 그러나 노스캐롤라이나주 경계 내의 많은 공무원들은 하원법안 2호의 다른 측면을 걱정했다. 주의 경제적 번영을 저해할 수 있다는 위험이었다. 예를 들어 노스캐롤라이나주 법무장관 로이 쿠퍼는 하원법안 2호를 "국가적 망신"이라고 규정하며 법무부는 그 법의 합헌성에 대한 향후의 법정 다툼에서 주지사나 법안을 변호하지 않을 것이라고 공개적으로 발표했다. 더욱 중요하게도, 그는 이러한 망신으로 인해 노스캐롤라이나주가 문자 그대로 톡톡히 대가를 치르게 되리라 예측했다. "이 법의 효력이 더 오래 유지될수록 경제적 위협도 더욱 심각해질 것"이며, 우선 "소송의 홍수"로 인한 비용으로 시작해서 더 심한 재정적 결과가 빠르게 이어질 것이라고 그는 설명했다. 몇 달 전 '종교의 자유 법안'을 통과시킨 후 인디애나주가 겪어온 손실을 지적하며 그는 "기업이 주를 떠나거나 새로 일자리를 늘릴 계획을 보류하는 등 수백만 달러의 수익 손실이 초래되었다"고 지적했다. 따라서 그는 하원법안 2호가 "LGBT 공동체"에 대한 차별을 법제화했을 뿐 아니라 노스캐롤라이나에서 "매일 열심히 일하고 세금을 납부하는 무고한 사람들" 모두에게 해를 끼칠 것이라고 결론지었다.[5]

당연하게도 예상되었던 손실이 점점 늘어나기 시작했다. 페이팔은 샬럿시 사무실 확장 계획을 취소하면서 마음을 바꾼 이유를 구체적으로 하원법안 2호라고 언급했다. 텔레비전 방송사인 라이언스게이트는 샬럿시에서 제작할 계획이었던 새로운 코미디 시리즈를 다른 지역에서 제작하기로 하면서, "이 퇴행적인 법이 법전에 남아 있는 한" 앞으로 노스캐롤라이나에서 작업을 추진하려면 "강력한 압박"을 받게 될 것이라고 말했다. 가수 브루스 스프링스틴부터 곡예단 태양의 서커스에 이르기까지 다양한 예술가들도 노스캐롤라이나에서 예정된 공연을 취소하고 자체적으로 수익 손실을 감수하면서까지 새로운 주법에 항의하기로 결정했다. 주 경계 밖으로 이전할 수 없는 중소기업도 결코 뒤처지지 않고 정치적 싸움에 참여할 수 있는 나름의 방법을 마련했다. 가령 지역 맥주 양조장의 두 소유주는 하원법안 2호 반대 행동 모금을 위해 힘을 합쳐 새로운 맥주 "사람들에게 잔인하게 굴지 말자: 황금률 세종(Saison, 에일 맥주의 한 종류 — 옮긴이)"을 만들었고, 판매 수익금 전액을 노스캐롤라이나 평등권Equality North Carolina과 퀴어 지향의 급진적 여름날Queer Oriented Radical Days of Summer에 기부하겠다고 약속했다. 전자는 노스캐롤라이나주에서 가장 큰 LGBTQ 인권단체이며, 후자는 남부 주의 퀴어 및 트랜스젠더 청소년이 장차 정치 활동에 참여할 수 있도록 힘을 길러주기 위한 여름 캠프이다. 한편, 주의 공식 관광 웹사이트에 제품을 소개하고 있던 기업들은 노스캐롤라이나주의 전국 광고 기획과 관계를 끊겠다는 의사를 밝혔다. 그들은 하원법안 2호가 "사업에 심하디심한 악영향을 미칠 것"이라고 믿었다.[6]

그러나 하원법안 2호의 유일한 장점은 공식 지침에 명시된 한 가지 중요한 예외 사항이었다. 그 조항의 어떤 부분도 지역 교육위원회나 공공기관이 "일인용 화장실이나 탈의실 등의 편의 시설을 제공하는 것"을 금지하고 있지 않았다. 그 결과 주유소와 식료품점이 모두 매장 앞 유리창에 성중립 화장실을 제공한다는 광고를 붙이기 시작했다. 롤리 컨벤션 센터는 행사 장소를 옮길 수 없는 행사 주최자들에게 연락하여 일시적으로 기존 화장실의 일부를 행사 참가자를 위한 성중립 화장실로 재편하는 창의적 해결책을 제공했다. 인근의 호텔들도 투숙객의 편의를 위해 로비를 비롯하여 통행량이 많은 공동 구역에 성중립 화장실을 빠르게 추가했다. 일인용 화장실을 갖춘 여러 레스토랑과 바에서도 성별을 지정하는 표지판을 떼고 모두 "성중립" 표지판으로 교체했다. 노스캐롤라이나 일부 고등교육기관의 여러 학과 및 교육 프로그램에서는 소속된 학생, 교수진, 교직원에게 연락하여 가장 가까운 성중립 화장실의 위치를 공유했다. 그 외에도 케이프피어 지역 전문대학 등 여러 곳에서는 기존의 다인용 성중립 화장실 출입구에 걸쇠를 추가하여, 즉각적으로 그것을 하원법안 2호의 새로운 요건에 따른 임시 '일인용' 화장실로 사용할 수 있게 만들었다.

그리고 이 화장실 혁명의 효과는 노스캐롤라이나주 경계를 훌쩍 넘어서까지 느껴지게 되었다. 흐름에 뒤처지지 않기 위해 다른 남부 주의 기업들도 선례를 따라 성중립을 향한 나름의 노력을 기울이기 시작했다. 하원법안 2호가 통과된 직후, 조지아주 애선스시의 어느 크로거 식료품점은 한 손님이 성중립 화장실에 새로 붙은 안내문 사진을 찍어 페이스북에 게시하면서 크게 화제가 되었다. 안내문에는 이렇게 적혀 있었다. "저희 매장에는 성중립 화장실이 있습니다. 때때로 성별분리 화장실로 인해 불편한 상황에 놓이는 사람들이 있기 때문입니다. 그리고 이곳에는 아주 많은 친구들이 저희를 만나러 옵니다. 딸을 데리고 온 아빠, 아들을 데리고 온 엄마, 장애인 자식과 함께 온 부모, LGBTQ 공동체의 구성원들, 정신적, 신체적 장애가 있는 노부모를 동반한 성인 등, 이 친구들이 모두 있는 그대로의 모습으로 찾아올 수 있는 공간을 제공하고자 합니다. 모든 사람에게 안전한 환경을 제공할 수 있도록 협조해주셔서 감사합니다!"[7] 버지니아주 리치몬드시의 식료품점인 엘우드 톰프슨스도 매장의 일인용 화장실에 성중립 화장실 표지판을 새로 붙인 이유로 하원법안 2호를 언급했다. 매장 마케팅 매니저의 설명에 따르면, 오랫동안 엘우드는 트랜스젠더로 정체화한 다수의 직원 및 고객을 포함하여 진보적 의식을 가진 공동체 구성원들의 안식처였다. 따라서 그러한 개인들이 "편안하게 느낄" 수 있도록 매장 화장실을 성중립으로 바꾸는 것은 상당히 쉬운 선택이었다. 그는 이어서 말했다. "이 문제에 있어서 엘우드는 리더가 되거나 활동가가 되기를 꺼리지 않습니다. 만일 이로 인해 부정적 관심을 받는다 해도 전혀 개의치 않을 것입니다."[8]

• • • • •

대학원 1학년 때 쓴 연구 제안서였던 6장의 초기 형태부터 지금 이렇게 온전히 책 한 권을 완성하기까지 10년 가까이 연구를 이어오는 동안, 성중립 화장실에 대한 대중적 논의는 미국 전역에 걸쳐 전례 없는 변화를 수없이 겪어왔다. 학부생에게 성중립 기숙사 및 화장실을 제공한다고 공개적으로 보고한 대학의 수는 2009년에서 2016년 사이에 4배 이상 증가했으며, 6장에서 언급했듯이, 소규모 인문대학의 영역을 훌쩍 넘어 모든 지역, 모든 유형의 기관으로 확산되고 있다. 트랜스젠더 노동자의 화장실에 대한 법적 논쟁은 3장에서 분석했던 사법적 영역을 벗어나, 지방 및 주 입법부로 옮겨졌으며, 종종 성별분리 화장실의 접근권을 생물학적 기준에서 정체성 기반 기준으로 (강화하기보다는) 대체하는 방식으로 나아가곤 했다. 그리고 가장 놀라운 변화는 모든 종류의 현대 관료 조직에서 "가족용"이나 "남녀공용" 화장실과는 다른 "성중립" 혹은 "젠더 포용적" 화장실의 가능성 자체가 괄목할 정도로 증가했다는 점이다. 퀴어 공간이나 급진적으로 진보적인 시설뿐 아니라, 4장과 5장에서 다루었던 레스토랑과 도서관, 박물관, 공연장에서도, 그리고 미국 전역의 공항, 컨벤션 센터, 공원, 공립학교 등 다른 여러 공공장소 및 상업 공간에서도 성중립 화장실을 발견할 수 있었다.

그래서 다른 한편으로, 이러한 변화의 급격한 속도를 통해 이제는 개인과 제도 모두에게 젠더의 중요성이 낮아지고 있다는 결론을 내릴 수도 있다. 여러 측면에서 이 책에 분석된 새로운 제도적 논리는 그러한 결론에 실제로 부합하며, 그러한 변화가 여전히 활발하게 진행 중임을 고려하면 더욱 그렇다.

예를 들어 2014년 6월 전국방송인 CBS 뉴스의 여론조사에 따르면 미국인 중 59퍼센트가 트랜스젠더는 태어날 때 지정된 성별에 따라 성별 지정 공중화장실을 사용해야 한다고 믿었고, 단 26퍼센트만이 성별 지정 공중화장실을 사용할 때 개개인이 더 편안하게 느끼는 곳을 선택해야 한다고 답했다고 한다. 그런데 8개월 후인 2015년 2월에 로이터/입소스가 실시한 같은 내용의 전국 대표 여론조사에서는 화장실 접근을 제한해야 한다고 답한 응답자 비율이 39퍼센트로 떨어진 반면, 화장실 접근을 스스로 선택할 수 있어야 한다고 답한 응답자 비율은 44퍼센트로 증가했다.[9] 게다가 좀 더 일반적인 관점에서 지난 몇 년간 사회과학 영역의 동료들이 수집한 설문 조사 데이터에 따르면, 트랜스젠더에 우호적인 입장이 전례 없는 수준으로 증가한 동시에, 남성과 여성이 각기 다른 고유의 사회적 역할을 수행해야 한다는 믿음에 대한 지지는 감소한 것으로 드러났다.[10] 요컨대, 공중화장실 및 다른 공공장소에서의 엄격한 성별분리는 물론 젠더 이분법 자체의 경직성은 21세기가 전개됨에 따라 상당히 느슨해진 것으로 보인다.

그러나 공중화장실의 성별분리와 그 분리의 기반이 되는 젠더 이데올로기에도 정체 현상이 있었다. 노스캐롤라이나주를 포함한 수많은 주 정부 및 지방자치단체에서 젠더 정체성에 기반한 차별을 금지하거나 공중화장실의 절대적 성별분리를 완화하려는 노력은, 생물학적 성의 법적 정의 및 성별분리 공중화장실의 필수 요건을 더욱 엄정하게 규정하려는 입법적 반발에 부딪혔다. 다수의 주요 주립대학을 포함한 많은 고등교육기관이 학부 캠퍼스의 기숙사 및 화장실에서 공간적 성별분리를 줄이자는 학생 활동가들의 요청을 끈질기게 거부하고 있다. 또 어떤 곳에서는 기관의 사명을 선언할 때에는 젠더 다양성을 수용하겠다는 약속을 공언하면서도 구체적인 캠퍼스 디자인 표준은 그대로 유지하여, 개조 공사 및 신축 공사를 진행할 때에도 젠더 포용적 화장실을 위한 공간을 확보하지 않았다. 개별 조직이나 마을이 성중립 화장실의 수를 훨씬 더 늘리는 방향으로 나아가기를 원했지만(심지어 성별분리 화장실을 아예 짓지 않으려는 경우도 있다), 여성의 "변기 평등"에 관한 지방 건축법 및 주법으로 인해 이러한 열의가 좌절되는 경우도 많다. 게다가 조직이 이렇게 수많은 제약을 해결하고 물리적 인프라에 성중립 화장실 공간을 구현하는 경우에도, 기존의 남녀 화장실을 그대로 둔 채 세 번째 대안으로 추가하는 방식이 가장 흔하다. 즉, 기존의 관습적인 성별분리형 배치는 거의 방해받지 않고 그대로 유지되는 것이다.

따라서 우리는 이러한 현실을 통해 이분법적 체계로서 젠더에 연관된 문화적 투자가 대단히 강력하다는 결론을 내릴 수 있다. 실제로 성중립 화장실에 대한 최근의 대중 담론에서, 관습적 성별분리 화장실 공간의 대안이 등장하여 그에 관한 이분법적 사고방식까지 대체한 경우는 그다지 많지 않다. 이는 이 책에서 발견해낸 여러 내용에도 반영되어 있다. 3장에서 소개했듯이 법원은 여전히 남성이나 여성이 된다는 경험에는 신체적이고 감정적인 실체라는 확고한 토대가 있다고 주장한다. 심지어 동일한 법원에서 트랜스젠더 개인도 성차별로부터 보호하는 법의 주변부에 포함된다고 선택적으로 인정하기 시작했음에도 그렇다. 4장과 5장에서 살펴본 여러 문화시설, 공공시설, 상업 시설 들은 성중립 화장실을 새로 설치하거나 기존 화장실에 최신의 표지판을 붙여 용도를 개선하면서도, 그러한 변화를 정당화하기 위한 이유를 설명할 때에는 계속해서 명백히 전통적 근거에 의지하여, 장애인을 돌보는 동반자가 '반대 성별'일 경우, 혹은 '어린아이들을 동반한 엄마'의 사례가 공통적으로 제시된다. 심지어 6장 연구의 일부에서 표본으로 제시된 기관들의 시도를 따르고자 하는 대학에서도 여전히 해당 캠퍼스에서 발생할 수 있는 혼전 동거나 여성의 취약성에 대한 우려를 반복한다. 그러한 혁신이 개별 학생이나 대학의 평판을 훼손하지 않고 성공적으로 시행될 수 있다는 증거가 충분함에도 마찬가지이다.

그러나 궁극적으로, 지금 이 시기에 젠더에 놀라운 일이 벌어지고 있다거나, 복잡한 증거가 제시되고 있음에도 성차에 대한 문화적 믿음은 여전히 난공불락이라고 결론 내리기보다, 《화장실 전쟁》이 시작된 곳으로 돌아가 결론을 짓고자 한다. 근 200년의 역사 동안 미국 공중화장실을 형성해온 제도적 논리를 분석함으로써 젠더의 문화적 의미와 사회적 결과가 결코 확정되거나 종결되지 않았음이 드러나기 때문이다. 대신 그 의미와 결과는 개인과 조직 모두에 의해 끊임없이 협상되며, 공중화장실은 오랫동안 그 협상이 투과되는 물질적, 관념적 프리즘이었다. 따라서 나는 이 책의 문화적 분석을 바탕으로, 젠더는 **제도적 성취**라고 주장한다. 제도적 성취란 개개인의 사회적 행위자가 시급한 조직적 문제를 해결하기 위해 적극적으로 활동하여 만들어내는 역동적인 사회적 현상으로, 그 행위자는 창의적이고 효과적으로 그러한 문제를 탐색하기 위해 기존의 젠더 이데올로기를 활용하거나, 새로운 젠더 이데올로기를 생산하고, 그 탐색의 일부로서 그들이 속한 국지적 제도 영역에서 지배적인 지위 위계에 대응하고 그것을 재생산하며, 그 모든 문화적, 상호작용적 노동의 결과를 조직적 과정, 규제적 구조, 물리적 공간(화장실을 포함하지만 결코 여기에만 한정되지 않는다)으로 구체화하며, 새롭고 긴급한 조직적 문제가 나타났을 때 그렇게 구체화된 선택의 역사를 다시 한번 파악한다.

그래서 마지막 장에서는 이 책의 첫 번째 장 말미에서 진술한 약속 및 계획을 수행함으로써 그 정의가 처음 등장했던 곳에서부터 논의를 다시 이어간다. 이를 위해 나는 서문에서 밝힌 지적 동기를 간단하게 다시 살펴보고, 경험적 연구를 담은 장에서 도출한 젠더의 제도적 성취의 개별적 '요소들'이 어떤 식으로 상호 연관되어 있는지 밝히며, 그 다섯 가지의 개별적 통찰을 응집력 있는 하나의 이론적 전제로 통합한다. 그런 뒤 이 연구가 사회학에 학문적으로 기여한 바의 참신함을 확고히 드러내기 위해 이 발견이 상아탑을 넘어 가지는 함의를 탐구하면서 결론을 마무리할 것이다. 《화장실 전쟁》에서 가장 중요한 작업일 수도 있는 이 부분에서 나는 다양한 형태의 논의가 지닌 문화적 힘을 고려하며, 나아가 특정 종류의 화장실 관련 논의가 놀라울 정도로 변혁적인 사회적 결과를 가져올 수도 있다는 가능성을 모색한다.

젠더화된 조직의 관계 이론을 향해

이 책의 서문을 간단히 되짚자면, 오늘날 사회학계에서는 젠더를 다면적이고 다층적인 사회제도라고 이해하는 것이 지배적이다. 그 지배적 패러다임은 일반적으로 두 가지 보완적 주장을 중심으로 전개된다. 첫째, 젠더는 능동적으로 구성된 사회적, 문화적 과정이며, 이분법적 범주의 고정적인 쌍이나 미리 결정된 생물학적 필연이 아니다. 둘째, 젠더의 사회적 구성은 여러 영역에서 동시에, 즉 개인의 성격 내에서, 대인적 상호관계 속에서 그리고 우리를 둘러싼 세계를 맥락화하고 형성하는 사회제도 전반을 아우르며 전개된다.[11] 그리고 서로 얽혀 있는 이 두 개의 원칙은 최근 몇 년간 젠더에 대한 중범위 사회학 연구의 르네상스를 이끌어냈다. 이러한 연구는 다양한 문화적 환경 및 사회적 관행에서 그러한 원칙이 언제 어떻게 작용하는지 더 깊이 이해하고자 하며, 이 책 중 경험적 연구를 다룬 다섯 개의 장도 여기에 해당한다. 그러나 서문의 말미에서도 지적했듯이, 사회학 내 젠더 이론의 이러한 기초는 중간 수준에 대한 분석, 즉 조직에 대한 분석을 과소이론화 하려는 경향이 널리 공유되어 있었기 때문에 한계가 있었다. 결과적으로 《화장실 전쟁》에서 내가 교차 편집 방식을 활용한 이유 중 하나는 지난 30년 동안 가장 많이 인용된 젠더에 대한 제도적 이론 몇 가지와 가장 많이 인용된 문화 및 조직에 대한 제도적 이론 몇 가지 사이에서 생성적인 논의를 만들기 위해서였다.

지난 다섯 장에 걸쳐 화장실이 젠더화되거나 탈젠더화되거나 두 가지가 동시에 나타나는 다섯 가지의 문화적 경로를 밝혀냈다. 첫 번째는 특정한 순간이나 특정한 맥락에 헤게모니가 되는 문화적 믿음이 전문적인 관행에 스며든다는 **직업적 삼투**이며, 두 번째는 젠더화된 신체가 되는 내적인 정신적 경험을 젠더 범주에 소속되는 것과 관련된 외적인 사회적 요구와 연결하는 **젠더의 실감**이라는 구체화된 활동이다. 세 번째는 조직적 행위자가 법을 창의적으로 적용하여 관료적 정책, 절차, 인프라에 변화를 만들어내는 **법적 조화**이다. 네 번째는 특권계급 및 지위의 사회적 행위자는 심지어 가장 금기시되는 주제라 해도 자신들이 선호하는 서사의 방향으로 대화를 능숙하게 이끌어갈 수 있기 때문에 비슷한 특권층 행위자에게 보다 쉽게 접근할 수 있다는 **정당화의 용이성**이다. 그리고 다섯 번째는 제도적 혁신을 위한 전략이 개별 조직뿐 아니라 해당 조직이 속한 보다 넓은 제도적 영역으로 확산되게 하는 **상호작용적 동형성**이다. 그러나 이 다섯 장 각각은 이데올로기, 제도, 불평등이 충돌하는 경로를 밝히는 역할에 그치지 않는다. 각각은 또한 사회적 구성물로서의 젠더의 다섯 가지 요소를 드러냈는데, 이는 사회학자들에게 좀 더 관심을 받을 가치가 있다고 생각하기에 여기서 다시 한번 요약하고 연결하며 정교화하고자 한다.

경험적 연구의 마지막 장에서 다시 논의를 이어가자면, 다섯 번째 요소는 틀림없이 사회학적 요소다. 조직과 그 안에서 활동하는 개인을 연결하는 사회적 네트워크에 중점을 두기 때문이다. 100년이 넘는 시간적 거리에도 불구하고 2장과 6장은 여기서 수렴된다. 두 장은 모두 개별 사회적 행위자 사이에 공유된 문화 및 언어의 흐름이 어떻게 젠더 질서의 변화를 만들어내는지를 보여준다. 그러나 6장에서 훨씬 더 명확하게 보여주듯, 그러한 개인 간의 네트워크는 조직 간의 네트워크와 결코 분리될 수 없다. 내가 인터뷰한 LGBTQ 센터 소장, 캠퍼스 행정관, 학생처 교직원은 젠더 포용적 시설을 추가하거나 확장할 가능성에 대해 다른 학교에서 비슷한 일을 하는 교직원에게 조언을 구했고, 그들이 공유해준 서사를 행동의 모델로 활용했다. 그러나 더욱 중요한 것은 그러한 혁신이 다른 유사한 대학들, 즉 가장 밀접한 조직적 네트워크에 널리 퍼져 있다는 사실 자체가 시설 변경을 승인하도록 다른 의사 결정권자들을 설득하는 데 반드시 필요한 근거인 경우가 많다는 것을 그들이 깨달았다는 점이다.

그러나 이 연구에서 가장 자주 발견되는 사실 중 하나는 계급 및 지위가 그 네트워크를 굴절시킨다는 점이다. 그리고 그것은 물론 내가 발견한 네 번째 요소인 담론적 권력의 회로에 영향을 미친다. 5장과 6장에서 나는 공통적으로 지난 30년 동안 특정 유형의 젠더 다양성이 부유한 미국인들의 도덕적 화폐 중 중요한 한 가지 형태가 되었음을 밝혀냈다. 이는 그들의 목표가 자신의 대학 캠퍼스 전역의 건물에 성중립 화장실을 더 많이 만드는 것이든, 아니면 단순히 관심을 가진 청자에게 화장실 설계의 사소한 요소조차 의도적이고 의미 있는 미적 선택이었음을 설득하는 것이든 마찬가지이다. 그러나 사회적 계급 구분은 5장에서 훨씬 더 자세히 나타났다. 지난 몇십 년간, 상류층의 취향이 문화적 개방성 및 관용의 모습으로 크게 바뀌면서, 문화 조직의 대표자 스스로가 그러한 문화 자본의 중요한 전달 경로가 되었다. 그들은 상상력을 발휘하여 성중립 화장실을 젠더 경계를 교란시키는 최신의 유희로 만들어냈으며, 이를 통해 자신의 시설을 모방할 수 없을 정도로 진보적이고 미래 지향적이며 현대적이고 세련되며 그 외에도 여러모로 훌륭한 곳으로 내세웠다.

문제는 그러한 도덕적 헌신의 증거가 언제나 쉽거나 빠르게 실현되지는 않았다는 점이다. 이를 통해 나는 젠더의 제도적 성취의 세 번째 요소인 과거의 물질적 관성을 발견하게 된다. 4장과 5장이 바로 이 지점에서 교차한다. 문화 조직 및 지방자치 조직에서 일하는 응답자들은 정확히 어떻게 성중립 화장실이 이용자의 가장 소중한 가치를 위해 헌신하겠다는 신호로 활용되었는지 설명하면서, 다들 화장실 인프라 중에서도 표지판, 변기, 장식 등 구체적이고 물리적인 요소를 지적했다. 그러나 4장에 등장한 응답자 중 상당수가 건물의 물질적 특성이 그들에게 가능성을 열어준 만큼 제약으로 작용하기도 했다는 점을 매우 유감스럽게 느꼈다. 건물은 해체되거나 재구성되는 경우 상당한 재정적 자원이 필요한 물리적 대상이기 때문에, 수십 년 전에 공공 건축에 새겨진 젠더 이데올로기가 현재의 공간적 가능성을 결정하는 경우가 많았다. 따라서 그들에게 젠더 질서를 재검토하는 일은 놀라울 정도로 간단했지만, 그들의 이상을 인프라로 전환하는 데 필요한 자원을 확보하는 것은 더없이 부담스러운 일로 판명되었다.

그러나 가장 다루기 힘든 건물이라 해도, 살아 있고 숨을 쉬며 감정을 느끼는 조직의 행위자가 변화를 향한 올바른 주장을 활용한다면 때로는 창의적으로 개조될 수 있다. 이때 살아 있고, 숨을 쉬며 감정을 느끼는 일은 젠더의 제도적 성취의 두 번째 요소인 체화된 정동의 중심성으로 이어진다. 사실 3장과 4장에는 심대한 차이가 있지만(전자는 연방법원 내에서 화장실 관련 성차별 재판의 판결 패턴을 탐구하고 후자는 장애에 관한 법적 틀을 화장실을 탈젠더화하기 위한 자원으로 전이시킨 사례를 기록하고 있다), 두 장 모두 인간 신체의 상상된 필요 및 감정이 모든 유형의 공식 조직의 의사 결정 작업을 근본적으로 형성한다는 것을 밝혀낸다. 그러나 영향은 3장 전반에서 한층 더 선명하게 드러난다. 지난 60년간 직장 화장실의 불평등에 대한 연방법원의 재판은 선천적이고 이분법적인 성차 및 사생활의 이성애적 본성에 대한 문화적 비유를 법에 점점 더 많이 포함시켰을 뿐 아니라 우리 각자가 자신의 몸에 내재한 자신의 젠더를 어떻게 느끼고 경험해야 하는지에 대해서도 점점 더 강력하게 암시하고 주장했다.

그리하여 점점 더 심화되는 선례는 젠더의 제도적 성취의 첫 번째 요소인 유동성으로 이어지는 길을 가리킨다. 이는 마찬가지로 분명히 계속 변화하는 젠더 이데올로기 자체가 아니라, 젠더의 구조를 형성하는 다른 여러 제도적 논리에 관한 것이다. 3장에서 자세하게 다룬 성차별 소송의 담당 판사들과 2장에서 분석한 건축 저널에 실린 다양한 글을 집필하여 기고한 신흥 전문가 계급 구성원들의 경우, 그들의 유일한 목표는 단순히 헌법의 판례나 그들의 전문 분야에서 통용되는 전문 언어와 조화를 이루는 것이었을 수도 있다. 그러나 젠더가 그 평범한 관료적 업무에 흡수되는 비스듬한 경로는 그럼에도 불구하고 강력하고 오래 지속되었다. 특히 2장의 전문적 담론에서 건설업자와 토목 기술자는 새로운 배관 기술의 내재적 가치를 찬양하는 데서 벗어나 사치품을 과장되게 가치화하는 방향으로 나아갔고, 규범적인 성역할 기대를 전문적인 모범 사례로 확고하게 설정하여 그에 따라 화장실 인프라를 형성했으며, 이는 현재까지 영향을 미치고 있다.

그리고 젠더를 부수적 피해로 보는 관념은 이 연구의 마지막 발견으로 이어진다. 즉, 특정한 시간과 공간에서 가장 지배적인 젠더에 대한 믿음은 그 순간에 수렴되는 다른 여러 이데올로기적, 제도적 힘과 불가분의 관계를 맺는다는 발견이다. 다시 말해 젠더의 제도적 성취는 그 무엇보다도 관계적인 과정이다. 물론 '여성'이라는 범주는 거의 언제나 '남성'이라는 범주를 참조하여 구성되었으며, 그 반대도 마찬가지라는 명제는 의심의 여지없이 사실이지만, 나의 주장이 단순히 젠더에 관계적 요소가 있다는 의미는 아니다. 그리고 교차성 관점의 학자들이 정당하게 주장하는 바와 같이 인종, 계급, 섹슈얼리티 등 다른 문화적, 사회적 권력이 구체화된 체계들과의 관계 속에서 젠더가 구성되는 방식을 서술하고 있는 것도 아니다. 분명히, 관계성에 대한 위의 두 가지 이해가 지난 여섯 장에서 풍부하게 논의되었으며, 이를 인정하지 않고 완성될 수 있는 젠더 이론은 없을 것이다. 그러나 여기서 나는 젠더는 결코 분리되고 독립적인 실체로서 이론화될 수 없다는 주장을 덧붙이고 싶다. 언제나 젠더는 내가 이 책에서 연구한 수많은 공식 조직과 같은 중간 수준의 사회집단 내에서, 그리고 그 집단을 통해서 전개되는 여타의 사회적, 문화적 과정과 함께 역동적이고 상호의존적인 방식으로 재정의되고 재협상되며 갱

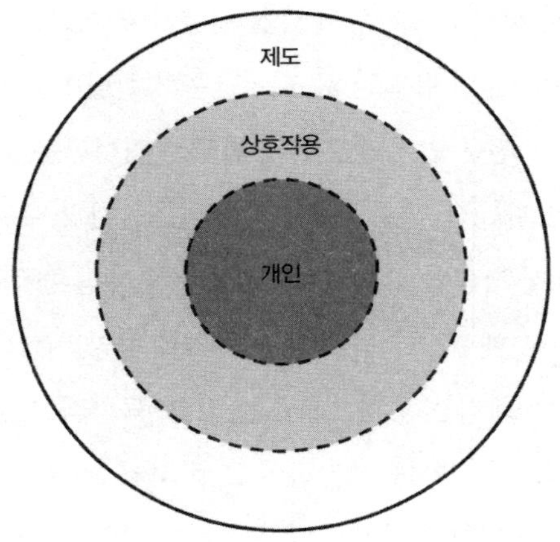

그림 9. '하나의 제도'로서의 젠더를 표현한 시각 모형. 각 분석 층위의 내포적 관계를 강조함.

신되기 때문, 즉 공동구성되기 때문이다.

젠더의 관계 사회학을 향해

그렇기에 젠더를 제도적 성취로 규정하는 것은 단지 사회학자에게 새로운 이론을 제공하는 데에 그치지 않는다. 그것은 또한 사회학자들이 젠더를 개념화하고 연구할 때 진정으로 관계적 접근 방식을 취할 수 있는 시작점을 제공하며, 이것이 무엇보다 중요하다. 이러한 열망을 설명하기 위해 몇 가지 시각 자료가 도움이 될 수 있다. 기존의 여러 젠더 이론은 젠더가 투과 가능한 과녁식 배열로 묘사될 수 있다고 암시한다. 예컨대 바바라 리스먼의 사회구조 모델은 젠더를 "다차원적 구조 모델"로 상상하면 사회학자들이 "젠더 현상들 사이의 인과관계의 방향과 강도를 진지하게 조사"할 수 있다고 주장한다. 그리고 그 젠더 현상에는 각각 개인, 상호작용, 제도라는 세 가지 차원이 내포되어 있다.[12] 그렇다면 이 내포된 관계는 다음의 〈그림 9〉와 같은 일련의

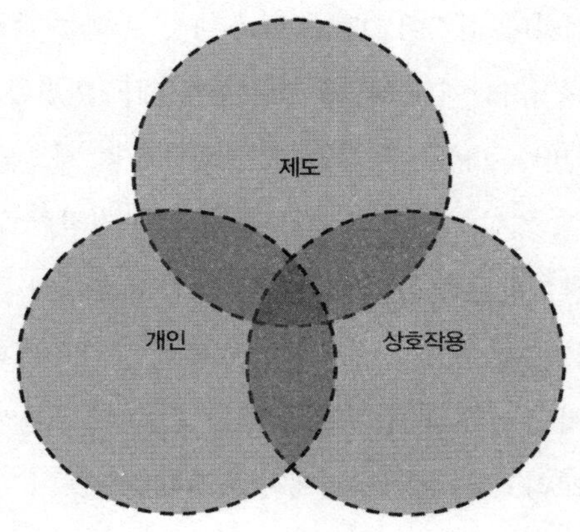

그림 10. '하나의 제도'로서의 젠더를 표현한 시각 모형. 각 분석 층위의 동등한 영향을 강조함.

원으로 설명할 수 있다.

그러나 리스먼은 또한 자신이 만든 모델의 "가장 중요한 특징은 역동성"이라고 덧붙인다. 즉 "한 차원이 다른 차원을 결정하지 않는다. 변화는 유동적이며 구조 전체에 역동적으로 반향을 일으킨다".[13] 따라서 각 분석 층위에 한층 더 동등성을 부여하고 각 층위 사이에 나타날 수 있는 교차 영역을 명시적으로 시각화하면 〈그림 10〉과 같은 시각 모형이 도출된다. 그렇게 하면 관계를 전경화하는 이미지에 보다 가까이 다가갈 수 있다. 이제 각 층위가 다른 한 층위 혹은 두 층위 모두와 겹치는 관계를 더욱 명확하게 볼 수 있기 때문이다. 두 시각 모형 모두 변화의 편재성을 드러낸다. 가령, 어떻게 특정 유형의 젠더 이데올로기가 특정 층위의 경계에 있는 구멍들을 통해 흘러나가서 새로운 패턴의 젠더화된 상호작용을 새로운 젠더화된 제도에 연결시킬 수 있는지 상상할 수 있기 때문이다.

그러나 과녁 모형을 선택하든 세 방향의 벤다이어그램을 선택하든, 문제는 그러한 도식이 암묵적으로 세 가지 분석 층위를 모두 구분된 별개의 것으로 취급한다는 점이다. 심지어 그것을 결코 나눌 수 없는 상호 연결된 관계로 봐야 한다고 사회학자들에게 강력히 당부한다 해도 마찬가지이다.[14] 더구나 그러한 모델은 젠더 구조를 구성하는 개인, 상호작용, 제도를 별개의 기존 개체로 취급하여, 그 개인, 상호작용, 제도를 그것의 진정한 상태인 복잡한 문화적 구조로 이론화하는 능력을 제한한다. 여기서 분명히 짚고 넘어가야 한다. 그렇다. 그러한 다이어그램에는 이미 명백한 관계가 있다. 그렇다. 두 가지 버전에서 분석 층위들은 서로 겹쳐 있다. 그렇다. 각 분석 층위의 경계는 투과 가능하다. 그리고 이 장의 초입에서 분명히 밝혔듯이 나는 결코 최근 수십 년 동안 젠더를 관계적으로나 과정적으로 고찰하고자 한 최초의 사회학자가 아니다. 그러나 퍼트리샤 앤시 마틴이 젠더의 "복잡성과 다면성"[15]이라 부르는 것을 우리가 관계성에 진정한 우위를 부여하는 방식으로 모형화한다면, 그 결과는 〈그림 11〉에 더욱 가까워지리라 믿는다. 이 모형에서는 개체가 아닌 과정이 모형의 구성 요소로서 명시적으로 시각화되고 있다. 그러한 과정이 교차할 때 반복적인 패턴과 연속적인 행동이 발생하며, 개인, 상호작용, 제도는 이러한 과정을 연결하는 상상적 혹은 암시적인 경로가 된다. 그리고 투과 가능 여부와 상관없이 별개의 경계가 전혀 표시되지 않는다.

그리고 그 이미지를 염두에 두면, 위에서 간단히 요점을 소개하고 이전 다섯 개의 장에서 상세하게 분석했던 다섯 개의 과정을 설명하는 데 마침내 내가 제안하는 요소라는 용어를 활용할 수 있다. 부분적으로 나는 그 단어의 사전적 정의 중 첫 번째 의미 때문에 요소라는 단어를 선택한다. 그것은 더 복잡한 전체의 하위 구성 요소를 뜻한다.[16] 이는 사회학에서 젠더 이론을 발전시키기 위한 나의 관계적 접근에 적합한 언어학적 선택이다. 서론에서 훨씬 길게 설명했듯이 《화장실 전쟁》에서 가장 중요한 목표 중 하나가 젠더화된 조직을 근본적으로 상호 연관되고 상호의존적인 것으로 재검토하는 것이었기 때문이다. 그러나 훨씬 더 큰 부분에서 요소라는 단어를 선택한 이유는 분

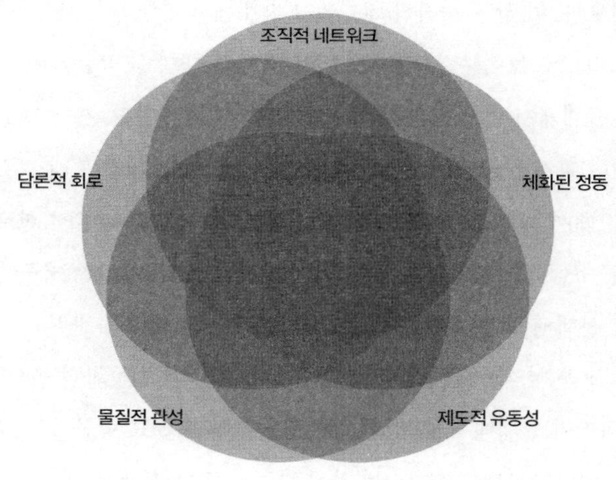

그림 11. 젠더를 제도적 성취로서 표현한 시각 모형.

자적 은유를 불러일으키기 위해서다. 예를 들어 수소와 산소를 생각해보라. 정상적 조건하에서는 둘 다 무색무취의 이원자 기체로 존재한다. 각각은 서로를 포함한 다른 분자와 결합하거나 반응하는 고유한 물리적 특성과 경향을 가지고 있다. 그러나 수소와 산소가 결합하면, 두 가지 다른 분자가 생성될 수 있다. 하나는 물이고(정상적 조건하에서는 만들어질 가능성이 훨씬 높다) 하나는 과산화수소다. 각각은 실온에서 무색 액체지만, 각각은 그것을 구성하고 있는 부분으로 환원할 수 없는 고유한 화학적 특성을 가지고 있다.[17] 이 논리에 따르면, 제도적 성취로서 젠더의 요소는 그 자체로 서로 다른 속성과 경향을 갖는다. 더구나 그러한 속성과 경향은 한 요소가 다른 요소와 결합되었을 때 급진적으로 변해야 하며(실제로 변하고 있다), 그들의 반응 상황에 따라 동일한 두 요소가 잠재적으로 서로 다른 사회학적 패턴을 만들 수도 있다.

이 추상적인 주장을 좀 더 구체적으로 만들기 위해, 마지막으로 한 번 더 내가 수집한 구체적인 화장실 데이터로 돌아가보면 도움이 될 것이다. 6장을 예로 들어보자. 이 장은 조직적 네트워크 요소에서 강조된 정보 및 인간의 흐름을 요약적으로 보여준다. 내가 인터뷰한 여러 대학 교직원이 유사한 다른 조직 동료들에게서 변화를 위한 전략을 빌릴 수 없었다면, 젠더 포용적 시설의 도입이나 확장은 실행하기 불가능하지는 않더라도 매우 오래 걸렸을 것이다. 같은 장에서 대학 교직원 및 행정관을 둘러싼 권력의 담론적 회로도 주목할 만하다. 그들은 또한 변화가 필요하다고 호소할 때 적절한 청중에게 적절한 언어를 선택해야 했기 때문이다. 물론, 다양성 및 포용과 관련된 제도적 유동성(고등교육 영역을 훨씬 넘어서까지 영향을 미치는 문화적 변화)으로 인해 특정 네트워크 내에서 특정한 담론의 전략이 새롭고 혁신적인 방식을 성공시킬 수 있었다. 그렇기에 이 세 가지 과정의 교차를 통해 내가 상호작용적 동형성이라 지칭한 행동 패턴이 등장할 수 있었다. 혹은 2장의 내용을 활용하여 위의 세 가지 과정을 다른 방식으로 설명해볼 수도 있다. 비록 전문 저널이 네트워크나 회로의 영향에 대한 직접적 증거를 제공하지는 않지만, 우리는 두 요소 모두가 공공 배관 시설을 개선하기 위해 노력한 20세기 초 전문가들에게 영향을 미치고 있던 유동성과 교차했을 것임을 직감할 수 있다. 그 결과는 제도적 동형성과 상당히 비슷한 사회학적 결과인 직업적 삼투였다.

그러나 이 두 가지 패턴에는 또한 물과 과산화수소처럼 중요한 차이가 존재한다. 물론 상호작용적 동형성과 직업적 삼투는 모두 젠더 이데올로기가 조직적 작업에 영향을 미칠 때 통과하는 경로이다. 둘 다 적용의 과정을 만들어내기 위해서는 인간 행위자의 참여가 반드시 필요하며, 둘 다 문화적 범주 및 분류가 패턴화되어 미치는 영향을 중심으로 전개된다. 그리고 둘 다 젠더는 무엇이며 그것의 의미는 무엇인지에 대한 믿음을 생산하는 힘을 가지고 있고, 둘 다 여러 가지 다른 형태의 문화적, 사회적 권력을 확대해서 보여주는 돋보기 역할을 한다. 그러나 직업적 삼투는 상호작용적 동형성은 활용하지 않는 방식으로 조직 활동의 공식적, 물질적 기록을 남긴다. 또한 직업적 삼투는 해당 전문 영역 전문가의 주장에 일반적으로 부여되는 정당성으로 인해 끈적하게 달라붙는 집요함을 가지고 있다. 이러한 특징으로 인해 직업적 삼투는 나의 화학적 은유에서 물에 더 가깝다. 일단 수소와 산소가 결합하고 나면 매우 안정적인 분자가 되어 그 둘을 다시 분리하기 어렵기 때문이다. 반면 상호작용적 동형성은 보다 유연하고 개인적이다. 그것은 대면 상황에 있는 개별 사회적 행위자 사이에서 발생하며, 특정한 미시사회학적 순간에 가장 긴밀히 관련되어 있다면 그 어떤 문화적, 조직적 범주에도 탄력적으로 관여한다. 그러나 그러한 유연성은 안정성을 희생하여 발생한다. 이는 반응을 일으킬 다른 분자가 존재하지 않아도 빠르게 분해되는 과산화수소에 비유할 수 있다.

사실 위의 다섯 가지 요소가 종종 서로 결합하기도 하고 결합할 때에는 여러 가지 다른 패턴의 사회적 행위(이 패턴은 서로 다른 특징을 가지고 있을 뿐 아니라 자신을 구성하는 구성 요소와도 다른 특징을 가진다)를 생산할 수 있다는 발상을 강조하기 위해, 분자의 은유를 두 배로 늘리고, 〈그림 12〉처럼 선명한 경계가 아닌 흐릿한 경계를 사용하여 그 요소들을 시각화할 수 있다. 이렇게 조정하면 자연과학에서 포착한 위의 분자 결합 이미지[18]를 더 잘 드러낼 수 있다. 그러나 그것은 또한 개인, 상호작용, 제도가 마치 원자핵을 둘러싸고 있는 전자들처럼 결코 한 곳에 고정되지 않고 자신이 속해 있는 과정 속에서 변화에 반응하여 언제나 자유롭게 움직이는 특성을 시각적으로 상기시킨다.[19] 그래서 내가 젠더를 단순히 제도도 아니고 단순히 성취도 아닌 제도적 성취로 규정하는 궁극적 이유는 그 역동성을 강조하기 위해서이다. 앞의 다섯 장에서 거듭 밝혔듯, 서로 다른 역사적 순간에 서로 다른 조직적 맥락 속에서 서로 다른 문화적 과정이 화장실을 젠더화하는 데에 더 강하거나 약하게 영향을 미쳐왔다. 그리고 그 일련의 고유한 과정적 교차점이 젠더란 무엇이고 무엇을 의미하며, 각각의 순간과 맥락 속에서 젠더는 무엇을 하는지

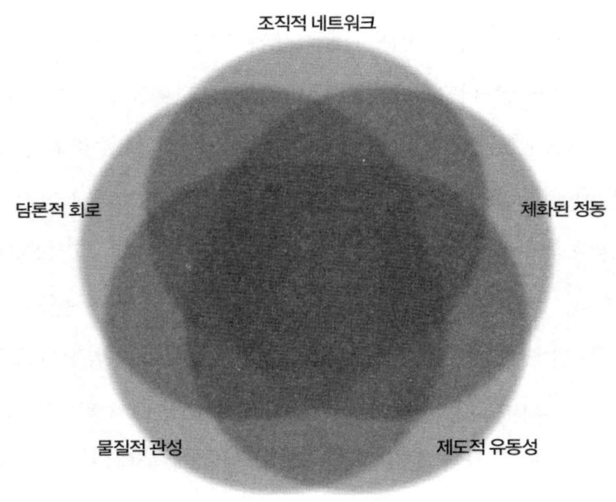

그림 12. 젠더를 제도적 성취로서 표현한 시각 모형. 각 요소의 투과성을 강조함.

를 생산한다.

그러나 내가 분자 은유를 선택한 이유가 한 가지 더 있다. 그 이유는 전혀 다른 영역에서 이루어지는 과정에 관한 논의, 즉 사회학 지식을 생산하는 과정과 관련된 논의로 이어진다. 이 새로운 이론적 틀을 구축하기 위해 질적 증거의 견고한 기반을 마련하고자 최선을 다했음에도 내 연구의 경험적 토대에는 수많은 한계가 있다. 가장 직접적 수준에서 볼 때, 2장과 3장의 문헌 자료나 4장부터 6장까지의 인터뷰 데이터는 과거에서부터 현재에 이르기까지 미국에서 이루어진 화장실 관련 결정을 모두 대변하는 데에는 결코 미치지 못한다. 또한 나는 미국 공중화장실의 세계 전체를 설명하는 데에도 이르지 못했다. 만일 내가 실시간으로 화장실 설계에 관한 의사 결정을 민족지학적으로 관찰할 수 있었다면, 혹은 19세기 도시 건축가들이 공공 배관 시설을 어떻게 구축하는 것이 최선인지에 대해 논쟁하며 나눈 서신을 샅샅이 뒤져 볼 수 있었다면, 개인 및 조직적 행동의 다른 패턴들, 그리고 더 나아가 젠더를 사회적으로 구성하는 다른 요소들은 아마 저절로 드러났을 것이다. 여기서 더 확대하면, 공중화장실을 성별에 따라 분리해야 하는가, 한다면 어떻게 분리해야 하는가에 대한 결정은 젠더화된 현상이라는 광활한 바다에서 분명 아주 작은 하나의 물방울일 뿐이다. 그러나 더 많은(그리고 더 나은!) 실험적 증거를 활용할 수 있게 되면서 원자구조에 대한 닐스 보어의 초기 이론도 새로운 양자 이론에 의해 빠르게 추월된 것처럼, 젠더사회학 분야에서 나의 새로운 이론적 모델도 비슷한 길을 따라야 한다고 진심으로 믿고 있다.

따라서 나는 다음과 같은 큰 희망을 가지고《화장실 전쟁》의 학문적 부분을 완전히 마무리한다. 나의 제도적 성취라는 이론틀은 젠더사회학 안에서 새로운 논의 및 새로운 연구를 촉진하며, 그 대화와 연구는 시간이 갈수록 더 많은(그리고 더 나은!) 사회학적 근거를 활용할 수 있게 되면서 한층 더 확장되고 정교해질 것이다. 사실 나의 분자 은유가 더 많은 생각을 끌어들이는 힘을 갖든, 더 생성적인 패러다임에 의해 빠르게 가려지든, 여기서 나는 그저 두 가지의 목표를 가진다. 첫 번째는 향후 연구에서 젠더를 사회적으로 구성하는 중간 수준의 요소들에 마땅히 보내야 할 관심을 기울이는 것, 두 번째는 장래의 이론가들이 정체 및 고체성보다는 과정과 가소성에 의심할 여지없는 우위를 부여할 수 있게 하는 것이다. 나는 이 두 가지 성격을 무엇보다 중시하는 태도가 젠더 이데올로기, 젠더화된 제도, 젠더 관련 불평등이 어떻게 변형되는 동시에 강화되는지를 이해하는 열쇠이며, 더 나아가서는 젠더가 우리의 사회적 세계를 어떻게 형성하는가에 대해 보다 견고하고 유용하며 보다 변혁적인 분석을 도출해내는 열쇠라고 믿는다.

하지만 우리가 더 나은 화장실을 만들 수 있을까?

여러 가지 이야기를 했지만, 나는 표제에 충실하면서도 틀림없이 사회학적인 지적으로 《화장실 전쟁》을 마치고자 한다. 이러한 결말에는 확실히 모종의 장점이 있다. 사회과학자들이 학계를 대상으로 집필한 여러 대학 출판사의 학술서와 마찬가지로, 이 책의 주요 목표는 나의 연구 주제(이 경우에는 공중화장실)에 대한 새로운 이해를 제시하는 동시에, 더 넓은 지적 과제인 인간 행동의 한 측면(이 경우에는 젠더 이데올로기, 범주적 불평등, 제도적 변화라는 서로 얽혀 있는 사회적 힘)을 이해하는 데 기여하는 것이다. 그러나 새로 등장하는 사회문제에 대한 사회학적 연구가 종종 그렇듯이, 그러한 주제와 사회적 힘들은 고스란히 지적 자료가 될 수 있도록 깔끔하게 가공되지 않는다. 오히려 공중화장실의 젠더화, 계급 구분의 사회적 구성, 그리고 제도적 변화의 과정은 모두 현실 세계에 존재하는 개체들이며, 모두가 실제 세계의 함의를 담고 있다. 다시 말해, 이번에는 학문적 세계와 상아탑 너머의 세계 사이에 관계성이 다시 한번 발생하는 것이다. 또한 화장실, 관계 그리고 인간 행동에 대한 책을 쓰면, 심지어 가장 학술적인 독자라 해도 그것의 사회학적 이론의 의미보다는 현실 세계에 대한 함의에 훨씬 더 관심이 쏠리는 경향이 있다.

학계 동료든 일반 독자든 그러한 관심은 일반적으로 질문의 형태를 취한다. 종종, 그리고 당연하게도 그 질문은 젠더를 중심으로 구성된다. “왜 남자들은 변기 시트를 내려놓지 않는 거예요?” 수년에 걸쳐 내 연구를 함께 논의해왔으며, 같은 국가에서 함께 살아온 많은 여성들이 이렇게 묻는다. “왜 여자 화장실 줄은 항상 우리 줄보다 저렇게 길어요?” 공연이나 스포츠 경기를 본 적이 있는 남자들은 그 어디서나 발견되는 수수께끼 같은 줄에 대해 묻는다. “왜 남자들이 쓰는 공중화장실은 언제나 그렇게 더러운 거예요?” 젠더를 불문하고 냄새나는 변기를 직접 대면한, 혹은 가까운 친구나 가족으로부터 그러한 악취에 대한 불만을 처리한 대화 상대들은 이렇게 묻는다. 내가 질문에 공감한 뒤(특히 세 번째 질문) 나의 연구는 그러한 개인적 문제보다는 좀 더 조직적 행동에 초점을 맞추고 있다고 차분히 설명하는 동안, 이 결론의 첫머리에 인용한 어빙 고프먼의 구절에서 나는 그들의 질문을 처리하는 데 매우 유용한 준거를 얻었다. 화장실, 특히 공중화장실은 말 그대로 젠더의 성지다. 또는 "가능한 한 포용적인 화장실을 계획, 설계, 건설하려면 어떻게 해야 하나요?"처럼 질문이 좀 더 실용적인 방향으로 흐를 때에는 그러한 문제에 대해 나보다 더 깊고 체계적으로 생각해온 일군의 학자들에게 답변을 맡긴다. 예를 들어 사회학자 하비 몰로치와 로라 노렌이 편집을 맡고 제목마저 정확하게도 《변소Toilet》[20]인 공중화장실 선집의 결론에서 그들은 내가 그 주제에서 찾을 수 있으리라 기대했던 것보다 훨씬 더 큰 창의성과 침착함을 가지고 각별히 유망한 가능성을 그려낸다.

그러나 이따금 좀 더 흥미로운 질문을 받을 때도 있다. 어떻게 해야 조직의 변화를 이끌어낼 수 있냐는 질문이다. 자신을 페미니스트, 퀴어, 트랜스, 활동가 혹은 이 전부로 정체화하기 때문에 내 수업이나 강연에 참석하는 사람이 많은 만큼, 수년 동안 수많은 학부생들이 대학 행정 기구의 상세한 문제를 내게 알려왔다. "우리 학교 학생생활처 처장에게도 이 방법이 통할까요?" 학생들이 화장실 선택지에 불만을 품고 있는 새로운 캠퍼스에 두 번 이상 방문하여 내 연구를 공유하면 이러한 질문을 받는다. "우리 학교처럼 진정으로 포용적인 학교에서도 이것이 정말 사실일 수 있을까요?" 트랜스 친화성으로 이미 잘 알려져 있고 명망이 높은 학교에서 어떤 사람은 이렇게 물었다. 페미니스트 부모들은 대개 자기 지역의 소규모 사업체들을 변화시키는 방법을 알고 싶어 한다. 만일 그들이 성별분리 화장실 중 오직 한 성별의 화장실에만 (슬프게도 언제나 여자 화장실이다) 기저귀 교환대가 설치되어 있는 것의 함의를 깨닫고 좌절을 경험했다면, 나는 이런 질문을 들을 것이다. "어떻게 하면 지역 쇼핑몰이나 공공 도서관에서 남자 화장실에도 기저귀 교환대를 설치하도록 설득할 수 있을까요?" 혹은 "우리 지역의 건물에 가족용 화장실을 필수 요건으로 규정하는 범위를 늘려야 한다고 지역 국회의원을 설득하려면 어떻게 해야 할까요?" 하지만 유감스럽게도 흥미로운 질문이 항상 흥미로운 대답을 가지고 있는 것은 아니며, 때때로 나는 그들 앞에서 사회학적 킬조이(killjoy, 흥을 깨는 사람 — 옮긴이) 역할을 담당하게 된다. 나는 안타까워하며 내 데이터는 기술적일 뿐 예측적이지 않으며, 화장실 인프라의 법적, 물질적 복잡성은 아마도 그러한 변화가 그들이 상상하는 것만큼 간단하거나 직접적이지는 않을지도 모른다는 의미일 것이라고 설명한다.

그러나 변화라는 주제에 대한 변주 중 내가 훨씬 더 자주 받고 싶었던, 그리고 오직 나에게 던지는 것이 아니라 모두에게 물어주길 바랐던 질문은, 잡지 《메트로폴리스》에 최근 게재된 건축가 조엘 샌더스와 역사학자 수전 스트라이커의 기사 제목에서 포착한 것이다. "화장실이 공공장소가 될 수 있을까?"[21] 이는 앞의 여섯 개 장에서 여러 번 설명했듯이 젠더 질서를 변화시키는 일은 정말로 복잡하지만 또 불가피하기 때문이다. 그리고 만일 당신이 적절한 문화적 혹은 재정적 자원을 가진 적절한 특권층 혹은 권력층을 당신 편으로 만들 때까지 끈질기게 버틸 수 있다면, 변화의 속도도 높일 수 있다. 적절한 법적 호소나 적절한 감정적 증거를 찾는 것은 연방법원에서 고용주의 화장실 정책 혹은 규정으로 인해 피해를 입은 노동자를 위해 보복할 수 있는 결과를 정말로 낳는다. 적절한 말솜씨를 찾으면 화장실은 아름다운 포스트모던 건축물이라고 낯선 사람을 정말로 설득할 수 있다. 학장 혹은 부학장과의 대화에서 적절한 정당화 논리를 찾으면 대학의 전략 계획 문서에 젠더 포용적 화장실이 정말로 포함될 것이다. 다시 한번 말하지만, 그러한 국지적 변화는 좀처럼 간단하지 않으며 한 번의 요청으로 받아들여지는 일은 거의 없고, 빠르게 수행되는 일도 거의 없다. 그 실행을 가로막는 방해물이 도덕적이든, 물질적이거나 행정 관리적이든, 세 가지 모두이든 마찬가지이다. 그러나 미국에서 훨씬 더 완고했던 (그리고 미국의 실내 배관 시설의 역사 전반에 걸쳐 완고했던) 방해물은 진정한 공중화장실에 대한 대중과 정치인의 지속적인 무관심이다.

그렇다면 내 생각에, 우리에게 가장 필요한 것은 더 포용적인 공중화장실이 아니다. 여기서 '더'는 모든 젠더의 사람들에게 열려 있고, 서로 다른 신체를 가진 사람들이 접근할 수 있으며 그 외 여러 접근성을 갖춘 화장실이 수적으로 더 많이 필요하다는 의미를 나타내는 양적 수식어이다. 대신 우리에게 필요한 것은 더욱 공공을 포용하는 화장실이다. 여기서 '더욱'은 화장실, 특히 포용적 화장실은 공공재로서 집단적 접근 방식을 취해야 한다는 의미를 나타내는 질적 수식어이다.

확실히, 나는 더 포용적인 화장실 설계와 더 많은 수의 성중립 화장실이 목표로 삼을 만한 가치가 없다고 말하는 것이 아니다. 전혀 그렇지 않다. 미국에는 여전히 장애인은 전혀 접근할 수 없는 공중화장실이 걱정스러우리만치 많다. 완전히 공중화장실이든 개인 소유의 화장실이든 마찬가지이다. 게다가 모든 방식으로 다양한 젠더의 사람들이 겪는 문제를 생각하면(공공장소에서는 '참아야' 하기 때문에 유발되는 생리적 질병에서부터 성별분리 화장실이 안전할지 여부를 판단하느라 겪는 정신적 고통에 이르기까지), 그러한 증가는 상징적으로 의미 있는 동시에 사회적으로도 반드시 필요하다. 지리적으로도 미국의 모든 지역이 이 책에서 내가 조사한 조직들처럼 성중립 화장실에 열려 있는 것은 아니라는 점도 의심의 여지없는 진실이다. 내가 다수의 심층 인터뷰를 진행했던 북동부의 주들은 아마도 미국에서 가장 진보적인 지역은 아닐지라도, 그 주의 교외에 있는 지역 공공 도서관과 레스토랑은 틀림없이 '보수'보다 '진보' 쪽의 이용자들을 더 많이 응대한다. 비슷하게, 이미 시설의 성중립화를 어느 정도 진행한 대학을 연구하겠다는 나의 선택으로 인해, 트랜스젠더라는 포괄적인 개념에 자신을 포함시키고 있는 학생들과 논바이너리로 정체화한 학생들, 혹은 관습적이지 않은 방식으로 젠더를 표현하는 학생들이 고등교육 영역에서 모두 행복하고 건강하다는 느낌을 받았을 수도 있다. 그러나 수년에 걸쳐 내가 진행 중인 연구를 공유해온 프린스턴의 학부생들은 "트랜스 친화적 대학 톱 10"[22] 캠퍼스에서 자신의 젠더를 탐구하거나 표현하는 그들의 능력이, 그들의 고등학교 시절 친구들과 지인들이 다니는 고향의 지역 주립대학에서는 결코 발휘될 수 없었을 거라는 점을 부지런히 상기시켜주었다. 아직 해야 할 일이 많이 남아 있다는 말로는 너무나 부족할 정도다.

그러나 지난 수십 년간 미국의 정치 기관이 화장실 접근성 및 이용 가능성을 확장하는 데 장족의 발전을 이루었다는 증거를 풍부하게 제시할 수 있음에도(짐 크로 법과 같은 배타적 법안의 몰락에서부터 미국 장애인법과 같은 포용적 노력의 부상까지), 그리고 이제는 그 어느 때보다 다양한 조직에 성중립 화장실이 늘어났지만, 그럼에도 나는 미국의 수많은 공중화장실이 품고 있는 사적 본성이 훨씬 더 다루기 힘든 문제라는 결론을 내린다. 런던과 같은 유럽 도시에서 관리가 잘된 공중화장실(통행량이 가장 많은 중앙 복도에 위치하여 업무 시간 동안 개방), 독립형 공중화장실(24시간 개방), 그리고 심지어 공중 소변기(논리적이게도 인기 있는 술집 바깥에 설치됨)를 제공하는 데 재정적, 인적 자원을 아낌없이 지원하고 있는 동안, 시애틀과 같은 미국 도시는 자동 청소 변기에 수백만 달러를 쏟아붓고도 그 변기들이 너무 더러워져서 폐쇄해야 할 지경에 이르렀다. 결국 이 변기는 이베이 사이트에서 개당 2500달러도 안 되는 가격에 판매되었다고 한다. 그리고 도쿄의 기술자들이 동아시아 전역에 그 기술을 전파하는 것을 목표로 세계에서 가장 미래 지향적이고 자동화된 변기 기술을 개발하기 위해 경쟁하고 있는 동안, 뉴욕의 민간 금융인들은 소수의 고급 공중화장실을 만드는 데 그치며, 그저 맨해튼 5번가에서 사업 전망을 향상시키는 것만을 목표로 하고 있다. 즉, 미국에서 공중화장실의 공급은 오랜 세월 동안 모든 미국인에게 공공 인프라를 제공하는 일에 관심이 점차 높아져서라기보다는 그저 권력, 이윤, 지위에 의해 추진되어왔다. 그리고 사회학자 노아 매클레인과 애슐리 미어스의 말에 따르면, 이러한 실패로 인해 현대 미국의 공중화장실에 대한 지속적이고 안정적인 접근권은 오직 "그것을 경제적으로 감당할 여유가 되는 사람들에게만 무료"인 상태에 머물렀다.[23]

젠더 관습은 물론 심지어 건물 자체가 물려받은 물질적 역사보다도 더 깊이 새겨져 있는 듯한 문화적 관성을 극복하기 위해서는, 그저 주 정부의 배관법이나 조직의 정책을 조정하는 것만으로는 결코 기대할 수 없는 훨씬 더 근본적인 일련의 사회적, 정치적 변화가 필요할 것이다. 실제로 무수한 사회과학자들이 100년 이상 미국의 불평등에 대해 연구하여 입증했듯이, 미국은 다양한 사람들이 섞여 있는 용광로지만, 그 이미지가 관습적으로 나타내는 것처럼 이질적인 일련의 문화가 소용돌이치는 것은 아니다. 대신 이것은 개인주의와 능력주의 신화, 그리고 개개인이 동등하게 자유로우며 행동할 역량을 가지고 있다는 허울이 위험하게 들끓는 용광로다. 페기 매킨토시는 〈백인 특권: 눈에 보이지 않는 배낭을 내려놓기〉에서 미국 문화의 중심을 이루는 서사가 음흉한 현실을 위장한다며 다음과 같이 신랄하게 지적했다. "자신 있게 행동할 자유가 오직 소수의 사람들에게만 주어진다는 사실을 대부분의 사람들이 인식하지 못하게 함으로써 권력을 가진 사람들을 떠받치게 하며, 이미 대부분의 권력을 가지고 있는 바로 그 집단이 계속해서 권력을 차지하게 만든다."[24] 매킨토시가 백인 여성으로서 자신의 인종적 특권에 대해 반성하는 동안, 나는 이 책을 마무리하며 그의 지적을 인용하여 그의 주장과 나의 주장이 공통된 목표를 공유하고 있음을 주장하고자 한다. 그 목표는 일상생활의 수많은 측면에 스며들어 있기에 당연하게 여겨지는 문화적 가정을 조명하고, 더 중요하게는 그러한 가정이 어떻게 사회적, 문화적 권력의 위계를 강화하는지를 밝혀내는 것이다.

그러나 나는 비관적인 말로 논의를 마치기보다 나의 질적 데이터 속에서 충분히 낙관주의를 지킬 만한 원인을 발견했다고 말하며 결론을 짓고 싶다. 위에서 내가 "변화는 복잡하지만 불가피하다"고 재치 있게 주장했던 것처럼, 서면으로 구체화하든 대화 중에 잠깐이나마 공개적으로 공유하든, 문제의 내부에서 문제에 대해 대화를 나누는 활동은 변화의 강력한 촉매가 될 수 있음을 내 데이터가 보여주고 있기 때문이다. 사실, 내가 이전의 다섯 장에서 설명했듯이, 젠더가 미국 공중화장실의 역사적, 현재적 현실을 형성해오면서 활용한 모든 매커니즘이 말을 중심으로 전개된다. 직업적 삼투를 통해 부르주아의 사생활에 관한 믿음이 20세기 건축에 관한 전문적 서면 지침에 스며들게 되었다. 젠더의 실감은 이 감정이 효과적으로 전달되는 경우에만 연방법원이 직장 내 화장실 관련 차별을 인정하도록 설득할 수 있다. 그리고 법적 조화는 일견 관련이 없는 듯한 입법상의 의무 사항을 시대에 뒤떨어진 건물에 대항하는 담론적 무기로 변환시켰다. 정당화의 용이성은 특정한 조직적 행위자가 외부의 청자 및 시설의 이용자들에게 그들이 내린 건축적 선택의 가치를 설득할 수 있게 만들어주었다. 그리고 상호작용적 동형성은 심지어 상당한 반대에 직면했을 때조차 조직에 변화를 일으키기 위한 전략을 사용할 수 있는 강력한 면대면 경로이다. 그리고 이러한 모든 조직적 과정의 결과가 똑같이 마음에 들거나 진보적이지는 않을 수도 있지만, 그것은 모두 오직 집단적 의사소통을 통해서만 우리의 문화와 제도가 발전한다는 공통적인 현실을 지적한다.

따라서 우리가 젠더에 대해 더 많이 이야기한다면, 트랜스젠더가 공공장소에서 소변을 보는 일을 위험하게 만들 뿐 아니라 여성이 과학 분야에서 경력을 이어가거나 정치 분야에서 동등한 미디어 노출 시간을 확보하기 어렵게 만드는 이데올로기적 체계를 해체하기 시작할 수 있을지도 모른다. 만일 우리가 계급과 지위에 대해 더 많이 이야기한다면, 포용적이고 접근성 높은 화장실이 부유한 지위를 나타내는 표식이 아니라 일반적인 표준이 될 수 있고, 조직이 시장성을 높이기 위해 이용자의 욕망을 지나치게 단순화하는 것이 아니라 그들의 진정한 필요에 재투자를 할 수도 있다. 그리고 우리가 그토록 자주 하는 성공에 대한 이야기는 자수성가의 신화를 영속시키기보다는 상속받은 특권의 진실을 반영할지도 모른다. 또 우리가 공익에 대해 더 많이 이야기한다면, 더 많은 기회에 더 많이 접근할 수 있게 될지 모른다. 그 기회는 거리에서도 깨끗하고 안전한 화장실에서 용무를 볼 수 있는 존엄성으로 나타날 수도 있고, 태어난 곳의 지리적 환경과 상관없이 양질의 초등 및 중등 교육을 받을 권리로 나타날 수도 있다. 이렇게 미국 공중화장실 성별분리의 사회학적 역사를 구성하고 젠더 포용적 대안을 실현시키기 위한 오늘날의 노력에 대한 문화적 분석을 수행함으로써, 내가 품었던 가장 큰 희망은 아마도 내 말을 통해 그러한 가정 및 위계 중 다수를 해소하는 데 도움을 주거나 적어도 그것을 약화시키는 데 기여하는 것이다.

그렇기에 나는《화장실 전쟁》을 통해, 지금까지 미국 문화가 우리를 사회화했던 것과는 다르게, 공중화장실은 결코 주변적이거나 금기이거나 중요하지 않은 문제가 아니라는 점을 밝혀냈기를 바란다. 또한 공중화장실의 세부 사항과 그것이 표상하는 젠더 질서를 만들어낸 공적 실패의 만연 및 사적 결정의 의미를 이해하고자 할 때 어떻게 사회 이론이 독보적인 방법을 제공하는지 보여주었기를 바란다. 그리고 공중화장실이 나의 동료 사회학자들이 젠더 이데올로기, 젠더화된 제도 그리고 사회 불평등의 교차에 관해 보다 견고한 이론을 생성하는 데 도움이 되었기를 바란다. 그리고 그 무엇보다도 이 책을 통해 만나게 된 독자들이 화장실에 대해 더 많은 이야기를 나눌 원동력을 얻었기를 바란다.

부록

데이터와 방법론

**공중화장실에 5분 이상 머무르는 남자는
대개 풍기문란 죄를 저지르고 있는 사람이거나 풍기 범죄 단속반이다.
아직까지 사회학자라는 의심은 받지 않는다.**

로드 험프리스Laud Humphreys, 〈관음퀸의 역할〉,
《찻집의 거래: 공공장소에서의 비인격적 섹스Tearoom Trade: Impersonal Sex in Public Places》, 1970년.

1967년 3월부터 8월까지 세인트루이스주의 워싱턴대학교 사회학과에서 박사 논문을 준비하던 로드 험프리스는 공중화장실에서 남성들이 가지는 익명적 성관계에 대해 이제는 악명 높아진 박사 논문 연구를 시작했다. 이후에 민족지학적 연구서 《찻집의 거래》로 출판된 이 연구는 여러 면에서 당대보다 수십 년 앞서 있었다. 이 연구는 동성 간의 성적 욕망이라는 주제를 존엄과 관용을 가지고 접근했을 뿐 아니라, 험프리스 또한 찻집의 만남을 찾아온 많은 남성들이 스스로를 '게이'나 '동성애자'로 여기지 않는다는 점을 강조하기 위해 세심한 주의를 기울였다. 물론 그 이유는 그들이 비록 다른 남자와의 가벼운 섹스를 원하고 있지만 그럼에도 여전히 스스로를 '이성애자'로 정체화하고 있기 때문이다. 그러나 문제는 험프리스가 연구 참여자를 확보하는 방식이 매우 수상했다는 점이다. 그가 찻집 이용자들의 자동차 번호판을 통해 그들의 신원을 추적한 뒤, 공개 기록을 활용하여 그들의 거주지 주소를 찾아내고 지역 보건 설문 조사를 가장해서 그들의 성적 행동에 대한 인터뷰를 실시했기 때문이다. 이제 《찻집의 거래》는 학부 연구 방법론 수업에서 사회과학 연구를 수행할 때 속임수를 사용하지 않는 방법에 관한 탁월한 사례로 활용되고 있다.

그러나 얼 바비가 험프리스의 유감스러운 지적 유산에 대해 성찰하며 지적했듯이, 그 연구는 연구 윤리가 "많은 사회과학자들에게 비교적 우선순위가 낮았던"[1] 시대였음에도 분노를 일으켰다. 따라서 그는 《찻집의 거래》에 대한 분노는 사실 사생활 침해 때문이 아니라고 주장한다. 어찌 됐든 그 남자들도 공중화장실에서 성관계를 가지고 있었으니 말이다. 그들의 격노는 그 연구의 주제에서 비롯되었음이 거의 확실하다. "로드 험프리스가 단지 섹스를 연구한 것이 아니라 동성애를 관찰하고 논의했다는 점이 문제였다. 게다가 그것은 심지어 '두 사람 간의 배려와 헌신의 관계이지만 어쩌다 보니 그 둘이 같은 성별이었을 뿐'인 동성애도 아니고 공중화장실에서 모르는 사람들끼리 난잡한 관계를 맺는 동성애였다. 여기에 동성애로 인해 기독교 아기들이 태어나지 못한다는 점을 더하기만 해도 1970년대 미국인의 대다수를 한층 더 분노에 불타오르게 만들 수 있었다."[2] 마찬가지로 존 F. 갤리허, 웨인 브레쿠스, 데이비드 P. 키스는 그들의 저서 《로드 험프리스: 동성애와 사회학의 예언자》에서 험프리스의 연구는 처음부터 좌절할 운명이었다고 지적했다. 그것이 "삼중으로 주변화"되었기 때문이었다. 첫째, 그 연구는 "가치가 박탈된 남성"을 다루고 있으며, 둘째, 그것은 "연구가 아니었다면 내밀했을 성적 행위"를 기록하는 데 관여하고 있고, 셋째로 그 행위 자체가 "공공장소에서의 성적 관계를 금지하는 법률을 위반"하는 것이었다.[3]

그러나 내가 보기에 이 명예 회복의 시도는 험프리스의 민족지학적 연구에 대한 낙인은 연구의 내용만큼이나 그 연구가 다루는 장소와도 관련이 깊다는 점을 놓치고 있다. 공중화장실의 도덕적 책임, 공적 영역과 사적 영역을 연결하는 성격, 젠더에 신체를 결부하는 특성, 그리고 법적 규제와의 다중적 결합 등, 공중화장실이 정치적 영역에서 논쟁을 일으키는 여러 이유가 곧 그것이 학문적으로 연구하기 어려운 주제인 이유이기도 하다. 그리고 나는 박사과정 중간에 이 책(당시에는 나의 박사 논문)의 작업을 시작하려 할 때, 그러한 어려움을 직접 목격했다. 원래 나는 이 연구를 민속방법론으로 진행할 계획이었다. 2010년대 초 주 정치에서 "화장실 법안"을 둘러싸고 온갖 소동이 일자, 나는 어빙 고프먼이 말했던 "무대 뒤편"[4]으로 들어가, 성중립 화장실의 망령을 그토록 위협적으로 만드는 성별분리 공중화장실의 "상호작용 질서"[5]를 이해해보고 싶었다. 나는 거리의 사람들에게 가장 최근에 겪은 그리고 가장 기억에 남는 화장실 경험에 대한 이야기를 들려달라고 요청할 계획을 세웠다. 그러한 설명을 사용하여 현대 미국에서 성별이 분리된 상태로 유지되는 마지막 공간 중 하나인 공중화장실에서 일어나는 사회적 상호작용의 패턴이 어떻게 젠더 질서의 구조를 더욱 명확히 부각하는지를 탐구하고자 했다.[6] 그러나 이러한 연구 설계에 대해 의견을 요청했던 교수들은 몇 번이고 거듭하여 내게 좀 더 '주류'인 주제를 고르라고, 아니면 최소한 좀 더 '인상적인' 연구 방법론을 사용하라고 권했다. 연구 주제는 흥미로웠고, 전반적으로 논리도 타당했지만, 그것을 첫 번째 저서로 하기에는 위험이 너무 컸다.

무모하고 젊은 대학원생이 곧잘 그러듯이, 나는 그 조언을 절반만 받아들였다. (혹시 독자 중에 학생이 있다면, 이 문장을 당신이 다른 사람의 조언을 무시한 것에 대한 무조건적 근거로 받아들이지 않길 바랍니다. 저는 그 조언 중 일부를 더 진지하게 받아들였어야 했는데 그러지 못했다고 생각합니다. 이것은 방법론을 설명하는 장이지 회고록이 아니기 때문에 자세한 내용은 생략합니다.) 나는 주제는 유지하되 방법론을 바꾸는 것으로 타협했다. 현장에서 화장실 서사를 찾는 방법에서 화장실 설계에 대한 조직의 결정을 연구하는 것으로 방향을 전환한 것이다. 그렇게 하면서 내용 분석과 심층 인터뷰를 한층 내 의도에 맞게 조합했다. 그럼에도 데이터를 수집하는 과정에는 상당한 어려움이 있었다. 분석할 역사적 문서를 추적하는 것은 두 가지 측면에서 까다로웠다. 첫째로 수 세기에 걸쳐 화장실을 지칭하는 데에는 무수한 완곡어법이 사용되어왔다. 둘째로 19세기와 20세기 전문가 중에서는 기꺼이 화장실 문제에 대해 길게 글을 쓰는 사람이 거의 없었다. 설상가상으로 5장에서 분석 작업을 설명하며 언급했듯이 인터뷰 응답자를 확보하는 일이 그저 헛수고로 끝나는 경우가 많았다. 나의 원래 계획은 화장실 의사 결정권자의 표본을 균형 있게 찾는 것이었다. 3분의 1은 고등교육 분야에서, 3분의 1은 도서관이나 박물관 등의 지방자치 조직에서, 그리고 3분의 1은 레스토랑이나 나이트클럽 같은 지역 문화시설에서 모집하고 싶었다. 그러나 실제로는 그러한 구획이 말끔하게 구현되지 않으리라는 사실이 금세 명백해졌다.

대학의 응답자들은 일반적으로 나와 대화하는 것에 열의를 보였다. 아마도 그들은 학문 연구 과정에 친숙하고, 2000년대 초에 캠퍼스에서 화장실 관련 문제가 증가했기 때문일 것이다. 그러나 다른 유형의 조직의 경우 바쁜 전문가의 일정 중에 만날 기회를 얻으려면 내가 알고 싶은 관심의 틀을 '화장실'보다 넓은 용어로 잡아야 한다는 사실을 금방 깨달았다. 그리고 그렇게 틀을 재구성하는 전략은 금방 효과가 사라지기 때문에, 나는 연구 대상 조직 내에서 더 넓은 범위의 직무 담당자에게 마음을 열기 시작했다. 따라서 내 인터뷰 대상은 균형 잡힌 조합이기보다는 더욱 다양한 뒤죽박죽 집합이 되었다. 나는 건물에 관련된 모든 결정을 검토할 책임을 맡은 박물관 임원, 개조 공사 계획에 참여했지만 그 공간에 대한 궁극적인 통제권은 갖지 못한 도서관 감독관, 지역 레스토랑의 소유주들을 인터뷰했고, 결국 조직의 내부 직원 구조 중 모든 계층의 관리자들을 다 만나보게 되었다. 때때로 나는 구체적으로 조직의 물리적 환경에 관한 결정을 담당하는 사람들과 이야기를 나누기도 했고, 또 다른 곳에서는 특히 성중립 화장실을 추진하는 데 밀접하게 관련된 사람들과 대화를 하기도 했다. 때로는 그런 역할은 전혀 수행하지 않았지만, 조직 화장실의 역사를 상당히 잘 알고 있어 현재의 공간을 만들어낸 관료적 음모에 대해 설명해줄 수 있는 사람과도 인터뷰를 진행했다.

그러나 그러한 다양성을 단점으로 보기보다는, 사회과학적 조사를 위한 근거 이론grounded theory 전략에서 힌트를 얻어 그 다양성이야말로 자산이라고 주장하고자 한다.[7] 바니 글레이저와 안셀름 스트라우스는 다음과 같이 썼다. "다른 입장에 있는 다른 사람들은 동일한 주제에 대해 매우 다른 정보를 '사실'로 제공할 수 있으며, 그들이 다른 사람과 대화할 때에는 그 정보가 또한 상당히 달라진다." 그리고 "일부 사회학자들"은 그러한 "상황을 사실의 무한한 상대주의를 제시하는 것"으로 볼 수도 있지만, 그들은 "실질적이거나 형식적인 영역에서 보다 여러 측면을 고려한" "증거에 대한 균형 잡힌 시각"이 궁극적으로 보다 견고한 중범위 이론을 생산하는 열쇠라고 주장한다.[8] 좀 더 간단히 말하면, 여러 종류의 조직들을 살펴보고 다양한 전문 직책을 맡고 있는 개개인과 이야기를 나누며, 연구에 대한 나의 이해가 변화하고 진화함에 따라 데이터의 표본을 추출하는 절차도 변화하고 진화하게 함으로써 질적 데이터에서 진정으로 이질적인 코퍼스를 수집할 수 있었다. 이 이질적 코퍼스는 이 책에서 내가 연구한 조직의 화장실에 관련한 결정에 대해 보다 견고한 설명을 구축할 수 있게 해주었다. 상당히 상이한 여러 인터뷰에서 유사한 수사적 주제가 반복적으로 등장한다는 것은 그 기저에 따로 분리하여 이론화할 가치가 있는 사회학적 패턴이 존재한다는 것을 시사하기 때문이다.

근거 이론에서 매우 많은 인식론적 지침을 취하면서, 이는 또한 이 원고의 압도적일 정도로 거의 모든 부분에서 주목할 만한 부재, 즉 인종 문제가 부재한 이유를 설명하는 근거가 된다. 극히 드물게 관련이 있는 지점에서(가장 잘 드러난 부분은 1장의 역사적 종합에서 전후 시대 부분과 2장의 배관 저널 분석 중 결말 부분이다) 공중화장실에서의 인종적 구분을 언급하고는 있지만, 내가 수집한 문서와 진행한 인터뷰에 인종차별이 명시적인 고려 사항으로서 거의 등장하지 않는다는 것은 그저 있는 그대로의 사실이다. 분명히 밝히건대, 이는 성별구분 공중화장실의 역사와 성중립적 대안을 만들려는 현대의 노력에서 인종 문제가 주변적이었다는 의미가 아니다. 오히려 진실은 그 반대이다. “평등하지만 분리된”[9]이라는 법적 교리는 거의 20세기 내내 심지어 인종차별이 심한 미국 남부가 아닌 지역에서도 국가가 후원하는 화장실에서의 인종분리를 정당화했으며, 그 앞뒤의 수십 년 동안에도 진정한 공중화장실 건설의 밀물과 썰물은 인종 정치와 밀접하게 얽혀 있었다. 이 책에서 핵심이 되는 두 가지의 분석적 관심인 젠더와 계급은 언제나 인종화되며, 비판적 인종 연구의 수많은 연구가 적절하게 지적한 바에 따르면, 명시적인 인종 담론의 부재는 인종 억압의 진정한 근절보다 그것의 재생산을 의미하는 경우가 더 많다.[10] 그러나 유감스럽게도 내가 수집한 증거를 완전히 교차적인 관점에서 분석하는 것, 즉 젠더 및 계급과 마찬가지로 인종을 철저하게 고려하는 것은 이 데이터의 범위를 벗어난다. 이 문제에 대해 더 자세히 알고 싶은 독자들은 1장의 미주 31번과 32번에 인용한 자료들을 참고하길 추천한다. 그 자료들 대부분이 인종 관련 화장실 분리 문제를 길게 다루고 있다.

그러나 이 책에서 내 연구가 ‘순수하게’ 근거 이론의 접근 방식을 취하고 있다고 주장하는 것도 아니다. 그러려면 어떤 이론적 예측이나 개인적 선입견을 머릿속에 두지 않고 수집한 근거에 접근해야 하는데, 나는 그것은 사회과학자로서 실천하기 불가능한 임무라고 생각한다. 대신, 내가 《화장실 전쟁》의 증거 기반을 구축하기 위해 여러 다른 종류의 질적 데이터를 한데 엮었듯이 이 책의 분석 작업의 방법론적 기반을 구축하기 위해 사회과학에서 질적 증거를 연구하는 여러 가지 다른 접근 방식을 함께 엮을 것이다. 나는 이러한 방법론적 종합을 **관념적 공간에 대한 문화 분석**이라 지칭하고자 한다.

문화 분석이라는 표현은 내가 공중화장실을 문화적 대상으로 다루고 있음을 의미한다. 이 책 전반에 걸쳐 나는 웬디 그리즈월드가 정의한 대로 모든 문화적 대상의 두 가지 주요 구성 요소에 분석적 관심을 집중한다. 첫 번째 구성 요소인 "공유된 의미"는 주어진 사회적 환경 내에서 의미를 만들어내는 집단적 활동을 뜻하며, 두 번째인 "형태의 구현"은 공유된 의미를 문제가 되는 대상의 물리적 측면에 새겨 넣는 것을 뜻한다.[11] 그러나 나는 또한 현장에서 의미가 생성되는 방식을 탐구하며, 특히 다양한 조직 환경 내의 일상적인 의사 결정 작업의 과정에서 문화적 분류에 의지하고 그것을 새로 창조하는 행동을 통해 생성되는 의미를 연구한다. 문화적 분류에 의지하는 행동의 측면에서, 나는 문헌 및 인터뷰 데이터 속에서 기존의 문화적 범주가 언급되는 순간을 찾는다(사립대학 대 공립대학처럼 조직 특유의 범주는 물론 여성과 남성처럼 더 넓은 분류적 배열도 포함). 그런 뒤 문화적 분류를 창조하는 측면에서 나는 새로운 문화적 그룹화가 이루어지는 순간을 찾는다(가령 인터뷰 응답자가 새로운 방식으로 자신의 조직을 다른 유사한 조직과 함께 묶는 경우). 즉 나는 문헌이나 개인이 "사물의 경계"뿐 아니라 이미 확립된 범주적 구분에 기대어 연역적으로 말하는 순간을 찾음으로써, 그리고 문헌이나 개인이 일상적 의미 생산의 과정 속에서 귀납적으로 새로운 구분을 생성하는 순간을 찾음으로써, 앤드루 애벗이 "사물의 경계"라고 부른 것을 조사한다.[12]

관념적 공간이라는 구절은 공중화장실의 내재적 물질성에 대한 관심을 희생하지 않으면서 그러한 개념적 과정을 전면에 내세우려는 나의 노력을 가리킨다. 즉, 이 책에서 나의 분석 작업은 서로 관련된 두 가지 충동에서 비롯된다. 첫 번째는 다양한 사회적 행위자, 집단 그리고 조직이 화장실에 대해 어떻게 생각했는지 이해하는 것이다. 대중 담론은 화장실에 대해 공공연하게 어떤 말을 해왔는가, 사법적 조직과 전문직 조직은 역사적으로 어떻게 화장실을 성별분리가 필요한 공간으로 구획해왔는가, 그리고 문화 조직, 교육 조직. 지방자치 조직이 오늘날 성중립 화장실 도입을 추구할 가치가 있다고 믿는 이유는 무엇인가를 이해하고자 한다. 그러나 나는 화장실 공간에서 형체가 있는 구성 요소를 심도 있게 탐구하고자 하는 두 번째 충동에도 마찬가지로 관심이 있다. 가령 화장실의 물리적 위치의 역사적 진화, 현재 화장실의 구조적 배치 및 설비, 건물 인프라에서 화장실의 치수 및 배치를 관리해온 설계 표준, 특정한 공식 조직에 의해 여러 개의 개별 칸으로 나뉘는 경우와 하나의 공간으로 통합되는 경우, 그리고 이러한 차이의 축 각각에 미치는 제도적 맥락의 영향을 탐구하고자 한다. 간단히 말해, 나의 목표는 젠더 및 공중화장실에 대한 조직의 논쟁 및 의사 결정을 지탱하는 다양한 문화적 범주를 기록할 뿐 아니라, 더 중요하게는 물리적인 화장실 공간에 대해 "제도는 어떻게 생각하는가"[13](강조는 필자)를 이해하고자 한다. 그렇기에 책의 전반과 후반이 시작되는 곳에 메리 더글러스의 명구를 인용해둔 것이다.

이러한 접근법의 선행 사례 중 상당수는 민족지학적 방법론에 대한 사회학 및 인류학 문헌에서 비롯되었다. 역사적 민족지학에 대한 다이앤 본의 접근으로부터 나는 유추적 비교에 대한 중점을 빌려왔으며, "더욱 정교하면서도 일반화 가능한 이론적 설명"을 만들기 위한 노력의 일환으로 "각기 다른 사회적 환경을 가로질러 유사한 사건이나 활동"을 비교함으로써 설명적 서술 중 많은 부분을 구성했다.[14] 인프라의 민족지학에 대한 수전 리 스타의 연구에 이어 나는 그의 비교적 접근을 인프라 구조를 만들고 시행하며 유지하기 위한 일상적인 조직적 활동의 이면에서 전개되는 "보이지 않는 작업"에 대한 조사로 보완한다.[15] 게다가 내가 물질성에 집중할 수 있었던 것은 "공간적 민족지학"을 실천한 도시 지리학자들 덕분이다. 그 이론틀을 통해 일상의 물리적 공간이 변화하는 사회적 조건에 대응하여 유동적으로 구성되고 끊임없이 변형된다는 것을 이해할 수 있기 때문이다.[16] 그러나 나의 가장 주된 관심은 사례 연구나 단일 장소 접근법이 아니라, 하나의 조직 내부가 아닌 여러 조직에 걸쳐 이루어지는 의미 형성 및 경계 짓기 과정에 대한 설명을 개발하는 것이다. 이는 인류학자 데이비드 밸런타인이 “하나의 범주에 대한 민족지학”이라 명명한 것과 유사하다. 이는 “집단적 정체성 및 정치적 행동의 한 범주로서 트랜스젠더의 출현 및 제도화”에 대한 연구이며 필연적으로 “여러 맥락, 삶, 공간을 가로지르는 움직임”을 요구한다.[17]

그러나 민족지학적 방법으로 화장실을 연구하는 것은 본질적으로 어렵기 때문에, 나의 분석적 접근은 대부분 조직적 의사 결정 과정의 사후적 서사 서술, 즉 이미 이루어진 화장실 관련 논쟁 및 결정에 대한 이야기를 전하는 문헌 및 인터뷰 데이터에 의존한다.[18] 특히 인터뷰 데이터의 경우, 내가 응답자의 설명의 정확성을 평가할 수 있는 능력에는 한계가 있으며, 따라서 진정한 민족지학적 방법이 하는 것처럼 응답자의 말과 행동 사이의 뚜렷한 차이를 탐색하기는 어려워진다.[19] 그러나 미셸 러몬트와 앤 스위들러가 최근에 문화사회학의 인터뷰 방법론을 옹호하며 지적했듯이,[20] 그럼에도 심층 인터뷰는 이 연구의 핵심 목표 중 하나를 실현하는 데 매우 적합하다. 그 목표는 개개인이 일상생활을 영위하면서 어떻게 문화적 범주를 이해하고 활용하는지, 이 연구의 경우에는 개인이 거주하는 일상적 조직 환경 내 의사 결정 작업에서 그들이 어떻게 그러한 범주를 구성하고 배치하는지 이해하는 것이다.[21]

더 중요한 것은 동일한 연구에 역사적 방법과 인터뷰 방법을 결합함으로써, 나는 또한 문화사회학의 질적 방법에 대한 지속적인 논의에 새로운 기여를 제공한다. 본질적으로 사후 정당화 서사에는 생산적인 무언가가 있다고, 즉 그들의 발언이 미래의 사회적 행동에 근본적 층위에서 영향을 미친다고 생각하기 때문이다. 《젠더 트러블》에서 주디스 버틀러는 젠더의 특성을 “몸의 반복된 양식화이며, 본질과 존재의 자연스러운 외관을 산출하기 위해 오랜 시간 응축되어온 매우 단단한 규제적 틀 속에서 반복되는 일련의 행위”[22]라고 규정했고, 더 나아가 젠더의 합법성은 반복적이고 인용적인 수행에서 비롯된다고 주장한다. 내가 연구하는 정당화 서사에도 비슷한 현실이 적용된다. 그들은 오직 반복과 재귀를 통해서만 실제처럼 보이게 되지만(그리고 실제가 되지만), 패턴화를 통해 나타나는 실체의 외관은 그것에 강력한 정당성 및 질서의 감각을 부여한다. 나아가 나는 그러한 패턴이 일상적인 조직 활동의 수행을 형성하면서 이 정당화의 힘이 더욱 강해진다고 생각한다. 다시 말해, 사후 정당화 서사, 그리고 말이든 글이든 그 서사와 근본적으로 뒤얽혀 있는 경계 짓기 작업의 대인적 흐름은 그것을 통해 젠더 질서가 유지되거나 때로는 변형될 수 있는 매우 중요한 경로이다. 그렇기에 《화장실 전쟁》은 이론적 기여뿐 아니라 방법론적 기여도 하고 있다. 이 책은 젠더의 사회적 구성, 제도적 논리의 진화, 그리고 무엇보다 사회 불평등의 재생산과 얽혀 있는 문화적 과정으로서 정당화를 그 자체로 재중심화한다.

구체적으로 말하자면, 이 연구의 최종 데이터에는 다양한 유형의 1차 자료와 더불어, 지난 15년 내에 하나 이상의 성중립 화장실을 도입한 공식적 조직 내의 행위자들을 대상으로 한 심층 인터뷰가 포함되어 있다. 각 장은 각기 다른 일군의 데이터에 의존하고 있기 때문에, 나는 그것을 하나씩 차례대로 논의하면서 이 부록의 결론을 마무리하고자 한다.

1장에서 나의 역사적 서사는 대부분 역사학, 사회학, 법학, 정치학, 그리고 관련 분야의 학문 영역에서 가져온 2차 자료를 종합하여 만들어졌다. 그 종합은 또한 1883년부터 2011년까지 북미 주요 신문에 게재된 공중화장실에 관한 4348개의 신문기사의 원본 샘플에 근거하고 있다. 나는 2015년 5월에 디지털 데이터베이스인 '프로퀘스트ProQuest'의 '역사적 신문Historical Newspapers' 부문과 '뉴스스탠드Newsstand' 부문에서 일련의 병렬 핵심 용어 검색을 통해 위의 문서 샘플을 검색했다. 그리고 2012년 1월부터 이 책을 최종 수정한 2018년 12월까지 구글 뉴스 알림을 활용하여 수집한 구체적으로 성중립 공중화장실에 관련된 뉴스 기사 912개를 추가하여 해당 결과를 보완했다. 비록 첫 번째

장의 역사적 서사의 맥락 속에서 이 신문기사 데이터를 인용하지는 않았지만, 그것의 도움으로 나는 해당 장의 핵심 내용이 대략적으로 대응되는 시기에 통용되던 화장실에 대한 대중적 담론을 간단하게 요약하며 이후의 각 장을 시작할 수 있었다.

2장의 경우, 내가 활용한 문서 샘플은 1872년부터 1926년 사이에 건축, 토목, 도시계획, 건강, 의료 정기간행물에 게재되어 배관, 위생, 화장실을 중심 주제로 다루고 있는 186개의 기사로 구성된다. 나는 2016년 12월에 관련된 이 연구에 관련된 분야(위에 언급함)의 정기간행물을 찾기 위해 '에이버리 인덱스Avery Index'의 '건축 정기간행물Architectural Periodicals' 부문과 '프로퀘스트 센트럴Proquest Central', '제이스토어JSTOR'를 검토했다. 90개의 정기간행물 목록을 작성한 뒤, 나는 여섯 명의 학부생 연구 보조원의 도움을 받아 각 정기간행물의 각 호에서 화장실 문제를 다루는 기사를 검토했으며, 또한 각 정기간행물의 디지털 자료를 대상으로 이 연구와 관련된 주요 용어(예를 들어 수세식 화장실, 화장실, 변기 등)를 검색했다. 이렇게 통합적인 검색 과정을 통해 1140건의 기사로 구성된 데이터베이스가 구축되었으며, 내가 그 기사들과 이 연구의 관련성을 검토하여 186건의 기사로 간추린 최종 샘플이 2장의 핵심을 구성하게 되었다. 또한 2장에서는 오직 공중 휴게소(public comfort station, 20세기로 전환되기 전후 수십 년 동안 공중화장실 구조물에 가장 흔히 사용된 이름)에만 초점을 맞추지 않고, 가정용 화장실, 공공 하수 시스템, 민간 소유 사업체 및 공공시설의 준 공중화장실 등 다양한 관련 설비 및 시설을 다루는 기사도 아카이브에 포함시켰다. 2장은 주로 진정한 공중화장실의 설계 및 건축을 담당하는 분야에서 전문적 담론이 진화하는 양상에 초점을 맞추고 있지만, 다른 위생 기술에 관한 기사들이 유용한 비교 사례를 제공하기도 한다. 공공 배관 시설에 대한 건축적 설명이 다른 전문적 담론과 어디서 중첩되며 더 중요하게는 어디서 갈라지는지 드러나기 때문이다.

3장의 경우 내 문서 샘플은 젠더, 화장실, 직장 업무에 관한 법적 분쟁에 대응하여 1967년부터 2013년 사이에 작성된 256개의 연방 의견서로 구성되어 있다. 나는 2014년 1월 온라인 법률 검색 서비스인 '웨스트로Westlaw'에서 젠더 및 공중화장실에 관련한 핵심 분쟁을 다루는 소송을 중재하는 연방 판례법에 대한 결과를 도출하도록 설계된 일련의 주요 용어 검색을 통해 일차적으로 문서 샘플을 수집했다. 초기 샘플은 838개의 연방법원 의견서로 구성되었으며, 이 연구와의 관련성을 평가하기 위해 각 문서를 미리 살펴본 뒤 관련이 없는 문서를 제외하여, 연령차별, 잔인하고 비정상적인 처벌, 공정 주택 관행, 표현의 자유, 인종차별, 교육의 형평성, 심지어 세법에 관한 사건을 포함하여 젠더 및 공중화장실에 관련된 광범위한 법적 분쟁을 다루는 388개의 의견서 샘플을 확보했다. 두 번째 샘플을 보다 주의 깊게 검토한 뒤 나는 뒤집힌 판결도 유지하기로 했지만(뒤집힌 판결이라 해도 그러한 문서에 담긴 언어와 전제는 중요한 문화적 작업을 수행하기 때문이다), 주제 범위는 젠더 및 화장실 분쟁 중에서도 주로 특정한 업무 환경의 맥락에서 성차별 및 성평등 문제에 관한 사건으로 제한하여 최종적으로 256개의 문서 샘플을 산출했다. 이렇게 제한된 초점을 통해 나는 하나의 집중된 법적 판례의 진화를 시간의 흐름에 따라 추적하고, 원고에게 유리하게 해결된 사건(즉 법적 조치가 필요한 성차별이 실제로 일어났다고 판단한 경우)과 피고에게 유리하게 해결된 사건(즉, 성차별 혐의가 타당하지 않다고 판단한 경우) 간의 차이점을 체계적으로 탐구할 수 있었다.

4장과 5장에서(원래는 하나의 장이었으나 귀납적 데이터 분석 과정을 거쳐 두 개로 나누게 되었다) 나는 2014년 9월부터 2015년 8월까지 미국 북동부의 문화 조직 및 지방자치 조직을 대표하는 참여자를 대상으로 실시한 64건의 반구조화된 대면 인터뷰를 활용한다. 내가 표본으로 삼은 조직은 웹사이트에 공개적으로 성중립 화장실을 이용할 수 있다고 광고했거나, 공적으로 이용할 수 있는 성중립 및 장애인 접근 가능 화장실 공간에 관한 데이터베이스를 운영하는 웹사이트인 '레퓨지 레스트룸스REFUGE Restrooms'에서 적어도 하나 이상의 남녀공용 혹은 성중립 화장실을 제공한다는 점이 확인된 곳이었다.[23] 나는 또한 의도적으로 지리적 차이가 있는 조직들을 샘플로 선정했다. 일부는 필라델피아시와 뉴욕시 같은 도심 환경(33곳)에 위치해 있고, 펜실베이니아주, 뉴욕주, 뉴저지주와 같이 교외 환경(25곳)도 있으며, 같은 주에서 시골 환경(6곳)인 경우도 있었다.

구체적으로 4장의 표본은 공공 도서관(12곳), 공공 공원 및 유적지(8곳), 그리고 대중교통 센터(4곳)에서 일하는 응답자들을 포함한다. 그 표본은 조직 유형 및 지리적 위치뿐 아니라 재정적 측면에서도 다양하다. 나는 1인당 소득이 하위 10퍼센트인 곳에서부터 상위 10퍼센트인 곳까지 전 범위에 분포하고 있는 다양한 지역 및 마을에 위치한 조직의 응답자들을 인터뷰했다. 따라서 서로 다른 지리적 맥락에서 서로 다른 조직 유형을 그룹화하기로 결정하자, 인터뷰 샘플에 몇 가지 비교 가능한 선택지를 만들어낼 수 있었다. 이렇게 서로 비교할 수 있는 차원 중 일부는 화장실 의사 결정에서 놀라울 정도의 유사성을 드러낸다. 가령, 18세기 이후부터 인프라가 거의 그대로 남아 있는 유적지와 최근에 기둥만 남기고 내부를 모두 철거한 뒤 완전히 새로운 자재로 다시 지은 도서관 사이에 유사성이 발견되는 것이다. 그러나 지리적 특성에 따라 전해 내려오는 공공 조직의 경제적 상황 등 다른 여러 조직적 차이로 인해 성중립 화장실이 등장하는 방식도 극적으로 달라졌다. 심지어 불과 몇 마일밖에 떨어지지 않은, 사실상 동일한 기관 정체성을 가진 조직들 사이에서도 현격한 차이가 나타나곤 했다.

5장의 표본도 비슷하게 다양하다. 내가 만난 응답자들은 레스토랑(14곳), 박물관(14곳), 쇼핑몰(6곳), 공연장(6곳)을 대표하고 있었으며, 그들의 화장실은 "모든 성별all-gender"에서부터 "성중립gender-neutral", "젠더 포용적gender-inclusive", "남녀공용unisex" 그리고 추가 수식어 없이 단지 "화장실"에 이르기까지 다양한 명칭이 지정되어 있었다. 여기에는 비교할 수 있는 두 가지의 측면이 내포되어 있다. 먼저 조직적 측면에서, 내 샘플에 포함된 네 가지 조직 범주의 응답자들은 자금을 조달하는 출처도 다르고 공언하고 있는 조직의 사명도 다르며, 고객 및 이용자에게 매우 다른 유형의 문화적 산물을 제공했고, 각기 다른 관료적 구조를 통해 운영되었다. 따라서 성중립 화장실의 문제에 대해서도 매우 다른 방식으로 접근할 것을 합리적으로 예상할 수 있다. 그리고 화장실의 측면에서는, 매우 다양한 화장실의 명칭을 조사함으로써, 화장실 공간에 특정한 방식의 명칭을 붙이도록 의사 결정권자에게 동기를 부여한 조직의 논리를 비교할 수 있었다. 따라서 일견 사소해 보이는 화장실 표지판의 세부 사항이 실제로는 특정한 성중립 화장실이 그것이 속한 조직에 어떤 의미를 가지는지에 대해 상당히 많은 정보를 전달할 수 있는 이유와 방법을 분석할 수 있다.

6장에서는 성중립 기숙사 및 화장실 정책이 이미 시행되고 있는 미국 전역의 대학에서 일하는 응답자들과 스카이프나 전화를 통해 수행한 64건의 반구조화된 장거리 인터뷰를 활용했다. 2013년 9월부터 2014년 12월까지 나는 학부 기숙사 생활을 직간접적으로 감독하는 캠퍼스 행정관(26명), LGBTQ 센터 소장(22명), 기숙사 관장(9명), 시설 관리 교직원(7명)과 인터뷰를 실시했다. 또한 나는 의도적으로 네 가지 측면에서 차이가 있는 기관들을 다양하게 표본으로 선정했다. 주요 자금 출처가 공공(36곳)인지 민간(28곳)인지, 기관의 주요 사명이 연구(38곳)인지 교육(26곳)인지, 학부생 등록자 수가 5000명 미만(26곳)인지, 5000명에서 1만 5000명 사이(14곳)인지, 1만 5000명 이상(24곳)인지, 그리고 대학의 위치가 북동부(22곳), 중서부(16곳), 서부(15곳), 남부(11곳) 중 어디에 해당하는지에 각각 차이를 두었다. 포용적 기숙사와 포용적 화장실은 기관의 공통적 사업에 포함된 불가분한 한 쌍으로 대학 캠퍼스에 도입되는 경우가 많기 때문에 이 장에서는 나 역시 젠더 포용적 기숙사에 대한 인터뷰 데이터도 함께 수집했다. 응답자에게 내가 성중립 문제에 친숙하다는 사실을 알리는 것 외에도, 방법론적 선택 덕분에 이 상황에 내포된 사례 비교를 할 수 있었다. 즉 응답자들이 기숙사와 화장실을 하나의 의사 결정 범주로 통합하는 경우와, 각각을 구분하는 경우를 비교하여 분석할 수 있는데, 이는 6장의 주장에 중요한 영향을 미치는 경계 짓기 과정이다.

감사의 말

지난 5년간 나는 글쓰기 세미나의 첫날 학생들에게 학문 연구의 기본 원칙 세 가지를 가르쳤습니다. 첫째, 진정으로 위대한 연구의 출발점은 흥분되고, 초점이 분명하며, 또한 그만큼 가치가 있는 질문을 던지는 것이다. 둘째, 이 세 측면의 난해한 균형을 맞추는 유일한 방법은 당신의 질문(과 그 이면에 담긴 생각)을 끊임없이 수정하는 것이다. 셋째, 효과적으로 수정하려면 동료들의 피드백에 마음을 열어야 한다. 다른 호기심 많고 예리하며 관대한 사람들과 교류하는 것이 당신의 연구를 개선하는 가장 확실한 경로이기 때문이다. 저는 대학에서 강의를 시작하기 한참 전부터 그러한 조언의 가치를 굳게 믿고 있었지만, 이 책을 쓰고 수정하고 모든 부분에 대한 워크숍을 진행하는 과정에서 그 믿음이 결코 틀리지 않았음을 다시 한번 분명히 확인하게 되었습니다. 이 책의 질문(과 그 이면에 담긴 생각)을 발전시키기 위해 10년 이상 노력해온 만큼, 이 연구가 오늘날에 이르기까지 저는 상당한 수의 호기심 많고 예리하며 관대한 사람들의 도움을 받아왔습니다.

가장 먼저 지난 5년 나의 지적 근거지였던 프린스턴 글쓰기 프로그램에 감사드리고 싶습니다. 그곳에서 적극적인 다학제적 동료 연구자들과 더불어 연구하며 그들에게 집필과 강의, 그리고 이 두 가지를 무수한 방식으로 접합하고자 하는 나의 열정에 대한 지원을 받을 수 있었던 저는 정말 운이 좋았습니다. 그중에서도 특히 우리 글쓰기 프로그램을 탁월하게 지휘하며 제게 학부 교육 활동과 학자로서의 발언을 상호 협력적으로 발전시킬 여지를 마련해준 어맨다 어윈 윌킨스와 매주 점심시간에 만나 우정과 피드백을 나누어주며 제가 글쓰기 작업에 매진할 때마다 변치 않는 영감의 원천이 되어준 에린 래프티에게 감사드립니다.

단행본이 되기 전에 《화장실 전쟁》은 박사 논문이었던 만큼 프린스턴대학교 사회학과 대학원에서 수학하던 시절 제게 격려와 지원을 아끼지 않았던 다섯 분의 멘토에게도 깊이 감사드립니다. 그중에서도 특히 벳시 암스트롱께, 제가 일반 시험을 준비하는 동안 영감을 자극하는 질문을 던져주거나, 진행 중인 논문 초고에 기민하고 주의 깊은 논평을 해주거나, 활기찬 이메일로 화장실에 관련한 기사를 보내주는 등, 수년간의 탁월한 지도와 지원은 제가 박사 논문과 그를 토대로 한 이 책을 완성하는 데 무엇보다 중요한 역할을 해주었습니다. 킴 레인 셰펠레, 테이 메도, 마고 캐너데이는 박사 논문 심사위원으로서 제게 큰 도움을 주었습니다. 그들은 제가 이 연구를 진행하는 내내, 보다 깊이 탐구하고 보다 큰 야망을 가지며 보다 넓은 상상력을 펼칠 수 있도록 자극해주었습니다. 그리고 프린스턴 밖에서 베서니 브라이슨은 소중한 친구이자 조언자였습니다. 그는 제가 지적으로 익숙한 범위에 안주하지 않도록 독려해주었고, 그 영향은 제 학문 전반은 물론 특히 이 책에 비상한 족적을 남겼습니다.

저는 또한 수년간 이 연구에 기여한 여러 개인 및 기관의 도움을 받았습니다. 웬디 벨처, 메리 앤 케이스, 보니 손턴 딜, 매기 프라이, 주디 거슨, 브라이언 에레라, 레지나 쿤젤, 피터 요하네슨, 미셸 러몬트, 하비 몰로치, 프리든 외르, 빅토리아 피츠테일러, 게일 살라몬, 크리스틴 실트, 키스 쇼, 레이철 셔먼, 다라 스트롤로비치, 주디 스완, 에린 베안콤베, 재닛 베르테시, 킹토 양, 비비아나 젤라이저와의 대화 및 피드백은 모두 제 생각과 글을 풍부하게 해주었습니다. 캘리포니아대학 출판부에서 선정해준 네 명의 뛰어난 검토 위원 미리엄 어벨슨, 엘리자베스 A. 암스트롱, 카티 코넬, 카를라 페퍼는 저의 단행본 제안서를 본격적인 원고로 바꾸고, 완성된 원고를 한층 더 응집력 있는 최종본으로 다듬을 수 있도록 도와주었습니다. 10학기 동안 글쓰기 세미나의 학생들은 동료 평가 기술을 향상시키기 위한 연습으로 진행 중인 제 연구의 일부를 읽고 논평했으며, 이를 통해 저는 연구의 분석력과 접근성을 더욱 높이기 위해 노력할 수 있었습니다. 프린스턴대학의 인문사회과학 연구위원회는 이 연구에 넉넉한 기금을 지원해주었습니다. 마지 던컨은 제가 학생들에게 집중할 수 있도록 기금을 지원받는 데 필요한 기관의 요구 사항을 배후에서 전부 처리해주었습니다. 에리 브라이트펠트, Y.J. 최, 모나 클래피어, 산나 리, 에이든 오도널은 뛰어난 능력으로 그 작업을 보조해주었습니다. 제가 최종 수정본을 완성할 때, 몇몇 장을 신중하게 읽고 검토하여 연구 보조원으로서의 임무를 훌륭히 완수해준 캠론 솔도지와 매디슨 워스만과 제 참고 문헌 전체를 아주 세심하게 검토하여 다듬고 정리해준 주디 쿠에게 특별히 감사드립니다. 그리고 제가 젊고 열정이 넘치는 대학원생이었던 시절, 바쁜 와중에도 시간을 내어 저와 함께 화장실에 대한 이야기를 나눠준 128명의 전문가들에게도 깊이 감사드립니다.

더불어, 처음 만났을 때부터 한결같이 이 책에 열정과 지원을 보내준 나오미 슈나이더에게도 감사를 드리지 않을 수 없습니다. 캘리포니아대학 출판부 팀 전체는 이 책을 집필하는 경험을 그저 긍정적으로 느낄 수 있게 만들어주었으며, 그중에서도 특히 벤지 메일링스는 지난 2년간 제가 던진 질문과 걱정을 감사하게도 늘 친절하게 처리해주었습니다.

제가 누구보다 가장 감사하고 싶은 사람들은 저희 가족입니다. 할머니, 할아버지, 그리고 버드 삼촌은 물심양면으로 제 곁에 있어주었습니다. 이 세 분이 제가 박사 논문을 완성하고 그것을 다시 이렇게 책으로 출판하는 것까지 전부 지켜볼 수 있었다면 얼마나 좋았을까요. 하지만, 제 성취에 대한 그들의 자부심은 지금까지 항상 제 삶과 연구의 가장 든든한 지지대였으며, 앞으로도 계속 그럴 것입니다. 재닛과 찰리는 저를 그들의 삶에 기꺼이 받아들여주었으며, 우리가 가족인 적이 없었다는 사실을 믿기 힘들 정도로 나의 연구를 축하해주었습니다. 저는 이토록 멋진 부모님을 얻게 된 데 정말로 감사하며, 이 책에 담긴 사회학 전문용어들이 그들을 지루함에 빠뜨리지 않기만을 바랄 뿐입니다. 그리고 저의 가장 친한 친구이자 가장 좋아하는 사람인 레이철, 당신의 끝없는 인내와 사랑과 지원 없이는 이 책이 나올 수 없었을 것입니다. 삶의 매일매일을 함께하는 파트너로서 제가 당신에게 가지는 각별한 마음과, 이 책을 만드는 모든 단계에서 파트너로 있어준 당신에게 느끼는 소중한 감정은 도저히 말로 표현할 방법이 없습니다.

하지만 저는 끝내 이 책을 저의 어머니 돌로레스에게 바치고 싶습니다. 박사 논문에 제가 적었던 감사의 말 이상으로 이 감정을 전달할 방법이 없기 때문에, 여기서는 그 내용을 인용하겠습니다. 어머니는 전일제로 일을 하면서도 어떻게든 매일 우리에게 저녁 식사를 손수 만들어주었으며, 학교 현장학습과 행진 악대 연주 대회에 빠짐없이 참가하고, 제가 교직에 있는 동안 계속 참여해왔던 대학 축구 경기에도 찾아와주었습니다. 그중에서도 가장 위대한 것은 어머니가 제가 내린 결정은 그것이 좋든 나쁘든 그저 지지해주었다는 점입니다. 실제로, 제가 페미니즘과 퀴어 이론을 배우기 훨씬 전부터 어머니는 진보적으로 사는 것의 의미를 몸소 가르쳐주었습니다. 제가 학계에서 얼마나 오래 머물든, 여전히 어머니는 제가 아는 가장 똑똑한 여성일 것입니다. 이 모든 이유와 다른 더 많은 이유들로 인해 어머니는 언제나 변함없이 저의 영웅입니다. 매일매일 보고 싶어요, 엄마. 그리고 무엇보다, 이 성취를 전부 엄마와 나누고 싶어요.

옮긴이 후기

조고은

화장실은 인간으로서 보장받아야 할 아주 최소한의 사생활 보호와 위생을 제공하는 시설이라고 여겨진다. 인간으로서 화장실을 제대로 가지 못한다는 것은 있을 수 없는 일이며, 타의에 의해 옷을 입은 채로 실례를 하게 되거나 남들이 보는 앞에서 볼일을 봐야 한다면 그것은 인간으로서의 가장 기본적인 존엄마저 침해당하는 굴욕이자 폭력일 것이다. 그렇기에 '기본적 화장실'에 대한 많은 조건이 너무나 당연한 것, 애초부터 그렇게 생길 수밖에 없는 것으로 여겨진다. 하지만 근대사회의 구성 요소 대부분이 그렇듯, 화장실은 당연하지 않다. 남녀 화장실이나 장애인 화장실이 당연하지 않은 것은 물론이거니와 실내에 설치된 화장실, 공공장소에 마련된 화장실, 문을 닫고 잠글 수 있는 화장실, 한 칸에 한 사람만 들어가는 화장실 등등 그 어떤 형식도 당연하지 않다. 화장실은 사회적 담론과 전문 지식, 계급적 욕망 등이 뒤섞여 시대의 흐름과 함께 만들어졌다 부서지고, 나뉘었다 합체하며, 커졌다가 작아지고, 이마에 무수히 다른 표식을 붙였다가 뗀다.

명문대 나와서 할 일이 화장실 연구밖에 없었냐는 어느 공공기관 직원의 비아냥이나 다른 중요한 이슈가 많은데 화장실 실랑이만 계속되는 현실이 답답하다는 퀴어 운동가의 한탄 속에서도 젠더사회학자인 알렉산더 K. 데이비스가 화장실과 젠더 담론의 관계에 대해 연구하며 짚어보려던 질문은 이

것이다. 정말 남녀 화장실이 신체적 성별에 따른 자연스럽고 필연적인 결과물인가? 매분 매초 남녀를 구분하는 활동을 하고 있는 남녀 화장실이 여성이란 무엇이며 남성이란 무엇인가를 결정하는 성에 관한 사회적 제도, 즉 젠더의 구체적 실천 중 하나라면, 역시 젠더란 신체적 성별을 근거로 구성되는 것인가? 젠더와 섹슈얼리티로 인한 불평등 문제를 문화사회학 및 조직사회학의 관점으로 분석하는 저자는 사회제도란 계급, 인종, 젠더 등의 요소가 동시적으로 영향을 주고받으면서 구성되며 그것이 구체적인 정책이나 시설로 실현될 때에는 각 조직 및 업계의 문화와 조직 구성원의 역량 및 상호작용 등이 큰 영향을 미친다는 것이 사회학계에서 널리 통용되고 있는 명제임에도, 유독 젠더와 섹슈얼리티 문제를 다룰 때에는 젠더 정치만의 분과적 사안으로 인식하는 경향이 있다고 비판한다. 그리고 성별분리형 화장실이라는 젠더 정치의 첨예한 이슈에 작용하는 다양한 사회적 요소를 입체적으로 검토하며 사회제도로서의 화장실과 제도이자 제도의 효과로서의 젠더의 성격을 밝힌다.

위의 질문에 답하기 위해 저자는 먼저 1장과 2장에서 19세기부터 미국에 본격적으로 등장하기 시작한 남녀 공중화장실의 변천사를 검토하기 시작한다. 미국에서는 도시에서 산업이 활발해지고 자동차와 도로의 발달로 이동이 늘어나며 여성의 사회활동이 증가하면서 '집이 아닌 곳에서 볼일을 볼 수 있는 방법'이 마련되어야 할 필요가 생겼다. 이렇게 공중화장실이 만들어지는 과정에서 여러 담론이 개입하는데, 특히 저자는 여기서 젠더 정치의 담론은 그다지 의도적인 요소가 아니었다는 점을 강조한다. 가령 직장의 고용주들은 노동자들에게 최적화된 노동환경을 제공하여 업무 효율을 높이고자 했고, 상업 시설 운영자들은 최대한 상류층 문화를 모방한 세련된 설비를 갖추어 고객을 만족시키고자 했으며, 정부는 공중화장실을 제공하여 계층과 인종을 막론한 모든 국민이 위생의 가치를 추구하면 개인적으로는 계급 상승을 이루고 국가적으로는 세계에서 가장 선진적인 사회를 건설할 수 있다고 믿었다. 즉, 남녀 화장실이 설치되는 데 가장 의도적으로 개입한 담론은 오히려 계급·계층 의식과 위생을 통해 계급 상승을 이루고자 하는 열망이었다.

그러나 이렇게 설치된 남녀 화장실은 정작 남녀 성별분리를 온갖 층위에 기입한 형태로 완성되었다. 당시의 과학이 남성과 여성은 근본적으로 다르며 특히 남성은 강하고 여성은 약하다는 프레임을 바탕으로 인간을 연구하는 데 몰두하고 있었기 때문이다. 따라서 노동자의 업무를 향상시키기 위해서는 남성과 달리 나약하며 장차 아이를 낳아야 하는 여성을 보호할 수 있도록 여자 화장실을 설치해야 했으며, 상업 시설의 흥행을 위해서는 신체적으로 연약하고 거동이 불편한 옷차림을 한 여성을 보호하는 상류층 관습을 모방한 여자 화장실을 설치했고, 국가 및 개인의 발전을 위해서는 취약한 여성의 건강을 보호할 수 있도록 여자 화장실을 마련해야 했다. 그리하여 참정권이나 노동권에 관련하여 여성에게도 '동등한 인간'으로서의 권리를 보장해야 한다는 당대 젠더 정치의 요구와는 전혀 상반되게 '남성과 여성은 본질적으로 다르다'는 가설을 굳이 주장할 것도 없이 당연한 사실로 전제한 남녀 화장실이 모두의 발전과 안전과 편의를 위해 자리 잡았다. 이 논리는 19~20세기에 수세식—남녀분리—화장실을 미국 사회에 확립시킨 전문가 집단인 의료계와 건축계의 담론에서 더욱 분명히 드러난다. 두 집단은 자신들의 독보적인 전문성을 입증하기 위한 방편 중 하나로 화장실의 중요성을 역설했는데, 의료계는 청결한 공중화장실이 세균 및 바이러스의 확산을 막고 공중 보건에 이바지할 수 있음을 발견하고 증명할 수 있는 유일한 지식을 갖춘 집단으로서 전문성을 입증했고, 건축계는 청결하고 편리할 뿐 아니라 세련되고 아름다운 실내 화장실을 설계 및 시공할 수 있는 유일한 기술을 갖춘 집단으로서 전문성을 입증했다. 그리고 쉽게 모방할 수 없는 이들의 전문성을 보여줄 최첨단의 화장실은 남성과 여성의 신체적 차이와 그들을 다르게 대우하는 사회적 관습을 과시적으로 반영한 성별분리의 형태를 띠게 되었다.

3장과 4장에서는 성별분리형 화장실을 통해 젠더에 대한 사회적 담론이 실질적 제도인 판례 및 건축물 규정으로 구현되는 과정을 보여준다. 3장에서는 직장 화장실 관련 성차별 소송에 대한 대법원의 의견서를 검토한다. 20세기 중반 미국에서 인종, 피부색, 종교, 국적, 성별에 따른 차별을 불법으로 규정하는 민권법 제7조가 통과되면서 직장 화장실에 관련한 성차별 소송도 꾸준히 늘어났다. 이 소송들은 대개 여자 화장실 부족이나 남성 노동자의 성희롱으로 인해 여성 노동자가 화장실 사생활을 침해당한 사건이 주를 이루었다. 이때 화장실 사생활 침해가 심각한 성차별임을 증명하기 위해 원고들은 관습적 성역할에 충실히 부합하는 서사, 즉 여성의 신체는 본질적으로 취약하며 반대 성별에게 불시에 노출되면 심각한 정신적 충격을 받을 수밖에 없다는 보수적 관념을 강화하는 진술을 하게 되고, 대법원에서 이를 성차별로 인정하는 판결을 내면서 여성에 대한 협소하고 규범적인 통념이 공식적 법제로 확정되는 결과로 이어졌다.

4장에서는 20세기 말부터 여성 인권, 장애인 접근권, 퀴어 인권 등의 담론이 건축물 규정에 반영되어 건물 화장실에 물리적 형태로 구현된 사례를 검토한다. 3장에서도 직장에 여자 화장실 시설이 미비한 경우 성차별에 해당했지만, 공연장처럼 짧은 시간에 많은 사람이 몰리는 공공시설의 사례를 계기로 진정한 평등을 달성하려면 여자 화장실이 남자 화장실보다 훨씬 더 많아야 한다는 사회적 요구가 생겨나고 그것은 건축 규정에 반영되었다. 더불어 휠체어를 타고도 화장실을 이용할 수 있는 규격을 갖춰야 한다는 장애인법이 적용되기 시작했고, 퀴어 시민에게 편안한 화장실을 제공하기 위한 성중립 화장실 정책이 공공기관 차원에서 자발적으로 실시되었다. 이렇게 보다 다양한 이용자를 수용할 수 있는 화장실을 만들고자 하는 담론은 장애인 접근권을 높이기 위해 화장실 공사를 하면서 성중립 화장실로의 개조도 병행하는 등 서로 협력 관계를 이루기도 했지만, 더 많은 경우 화장실에 사용할 수 있는 예산과 공간에 한계가 명확하고 무엇보다 과거의 화장실 구조가 남아 있는 한 개조 가능성이 제한되기 때문에, 담론 자체의 지향이나 조직 행위자의 의도와 상관없이 건물 자체가 과거로부터 물려받은 구조적 관성이 화장실 정책에 큰 영향을 미친다는 사실이 밝혀진다.

5장과 6장에서는 젠더 정치를 반영하여 화장실을 개선할 때 조직 내의 구성원이 그 변화에 의미를 부여할 수 있는 역량과 비슷한 조직들끼리 서로를 평가하고 의식하는 관계가 어떤 영향을 미치는지 살펴본다. 5장에서 저자는 자신이 일하는 건물에 성중립 화장실 등의 변화를 만들어내는 데 성공한 의사 결정자들을 인터뷰하며, 그중에서도 그 변화의 의미를 조직의 사명 및 이용자의 권리와 연결 지어 설명하는 능력이 뛰어난 행위자가 있다는 사실을 발견한다. 앞서 밝혔듯, 사회적 구성물은 그것을 만든 의도와 일대일로 연결되지 않는다. 여성의 동등한 사회 활동을 위해 설치된 화장실이 결과적으로 여성을 본질적으로 남성보다 약한 존재로 단정하는 형태로 구현되었던 것처럼 말이다. 그렇기에 반대로 다양한 성적 지향을 포용하는 성중립 화장실이 설치되었다 해도 그것의 의도를 어떻게 설명하느냐에 따라 그것이 가지는 사회적 의미나 영향력이 달라질 수도 있다. 즉, 조직의 구성원이 자신이 새로 만든 화장실을 조직이나 사회와 어떻게 연결시키고 이용자들에게 어떻게 소개하는지는 매우 중요하며, 그에 대해 설득력 있는 해석을 제시할 수 있는 조직일수록 앞으로도 계속 변화를 주도할 수 있다.

6장에서는 아이비리그를 비롯한 미국의 명문 대학들이 여러 보수적 우려에도 불구하고 성중립 기숙사 및 화장실을 도입하게 된 과정을 살펴보며, 이때 사회적 평판, 특히 다른 대학에 뒤떨어지지 않고 비슷한 형태를 유지하려는 동형화 경향이 강하게 작용함을 발견했다. 이는 먼저 나서서 변화를 주도하기 꺼리는 모습으로 나타나기도 하지만, 일단 몇몇 대학이 변화를 주도하기 시작하면 뒤떨어지지 않도록 너도나도 흐름을 좇는 형태로 나타나기도 한다. 그러나 5장과 6장의 경향은 또한 성중립 화장실이 상류층이 자신을 타인과 구분 짓기 위해 추구하는 문화적 세련됨 및 도덕적 우월성에 포섭되는 방식이기도 하다. 5장에서 주목한 의사 결정자들은 능숙한 상호작용 능력이라는 문화 자본을 갖춘 사람으로서, 성중립 화장실을 자신의 의도대로 설치할 수 있을 만큼 경제적 여유가 있는 조직에 속한 경우가 많았고, 그렇게 부유한 지역의 조직 운영자와 이용자를 설득하는 논리 역시 다양성과 포용성을 반영한 시설이 사회문화적으로 가장 첨단의 트렌드임을 강조하는 것이었다. 6장에서 관찰한 대학들의 변화도 마찬가지여서, 빠르게 성중립적인 시설을 도입한 학교들조차 성소수자 학생 및 교직원의 실질적 요구를 반영하기보다는 외부에서 보기에 얼마나 진보적으로 보일 것인가를 더 중시했다는 불만이 나올 정도였다.

이처럼 화장실은 태초부터 남녀로 나뉘어 있던 것이 아니요 동등한 화장실을 요구해온 여성, 장애인, 성소수자들의 정치적 주장의 영향만 받았던 것도 아니다. 그것은 위생 시설을 통해 국가 발전을 도모하려던 정부, 성차를 거점으로 인간을 탐구하는 것이 진리라고 여기던 19세기 과학, 화장실 관련 보건 지식과 건축 기술을 통해 전문성을 입증하려던 의료계와 건축계, 관습적 성역할을 화장실 관련 법제에 기입한 법조계, 과거의 화장실 형태를 가지고 있는 건물 그 자체, 새로운 화장실을 도입하여 구별 짓기를 행하려는 상류층의 시도 등이 다양하게 뒤얽혀 설치되고 개조되어온 사회적 구성물이다. 저자는 지금까지의 분석을 통해 화장실이 젠더화/탈젠더화되어온 문화적 경로 다섯 가지를 도출한다. 첫째는 문화적 믿음의 헤게모니가 전문적인 관행에 스며든다는 직업적 삼투, 둘째는 자신이 젠더화된 신체로 취급되는 정신적 경험이 소송 등을 통해 사회적 질서에 기입되며 젠더 범주에 소속되는 젠더의 실감, 셋째는 조직의 행위자가 법을 창의적으로 활용하여 정책이나 인프라에 변화를 만들어내는 법적 조화, 넷째는 특권계급은 진보적 주제까지 자신들을 위한 서사로 가공하여 설득력을 부여할 수 있다는 정당화의 용이성, 마지막 다섯째는 제도적 혁신을 위한 전략은 개별 조직뿐 아니라 해당 조직이 속한 보다 넓은 제도적 영역으로 확산된다는 상호작용적 동형성이다.

나아가 저자는 화장실뿐만 아니라 젠더 역시 제도적으로 성취된 개념이라고 주장하며, 화장실의 구성 요소를 분석하는 동시에 이를 제도적 성취로서의 젠더를 구성하는 요소로서 제시한다. 남녀로 구분된 화장실이 주류를 이루었던 19세기 후반부터 20세기 후반까지의 100여 년 동안 화장실을 남녀로 구분하는 사회제도는 곧 인간을 남녀로 구분하는 사회제도이기도 했기 때문이다. 제도적 성취로서의 젠더를 이루는 요소는 ① 제도적 유동성(젠더 이데올로기는 일견 중립적으로 보이는 제도에까지 유동적으로 침투하여 작동한다), ② 체화된 정동(젠더화된 신체로 취급되는 경험은 강력한 정동을 불러일으키며 이 정동은 공식적 제도로 구체화된다), ③ 물질적 관성(제도나 시설로 물질화된 젠더 이데올로기는 그 자체로 관성을 가진다), ④ 담화 회로(젠더 이데올로기는 특권층의 이득으로 가공하여 수렴시키는 상호작용의 회로를 이룬다), ⑤ 조직적 네트워크(젠더 이데올로기가 구현되는 과정에서 개인 및 조직은 정보를 주고받거나 평판을 의식하는 등 서로 의존한다)이다. 이 다섯 가지 요소는 명확한 경계를 이루기보다는 매우 역동적으로 움직이면서 서로 영향을 주고받으며 제도적 성취로서의 젠더를 구성한다.

이렇게 차별적이거나 저항적인 젠더 이데올로기와 사회제도 및 조직, 그리고 구체적 구성원이 역동적인 영향을 미치며 서로를 구성해가는 과정을 입체적으로 살펴보는 데에는 여러 장점이 있다. 먼저 성별 구분 화장실처럼 그저 당연하게 받아들였던 젠더적 특성이나 구분조차 사회적으로 구성된 결과물임을 알 수 있다. 그리고 화장실 설비의 기술적 발전이나 상업 시설의 이윤 추구처럼 얼핏 성 정치와는 관련이 없는 것 같은 사회현상에도 젠더 이데올로기가 기본적 전제로서 침투해 있을 수 있으며, 심지어 직장 내 성차별 금지와 같이 진보적인 제도조차 여성에 대한 차별적 인식을 사회에 기입하는 경로가 될 수 있음을 알 수 있다. 마지막으로 젠더 정치의 진보가 반드시 사회 전체의 진보로 이어지지는 않으며 특권계급의 우월성을 유지하는 방편으로 굴절되는 경우도 있음을 알 수 있다. 결말부에서 저자 데이비스가 주장한 바와 같이, 《화장실 전쟁》을 통해 젠더를 고정된 것이 아니라 역동적으로 변화하는 개념으로 볼 수 있고 젠더 이데올로기를 오직 여성 및 성소수자에게만 해당하는 고립적이고 개별적인 정치학이 아니라 우리 사회에 실제로 존재하는 여러 사회제도와 복잡하게 영향을 주고받으며 다양한 경로로 작동하고 변화하는 적극적 구성 요소로 볼 수 있는 것이다.

젠더처럼 애매하고 유동적이고 수행적인 개념이 화장실이라는 구획이 선명하고 고정되어 있으며 딱딱한 물리적 실체로 구현된다는 것은 상당히 역설적인 만큼 문제적이다. 그렇기에 한국사회 역시 화장실을 배경으로 한 성차별과 성폭력, 그리고 다양성에 관한 논란이 끊이지 않는 것일 테다. 이 책에서 재차 강조했듯 화장실에 대한 생산적인 논의의 출발점은 화장실의 어떤 형태를 당연하게 여기지 않는 것, 나아가 젠더를 필연적인 것으로 여기지 않는 것이다. 역사를 조금만 살펴보면, 그 딱딱한 화장실의 설비와 구획조차 엄청나게 활발한 변화를 이뤄왔음을 알 수 있다. 지금 이 순간의 우리 역시 주변의 화장실에 드나들며 영향을 주고받는 도중에 있다. 화장실에 다니며 우리가 어떤 제도를 실천하고 있으며, 또한 변화를 향해 나아가고 있는지를 비판적으로 분석하는 데에 《화장실 전쟁》이 큰 도움이 될 것이다.

주

서문

1) Kevin Liptak and Sunlen Serfaty, "White House Seeks Ban on Gay and Gender Identity Conversion Therapies," *CNN Wire*, April 8, 2015.

2) Valerie Jarrett, "Protecting LGBT Workers Means Protecting All Workers," *The Advocate*, April 8, 2015.

3) *An Act Relating to Human Rights; Prohibiting Unfair Discriminatory Practices on the Basis of Sexual Orientation*, Minnesota House File 585 (1993); 또한 Chapter 363A of the Minnesota Statutes도 참조하라.

4) *Restrooms and Other Gender Specific Facilities*, District of Columbia Municipal Regulations (2006), title 4, section 4-802.

5) Jarrett, "Protecting LGBT Workers."

6) Mitch Kellaway, "The White House's Executive Office Now Has Gender Neutral Bathroom," *The Advocate*, April 8, 2015.

7) Mike Huckabee, "It's Time to Quit Watching the World Burn, It's Time to Get Involved," the National Religious Broadcasters Convention, Nashville, TN, February 26, 2015에서 발표된 글.

8) *An Act to Amend Section 221.5 of the Education Code, Relating to Pupil Rights*, California Assembly Bill 1266 (2013).

9) Tim Donnelly, "Transgender Restroom Law Humiliates the 98%," *WMD*, August 15, 2013.

10) Steven Rothaus, "Proposed Law Would Limit Transgender Protections throughout Florida," *Miami Herald*, February 6, 2015.

11) *An Act Relating to Single-Sex Public Facilities; Providing Purpose and Legislative Findings,* Florida House Bill 583 (2015); 법안 전문은 다음과 같다. "이 법의 목적은 단일 성별 공중화장실 시설을 이용하는 모든 개인의 사생활과 안전을 보

장하는 것이다. 입법부는 다음의 사항을 확인한다. (a) 성별을 근거로 단일 성별 공중화장실 시설의 접근을 제한해온 오랜 역사가 있다. (b) 단일 성별 공중화장실 시설에서는 사생활을 기대할 수 있다. (c) 단일 성별 공중화장실 시설의 사용자는 해당 시설을 사용하는 동안에는 상대 성별의 개인에게 노출되지 않을 것을 합리적으로 기대한다. (d) 단일 성별 공중화장실 시설은 취약성이 증가하는 장소이며, 해당 시설을 사용하는 개인에 대한 범죄의 잠재성을 제시한다. 그 범죄에는 폭행, 구타, 성추행, 강간, 관음, 노출이 포함되며 이에 국한되지 않는다."

12) *An Act Relating to the Use of Public Locker Rooms, Shower Facilities, and Toilet Facilities; Creating a Criminal Offense,* Texas House Bill 1748.

13) Ruth Marcus, "Beyond the Bathroom Wars for Transgender Rights," *Washington Post,* April 10, 2015.

14) Alison Knezevich, "Transgender Bill Stirs Fear, Controversy in Baltimore County," *Baltimore Sun*, February 19, 2012. 공동 발의자 중 한 명인 캐시 베빈스 시의원도 이 법안에 관하여 그의 사무실로 쇄도한 "주민들의 수많은 우려의 전화와 이메일"에 대해서 "이 법안이 결국 '화장실 법안'으로 일축되는 것이 싫습니다"라고 밝히며 거의 동일한 감정을 표현했다.

15) Chad Griffen and Mara Kiesling, "We Must Stop the Legislative War on Transgender People," *The Advocate*, April 24, 2015.

16) Mary Douglas, *Purity and Danger: An Analysis of Concepts of Pollution and Taboo* (New York: Routledge, 1966), 4. 더글러스는 또한 청결을 중심 분석 대상으로 삼은 20세기 사회이론가 중 한 명이기도 하다. 예를 들어 정신-성적 발달에 대한 20세기 프로이트의 악명 높은 연구에서, 아동의 건강한 성격 발달은 항문기(배설 기능의 통제를 훈련하는 기간)를 통과하는 동안 겪는 긍정적인 경험에 달려 있다. 더 중요하게도 그는 신체 배설물을 "가치 없고 역겨우며 끔찍하고 비천한 것"으로 여기는 법을 배우는 것이 문명화된 사회생활에 온전하고 긍정적으로 참여하는 데 필수적인 부분이며, "청결하지 않은 사람, 즉 자신의 배설물을 숨기지 않는 사람은 다른 사람에게 불쾌감을 주며, 다른 사람을 전혀 배려하지 않는 것"이라고 생각했다. Sigmund Freud, *Civilization and Its Discontents* (London: Hogarth Press, 1949) 참조. 마찬가지로 노베르트 엘리아스의 서구 사회의 매너 발전의 역사에 따르면, 신체의 청결에 대한 기대는 중세부터 16세기까지를 거치면서 점점 더 엄격해졌다. 시간이 흐름에 따라 더욱 위계적인 사회질서가 나타나기 시작하면서, 예의 범절의 준수는 외부적 제약에 의해 강제되는 것에서 "개인의 자기통제를 위한 사회유전학적 장치"에 의해 생산되는 것으로 바뀌었다. 이때 개인의 자기통제는 곧 신체 배설물에 노출되었을 때 "불쾌, 거부

감, 역겨움, 두려움, 수치심"을 표현하는 방법을 스스로 습득한 개별 사회 행위자로서의 정서적 반응이다. Norbert Elias, *The Civilizing Process*, trans. Edmund Jephcott (Oxford: Basil Blackwood, 1978), 369와 108를 참조하라.

17) Patricia Cooper and Ruth Oldenziel, "Cherished Classifications: Bath rooms and the Construction of Gender/Race on the Pennsylvania Railroad during World War II," *Feminist Studies* 25, no. 1 (1999): 7-41.

18) Mitchell Duneier, "Race and Peeing on Sixth Avenue," in *Racing Research, Researching Race: Methodological Dilemmas in Critical Race Studies*, ed. France Winddance Twine and Jonathan W. Warren (New York: New York University Press, 2000), 216.

19) National Council on Disability, "The Impact of the Americans with Disabilities Act: Assessing the Progress toward Achieving the Goals of the ADA," July 26, 2007.

20) Jacques Lacan, *Ecrits: A Selection*, trans. Alan Sheridan (New York: W. W. Norton, 1977).

21) 이 서문과 이후의 장에서 사용하는 언어에 대한 중요한 참고 사항: 젠더를 고정된 한 쌍의 이분법적 범주가 아닌 유동적인 사회적 과정으로 표현하려는 노력의 일환으로 이 책 전체에서 가능할 때마다 성중립적 언어를 사용하고자 한다. 이는 특정 단락의 경우처럼 "젠더화된 사람" 및 "젠더화된 신체"라는 명사구를 통해서도 종종 나타나겠지만, 젠더화된 그, 그녀(더 심각하게는 그의, 그녀의) 대신 단수형 대명사로서 '그they'도 자주 사용하게 될 것이다. 이 관습이 불쾌하다고 생각하거나 불필요한 진보적 애착이라고 생각하는 독자에게는 데니스 배런이 2018년 '옥스포드 영어사전'의 블로그에 쓴 '단수형 그they의 간략한 역사'라는 제목의 훌륭한 게시물을 추천한다.
public.oed.com/blog/a-brief-history of-singular-they.

22) 다음의 자료를 참조하라. Alice Kessler-Harris, *Out to Work: A History of Wage-Earning Women in the United States* (New York: Oxford University Press, 1982); Francine D. Blau, Mary C. Brinton, and David B. Grusky, eds., *The Declining Significance of Gender?* (New York: Russell Sage Foundation, 2006); Claudia Buchmann, Thomas A. DiPrete, and Anne McDaniel, "Gender Inequalities in Education," *Annual Review of Sociology* 34 (2008): 319-37; Thomas A. DiPrete and Claudia Buchmann, "Gender-Specific Trends in the Value of Education and the Emerging Gender Gap in College Completion," *Demography* 43, no. 1 (2006): 1-24; and Claudia Buchmann and Thomas A.

DiPrete, "The Growing Female Advantage in College Completion: The Role of Family Background and Academic Achieve ment," *American Sociological Review* 71, no. 4 (2006): 515–41.

23) Barbara Miller Solomon, *In the Company of Educated Women: A History of Women and Higher Education in America* (New Haven, CT: Yale University Press, 1985); Mabel Newcomer, *A Century of Higher Education for American Women* (Washington, DC: Zenger, 1959); Leslie Miller-Bernal and Susan L. Poulson, eds., Going Coed: *Women's Experiences in Formerly Men's Colleges and Universities*, 1950–2000 (Nashville: Vanderbilt University Press, 2004); Andrea G. Radke-Moss, Bright Epoch: *Women and Coeducation in the American West* (Lincoln: University of Nebraska Press, 2008); Alexandra Kalev, "Cracking the Glass Cages? Restructuring and Ascriptive Inequality at Work," *American Journal of Sociology* 114, no. 6 (2009): 1591–1643; Matt L. Huffman, Philip N. Cohen, and Jessica Pearlman, "Engendering Change: Organizational Dynamics and Workplace Gender Desegregation, 1975–2005," *Administrative Science Quarterly* 55, no. 2 (2010): 255–77; Fidan Ana Kurtulus and Donald Tomaskovic Devey, "Do Female Top Managers Help Women to Advance? A Panel Study Using EEO-1 Records," *Annals of the American Academy of Political and Social Science* 639, no. 1 (2012): 173–97.

24) 다음을 참조하라. Cheryl Pellerin, "Carter Opens All Military Occupations, Positions to Women," *Department of Defense News*, December 3, 2015; "Guide to Gender Integration and Analysis," United States Agency for International Development, March 31, 2010.

25) Maria Charles and David B. Grusky, *Occupational Ghettos: The World wide Segregation of Women and Men* (Stanford, CA: Stanford University Press, 2004); Nancy Folbre, *Who Pays for the Kids? Gender and the Structures of Constraint* (New York: Routledge, 1994); Jerry A. Jacobs, "Long-Term Trends in Occupational Segregation by Sex," *American Journal of Sociology* 95, no. 1 (1999): 160–73; Trond Petersen and Laurie A. Morgan, "Separate and Unequal: Occupation-Establishment Sex Segregation and the Gender Wage Gap," *American Journal of Sociology* 101, no. 2 (1995): 329–65; Jane Waldfogel, "The Effect of Children on Women's Wages," *American Sociological Review* 62, no. 2 (1997): 209–17; Michelle J. Budig and Paula England, "The Wage Penalty for

Mother hood," *American Sociological Review* 66, no. 2 (2001): 204–25; Shelley J. Correll, Stephen Benard, and In Paik, "Getting a Job: Is There a Motherhood Penalty?" *American Journal of Sociology* 112, no. 5 (1996): 1297–1338; Paula England, Michelle Budig, and Nancy Folbre, "Wages of Virtue: The Relative Pay of Care Work," *Social Problems* 49, no. 4 (2002): 455–73; David S. Pedulla and Sarah Thébaud, "Can We Finish the Revolution? Gender, Work-Family Ideals, and Institutional Constraint," *American Sociological Review* 80, no. 1 (2015): 116–39.

26) Yu Xie and Kimberlee A. Shauman, *Women in Science: Career Processes and Outcomes* (Cambridge, MA: Harvard University Press, 2003); Maria Charles and Karen Bradley, "Indulging Our Gendered Selves? Sex Segregation by Field of Study in 44 Countries," *American Journal of Sociology* 114, no. 4 (2009); Elaine Howard Ecklund, Anne E. Lincoln, and Cassandra Tansey, "Gender Segregation in Elite Academic Science," *Gender and Society* 26, no. 5 (2012): 693–717; Erin Cech, Brian Rubineau, Susan Silbey, and Caroll Seron, "Professional Role Confidence and Gendered Persistence in Engineering," *American Sociological Review* 76, no. 5 (2011): 641–66; Jennifer L. Glass, Sharon Sassler, Yael Levitte, and Katherine M. Michelmore, "What's So Special about STEM? A Comparison of Women's Retention in STEM and Professional Occupations," *Social Forces* 92, no. 2 (2013): 723–56; Joscha Legewie and Thomas A. DiPrete, "The High School Environment and the Gender Gap in Science and Engineering," *Sociology of Education* 87, no. 4 (2014): 259–80; Stephen L. Morgan, Dafna Gelbgiser, and Kim A. Weeden, "Feeding the Pipeline: Gender, Occupational Plans, and College Major Selection," *Social Science Research* 42, no. 4 (2013): 989–1005.

27) Amy Chozick, "Finally, an Explanation for Hillary Clinton's Long Bath room Break," *New York Times*, December 20, 2015.

28) Gayle Rubin, "The Traffic in Women: Notes on the 'Political Economy' of Sex," in *Toward an Anthropology of Women*, ed. Rayna R. Reiter (New York: Monthly Review Press, 1975).

29) 다음을 참조하라. Helena Z. Lopata and Barrie Thorne, "On the Term 'Sex Roles,'" *Signs* 3, no. 3 (1978): 718–21; Cynthia Fuchs Epstein, *Deceptive Distinctions: Sex, Gen der, and the Social Order* (New Haven, CT: Yale

University Press, 1988); Mirra Komarovsky, "The Concept of Social Role Revisited," *Gender and Society* 6, no. 2 (1992): 301 – 13; and Joan Acker, "From Sex Roles to Gendered Institutions," *Contemporary Sociology* 21, no. 5 (1992): 565 – 69.

30) Candace West and Don H. Zimmerman, "Doing Gender," *Gender and Society* 1, no. 2 (1987): 125 – 51.

31) 언어에 대한 간략한 설명: 비록 많은 현대 페미니스트 학자들이 섹스sex와 젠더gender 사이의 지속적인 언어학적 구분을 주장하지만(전자는 다양한 '생물학적' 차이를 나타내고, 후자는 '문화적', '사회적' 차이를 나타냄), 나는 이 구별이 이론적으로나 경험적으로 문제적이라고 생각한다. '섹스'의 범주는 젠더 정체성 및 젠더 표현의 범주만큼이나 철저하게 사회적으로 구성된다. 다음을 참조하라. Joan Fujimura, "Sex Genes: A Critical Sociomaterial Approach to the Politics and Molecular Genetics of Sex Determination," *Signs* 32, no. 1 (2006): 49 – 82; Thomas Laqueur, *Making Sex: Body and Gender from the Greeks to Freud* (Cambridge, MA: Harvard Uni versity Press, 1992). 따라서 나는 젠더화된 몸과 젠더 정체성 모두가 사회적으로 구성되었다는 특성을 강조하기 위해 이 책 전체에서 젠더를 포괄적인 용어로 사용한다. 단, 1차 및 2차 자료의 언어를 직접적으로 반영할 때에는 섹스라는 용어를 사용한다.

32) 다음을 참조하라. Raewyn Connell, *Gender and Power: Society, the Person and Sexual Politics* (Stanford, CA: Stanford University Press, 1987); Judith M. Gerson and Kathy Peiss, "Boundaries, Negotiation, Consciousness: Reconceptualizing Gender Relations," *Social Problems* 32, no. 4 (1985): 317 – 31; Deniz Kandiyoti, "Bargaining with Patriarchy," *Gender and Society* 2, no. 3 (1985): 274 – 90; Suzanne J. Kessler and Wendy McKenna, *Gender: An Ethnomethodological Approach* (Chicago: University of Chicago Press, 1978); Mirra Komarovsky, "The Concept of Social Role Revisited," *Gender and Society* 6, no. 2 (1992): 301 – 13; and Acker, "From Sex Roles to Gendered Institutions."

33) Patricia Yancey Martin, "Gender as Social Institution," *Social Forces* 82, no. 4 (2004): 1264; Barbara J. Risman, "Gender as a Social Structure: Theory Wrestling with Activism," *Gender and Society* 18, no. 4 (2004): 434; 또한 다음을 참조하라. Judith Lorber, *Breaking the Bowls: Ungendering and Feminist Change* (New York: W. W. Norton, 2005); Francine M. Deutsch, "Undoing

Gender," *Gender and Society* 21, no. 1 (2007): 106–27; Barbara J. Risman, "From Doing to Undoing: Gender as We Know It," *Gender and Society* 23, no. 1 (2009): 81–84; Paula England, "The Gender Revolution: Uneven and Stalled," *Gender and Society* 24, no. 2 (2010): 149–66; and Barbara J. Risman and Georgiann Davis, "From Sex Roles to Gender Structure," *Current Sociology* 61, no. 5–6 (2013): 733–55.

34) '중범위'는 사회학자 로버트 K. 머튼의 용어로, 자신의 데이터에서 관찰된 패턴의 요약보다 더 광범위하지만 대규모의 사회조직이나 사회 변화에 대한 설명보다는 더 제한적인 사회 이론을 지칭한다. 다음을 참조하라. Merton, "On Sociological Theories of the Middle Range," *Social Theory and Social Structure* (New York: Free Press: 1968).

35) 최근 미국사회학회에서 '섹스 및 젠더' 부문 우수도서상을 수상한 두 책이 이러한 경향을 잘 보여준다. 첫 번째 책은 다음과 같다. Georgiann Davis, *Contesting Intersex: The Dubious Diagnosis* (New York: New York University Press, 2015). 이 책은 인터섹스 운동가들이 의료 기관의 병리학적인 노력을 경험하는 과정의 삶을 섬세하게 소개할 뿐만 아니라, 사회학자들에게 과학과 문화가 어떻게 젠더 이분법을 형성하며, 또 반대로 그에 의해 형성되는지에 대한 설명을 제공한다. 두 번째 책은 다음과 같다. Kimberly Kay Hoang, *Dealing in Desire: Asian Ascendancy, Western Decline, and the Hidden Currencies of Global Sex Work* (Oakland: University of California Press, 2015). 이 책은 베트남계 성노동자들의 일상생활에 대해 놀라운 민족지학적 시각을 제공하는 동시에, 젠더와 인종이 외국자본을 어떻게 형성하고 구조화하는지에 대한 강력한 주장을 전개한다.

36) 예컨대, 미디어 메시지는 특정 종류의 공식적 조직에 의해 적극적으로 생산되며, 이러한 메시지와 조직은 모두 이를 규율하는 지방법, 주법, 연방법을 준수해야 한다. 다음을 참조하라. Lauren B. Edelman and Mark C. Suchman, "The Legal Environments of Organizations," *Annual Review of Sociology* 23 (1997): 479–515.

37) 조직 이론에 대한 제도주의적 접근 방식에 대한 개관은 다음을 참조하라. W. Richard Scott, *Institutions and Organizations: Ideas and Interests* (Thousand Oaks, CA: Sage, 2008).

38) 다음을 참조하라. Kieran Healy, "Fuck Nuance," *Sociological Theory* 35, no. 2 (2017): 118–27.

39) 다음을 참조하라. Tey Meadow, *Trans Kids: Being Gendered in the Twenty-First Century* (Oakland: University of California Press, 2018); Gayle S. Rubin,

"Thinking Sex: Notes for a Radical Theory of the Politics of Sexuality," in *Pleasure and Danger: Exploring Female Sexuality*, ed. Carole Vance (New York: Routledge and Kegan Paul, 1984), 267–319; and Heather Love, "Doing Being Deviant: Deviance Studies, Description, and the Queer Ordinary," *Differences* 26, no. 1 (2015): 74–95.

40) Rosabeth Moss Kanter, *Men and Women of the Corporation* (New York: Basic Books, 1977).

41) Joan Acker, "Hierarchies, Jobs, Bodies: A Theory of Gendered Organizations," *Gender and Society* 4, no. 2 (1990): 139–58; 또한 다음을 참조하라. Patricia Yancey Martin and David Collinson, "'Over the Pond and across the Water': Developing the Field of 'Gendered Organizations,'" *Gender, Work & Organization* 9, no. 3 (2002): 244–65.

42) 이러한 연구를 검토하기 위해서는 다음을 참조하라. Dana M. Britton, "The Epistemology of the Gendered Organization," *Gender and Society* 14, no. 3 (2000): 418–34; and Dana M. Britton and Laura Logan, "Gendered Organizations: Progress and Prospects," *Sociology Compass* 2, no. 1 (2008): 107–21.

43) 이러한 문제에 대한 이론적 연구는 다음을 참조하라. Joan Acker, "Inequality Regimes Gender, Class, and Race in Organizations," *Gender and Society* 20, no. 4 (2006): 441–64; Jane Ward, "'Not All Differences Are Created Equal' Multiple Jeopardy in a Gendered Organization," *Gender and Society* 18, no. 1 (2004): 82–102; and Evan gelina Holvino, "Intersections: The Simultaneity of Race, Gender and Class in Organization Studies," *Gender, Work & Organization* 17, no. 3 (2010): 248–77.

44) 최근의 경험적 사례에 대해서는 다음을 참조하라. Kalev, "Cracking the Glass Cages?"; Huffman, Cohen, and Pearlman, "Engendering Change"; and Kurtulus and Tomaskovic-Devey, "Do Female Top Managers Help Women to Advance?"

45) 이러한 문제에 대한 이론적 연구는 다음을 참조하라. Patricia Yancey Martin, "'Said and Done' Versus 'Saying and Doing' Gendering Practices, Practicing Gender at Work," *Gender and Society* 17, no. 3 (2003): 342–66; and Patricia Yancey Martin, "Practising Gender at Work: Further Thoughts on Reflexivity," *Gender, Work & Organization* 13, no. 3 (2006): 254–76.

46) Max Weber, "Bureaucracy," in *From Max Weber: Essays in Sociology*, edited and trans. H. H. Gerth and C. Wright Mills (Berkeley: University of California Press, 1948).

47) 또한 다음을 참조하라. John W. Meyer and Brian Rowan, "Institutionalized Organizations: Formal Structure as Myth and Ceremony," *American Journal of Sociology* 83, no. 2 (1977): 340–63; John Dowling and Jeffrey Pfeffer, "Organizational Legitimacy: Social Values and Organizational Behavior," *Pacific Sociological Review* 18, no. 1 (1975): 122–36; Heather A. Haveman, "Follow the Leader: Mimetic Isomorphism and Entry into New Markets," *Administrative Science Quarterly* 38, no. 4 (1993): 593–627; David Strang and John W. Meyer, "Institutional Conditions for Diffusion," *Theory and Society* 22, no. 4 (1993): 487–511; Mark C. Suchman, "Managing Legitimacy: Strategic and Institutional Approaches," *Academy of Management Review* 20, no. 3 (1995): 571–610; and David L. Deephouse, "Does Isomorphism Legitimate?" *Academy of Management Journal* 39, no. 4 (1996): 1024–39.

48) Michael T. Hannan and John Freeman, "Structural Inertia and Organizational Change," *American Sociological Review* 49, no. 2 (1984): 149–64; Glenn R. Carroll, "Organizational Ecology," *Annual Review of Sociology* 10 (1984): 71–93; Michael T. Hannan, *Organizational Ecology* (Cambridge, MA: Harvard University Press, 1989); Howard Aldrich and Martin Ruef, eds., *Organizations Evolving* (London: Sage, 2006); Martin Ruef, "The Emergence of Organizational Forms: A Community Ecology Approach," *American Journal of Sociology* 106, no. 3 (2000): 658–714; John H. Freeman and Pino G. Audia, "Community Ecology and the Sociology of Organizations," *Annual Review of Sociology* 32 (2006): 145–69.

49) Paul J. DiMaggio and Walter W. Powell, "The Iron Cage Revisited: Institutional Isomorphism and Collective Rationality in Organizational Fields," *American Sociological Review* 48, no. 2 (1983): 147–60. 또한 다음을 참조하라. Lynne G. Zucker, "Institutional Theories of Organization," *Annual Review of Sociology* 13 (1987): 443–64; Walter W. Powell and Paul DiMaggio, eds., The New Institutionalism in Organizational Analysis (Chicago: University of Chicago Press, 1991); W. Richard Scott, Institutions and Organizations (Thousand Oaks, CA: Sage, 1995); and Mary C. Brinton and Victor Nee, eds., The New

Institutionalism in Sociology (New York: Russell Sage Foundation, 1998).

50) 또한 다음을 참조하라. Michèle Lamont, Stefan Beljean, and Matthew Clair, "What Is Missing? Cultural Processes and Causal Pathways to Inequality," *Socio-Economic Review* 12, no. 3 (2014): 573–608.

51) Ezra Zuckerman, "The Categorical Imperative: Securities Analysts and the Illegitimacy Discount," *American Journal of Sociology* 104, no. 5 (1999): 1398–1438; Greta Hsu and Michael T. Hannan, "Identities, Genres, and Organizational Forms," *Organization Science* 16, no. 5 (2005): 474–90.

52) Chad Navis and Mary Ann Glynn, "How New Market Categories Emerge: Temporal Dynamics of Legitimacy, Identity, and Entrepreneurship in Satellite Radio, 1990–2005," *Administrative Science Quarterly* 55, no. 3 (2010): 439–71; Alexander K. Davis, "Toward Exclusion through Inclusion: Engendering Reputation with Gender-Inclusive Facilities at Colleges and Universities in the United States, 2001–2013," *Gender and Society* 32, no. 3 (2018): 321–47.

53) Martin Ruef and Kelly Patterson, "Credit and Classification: The Impact of Industry Boundaries in Nineteenth-Century America," *Administrative Science Quarterly* 54, no. 3 (2009): 486–520.

54) Greta Hsu, "Jacks of All Trades and Masters of None: Audiences' Reactions to Spanning Genres in Feature Film Production," *Administrative Science Quarterly* 51, no. 3 (2006): 420–50; Damon J. Phillips and Ezra W. Zuckerman, "Middle-Status Conformity: Theoretical Restatement and Empirical Demonstration in Two Markets," *American Journal of Sociology* 107, no. 2 (2001): 379–429; Cathryn Johnson, Timothy J. Dowd, and Cecilia L. Ridgeway, "Legitimacy as a Social Process," *Annual Review of Sociology* 32 (2006): 53–78; Michael Jensen, "Legitimizing Illegitimacy: How Creating Market Identity Legitimizes Illegitimate Products," in *Categories in Markets: Origins and Evolution*, ed. Michael Lounsbury (Bingley, UK: Emerald Group Publishing, 2010).

55) Tim Hallett and Marc J. Ventresca, "Inhabited Institutions: Social Inter actions and Organizational Forms in Gouldner's Patterns of Industrial Bureaucracy," *Theory and Society* 35, no. 2 (2006): 215.

56) '거주된 제도' 접근법에 대한 탁월한 리뷰는 다음을 참조하라. Amy Binder, "For Love and Money: Organizations' Creative Responses to Multiple Environmental

Logics," *Theory and Society* 36, no. 6 (2007): 547–71. 감정과 체현에 대해서는 다음을 참조하라. Roger Friedland, "Moving Institutional Logics For ward: Emotion and Meaningful Material Practice," *Organization Studies* 39, no.4 (2018): 515–42; 수사와 대화에 대해서는 다음을 참조하라. Roy Suddaby and Royston Greenwood, "Rhetorical Strategies of Legitimacy," *Administrative Science Quarterly* 50, no. 1 (2005): 35–67; 인식 및 평가에 대해서는 다음을 참조하라. Mark C. Pachucki, "Classifying Quality: Cognition, Interaction, and Status Appraisal of Art Museums," *Poetics* 40, no. 1 (2012): 67–90, and Gino Cattani, Simone Ferriani, Giacomo Negro, and Fabrizio Perretti, "The Structure of Consensus: Network Ties, Legitimation, and Exit Rates of U.S. Feature Film Producer Organizations," *Administrative Science Quarterly* 53, no. 1 (2008): 145–82.

57) Dorothy E. Smith, *The Everyday World as Problematic: A Feminist Sociology* (Toronto: University of Toronto Press, 1987); Dorothy E. Smith, *Institutional Ethnography: A Sociology for People* (Lanham, MD: AltaMira Press, 2005).

58) R. W. Connell, *Gender and Power: Society, the Person and Sexual Politics* (Stanford, CA: Stanford University Press, 1987), 134; 범주 및 분류에 대해 더 알고 싶다면 다음을 참조하라. Epstein, *Deceptive Distinctions*, 더 최근 연구로는 다음을 참조하라. Asia Friedman, *Blind to Sameness: Sexpectations and the Social Construction of Male and Female Bodies* (Chicago: University of Chicago Press, 2013).

1장

1) Betsy Wade, "Coed Dorms 'In' with Nary a Ripple," *New York Times*, January 11, 1971, 51.

2) Robert Reinhold, "Coeds to Share Harvard Housing; A Faculty Approves Plan for Radcliffe Exchange," *New York Times*, December 10, 1969, 38.

3) 위의 글.

4) Wade, "Coed Dorms 'In' with Nary a Ripple."

5) Reinhold, "Coeds to Share Harvard Housing."

6) Wade, "Coed Dorms 'In' with Nary a Ripple."

7) Reinhold, "Coeds to Share Harvard Housing."

8) James Ring Adams, "Open Dorms and Co-Ed Bathrooms," *Wall Street Journal*,

October 9, 1973, 26.

9) Wade, "Coed Dorms 'In' with Nary a Ripple."

10) Adams, "Open Dorms and Co-Ed Bathrooms."

11) "Co-ed Dorms: An Intimate Revolution on Campus," *Life*, November 20, 1970.

12) Brian Sullivan, "Flush Toilet Criticized as Wasteful," *Washington Post*, January 23, 1971, D3.

13) Michael Mok, "Blame the Outmoded U.S. Bathroom," *Life*, May 20, 1966, 84C-84D.

14) 예를 들어 다음을 참조하라. Günther Fink, Isabel Günther, and Kenneth Hill, "Slum Residence and Child Health in Developing Countries," *Demography* 51, no. 4 (2014): 1175-97; Colin McFarlane, Renu Desai, and Steve Graham, "Informal Urban Sanitation: Everyday Life, Poverty, and Comparison," *Annals of the Association of American Geographers* 104, no. 5 (2014): 989-1011; Brenda Chalfin, "Public Things, Excremental Politics, and the Infrastructure of Bare Life in Ghana's City of Tema," *American Ethnologist* 41, no. 1 (2014): 92-109.

15) 아래의 주 16번부터 20번까지를 참조하라.

16) Barry Schwartz, "The Social Psychology of Privacy," *American Journal of Sociology* 73, no. 6 (1968): 741-52; Spencer E. Cahill, William Disler, Cynthia Lachowetz, Andrea Meaney, Robyn Tarallo, and Teena Willard, "Meanwhile Backstage Public Bathrooms and the Interaction Order," *Journal of Contemporary Ethnography* 14, no. 1 (1985): 33-58; Edward M. Bruner and Jane Paige Kelso, "The Voices and Words of Women and Men: Gender Differences in Graf fiti: A Semiotic Perspective," *Women's Studies International Quarterly* 3, no. 2 (1980): 239-52; Arnold Arluke, Lanny Kutakoff, and Jack Levin, "Are the Times Changing? An Analysis of Gender Differences in Sexual Graffiti," *Sex Roles* 16, no. 1-2 (1987): 1-7; David Inglis, *A Sociological History of Excretory Experience, Defecatory Manners, and Toiletry Technologies* (Lewiston, NY: Edwin Mellen Press, 2001); Martin S. Weinberg and Colin J. Williams, "Fecal Matters: Habitus, Embodiments, and Deviance," *Social Problems* 52, no. 3 (2005): 315-36.

17) Richard L. Bushman and Claudia L. Bushman, "The Early History of Clean liness in America," *Journal of American History* 74, no. 4 (1988): 1213-38;

Marilyn T. Williams, Washing "the Great Unwashed": *Public Baths in Urban America*, 1840–1920 (Columbus: Ohio State University Press, 1991); Daniel Eli Burnstein, *Next to Godliness: Confronting Dirt and Despair in Progressive Era New York City* (Urbana: University of Illinois Press, 2006); Kathleen M. Brown, *Foul Bodies: Cleanliness in Early America* (New Haven, CT: Yale University Press, 2009).

18) Joyce Appleby, "Recovering America's Historic Diversity: Beyond Exceptionalism," *Journal of American History* 79, no. 2 (1992): 419–31; Maureen Ogle, *All the Modern Conveniences: American Household Plumbing*, 1840–1890 (Baltimore: Johns Hopkins University Press, 1996); Jamie Benidickson, *The Culture of Flushing: A Social and Legal History of Sewage* (Vancouver: Univer sity of British Columbia Press, 2007); Brown, *Foul Bodies*.

19) Suellen M. Hoy, *Chasing Dirt: The American Pursuit of Cleanliness* (New York: Oxford University Press, 1995); Barbara Penner, *Bathroom* (London: Reaktion Books, 2013); Ogle, *All the Modern Conveniences*; Bushman and Bush man, "The Early History of Cleanliness in America."

20) 윌리엄스는 《"위대한 불결자" 씻기기Washing "the Great Unwashed"》 28쪽에서 다음과 같이 지적한다. "1897년 뉴욕의 공중목욕탕 및 화장실 위원회의 위원장은 '뉴욕을 비롯한 다른 미국 도시들은 유럽, 특히 런던, 버밍엄, 글래스고, 파리, 베를린보다 훨씬 뒤떨어져 있다'고 보고했다." 또한 다음을 참조하라. Paul Starr, *The Social Transformation of American Medicine* (New York: Basic Books, 1982); John Duffy, *The Sanitarians: A History of American Public Health* (Urbana: University of Illinois Press, 1990); Nancy Tomes, *The Gospel of Germs: Men, Women, and the Microbe in American Life* (Cambridge, MA: Harvard University Press, 1998); Eran Ben-Joseph, *The Code of the City: Standards and the Hidden Language of Place Making* (Cambridge, MA: MIT Press, 2005); David Cutler and Grant Miller, "The Role of Public Health Improvements in Health Advances: The Twentieth-Century United States," *Demography* 42, no. 1 (2005): 1–22; Dell Upton, *Another City: Urban Life and Urban Spaces in the New American Republic* (New Haven, CT: Yale University Press, 2008); Martin V. Melosi, *The Sanitary City: Environmental Services in Urban America from Colonial Times to the Present* (Pittsburgh: University of Pittsburgh Press, 2008); Russ Lopez, *Building American Public Health: Urban Planning,*

Architecture, and the Quest for Better Health in the United States (New York: Palgrave Macmillan, 2012); Adam Mack, *Sensing Chicago: Noisemakers, Strikebreakers, and Muckrakers* (Urbana: University of Illinois Press, 2015).

21) David Glassberg, "The Design of Reform: The Public Bath Movement in America," *American Studies* 20, no. 2 (1979): 5–21; Andrea Renner, "A Nation That Bathes Together: New York City's Progressive Era Public Baths," *Journal of the Society of Architectural Historians* 67, no. 4 (2008): 504–31; Peter C. Bald win, "Public Privacy: Restrooms in American Cities, 1869–1932," *Journal of Social History* 48, no. 2 (2014): 264–88.

22) Alice Domurat Dreger, *Hermaphrodites and the Medical Invention of Sex* (Cambridge, MA: Harvard University Press, 1998), 11; 또한 다음을 참조하라. Thomas Walter Laqueur, *Making Sex: Body and Gender from the Greeks to Freud* (Cambridge, MA: Harvard University Press, 1990); Joanne J. Meyerowitz, *How Sex Changed: A History of Transsexuality in the United States* (Cambridge, MA: Harvard University Press, 2002).

23) Hugh G. J. Aitken, *Scientific Management in Action: Taylorism at Water town Arsenal*, 1908–1915 (Princeton, NJ: Princeton University Press, 1960); Samuel Haber, *Efficiency and Uplift: Scientific Management in the Progressive Era, 1890–1920* (Chicago: University of Chicago Press, 1964); Theda Skocpol, *Protecting Soldiers and Mothers: The Political Origins of Social Policy in the United States* (Cambridge, MA: Harvard University Press, 1992); Ulla Wikander, Alice Kessler-Harris, and Jane Lewis, eds., *Protecting Women: Labor Legislation in Europe, the United States, and Australia, 1880–1920* (Urbana: University of Illinois Press, 1995); Robert Kanigel, *The One Best Way: Frederick Winslow Taylor and the Enigma of Efficiency* (New York: Viking, 1997); Marc Linder and Ingrid Nygaard, *Void Where Prohibited: Rest Breaks and the Right to Urinate on Company Time* (Ithaca, NY: ILR Press, 1998); Julie Novkov, "Historicizing the Figure of the Child in Legal Discourse: The Battle over the Regulation of Child Labor," *American Journal of Legal History* 44, no. 4 (2000): 369–404; Susan J. Pearson, "'Age Ought to Be a Fact': The Campaign against Child Labor and the Rise of the Birth Certificate," *Journal of American History* 101, no. 4 (2015): 1144–65.

24) *An Act to Secure Proper Sanitary Provisions in Factories and Workshops*,

Massachusetts Acts, chapter 103 § 2, March 24, 1887.

25) *An Act to Regulate the Employment of Women and Children in Manufac turing Establishments, and to Provide for the Appointment of Inspectors to Enforce the Same*, New York Acts, chapter 409 § 13, May 18, 1889.

26) Raymond Munts and David C. Rice, "Women Workers: Protection or Equality?" *Industrial and Labor Relations Review* 24, no. 1 (1970): 3–13; Carroll Smith-Rosenberg, *Disorderly Conduct: Visions of Gender in Victorian America* (New York: A. A. Knopf, 1985); Terry S. Kogan, "Sex-Separation in Public Restrooms: Law, Architecture, and Gender," *Michigan Journal of Gender and Law* 14, no. 1 (2007): 1–58; Penner, Bathroom; Williams, *Washing "the Great Unwashed."*

27) *Muller v. Oregon*, 208 U.S. 412 (1908).

28) American Public Health Association, *A Half Century of Public Health, Jubilee Historical Volume; in Commemoration of the Fiftieth Anniversary Celebration of Its Foundation, New York City, November, 14–18, 1921*, ed. Mazÿck P. Ravenel (New York: American Public Health Association, 1921); Holly J. McCammon, Karen E. Campbell, Ellen M. Granberg, and Christine Mowery, "How Movements Win: Gendered Opportunity Structures and U.S. Women's Suffrage Movements, 1866 to 1919," *American Sociological Review* 66, no. 1 (2001): 49–70; Smith-Rosenberg, Disorderly Conduct; Kogan, "Sex-Separation in Public Restrooms."

29) Alice Kessler-Harris, *Out to Work: A History of Wage-Earning Women in the United States* (New York: Oxford University Press, 1982); Kogan, "Sex-Sepa ration in Public Restrooms."

30) Paula Baker, "The Domestication of Politics: Women and American Politi cal Society, 1780–1920," *American Historical Review* 89, no. 3 (1984): 620–47; William H. Wilson, *The City Beautiful Movement* (Baltimore: Johns Hopkins University Press, 1989); Stanley K. Schultz, *Constructing Urban Culture: American Cities and City Planning, 1800–1920* (Philadelphia: Temple Univer sity Press, 1989); Michael McGerr, "Political Style and Women's Power, 1830–1930," *Journal of American History* 77, no. 3 (1990): 864–85; Anne Firor Scott, *Natural Allies: Women's Associations in American History* (Urbana: University of Illinois Press, 1991); Maureen A. Flanagan, *Seeing with Their Hearts: Chicago Women and the Vision of the Good City, 1871–1933* (Princeton, NJ:

Princeton University Press, 2002); Holly J. McCammon, "'Out of the Parlors and into the Streets': The Changing Tactical Repertoire of the U.S. Women's Suffrage Movements," *Social Forces* 81, no. 3 (2003): 787–818; Maureen Flanagan, "Private Needs, Public Space: Public Toilets Provision in the Anglo-Atlantic Patriarchal City: London, Dublin, Toronto and Chicago," *Urban History* 41, no. 2 (2014): 265–90; Baldwin, "Public Privacy."

31) Kenneth T. Jackson, *Crabgrass Frontier: The Suburbanization of the United States* (New York: Oxford University Press, 1985); Cotten Seiler, *Republic of Drivers: A Cultural History of Automobility in America* (Chicago: University of Chicago Press, 2008); Sarah A. Seo, "Antinomies and the Automobile: A New Approach to Criminal Justice Histories," *Law and Social Inquiry* 38, no. 4 (2013): 1020–40.

32) Taunya Lovell Banks, "Toilets as a Feminist Issue: A True Story," *Berkeley Journal of Gender, Law and Justice* 6, no. 2 (1991): 263–89; Patricia Cooper and Ruth Oldenziel, "Cherished Classifications: Bathrooms and the Construction of Gender/Race on the Pennsylvania Railroad during World War II," *Feminist Studies* 25, no. 1 (1999): 7–41; Barbara Young Welke, *Recasting American Liberty: Gender, Race, Law, and the Railroad Revolution, 1865–1920* (Cambridge: Cambridge University Press, 2001); Kerry Segrave, *Vending Machines: An American Social History* (Jefferson, NC: McFarland and Company, 2002); Robin Dearmon Muhammad, "Separate and Unsanitary: African American Women Railroad Car Cleaners and the Women's Service Section, 1918–1920," *Journal of Women's History* 23, no. 2 (2011): 87–111; 또한 다음을 참조하라. Kathryn H. Anthony and Meg han Dufresne, "Potty Parity in Perspective: Gender and Family Issues in Planning and Designing Public Restrooms," *Journal of Planning Literature* 21, no. 3 (2007): 267–94; Olga Gershenson and Barbara Penner, eds., *Ladies and Gents: Public Toilets and Gender* (Philadelphia: Temple University Press, 2009).

33) W. J. Curran, "The Constitutionality of Prohibiting the Operation of Pay Toilets," *American Journal of Public Health* 67, no. 12 (1977): 1205–6; Bruce Edsall Seely, *Building the American Highway System: Engineers as Policy Makers* (Philadelphia: Temple University Press, 1987); Ruth Rosen, *The World Split Open: How the Modern Women's Movement Changed America*

(New York: Viking, 2000); Robert R. Weyeneth, "The Architecture of Racial Segregation: The Challenges of Preserving the Problematical Past," *Public Historian* 27, no. 4 (2005): 11–44; Christopher W. Wells, "Fueling the Boom: Gasoline Taxes, Invisibility, and the Growth of the American Highway Infrastructure, 1919–1956," *Journal of American History* 99, no. 1 (2012): 72–81; Mark H. Rose, *Interstate: Highway Politics and Policy since 1939* (Knoxville: University of Tennessee Press, 2012).

34) John D'Emilio, *Sexual Politics, Sexual Communities: The Making of a Homosexual Minority in the United States, 1940–1970* (Chicago: University of Chicago Press, 1983); Gayle Rubin, "Thinking Sex: Notes for a Radical Theory of the Politics of Sexuality," in *Pleasure and Danger: Exploring Female Sexuality*, ed. Carole S. Vance (New York: Routledge and Kegan Paul, 1984); George Chauncey, *Gay New York: Gender, Urban Culture, and the Makings of the Gay Male World, 1890–1940* (New York: Basic Books, 1994); Margot Canaday, "'Who Is a Homosexual?': The Consolidation of Sexual Identities in Mid-Twentieth Century American Immigration Law," *Law and Social Inquiry* 28, no. 2 (2003): 351–86; Irus Braverman, "Governing with Clean Hands: Automated Public Toilets and Sanitary Surveillance," *Surveillance and Society* 8, no. 1 (2010): 1–27; Clara Greed, "The Role of the Toilet in Civic Life," in *Ladies and Gents: Public Toilets and Gender*, ed. Olga Gershenson and Barbara Penner (Philadelphia: Temple University Press, 2009); Baldwin, "Public Privacy."

35) Paul C. Glick, "A Demographer Looks at American Families," *Journal of Marriage and Family* 37, no. 1 (1975): 15–26; Leila J. Rupp, "The Women's Com munity in the National Woman's Party, 1945 to the 1960s," *Signs* 10, no. 4 (1985): 715–40; Willard L. Rodgers and Arland Thornton, "Changing Patterns of First Marriage in the United States," *Demography* 22, no. 2 (1985); Herbert Jacob, *Silent Revolution: The Transformation of Divorce Law in the United States* (Chicago: University of Chicago Press, 1988); Joanne J. Meyerowitz, ed., *Not June Cleaver: Women and Gender in Postwar America, 1945–1960* (Philadelphia: Temple University Press, 1994); Sarah A. Soule and Susan Olzak, "When Do Movements Matter? The Politics of Contingency and the Equal Rights Amend ment," *American Sociological Review* 69, no. 4 (2004):

473 – 97; Linda Eisen mann, *Higher Education for Women in Postwar America, 1945 – 1965* (Baltimore: Johns Hopkins University Press, 2006); Sally Schwager, "Educating Women in America," *Signs* 12, no. 2 (1987): 333 – 72; Claudia Goldin, "The Quiet Revolution That Transformed Women's Employment, Education, and Family," *American Economic Review* 96, no. 2 (2006): 1 – 21; Babette Faehmel, *College Women in the Nuclear Age: Cultural Literacy and Female Identity, 1940 – 1960* (New Brunswick, NJ: Rutgers University Press, 2012).

36) 법률 저널에서 전개된 그러한 논쟁의 두 가지 다른 사례는 다음에서 볼 수 있다. "Sex Discrimination in Employment: An Attempt to Interpret Title VII of the Civil Rights Act of 1964," *Duke Law Journal* (1968): 671 – 723; and James C. Old ham, "Questions of Exclusion and Exception Under Title VII—'Sex Plus' and the BFOQ," *Hastings Law Journal* 55 (1971 – 1972): 55 – 94.

37) Pauli Murray and Mary O. Eastwood, "Jane Crow and the Law: Sex Dis crimination and Title VII," *George Washington Law Review* 34, no. 2 (1965): 238.

38) Charles W. Whalen, *The Longest Debate: A Legislative History of the 1964 Civil Rights Act* (Washington, DC: Seven Locks Press, 1985); Cynthia Deitch, "Gender, Race, and Class Politics and the Inclusion of Women in Title VII of the 1964 Civil Rights Act," *Gender and Society* 7, no. 2 (1993): 183 – 203; Mary Anne Case, "Reflections on Constitutionalizing Women's Equality," *California Law Review* 90, no. 3 (2002): 765 – 90; Nicholas Pedriana and Robin Stryker, "The Strength of a Weak Agency: Enforcement of Title VII of the 1964 Civil Rights Act and the Expansion of State Capacity, 1965 – 1971," *American Journal of Sociology* 110, no. 3 (2004): 709 – 60; Nancy MacLean, *Freedom Is Not Enough: The Opening of the American Workplace* (New York: Russell Sage Foundation, 2006); Rosalind Rosenberg, *Divided Lives: American Women in the Twentieth Century* (New York: Macmillan, 2008); Frank Dobbin, *Inventing Equal Opportunity* (Princeton, NJ: Princeton University Press, 2009); Cary Franklin, "Inventing the 'Traditional Concept' of Sex Discrimination," *Harvard Law Review* 125, no. 6 (2012): 1307 – 80.

39) *Separate Toilet Rooms for Males and Females, Arkansas Code*, chapter 5 § 11 – 5-112.

40) Linder and Nygaard, *Void Where Prohibited.*

41) James C. Todd, "Title IX of the 1972 Education Amendments: Preventing Sex Discrimination in Public Schools," *Texas Law Review* 53 (1974): 103; Mary Anne Case, "Why Not Abolish the Laws of Urinary Segregation?" in *Toilet: Public Restrooms and the Politics of Sharing*, ed. Harvey Molotch and Laura Norén (New York: New York University Press, 2010).

42) 미국 트랜스젠더 운동의 역사에 대해서는 다음을 참조하라. Katrina Roen, "'Either/Or' and 'Both/Neither': Discursive Tensions in Transgender Politics," *Signs* 27, no. 2 (2002): 501–22; David Valentine, *Imagining Transgender: An Ethnography of a Category* (Durham, NC: Duke University Press, 2007). 트랜스젠더, 젠더퀴어, 젠더비순응자가 성별분리 화장실에서 직면하는 어려움에 대해서는 다음을 참조하라. Sally Munt and Cherry Smyth, eds., *Butch/Femme: Inside Lesbian Gender* (London: Cassell, 1998); Judith Hal berstam, *Female Masculinity* (Durham, NC: Duke University Press, 1998); Kath Browne, "Genderism and the Bathroom Problem: (Re)materialising Sexed Sites, (Re) creating Sexed Bodies," *Gender, Place and Culture* 11, no. 3 (2004): 331–46; Brett Beemyn, Billy Curtis, Masen Davis, and Nancy Jean Tubbs, "Transgender Issues on College Campuses," *New Directions for Student Services* 111 (2005): 49–60; Sheila L. Cavanagh, *Queering Bathrooms: Gender, Sexuality, and the Hygienic Imagination* (Toronto: University of Toronto Press, 2010); Petra L. Doan, "The Tyranny of Gendered Spaces—Reflections from beyond the Gender Dichotomy," *Gender, Place and Culture* 17, no. 5 (2010): 635–54; Catherine Con nell, "The Politics of the Stall: Transgender and Genderqueer Workers Negotiating 'the Bathroom Question,'" in *Embodied Resistance: Challenging the Norms, Breaking the Rules*, ed. Chris Bobel and Samantha Kwan (Nashville: Vanderbilt University Press, 2011); Jody L. Herman, "Gendered Restrooms and Minority Stress: The Public Regulation of Gender and Its Impact on Transgender People's Lives," *Journal of Public Management and Social Policy* 19, no. 1 (2013): 65–80; Gayle Salamon, "Boys of the Lex: Transgenderism and Rhetorics of Materiality," *GLQ* 12, no. 4 (2006): 575–97.

43) 사회학자 데이비드 잉글리스는《배설 경험의 사회학적 역사》에서, 화장실 습관은 하위 집단 및 계급의 문화적, 생물학적 열등성을 주장하기 위해 매우 자주 사용된다고 지적한다. 이에 대한 사례로 그는 영국 집시 공동체에 대한 차별이 그들이 더러운 화장실 시설을 비롯한 불결한 환경에서 살고 있다는 고정관념에 의해 얼마나 자주 정당화되는지

를 서술한다.

44) Charles Tilly, *Durable Inequality* (Berkeley: University of California Press, 1998); 틸리는 7쪽에서 다음과 같이 설명한다. "가치를 창출하는 자원에 대한 접근을 통제하는 사람들은 범주 간의 차이를 이용하여 긴급한 조직적 문제를 해결하기 때문에, 범주 간의 불평등은 지속된다."

2장

1) "For but One Station," *Baltimore Sun*, April 12, 1907, 14.
2) "Comfort Station Wanted," *Baltimore Sun*, August 11, 1908, 8.
3) "Plea for Comfort Station," *Baltimore Sun*, June 8, 1909, 5.
4) "Comfort Station Wanted."
5) "Might Become Eyesore," *Baltimore Sun*, March 26, 1907, 12.
6) 다음을 참조하라. Colin Campbell, "Beltway Traffic Earns Baltimore No. 19 on Most Con gested City Ranking," *Baltimore Sun*, September 27, 2017.
7) "Many Object to Site," *Baltimore Sun*, March 18, 1907, 14.
8) "Comfort House Opposed," *Baltimore Sun*, February 14, 1907, 14.
9) "Plans for a Public Comfort Station," *New York Tribune*, February 16, 1897, 5; "New Public Comfort Station," *Baltimore Sun*, May 6, 1908, 9.
10) "Many Object to Site."
11) "For but One Station."
12) Peter C. Baldwin, "Public Privacy: Restrooms in American Cities, 1869–1932," *Journal of Social History* 48, no. 2 (2014): 266; Sam Bass Warner, *The Urban Wilderness: A History of the American City* (Berkeley: University of California Press, 1972); Regina Markell Morantz, "Making Women Modern: Middle Class Women and Health Reform in 19th Century America," *Journal of Social History* 10, no. 4 (1977): 490–507; Herbert G. Gutman, "Work, Culture, and Society in Industrializing America, 1815–1919," *American Historical Review* 78, no. 3 (1973): 531–88; Kenneth T. Jackson, *Crabgrass Frontier: The Suburbanization of the United States* (New York: Oxford University Press, 1987); Eric H. Monkkonen, *America Becomes Urban: The Development of U.S. Cities & Towns, 1780–1980* (Berkeley: University of California Press, 1988); Paul S. Boyer, *Urban Masses and Moral Order in America, 1820–1920* (Cambridge,

MA: Harvard University Press, 1992); Thomas J. Misa, *A Nation of Steel: The Making of Modern America, 1865–1925* (Baltimore: Johns Hopkins University Press, 1998); Dell Upton, *Another City: Urban Life and Urban Spaces in the New American Republic* (New Haven, CT: Yale University Press, 2008); Stanley Plotkin, "History of Vaccination," *Proceedings of the National Academy of Sciences* 111, no. 34 (2014): 12283–87.

13) Maureen Ogle, *All the Modern Conveniences: American Household Plumbing, 1840–1890* (Baltimore: Johns Hopkins University Press, 1996); Nancy Tomes, *The Gospel of Germs: Men, Women, and the Microbe in American Life* (Cambridge, MA: Harvard University Press, 1998); Martin V. Melosi, *The Sanitary City: Environmental Services in Urban America from Colonial Times to the Present* (Pittsburgh: University of Pittsburgh Press, 2008).

14) Barbara Welter, "The Cult of True Womanhood: 1820–1860," *American Quarterly* 18, no. 2 (1966): 151–74.

15) Theda Skocpol, *Protecting Soldiers and Mothers* (Cambridge, MA: Harvard University Press, 2009); Linda K. Kerber, "Separate Spheres, Female Worlds, Woman's Place: The Rhetoric of Women's History," *Journal of American History* 75, no. 1 (1988): 9–39; Mary P. Ryan, *Women in Public: Between Banners and Ballots, 1825–1880* (Baltimore: Johns Hopkins University Press, 1990).

16) George J. Engelmann, "Causes Which Imperil the Health of the American Girl, and the Necessity of Female Hygiene," *Medical News*, December 6, 1890, 599.

17) R. T. Trall, "Department of Our Social Relations: Co-education of the Sexes," *Phrenological Journal and Science of Health*, January 1875, 32.

18) "Public Urinals," *Medical News*, March 15, 1902, 514.

19) Alcinous B. Jamison, "Rational Sanitation and Hygiene, with Special Reference to Personal Cleanliness," *Health*, July 1902, 657.

20) Cynthia Fuchs Epstein, *Deceptive Distinctions: Sex, Gender, and the Social Order* (New Haven, CT: Yale University Press, 1988).

21) Jamison, "Rational Sanitation and Hygiene," 657.

22) Harvey B. Bashore, "Outlines of Rural Hygiene," *Medical Record*, June 12, 1897, 837.

23) "Sanitary Engineering," *Scientific American Building Edition*, November 1,

1896, 74.

24) "The Sanitary Protective League," *Medical Record*, May 26, 1888, 587.

25) Stephen Smith, "The Necessity of International Sanitary Regulations Governing the Migration of Large Bodies of People in the Prevention of the Spread of Contagious and Epidemic Diseases," *Medical Record*, October 13, 1894, 449.

26) "State Sanitary Convention," *Pacific Medical Journal*, May 1, 1894, 265.

27) "Public Baths and Public-Comfort Stations for New York City," *Medical News*, November 7, 1896, 529.

28) Charles N. Dowd, "A Study of the Hygienic Condition of Our Streets," *Medical Record*, June 21, 1890, 700.

29) "Hygiene and State Medicine in the United States," *Medical Record*, April 14, 1900, 633.

30) "Railway Sanitation," *Medical Record*, November 18, 1905, 822.

31) Stanley Cohen, *Folk Devils and Moral Panics: The Creation of the Mods and Rockers* (London: Routledge, 2002 [1972]): 172; 또한 다음을 참조하라. Erich Goode and Nachman Ben-Yehuda, "Moral Panics: Culture, Politics, and Social Construction," *Annual Review of Sociology* 20 (1994): 149–71.

32) Andrew Abbott, *The System of Professions: An Essay on the Division of Expert Labor* (Chicago: University of Chicago Press, 2014): 16; 또한 다음을 참조하라. Elizabeth H. Gorman and Rebecca L. Sandefur, "'Golden Age,' Quiescence, and Revival: How the Sociology of Professions Became the Study of Knowledge-Based Work," *Work and Occupations* 38, no. 3 (2011): 275–302; William J. Goode, "Community within a Community: The Professions," *American Sociological Review* 22, no. 2 (1957): 194–200; Magali Sarfatti Larson, *The Rise of Professionalism: A Sociological Analysis* (Berkeley: University of California Press, 1979); Randall Collins, *The Credential Society: An Historical Sociology of Education and Stratification* (New York: Academic Press, 1979); Thomas L. Haskell, *The Authority of Experts: Studies in History and Theory* (Bloomington: Indiana University Press, 1984); Eliot Freidson, *Professionalism, the Third Logic: On the Practice of Knowledge* (Chicago: University of Chicago Press, 2001); Michèle Lamont and Virág Molnár, "The Study of Boundaries in the Social Sciences," *Annual Review of Sociology* 28

(2002): 167–95; and W. Richard Scott, "Lords of the Dance: Professionals as Institutional Agents," *Organization Studies* 29, no. 2 (2008): 219–38.

33) "Important Improvements in Water Closets," *The Technologist, or Industrial Monthly: a Practical Journal for Manufacturers, Mechanics, Builders, Inventors, Engineers, Architects*, February 1, 1875, 31.

34) John McCurdy, "Water-Closets and Privy Vaults," *The Sanitarian*, March 1, 1887, 224.

35) "Modern Plumbing," *National Builder*, March 1, 1908, 38.

36) "Sanitary House Decoration," *National Builde*r, November 1, 1902, 22.

37) "The Plumber and the Doctor," *American Carpenter and Builde*r, July 1, 1910, 67.

38) "A Bibliography of Baths and Bathing," *American Architect and Building News*, January 14, 1905, 14.

39) "Plumbing a Science," *National Builde*r, August 1, 1898, 11.

40) "Plumbing as a Practical Science," *Builder*, April 20, 1903, 9.

41) 이 용어에 대한 보다 상세한 정의는 다음을 참조하라. Thomas S. Kuhn, *The Structure of Scientific Revolutions* (Chicago: University of Chicago Press, 1962).

42) William H. Allen, "Sanitation and Social Progress," *American Journal of Sociology* 8, no. 5 (1903): 633. 덧붙이자면, 앨런이 제기한 그 뒤얽힌 긴장은 오늘날에도 계속해서 이 분야에 활력을 불어넣고 있다. 가령 사회학을 과학으로 보는 관점과 좀 더 인문학적인 학문으로 보는 관점, 그리고 그것을 온전한 학문적 실체로 보는 견해와 실제 세계의 사회문제를 풀기 위해 적용하는 방법론으로 보는 견해 사이의 긴장은 아직도 여전하다. 상황이 더 많이 바뀔수록, 상황은 더 똑같이 유지되는 것 같지 않은가?

43) "Some Common Facts about Plumbing," *Architectural Record*, July 1892, 108.

44) "Sanitary Problems," *National Builder*, October 1, 1915, 68.

45) "Some Suggestions in Bathrooms," *American Builder*, February 1, 1922, 102.

46) "Sanitation in Public Toilet Rooms," *Carpentry and Building*, September 1, 1906, 300.

47) Charles de Montesquieu, *The Spirit of the Laws, trans. Anne M. Cohler, Basia Carolyn Miller, and Harold Samuel Stone* (Cambridge: Cambridge University Press, 1989 [1749]), 338; Adam Smith, *Lectures on Justice, Police, Revenue and*

Arms, ed. Edwin Cannan (Oxford: Clarendon Press, 1896 [1763]), 234; Karl Marx, *Capital*, vol. 1, *A Critique of Political Economy* (London: Penguin Books, 2004 [1867]); Thorstein Veblen, *The Theory of the Leisure Class* (New York: Oxford University Press, 2007 [1899]).

48) Marion Fourcade and Kieran Healy, "Moral Views of Market Society," *Annual Review of Sociology* 33 (2007): 299–300.

49) Klaus Weber, Kathryn L. Heinze, and Michaela DeSoucey, "Forage for Thought: Mobilizing Codes in the Movement for Grass-Fed Meat and Dairy Products," *Administrative Science Quarterly* 53, no. 3 (2008); Kieran Healy, *Last Best Gifts: Altruism and the Market for Human Blood and Organs* (Chicago: University of Chicago Press, 2010); Rene Almeling, *Sex Cells: The Medical Market for Eggs and Sperm* (Berkeley: University of California Press, 2011); Vivi ana A. Zelizer, "The Purchase of Intimacy," *Law and Social Inquiry* 25, no. 3 (2000): 817–48; 또한 다음을 참조하라. Nancy Folbre and Julie A. Nelson, "For Love or Money— or Both?" *Journal of Economic Perspectives* 14, no. 4 (2000): 123–40; Brian Steensland, "Cultural Categories and the American Welfare State: The Case of Guaranteed Income Policy," *American Journal of Sociology* 111, no. 5 (2006): 1273–1326; Sarah Quinn, "The Transformation of Morals in Markets: Death, Benefits, and the Exchange of Life Insurance Policies," *American Journal of Sociology* 114, no. 3 (2008): 738–80; Mabel Berezin, "Exploring Emotions and the Economy: New Contributions from Sociological Theory," *Theory and Society* 38, no. 4 (2009): 335–46; Michel Anteby, "Markets, Morals, and Practices of Trade: Jurisdictional Disputes in the U.S. Commerce in Cadavers," *Administrative Science Quarterly* 55, no. 4 (2010): 606–38; Frederick F. Wherry, *The Culture of Markets* (New York: Polity Press, 2012); and Lyn Spillman, *Solidarity in Strategy: Making Business Meaningful in American Trade Associations* (Chicago: University of Chicago Press, 2012).

50) "Practical Sanitation," *Health*, October 1907, 625.

51) "Arguments for a Public Comfort Station," *Building Age*, December 1, 1910, 525.

52) Roy Suddaby and Royston Greenwood, "Rhetorical Strategies of Legitimacy," *Administrative Science Quarterly* 50, no. 1 (2005): 35–67.

53) Molly W. Berger, *Hotel Dreams: Luxury, Technology, and Urban Ambition*

in *America, 1829–1929* (Baltimore: Johns Hopkins University Press, 2011); John Henry Hepp, *The Middle-Class City: Transforming Space and Time in Philadelphia, 1876–1926* (Philadelphia: University of Pennsylvania Press, 2003).

54) "A Public Comfort Station at Cobb's Hill, N.Y.," *Building Age*, March 1, 1911, 184.

55) "The Need for Building Public Convenience Stations," *American Architect*, June 16, 1920, 773.

56) "Public Comfort Station in Newark, N.J.," *Building Age*, May 1, 1910, 219.

57) "Seattle's New Public Comfort Station," *Building Age,* October 1, 1911, 529.

58) "Business and Public Buildings in Colors," *American Builder*, April 1, 1926, 250.

59) "Women and Architecture," *Scientific American Building Monthly*, July 1, 1903, 2.

60) "Sanitary Instruction for Women," *Scientific American Building Monthly*, August 1, 1902, 36.

61) "여성과 건축" 또한 이 기사는 그러한 문제에 대해 여러 개의 수사적 질문을 던진다. "그렇다면 그는 그에 대해 뭔가를 알아야 하지 않을까? 그는 잘못된 작업을 감지하고 실패를 해결하는 방법을 알려줄 만큼 건설에 대한 충분한 지식을 갖춰야 하지 않을까? 그는 가정용 기계 장비가 얼마나 발전하고 있는지, 자신의 개인적 일상 노동이 어떻게 가벼워질 수 있는지 알아야 하지 않을까? 그는 주택에 적용되는 위생 과학의 진보에 대해 잘 알고, 적어도 그에게 닥칠 수 있는 아주 단순한 문제에 대해서는 논의할 준비가 되어 있어야 하지 않을까? 난방과 환기의 과학에 대해서도 잘 알고, 가전제품의 실용적 측면에도 익숙해져야 하지 않을까?"

62) T. A. Tefft, "The Economy of the Bathroom," *National Builder*, September 1, 1913, 73.

63) Karl William Zoeller, "Good Plumbing Increases the Value of the Building," *American Builder*, October 1, 1924, 108.

64) W. K. Glen, "Modern Plumbing," *American Builder*, January 1, 1925, 172.

65) "America Leads in Plumbing Improvements," *American Builder*, June 1, 1922, 83.

66) John F. McClarren, "Park Buildings for Various Purposes," *American Builder*, September 1, 1919, 78.

67) Terry S. Kogan, "Sex-Separation in Public Restrooms: Law, Architecture, and

Gender," *Michigan Journal of Gender and Law* 14, no. 1 (2007): 5–6.

68) Joan Acker, "Hierarchies, Jobs, Bodies: A Theory of Gendered Organizations," *Gender and Society* 4, no. 2 (1990): 144.

69) Joan Acker, "Inequality Regimes: Gender, Class, and Race in Organizations," *Gender and Society* 20, no. 4 (2006): 441.

70) Baldwin, "Public Privacy."

71) International Conference of Building Officials, "Chapter 1: Title and Scope," Uniform Building Code, 1927 Edition, sec. 102.

72) Andrew Brown-May and Peg Fraser, "Gender, Respectability, and Public Convenience in Melbourne, Australia, 1859–1902," in *Ladies and Gents: Public Toilets and Gender*, ed. Olga Gershenson and Barbara Penner (Philadelphia: Temple University Press, 2009).

73) Malcolm A. Bouton, "Plumbing Codes in Public Health," *American Journal of Public Health* 46, no. 11 (1956): 1439.

74) 위의 글, 1440.

75) "Plumbing a Science," *National Builder*, August 1, 1898, 11.

3장

1) "Women on the March," *Time*, September 7, 1970, 12.

2) Ethel L. Payne, "So This Is Washington," *Chicago Daily Defender*, May 23, 1970, 5.

3) Linda Charlton, "Women March Down Fifth in Equality Drive," *New York Times*, August 27, 1970.

4) 여성들의 행진을 제한하는 것에 관해서는 "Women on the March," 12;를 참조하라. 요란한 경적에 관해서는 다음을 참조하라. Charlton, "Women March Down Fifth."

5) "Women on the March," 13.

6) 위의 글 12.

7) 위의 글 13.

8) "House Debates Amendment to End Sex Discrimination," *New York Times*, October 7, 1971, 43.

9) Marya Mannes, "Equal Rights Amendment Battle Is between Closed and Open Minds," *Baltimore Sun*, April 24, 1973, B6.

10) 예를 들어 다음을 참조하라. Birch Bayh, "The Need for the Equal Rights Amendment," *Notre Dame Lawyer* 48 (1972): 80–91.

11) "Equal Rights: Who Is Against It and Why," *New York Times*, September 13, 1970, E6.

12) Spencer Rich, "Senate Showdown Due on Rights for Women," *Washington Post*, March 21, 1972, A9.

13) Spencer Rich, "Women's Rights Survive Vote," *Washington Post*, March 22, 1972, A1.

14) "Equal Rights," E6.

15) "Mrs. Ervin Says the Senator Is Right," *Washington Post*, September 19, 1970, C2.

16) "So This Is Washington," 5.

17) "Equal Rights," E6.

18) "ERA Running into Trouble," *Atlanta Constitution, February* 9, 1973, 11A; "How Equal?" *Washington Post*, September 11, 1970, C3.

19) Ellen Goodman, "His and Hers … or Theirs?" *Boston Globe*, October 2, 1970, 13.

20) Paul G. Edwards, "Virginia Senate Defeats ERA," *Washington Post*, January 28, 1977, A1.

21) "Women Movement Optimistic about Ratification of ERA," *Hartford Courant*, November 18, 1974, 12.

22) Paul C. Glick, "A Demographer Looks at American Families," *Journal of Marriage and Family* 37, no. 1 (1975): 15–26; Alice Kessler-Harris, *Out to Work: A History of Wage-Earning Women in the United States* (New York: Oxford University Press, 1982); Leila J. Rupp, "The Women's Community in the National Woman's Party, 1945 to the 1960s," *Signs* 10, no. 4 (1985): 715–40; Willard L. Rodgers and Arland Thornton, "Changing Patterns of First Marriage in the United States," *Demography* 22, no. 2 (1985): 265–79; Herbert Jacob, *Silent Revolution: The Transformation of Divorce Law in the United States* (Chicago: University of Chicago Press, 1988); 265–79; Joanne J. Meyerowitz, ed., Not June *Cleaver: Women and Gender in Postwar America, 1945–1960* (Philadelphia: Temple University Press, 1994); Sarah A. Soule and Susan Olzak, "When Do Movements Matter? The Politics of Contingency and the

Equal Rights Amendment," *American Sociological Review* 69, no. 4 (2004): 473–97; Linda Eisenmann, *Higher Education for Women in Postwar America, 1945–1965* (Baltimore: Johns Hopkins University Press, 2006); Pauli Murray and Mary O. Eastwood, "Jane Crow and the Law: Sex Dis crimination and Title VII," *George Washington Law Review* 34 (1965): 232–56.

23) 2010년대 들어 직장 내 차별로부터 보호를 추구하는 측면에서 트랜스젠더 인권운동이 주 및 국가 차원에서 견인력을 얻음에 따라 화장실 관련 주법의 수가 다시 증가했고, 그와 더불어 이 운동에 대한 반발로 젠더 및 화장실 접근성에 엄격한 제한을 가하는 새로운 법률이 시행되는 데 동시에 성공했다. 이 긴급한 문제에 대해 더 자세한 내용은 다음을 참조하라. Kristen Schilt and Laurel Westbrook, "Bathroom Battlegrounds and Penis Panics," *Contexts* 14, no. 3 (2015): 26–31.

24) Lawrence M. Friedman, *A History of American Law: Third Edition* (New York: Simon and Schuster, 2005); Thomas G. Hansford and James F. Spriggs, *The Politics of Precedent on the U.S. Supreme Court* (Princeton, NJ: Princeton University Press, 2006); William M. Landes and Richard A. Posner, "Legal Precedent: A Theoretical and Empirical Analysis," *Journal of Law and Economics* 19, no. 2 (1976): 249–307; Tracey E. George and Lee Epstein, "On the Nature of Supreme Court Decision Making," *American Political Science Review* 86, no. 2 (1992): 323–37; James H. Fowler and Sangick Jeon, "The Authority of Supreme Court Precedent," *Social Networks* 30, no. 1 (2008): 16–30; Gregory A. Caldeira, "The Transmission of Legal Precedent: A Study of State Supreme Courts," *American Political Science Review* 79 (1985): 178–94; Yonatan Lupu and James H. Fowler, "Strategic Citations to Precedent on the U.S. Supreme Court," *Journal of Legal Studies* 42, no. 1 (2013): 151–86; Michael J. Gerhardt, *The Power of Precedent* (New York: Oxford University Press, 2011).

25) Ostapowicz v. Johnson Bronze Co., 369 F. Supp. 522 (1973), 536.

26) Rhoades v. Jim Dandy Co., not reported in F. Supp. (1978), 1.

27) Stapp v. Overnite Transportation Co., 995 F. Supp. 1207 (1998), 1211–12.

28) Wedow v. City of Kansas City, Mo., 442 F.3d 661 (2006), 667–68.

29) Spees v. James Marine, Inc., not reported in F. Supp. (2009), 5.

30) *Wedow,* 671–72.

31) Reed v. Shepard, 939 F.2d 484 (1991), 486.

32) Koschoff v. Runyon, not reported in F. Supp. (1999), 3.

33) *Koschoff*, 5.

34) Johnson v. Atlantic County, not reported in F. Supp. (2010), 4; Rodriguez v. Flow-Zone, LLC, not reported in F. Supp. (2011), 2; Johnson, 4.

35) *Reed*, 491–92.

36) *Koschoff*, 12.

37) Abigail C. Saguy, *What Is Sexual Harassment?: From Capitol Hill to the Sorbonne* (Berkeley: University of California Press, 2003), 2.

38) Catlett v. Missouri Highway and Transportation Commission, 589 F. Supp. 929 (1983), 928.

39) Mackey v. Shalala, 43 F. Supp. 559 (1999), 563.

40) *Mackey*, 565.

41) Gasperini v. Dominion Energy New England, Inc., not reported in F. Supp. (2012), 10.

42) 또한 다음을 참조하라. Cecilia L. Ridgeway, "Interaction and the Conservation of Gender Inequality: Considering Employment," *American Sociological Review* 62, no. 2 (1997): 218–35; Cecilia L. Ridgeway and Lynn Smith-Lovin, "The Gender System and Interaction," *Annual Review of Sociology* 25 (1999): 191–216; and Cecilia L. Ridgeway and Shelley J. Correll, "Unpacking the Gender System: A Theoretical Perspective on Gender Beliefs and Social Relations," *Gender and Society* 18, no. 4 (2004): 510–31.

43) Max Weber, *The Protestant Ethic and the Spirit of Capitalism, trans. Peter Baehr and Gordon C. Wells* (New York: Penguin Books, 2002).

44) Catharine A. MacKinnon, *Toward a Feminist Theory of the State* (Cam bridge, MA: Harvard University Press, 1989); Mary Joe Frug, *Postmodern Legal Feminism* (New York: Routledge, 1993); Lynne A. Haney, "Feminist State Theory: Applications to Jurisprudence, Criminology, and the Welfare State," *Annual Review of Sociology* 26 (2000): 641–66; Yvonne Zylan, *States of Passion: Law, Identity, and the Social Construction of Desire* (New York: Oxford University Press, 2011).

45) EEOC v. M.D. Pneumatics, Inc., not reported in F. Supp. (1983), 6.

46) DeClue v. Central Illinois Light Co., 223 F.3d 434 (2000), 436.

47) *DeClue*, 437.

48) *DeClue*, 438.
49) Backus v. Baptist Medical Center, 510 F. Supp. 1191 (1981), 1193.
50) *Backus*, 1195.
51) Dothard v. Rawlinson, 433 U.S. 321 (1977), 346.
52) Women Prisoners of District of Columbia Department of Corrections v. District of Columbia, 877 F. Supp. 634 (1994), 665.
53) Forts v. Ward, 471 F. Supp. 1095 (1978), 1098.
54) *Forts*, 1099.
55) Margaret Mead, Coming of Age in Samoa (New York: William Morrow, 1928), Forts.에서 재인용.
56) *Forts*, 1098.
57) Forts, 1101.
58) Kastl v. Maricopa County Community College District, not reported in F. Supp. (2004), 1.
59) Etsitty v. Utah Transit Authority, not reported in F. Supp. (2005), 7.
60) Etsitty v. Utah Transit Authority, 502 F.3d 1215 (2007), 1224.
61) Gatena v. County of Orange, 80 F. Supp. 1331 (1999), 1333.
62) 이 점에 대해 더 자세한 내용은 다음을 참조하라. Laurel Westbrook and Kristen Schilt, "Doing Gender, Determining Gender: Transgender People, Gender Panics, and the Maintenance of the Sex/Gender/Sexuality System," *Gender and Society* 28, no. 1 (2014): 32 – 57.
63) Tey Meadow, "'A Rose Is a Rose': On Producing Legal Gender Classifications," *Gender and Society* 24, no. 6 (2010): 814 – 37.
64) Jay Prosser, *Second Skins: The Body Narratives of Transsexuality* (New York: Columbia University Press, 1998). 프로서가 "트랜스섹슈얼transsexual" 경험과 "트랜스젠더transgender" 경험을 구별하기 위해 엄청난 노력을 기울였다는 점도 주목할 가치가 있다. 그러나 여기서 나는 그 관례를 따르지 않는다. "외부에서 부과된 성 역할, 규범 및 기대를 포함하는 사회적으로 구성된 경계"(Megan Nanney and David L. Brunsma, "Moving beyond Cis-terhood: Determining Gender through Transgender Admit tance Policies at U.S. Women's Colleges," *Gender and Society* 31, no. 2 [2017]: 165)에 도전하거나 그것을 가로지르는 모든 개인을 설명하는 언어를 선택하는 것은, 주석의 범위에서 온전히 추적하기에는 너무나 많은 이유로 인해 매우 어렵다. 그러나 《두 번째 피부Second Skins》의 출판 이후 트랜스젠더 연구

의 언어적 규범이 바뀌었기 때문에, 여기서는 트랜스젠더라는 포괄적 용어를 사용하기로 결정했다. 동시에 젠더 경계를 교란시키는 모든 사람이 반드시 그러한 용어에 동일시하는 것은 아니기 때문에 이 관습은 필연적으로 불완전하다는 점을 인정한다.

65) Simone de Beauvoir, *The Second Sex, trans. Constance Borde and Sheila Malovany-Chevallier* (New York: Vintage Books, 2011 [1949]), 283; 예를 들어 다음을 참조하라. Michele Foucault, *Discipline and Punish: The Birth of the Prison* (New York: Vintage Books, 1995 [1975]); and Judith Butler, *Bodies That Matter: On the Discursive Limits of "Sex"* (New York: Routledge, 1993).

66) Jacques Lacan, "The Mirror-Phase as Formative of the Function of the I," *New Left Review* 51 (1968): 71–77; Kaja Silverman, *The Threshold of the Visible World* (New York: Psychology Press, 1996); Maurice Merleau-Ponty, *Phenomenology of Perception, trans. Colin Smith* (London: Routledge and Kegan Paul, 1962).

67) Gayle Salamon, *Assuming a Body: Transgender and Rhetorics of Materiality* (New York: Columbia University Press, 2010), 2.

68) Waldo v. Consumers Energy Co., not reported in F. Supp. (2011), 4.

69) *Waldo*, 5.

70) *Waldo*, 5.

71) Castro v. New York City Department of Sanitation, not reported in F. Supp. (2000), 5.

72) June Price Tangney, "Moral Affect: The Good, the Bad, and the Ugly," *Journal of Personality and Social Psychology* 61, no. 4 (1991): 599.

73) James v. National Railroad Passenger Corp., not reported in F. Supp. (2005), 1.

74) Kohler v. City of Wapakoneta, 381 F. Supp. 692 (2005), 697.

75) Cottrill v. MFA, Inc., 443 F.3d 629 (2006), 639.

76) Munday v. Waste Management of North America, Inc., 858 F. Supp. 1364 (1994), 1367.

77) Brown v. Snow, not reported in F. Supp. (2004), 11.

78) Ford-Fugate v. FedEx Freight, not reported in F. Supp. (2007), 5.

79) Schultze v. White, 127 Fed. Appx. 212 (2005), footnote 1.

80) Warner v. City of Terre Haute, Indiana, 30 F. Supp. 1107 (1998), 1116.

81) *Warner*, 1127.

82) Farmer v. Dixon Electrical Systems and Contracting, Inc., not reported in F.

Supp. (2013), 3.

83) *Farmer*, 5.

84) Vroman v. A. Crivelli Buick Pontiac GMC, Inc., not reported in F. Supp. (2010), 2.

85) *Vroman*, 3.

86) Adams v. City of New York, 837 F. Supp. 108 (2011), 118, 126.

87) Candace West and Don H. Zimmerman, "Doing Gender," *Gender and Society* 1, no. 2 (1987): 126.

88) 위의 글, 137.

89) 위의 글, 136–37.

90) 예를 들어 다음을 참조하라. James F. Spriggs and Thomas G. Hansford, "The U.S. Supreme Court's Incorporation and Interpretation of Precedent," *Law and Society Review* 36, no. 1 (2002): 139–60.

91) West and Zimmerman, "Doing Gender," 142.

92) 그러나, 그 역시 계층화하는 힘을 가지기 때문에 분명 꾸준히 사회과학적 연구를 할 가치가 있다. 미주 93번을 참조하라.

93) 사회학에 끼친 영향에 대해서는 다음을 참조하라. Danilyn Rutherford, "Affect Theory and the Empirical," *Annual Review of Anthropology* 45 (2016): 285–300; 퀴어 이론에 끼친 영향에 대해서는 다음을 참조하라. Mel Y. Chen, *Animacies: Biopolitics, Racial Mattering, and Queer Affect* (Durham, NC: Duke University Press, 2012).

94) 예를 들어 다음을 참조하라. Randall Collins, "Situational Stratification: A Micro-Macro The ory of Inequality," *Sociological Theory* 18, no. 1 (2000): 17–43; James M. Jasper, "The Emotions of Protest: Affective and Reactive Emotions in and around Social Movements," *Sociological Forum* 13, no. 3 (1998): 397–424; Edward J. Lawler, "An Affect Theory of Social Exchange," *American Journal of Sociology* 107, no. 2 (2001): 321–52; Lauren A. Rivera, "Go with Your Gut: Emotion and Evaluation in Job Interviews," *American Journal of Sociology* 120, no. 5 (2015): 1339–89.

95) Arlie Russell Hochschild, "Emotion Work, Feeling Rules, and Social Structure," *American Journal of Sociology* 85, no. 3 (1979): 551–75.

96) 또한 다음을 참조하라. Pierre Bourdieu, "The Force of Law: Toward a Sociology of the Juridical Field," *Hastings Law Journal* 38 (1986–87): 805–13.

4장

1) Associated Press, "Woman Using Men's Room Makes Waves," *Chicago Tribune*, July 22, 1990; Lisa Belkin, "Flushed Out: Houstonians Defend Woman's Use of Men's Room at Crowded Concert," *Austin American Statesman*, July 21, 1990.
2) Associated Press, "Woman Using Men's Room Makes Waves."
3) Laura Tolley, "Police Refusing to Wash Hands of Men's Room Case," *Austin American Statesman*, July 26, 1990; Entering Restrooms of Opposite Sex, Houston Code of Ordinances, chapter 28 § 42.6, ordinance number 72-904; 이 법령의 전문은 다음과 같다. "소유주, 거주자, 관리인, 임차인 혹은 그 외 건물 책임자의 허가 없이, 소란을 일으키고자 계산된 방식으로, 해당 개인의 성별과 반대되는 성별 전용으로 지정된 공중화장실에 이를 인지한 채 고의적으로 들어가는 것은 불법이다."
4) Paul Weingarten, "Men's Room Trip Opens Door to Women's Rights," *Chicago Tribune*, July 29, 1990.
5) Jon Hilkevitch, "When Scrambled Eggs Pass for Brains," *Chicago Tribune*, November 2, 1990.
6) "Woman Is Acquitted in Trial for Using the Men's Room," *special to the New York Times*, November 3, 1990.
7) Belkin, "Flushed out."
8) "Woman Is Acquitted"; Belkin, "Flushed out."
9) Weingarten, "Men's Room Trip."
10) Restroom Availability Where the Public Congregates, Texas Health and Safety Code §341.068.
11) Peggy Fikac and Suzanne Gamboa, "Richards Signs Law Requiring Additional Women's Restrooms," *Austin American Statesman*, June 16, 1993.
12) Elaine Ayala, "It's Been Debated in State Legislatures, City Halls, Architectural Circles and the Line to the Loo: Potty Parity," *Austin American States man*, August 7, 1990.
13) "Wrong Restroom the Right Move," *St. Petersburg Times*, November 3, 1990.
14) Edwart Gunts and Audrey Haar, "For Relief of Women, 'Female Urinal' Considered for New Stadium," *Baltimore Sun*, January 25, 1991.
15) Junda Woo, "'Potty Parity' Lets Women Wash Hands of Long Loo Lines," *Wall*

Street Journal, February 24, 1994.

16) Ayala, "It's Been Debated."

17) Weingarten, "Men's Room Trip."

18) Ayala, "It's Been Debated."

19) Junda Woo, "Potty Parity."

20) Frank Dobbin, *Inventing Equal Opportunity* (Princeton, NJ: Princeton University Press, 2011), 18.

21) Lynn Hollen Lees, "Urban Public Space and Imagined Communities in the 1980s and 1990s," *Journal of Urban History* 20, no. 4 (1994): 463.

22) Erin Kelly and Frank Dobbin, "How Affirmative Action Became Diversity Management: Employer Response to Antidiscrimination Law, 1961 to 1996," *American Behavioral Scientist* 41, no. 7 (1998): 960–84; Lauren B. Edelman, Sally Riggs Fuller, and Iona Mara-Drita, "Diversity Rhetoric and the Managerialization of Law," *American Journal of Sociology* 106, no. 6 (2001): 1589–1641; Hazel V. Carby, "The Multicultural Wars," *Radical History Review* 1992, no. 54 (1992): 7–18; John W. Meyer, Patricia Bromley, and Francisco O. Ramirez, "Human Rights in Social Science Textbooks: Cross-National Analyses, 1970–2008," *Sociology of Education* 83, no. 2 (2010): 111–34; Rodney Benson, "American Journalism and the Politics of Diversity," *Media, Culture and Society* 27, no. 1 (2005): 5–20; Dolores Hayden, *The Power of Place: Urban Landscapes as Public History* (Cambridge, MA: MIT Press, 1997).

23) Americans with Disabilities Act of 1990 (ADA), 42 U.S.C. §§ 12101–12213 (2013).

24) 미국 장애인 인권운동의 역사에 대한 자세한 내용은 다음을 참조하라. Jacqueline Vaughn, *Disabled Rights: American Disability Policy and the Fight for Equality* (Washington, DC: Georgetown University Press, 2003); Tom Shakespeare, "The Social Model of Disability," in *The Disability Studies Reader*, ed. Lennard J. Davis, 4th ed. (New York: Routledge, 2013); and Douglas C. Baynton, "Disability and the Justification of Inequality in American History" in *The Disability Studies Reader*, ed. Lennard J. Davis, 4th ed. (New York: Routledge, 2013).

25) Erving Goffman, "The Arrangement between the Sexes," *Theory and Society* 4, no. 3 (1977): 315.

26) 다음을 참조하라. Candace West and Don H. Zimmerman, "Doing Gender,"

Gender and Society *1, no. 2 (1987): 125–51. 이에 관한 경험적 설명으로는 다음의 예를 참조하라. Betsy Lucal, "What It Means to Be Gendered Me: Life on the Boundaries of a Dichotomous Gender System,"* Gender and Society *13, no. 6 (1999): 781–97; Stanley Lieberson, Susan Dumais, and Shyon Baumann, "The Instability of Androgynous Names: The Symbolic Maintenance of Gender Boundaries,"* American Journal of Sociology *105, no. 5 (2000): 1249–87; and Emily W. Kane, "'No Way My Boys Are Going to Be Like That!' Parents' Responses to Children's Gender Nonconformity,"* Gender and Society※ 20, no. 2 (2006): 149–76.

27) Laurel Westbrook and Kristen Schilt, "Doing Gender, Determining Gender: Transgender People, Gender Panics, and the Maintenance of the Sex/Gender/Sexuality System," *Gender and Society* 28, no. 1 (2014): 32–57. 또한 다음을 참조하라. Lain A. B. Mathers, "Bathrooms, Boundaries, and Emotional Burdens: Cisgendering Interactions through the Interpretation of Transgender Experience," *Symbolic Interaction* 40, no. 3 (2017): 295–316; and Lisa F. Platt and Sarah R. B. Milam, "Public Discomfort with Gender Appearance-Inconsistent Bathroom Use: The Oppressive Bind of Bathroom Laws for Transgender Individuals," *Gender Issues* 35, no. 3 (2018): 181–201.

28) Geoffrey C. Bower and Susan Leigh Star, *Sorting Things Out: Classification and Its Consequences* (Cambridge, MA: MIT Press, 1999). 또한 다음을 참조하라. Martha Lampland and Susan Leigh Star, eds., *Standards and Their Stories: How Quantifying, Classifying, and Formalizing Practices Shape Everyday Life* (Ithaca, NY: Cornell University Press, 2009); and Laurent Thévenot, "Postscript to the Special Issue: Governing Life by Standards: A View from Engagements," *Social Studies of Science* 39, no. 5 (2009): 793–813. 이와 동일한 기본 원칙을 문화사회학자들은 지원성affordances이라는 용어로 표현하기도 한다. 이는 사물의 내재적이고 물리적인 속성으로 인해 활성화되기도 하고 제약되기도 하는 일련의 가능한 행위를 의미한다. 다음을 참조하라. James J. Gibson, *The Ecological Approach to Visual Perception* (New York: Psychology Press, 1986); Tia DeNora, *Music in Everyday Life* (Cambridge: Cambridge University Press, 2000); Terence E. McDonnell, "Cultural Objects as Objects: Materiality, Urban Space, and the Interpretation of AIDS Campaigns in Accra, Ghana," *American Journal of Sociology* 115, no. 6 (2010): 1800–1852; Wendy Griswold, Gemma Mangione,

and Terence E. McDonnell, "Objects, Words, and Bodies in Space: Bringing Materiality into Cultural Analysis," *Qualitative Sociology* 36, no. 4 (2013): 343–64; and Fernando Domínguez Rubio, "Preserving the Unpreservable: Docile and Unruly Objects at MoMA," *Theory and Society* 43, no. 6 (2014): 617–45.

29) 다음 글 중 한 건축가와의 인터뷰에서 인용한 내용이다. Rob Imrie and Emma Street, "Regulating Design: The Practices of Architecture, Governance and Control," *Urban Studies* 46, no. 12 (2009): 2507. 또한 다음을 참조하라. Eran Ben-Joseph, *The Code of the City: Standards and the Hidden Language of Place Making* (Cambridge, MA: MIT Press, 2005); and Eran Ben-Joseph and Terry S. Szold, eds., *Regulating Place: Standards and the Shaping of Urban America* (New York: Routledge, 2005).

30) 예를 들어 다음을 참조하라. Harvey Luskin Molotch, *Where Stuff Comes from: How Toasters, Toilets, Cars, Computers, and Many Others Things Come to Be as They Are* (New York: Routledge, 2003).

31) Paul J. DiMaggio and Walter W. Powell, "The Iron Cage Revisited: Institutional Isomorphism and Collective Rationality in Organizational Fields," *American Sociological Review* 48, no. 2 (1983): 147–60. 또한 다음을 참조하라. David Strang and Sarah A. Soule, "Diffusion in Organizations and Social Movements: From Hybrid Corn to Poison Pills," *Annual Review of Sociology* 24 (1998): 265–90.

32) 로런 에덜먼과 같은 사회학자들이 주장하는 것처럼, 모든 종류의 법적 규제는 명료하게 정리되기보다 훨씬 더 모호하며, 심지어 지방법 또는 연방법 중 가장 자명해 보이는 부분조차도 단서 및 혼란으로 가득 차 있는 경우가 많다. 이러한 단서 및 혼란으로 인해 조직은 그들이 속한 특정한 제도적 영역을 관리하는 다양한 구조에 정확히 어떻게 순응하는가의 방법에 있어 지속적으로 상당한 재량권을 가지게 된다. 다음을 참조하라. Lauren B. Edelman, "Legal Ambiguity and Symbolic Structures: Organizational Mediation of Civil Rights Law," *American Journal of Sociology* 97, no. 6 (1992): 1531–76. 이러한 일반적 경향이 특히 미국 장애인법에는 어떻게 적용되는지에 대한 자세한 내용은 다음을 참조하라. Jeb Barnes and Thomas F. Burke, "Making Way: Legal Mobilization, Organizational Response, and Wheelchair Access," *Law and Society Review* 46, no. 1 (2012): 167–98.

33) Toilet Rooms, 49 Code of Federal Regulations of the United States of America A4.22 (1993).

34) Susan S. Silbey, "The Sociological Citizen: Pragmatic and Relational Regulation in Law and Organizations," *Regulation and Governance* 5, no. 1 (2011): 1–13. 이 기본적 지적에 대한 경험적 설명은 다음을 참조하라. Kirsten Dellinger and Christine L. Williams, "The Locker Room and the Dorm Room: Workplace Norms and the Boundaries of Sexual Harassment in Magazine Editing," *Social Problems* 49, no. 2 (2002): 242–57; Ruthanne Huising and Susan S. Silbey, "Governing the Gap: Forging Safe Science through Relational Regulation," *Regulation and Governance* 5, no. 1 (2011): 14–42; Carol A. Heimer, "Resilience in the Middle: Contributions of Regulated Organizations to Regulatory Success," *The Annals of the American Academy of Political and Social Science* 649, no. 1 (2013): 139–56. 덧붙여, 차별금지법과 관련해서 통치기관은 정기적으로 실제 현장 사용을 고려하여 법적 지침을 해석하면서, '다양성' 인력과 그들이 제정하는 행정 정책에 엄청난 영향력을 행사한다. 연방법원이 공식적으로 법적 평등을 규정하는 방식도 이러한 사례 중 하나이다. 다음을 참조하라. Frank Dobbin and Erin L. Kelly, "How to Stop Harassment: Professional Construction of Legal Compliance in Organizations," *American Journal of Sociology* 112, no. 4 (2007): 1203–43; Lauren Edelman, *Working Law: Courts, Corporations, and Symbolic Civil Rights* (Chicago: University of Chicago Press, 2016).

35) 법적 조화는 사회학적 언어에서 흔히 볼 수 있는 두 가지 문구를 결합한 결합어이다. 법의식legal consciousness은 일반 시민이 법을 경험하고 이해하는 다양한 방식을 포착하기 위해 법학-사회학 학문에서 나온 용어이다. 그리고 (문화적) 조화는 집단적 목표와 더 넓은 사회적 가치 사이의 담론적 일치를 나타내는 사회운동 이론의 용어다. 법의식에 대한 보다 자세한 설명은 다음을 참조하라. Patricia Ewick, *The Common Place of Law: Stories from Everyday Life* (Chicago: University of Chicago Press, 1998); Susan S. Silbey, "After Legal Consciousness," Annual *Review of Law and Social Science* 1 (2005): 323–68. 조화에 대한 보다 자세한 설명은 다음을 참조하라. David A. Snow, E. Burke Rochford Jr., Steven K. Worden, and Robert D. Benford, "Frame Alignment Processes, Micromobilization, and Movement Participation," *American Sociological Review* 51, no. 4 (1986): 464–81; and Robert D. Benford and David A. Snow, "Framing Processes and Social Movements: An Overview and Assessment," *Annual Review of Sociology* 26 (2000): 611–39.

36) Robert E. Park, Ernest W. Burgess, and Morris Janowitz, *The City: Suggestions*

for Investigation of Human Behavior in the Urban Environment (Chicago: University of Chicago Press, 1925); William Julius Wilson, *The Truly Dis advantaged: The Inner City, the Underclass, and Public Policy* (Chicago: University of Chicago Press, 1987); Douglas S. Massey and Nancy A. Denton, *American Apartheid: Segregation and the Making of the Underclass* (Cam bridge, MA: Harvard University Press, 1993); Tama Leventhal and Jeanne Brooks-Gunn, "Moving to Opportunity: An Experimental Study of Neighbor hood Effects on Mental Health," *American Journal of Public Health* 93, no. 9 (2003): 1576–82; Sara Nephew Hassani, "Locating Digital Divides at Home, Work, and Everywhere Else," *Poetics* 34, no. 4–5 (2006): 250–72.

37) Kristin E. Smith and Rebecca Glauber, "Exploring the Spatial Wage Pen alty for Women: Does It Matter Where You Live?" *Social Science Research* 42, no. 5 (2013): 1390–1401; Vincent J. Roscigno, Donald Tomaskovic-Devey, and Martha Crowley, "Education and the Inequalities of Place," *Social Forces* 84, no. 4 (2006): 2121–45; Daniel T. Lichter, Domenico Parisi, and Michael C. Taquino, "Toward a New Macro-Segregation? Decomposing Segregation within and between Metropolitan Cities and Suburbs," *American Sociological Review* 80, no. 4 (2015): 843–73.

38) Jesse C. Ribot and Nancy Lee Peluso, "A Theory of Access," *Rural Sociology* 68, no. 2 (2003): 156.

39) Linda M. Lobao, Gregory Hooks, Ann R. Tickamyer, eds., *The Sociology of Spatial* Inequality (Albany, NY: SUNY Press, 2007); Linda M. Lobao, "Continuity and Change in Place Stratification: Spatial Inequality and Middle-Range Territorial Units," *Rural Sociology* 69, no. 1 (2004): 1–30; David J. Peters, "American Income Inequality across Economic and Geographic Space, 1970–2010," *Social Science Research* 42, no. 6 (2013): 1490–1504.

40) Judith Lorber, "Shifting Paradigms and Challenging Categories," *Social Problems* 53, no. 4 (2006): 449.

41) 위의 글, 449.

42) 위의 글.

43) 위의 글.

44) 위의 글, 451.

45) 위의 글, 449.

46) 위의 글, 451.

47) 위의 글, 452.

48) Denise E. Agosto, Kimberly L. Paone, and Gretchen S. Ipock, "The Female-Friendly Public Library: Gender Differences in Adolescents' Uses and Perceptions of U.S. Public Libraries," *Library Trends* 56, no. 2 (2007): 387–401; Nilay Yavuz and Eric W. Welch, "Addressing Fear of Crime in Public Space: Gender Differences in Reaction to Safety Measures in Train Transit," *Urban Studies* 47, no. 12 (2010): 2491–2515; 또한 다음을 참조하라. Beatriz Colomina and Jennifer Bloomer, *Sexuality and Space* (Princeton, NJ: Princeton Architectural Press, 1992); Saskia Sassen, "Analytic Borderlands: Race, Gender and Representation in the New City," in *Re-Presenting the City* (London: Palgrave, 1996), 183–202; Iain Borden, Barbara Penner, and Jane Rendell, *Gender Space Architecture: An Interdiscipli nary Introduction* (London: Routledge, 2002); Daphne Spain, "Gender and Urban Space," *Annual Review of Sociology* 40 (2014): 581–98.

49) Dean Spade, *Normal Life: Administrative Violence, Critical Trans Politics, and the Limits of Law* (Durham, NC: Duke University Press, 2015), 65.

50) Marc Galanter, "Why the 'Haves' Come Out Ahead: Speculations on the Limits of Legal Change," *Law and Society Review* 9, no. 1 (1974): 95–160.

5장

1) Richard L. Vernaci, "Porcelain Popularity," *Free Lance-Star*, March 29, 1991.

2) Beth Kaiman, "A Parent's Chore Made Easier," *Washington Post*, March 28, 1991.

3) 위의 글.

4) Sharon Stangenes, "In Public Privies, It's His, Hers, Ours," *Chicago Tribune*, January 12, 1992.

5) Lyda Longa, "Family Friendly Malls Offer Diaper Tables and Other 'Signs of the Times,'" *Sun Sentinel*, December 21, 1992.

6) Kathleen Moloney, "Family Way," *Los Angeles Times*, April 12, 1992.

7) Longa, "Family Friendly Malls."

8) Moloney, "Family Way."

9) Michelle Hiskey, "The Ballpark," *Atlanta Journal-Constitution*, March 23, 1997.

10) Jim Thomas, "Unique: Soon-to-Rise St. Louis Dome Is 'State of Art,'" *St. Louis Post-Dispatch*, April 18, 1993.

11) Moloney, "Family Way."

12) Ned Zeman, "New at the Mall: One-Stop Pit Stop," *Newsweek*, December 15, 1991.

13) Lori Eickmann, "Upscale Family Restrooms Make the Mall an Easier Place to Go," *San Jose Mercury News*, March 28, 1995.

14) Richard A. Peterson and Roger M. Kern, "Changing Highbrow Taste: From Snob to Omnivore," *American Sociological Review* 61, no. 5 (1996): 900–907; Jordi López-Sintas and Tally Katz-Gerro, "From Exclusive to Inclusive Elitists and Further: Twenty Years of Omnivorousness and Cultural Diversity in Arts Participation in the USA," *Poetics* 33, no. 5–6 (2005): 299–319; Arthur S. Alderson, Azamat Junisbai, and Isaac Heacock, "Social Status and Cultural Consumption in the United States," *Poetics* 35, no. 2–3 (2007): 191–212; Sharon Zukin, "Consuming Authenticity," *Cultural Studies* 22, no. 5 (2008): 724–48; Sarah Cappeliez and Josée Johnston, "From Meat and Potatoes to 'Real-Deal' Rotis: Exploring Everyday Culinary Cosmopolitanism," *Poetics* 41, no. 5 (2013): 433–55; Josée Johnston, *Foodies: Democracy and Distinction in the Gourmet Foodscape* (New York: Routledge, 2014).

15) Sharon Zukin, Valerie Trujillo, Peter Frase, Danielle Jackson, Tim Recuber, and Abraham Walker, "New Retail Capital and Neighborhood Change: Boutiques and Gentrification in New York City," *City and Community* 8, no. 1 (2009): 47–64; Sharon Zukin, *Naked City: The Death and Life of Authentic Urban Places* (New York: Oxford University Press, 2010); Alison Pearlman, *Smart Casual: The Transformation of Gourmet Restaurant Style in America* (Chicago: University of Chicago Press, 2013); Timothy J. Dowd, Kathleen Liddle, Kim Lupo, and Anne Borden, "Organizing the Musical Canon: The Repertoires of Major U.S. Symphony Orchestras, 1842 to 1969," *Poetics* 30, no. 1–2 (2002): 35–61; Pierre Antoine Kremp, "Innovation and Selection: Symphony Orchestras and the Construction of the Musical Canon in the United States (1879–1959)," *Social Forces* 88, no. 3 (2010): 1051–82.

16) Erving Goffman, *The Presentation of Self in Everyday Life* (London: Penguin, 1990 [1959]), 113.

17) 위의 책, 121.

18) 다음을 참조하라. Erving Goffman, *Relations in Public: Microstudies of the Public Order* (New York: Basic Books, 1971); Spencer E. Cahill, William Distler, Cynthia Lachowetz, Andrea Meaney, Robyn Tarallo, and Teena Willard, "Meanwhile Backstage: Public Bathrooms and the Interaction Order," *Journal of Contemporary Ethnography* 14, no. 1 (1985): 33–58; and Martin S. Weinberg and Colin J. Williams, "Fecal Matters: Habitus, Embodiments, and Deviance," *Social Problems* 52, no. 3 (2005): 315–36.

19) 다음을 참조하라. Harvey Molotch and Laura Norén, eds., *Toilet: Public Restrooms and the Politics of Sharing* (New York: New York University Press, 2010).

20) Viviana A. Zelizer, "The Purchase of Intimacy," *Law and Social Inquiry* 25, no. 3 (2000): 817–48; Viviana A. Zelizer and Charles Tilly, "Relations and Categories," *Psychology of Learning and Motivation* 47 (2006): 1–31; Nina Ban delj, "Relational Work and Economic Sociology," *Politics and Society* 40, no. 2 (2012): 175–201.

21) Georg Simmel, The Sociology of Georg Simmel, trans. and ed. K. H. *Wolff* (Glencoe, IL: Free Press, 1950); John Urry, "The Sociology of Space and Place," in *The Blackwell Companion to Sociology,* ed. Judith R. Blau (Malden, MA: Black well Publishing, 2004): 1–15; Nicola Beisel, "Morals versus Art: Censorship, the Politics of Interpretation, and the Victorian Nude," *American Sociological Review* 58, no. 2 (1993): 145–62; Beth A. Eck, "Nudity and Framing: Classifying Art, Pornography, Information, and Ambiguity," *Sociological Forum* 16, no. 4 (2001): 603–32; David Grazian, *Blue Chicago: The Search for Authenticity in Urban Blues Clubs* (Chicago: University of Chicago Press, 2003); Kim M. Babon, "Composition, Coherence, and Attachment: The Critical Role of Context in Reception," *Poetics* 34, no. 3 (2006): 151–79; Josée Johnston and Shyon Bau mann, "Democracy versus Distinction: A Study of Omnivorousness in Gourmet Food Writing," *American Journal of Sociology* 113, no. 1 (2007): 165–204; Andrew Cheyne and Amy Binder, "Cosmopolitan Preferences: The Constitutive Role of Place in American Elite Taste for

Hip-Hop Music, 1991–2005," *Poetics* 38, no. 3 (2010): 336–64; Terence E. McDonnell, "Cultural Objects as Objects: Materiality, Urban Space, and the Interpretation of AIDS Campaigns in Accra, Ghana," *American Journal of Sociology* 115, no. 6 (2010): 1800–1852; Fernando Domínguez Rubio, "Preserving the Unpreservable: Docile and Unruly Objects at MoMA," *Theory and Society* 43, no. 6 (2014): 617–45; Jennifer A. Jordan, *Edible Memory: The Lure of Heirloom Tomatoes and Other Forgotten Foods* (Chicago: University of Chicago Press, 2015).

22) Viviana A. Rotman Zelizer, *The Social Meaning of Money* (New York: Basic Books, 1994).

23) Pierre Bourdieu, "Cultural Reproduction and Social Reproduction," in *Power and Ideology in Education*, ed. Jerome Karabel and A. H. Halsey (New York: Oxford University Press, 1977); Michèle Lamont and Annette Lareau, "Cultural Capital: Allusions, Gaps and Glissandos in Recent Theoretical Developments," *Sociological Theory* 6, no. 2 (1988): 153–68; Randall Collins, "Situational Stratification: A Micro-Macro Theory of Inequality," *Sociological Theory* 18, no. 1 (2000): 17–43; Francie Ostrower, *Trustees of Culture: Power, Wealth, and Status on Elite Arts Boards* (Chicago: University of Chicago Press, 2002); Shamus Rahman Khan, *Privilege: The Making of an Adolescent Elite at St. Paul's School* (Princeton, NJ: Princeton University Press, 2011); Elizabeth A. Arm strong and Laura T. Hamilton, *Paying for the Party: How College Maintains Ine quality* (Cambridge, MA: Harvard University Press, 2013); Lauren A. Rivera, *Pedigree: How Elite Students Get Elite Jobs* (Princeton, NJ: Princeton University Press, 2015); Annette Lareau, "Cultural Knowledge and Social Inequality," *American Sociological Review* 80, no. 1 (2015): 1–27.

24) Leslie McCall, "The Complexity of Intersectionality," *Signs: Journal of Women in Culture and Society* 30, no. 3 (2005): 1788.

25) 위의 글.

26) Julie Bettie, *Women without Class: Girls, Race, and Identity* (Berkeley: University of California Press, 2003), 33.

27) 매우 주목할 만한 소수의 예외를 제외하고는 다음의 예를 참조하라. Armstrong and Hamilton, *Paying for the Party; Paula England*, "Sometimes the Social Becomes Personal: Gender, Class, and Sexualities," *American Sociological Review* 81,

no. 1 (2016): 4–28; Lauren A. Rivera and András Tilcsik, "Class Advantage, Commitment Penalty: The Gendered Effect of Social Class Signals in an Elite Labor Market," *American Sociological Review* 81, no. 6 (2016): 1097–1131.

28) 예를 들어 다음을 참조하라. Gayle Rubin, "The Traffic in Women: Notes on the 'Political Economy' of Sex," in *Toward an Anthropology of Women,* ed. Rayna R. Reiter (New York: Monthly Review Press, 1975); Heidi Hartmann, "Capitalism, Patriarchy, and Job Segregation by Sex," *Signs: Journal of Women in Culture and Society* 1, no. 3 (1976): 137–69; Heidi I. Hartmann, "The Family as the Locus of Gender, Class, and Political Struggle: The Example of Housework," *Signs: Journal of Women in Culture and Society* 6, no. 3 (1981): 366–94; Joan Acker, "Class, Gender, and the Relations of Distribution," *Signs: Journal of Women in Culture* and Society 13, no. 3 (1988): 473–97.

29) 실제로 교차성 페미니즘 이론가들이 상기시켜주듯, "가족 가치" 담론은 심대한 정치적 의미를 담고 있다. 그 담론은 문화적 정당성을, 단지 중산층의 위신뿐 아니라 백인 및 이성애자로서의 위신까지 모두 포함한 주류에의 순응이라는 매우 협소한 시각과 밀접하게 연결시키기 때문이다. 이러한 관찰은 흑인 페미니즘 사상 및 퀴어 연구에서 매우 자주, 그리고 철저하게 설명되었기 때문에, 위신 정치에 대한 완전한 참고문헌은 주석 하나로 다룰 수 있는 범위를 훌쩍 뛰어넘는다. 그러나 '위신 정치'라는 구절의 기원에 대해서는 다음을 참조하라. Evelyn Brooks Higginbotham, *Righteous Discontent: The Women's Movement in the Black Baptist Church, 1880–1920* (Cambridge, MA: Harvard University Press, 1994). 미국에서 '가족 가치'의 정치적 호소력에 대한 상세한 논의는 다음을 참조하라. Patricia Hill Collins, "It's All in the Family: Intersections of Gender, Race, and Nation," *Hypatia* 13, no. 3 (1998): 62–82, and Judith Stacey, In *the Name of the Family: Rethinking Family Values in the Postmodern Age* (Boston: Beacon Press, 1996). 그리고 그러한 전략이 퀴어 및 트랜스젠더 권리를 위한 당대의 운동에 흡수된 과정을 개관하기 위해서는 다음을 참조하라. Michael Warner, *The Trouble with Normal: Sex, Politics, and the Ethics of Queer Life* (New York: Free Press, 1999).

30) Bethany Bryson, *Making Multiculturalism: Boundaries and Meaning in U.S. English Departments* (Stanford, CA: Stanford University Press, 2005). 지위 문화에 대해 보다 상세한 논의는 다음을 참조하라. Paul DiMaggio, "Cultural Capital and School Success: The Impact of Status Culture Participation on the Grades of U.S. High School Students," *American Sociological Review* 47, no. 2 (1982):

189－201; or Max Weber's original definition in Max Weber, *Economy and Society* (Berkeley: University of California Press, 1978 [1922]).

31) Pierre Bourdieu, *Distinction: A Social Critique of the Judgment of Taste, trans. Richard Nice* (Cambridge, MA: Harvard University Press, 1984), 7.

32) 위의 책, 6.

33) 현대 젠더사회학에서 이론화된 권력을 확인할 수 있는 또 하나의 일반적 장소는 여성성과 남성성에 대한 연구이다. 예를 들어 다음을 참조하라. R. W. Connell, *Gender and Power: Society, the Person and Sexual Politics* (Stanford, CA: Stanford University Press, 1987). 또한 다음을 참조하라. R. W. Connell, *Masculinities* (Cambridge: Polity Press, 1995); R. W. Connell and James W. Messerschmidt, "Hegemonic Masculinity Rethinking the Concept," *Gender and Society* 19, no. 6 (2005): 829－59; and Mimi Schippers, "Recovering the Feminine Other: Mascu linity, Femininity, and Gender Hegemony," *Theory and Society* 36, no. 1 (2007): 85－102.

34) 부분적으로 이러한 추정이 사회학 내에서 그것의 지적 계보를 거슬러 올라가면, 탤컷 파슨스가 권력을 '일반화된 시설 혹은 자원'이라 정의한 데에 이른다. 다음을 참조하라. "The Distribution of Power in American Society," *World Politics* 10, no. 1 (1957): 140.

35) 이는 다음의 글에서 처음 제안된 비비아나 젤라이저의 경제 회로의 정의를 따른다. "Circuits in Economic Life," *Economic Sociology: The European Electronic Newsletter* 8, no. 1 (2006): 32. 그러나 이는 또한 다음의 책에서 랜달 콜린스가 제시하는 정서적 에너지와 상황적 계층화에 대한 관찰 중 여러 내용을 반영하고 있다. *Interaction Ritual Chains* (Princeton, NJ: Princeton University Press, 2004).

36) Georg Simmel, "Fashion," *American Journal of Sociology* 62, no. 6 (1957): 541.

6장

1) Bill Schackner, "Boy, Girl, Boy, Girl: In Student Housing, Is the Coed Room the Wave of the Future?" *Pittsburgh Post-Gazette*, February 22, 2002, F2.

2) Lini S. Kadaba, "Mixed Doubles in Dorms," *Philadelphia Inquirer*, October 10, 2002, D1.

3) Tamar Lewin, "No Big Deal, but Some Dorm Rooms Have Gone Coed," *New York Times,* May 11, 2002, A13.

4) Kadaba, "Mixed Doubles in Dorms."

5) William Weir, "Gender Won't Count in New Dorm," *Hartford Courant,* May 18, 2003, A1.

6) Kadaba, "Mixed Doubles in Dorms."

7) 위의 글.

8) Lewin, "No Big Deal, but Some Dorm Rooms Have Gone Coed."

9) Deborah Peterson, "Coed Dorm Rooms: The Next Step in Higher Education?" *St. Louis Post-Dispatch*, November 12, 2002, E1.

10) Weir, "Gender Won't Count in New Dorm."

11) Lewin, "No Big Deal, but Some Dorm Rooms Have Gone Coed."

12) Kadaba, "Mixed Doubles in Dorms."

13) 위의 글.

14) Lewin, "No Big Deal, but Some Dorm Rooms Have Gone Coed."

15) Peterson, "Coed Dorm Rooms."

16) Schackner, "Boy, Girl, Boy, Girl."

17) Therese L. Baker and William Vélez, "Access to and Opportunity in Post secondary Education in the United States: A Review," *Sociology of Education* 69 (1996): 82–101; Evan Schofer and John W. Meyer, "The Worldwide Expansion of Higher Education in the Twentieth Century," *American Sociological Review* 70, no. 6 (2005): 898–920; Claudia Buchmann and Thomas A. DiPrete, "The Growing Female Advantage in College Completion: The Role of Family Background and Academic Achievement," *American Sociological Review* 71, no. 4 (2006): 515–41; Yossi Shavit, Richard Arum, and Adam Gamoran, eds., Stratification in Higher *Education: A Comparative Study* (Stanford, CA: Stanford University Press, 2007); Maria Charles and Karen Bradley, "Indulging Our Gendered Selves? Sex Segregation by Field of Study in 44 Countries," *American Journal of Sociology* 114, no. 4 (2009): 924–76; Thomas J. Espenshade, *No Longer Separate, Not Yet Equal: Race and Class in Elite College Admission and Campus Life* (Prin ceton, NJ: Princeton University Press, 2009); David A. Hoekema, *Campus Rules and Moral Community: In Place of In Loco Parentis* (Lanham, MD: Rowman and Littlefield, 1994); William A. Kaplin, *The Law of Higher Education: Student Version* (San Francisco, CA: Jossey-Bass, 2014).

18) 이토록 다양한 개인이 모인 공동체에서 충분히 포용적인 언어를 찾아내기란 매우 어렵기로 유명하다. 또한 다음을 참조하라. Megan Nanney and David L. Brunsma, "Moving beyond Cis-Terhood: Determining Gender through Trans gender Admittance Policies at U.S. Women's Colleges," *Gender and Society* 31, no. 2 (2017): 145–70. 그런 이유로 나는 이 장 전체에서 구문적 단순함을 위해 트랜스젠더라는 용어와 LGBTQ라는 약어를 사용한다. 그러나 나는 또한 내가 설명하고 있는 포괄적 용어 속에 혹은 근처에 존재하는 사람들이 모두 그 용어에 자신을 동일시하는 것은 아니기 때문에, 그러한 담론적 관습은 필연적으로 불완전할 수밖에 없다는 점을 인정한다.

19) 다음을 참조하라. Brett Beemyn, Billy Curtis, Masen Davis, and Nancy Jean Tubbs, "Transgender Issues on College Campuses," *New Directions for Student Services* 111 (2005): 49–60; Brian J. Willoughby, Jason S. Carroll, William J. Marshall, and Caitlin Clark, "The Decline of In Loco Parentis and the Shift to Coed Housing on College Campuses," *Journal of Adolescent Research* 24, no. 1 (2009): 21–36.

20) LGBTQ 중심 비영리 단체인 "캠퍼스 프라이드Campus Pride"에 따르면, 내가 2018년 이 책의 수정을 완료할 때까지 성중립 기숙사 선택지를 공개적으로 제공하는 대학의 총 수는 250곳이 넘었다. 다음을 참조하라. www.campuspride.org/tpc/gender-inclusive-housing/.

21) 이 장의 인터뷰 응답자 중 일부는 스스로를 모종의 논바이너리로 정체화하고 그리고/또는 성중립 대명사(예: they/them/theirs)를 사용했으며, 또한 해당 응답자에게만 그 대명사를 적용하면 익명성이 손상될 수 있으므로, 나는 이 장의 모든 응답자에게 성중립 대명사를 사용한다. 이 책 전반에서 내가 사용한 단수형 대명사에 대한 보다 상세한 논의는 서문의 미주 21번을 참조하라.

22) "President Obama's State of the Union Address," *New York Times*, January 24, 2012, available at www.nytimes.com/2012/01/25/us/politics/state-of-the union-2012-transcript.html.

23) Jonathan Taplin, *Move Fast and Break Things: How Facebook, Google, and Amazon Cornered Culture and Undermined Democracy* (New York: Little, Brown, and Company, 2017), iii.

24) Clayton M. Christensen, Michael E. Raynor, and Rory McDonald, "What Is Disruptive Innovation?" *Harvard Business Review*, December 1, 2015, https://hbr.org/2015/12/what-is-disruptive-innovation.

25) "Innovation in Higher Education," *Association of Governing Boards of Universities and Colleges*, last updated October 31, 2017, www.agb.org/innovation.

26) Steven Mintz, "The Future Is Now: 15 Innovations to Watch For," *Chronicle of Higher Education*, July 22, 2013, www.chronicle.com/article/The-Future Is-Now-15/140479.

27) 일부 참여자는 이 주제에 대한 학문적 글쓰기에서 그러한 관찰을 근거로 삼기까지 했다. 특히 기억에 남는 한 참여자는 "'젠더 수행', 수행성, 주디스 버틀러 등등 젠더에 대한 고전적 사회학이론"에 관해 나와 긴 대화를 나누기도 했다. 그것이 좋은 일이든 나쁜 일이든 버틀러는 사회학자가 아니라는 사실을 그에게 알릴 마음은 없었다.

28) Laurel Westbrook and Kristen Schilt, "Doing Gender, Determining Gen der: Transgender People, Gender Panics, and the Maintenance of the Sex/Gen der/Sexuality System," *Gender and Society* 28, no. 1 (2014): 32–57.

29) Paul J. DiMaggio and Walter W. Powell, "The Iron Cage Revisited: Institutional Isomorphism and Collective Rationality in Organizational Fields," *American Sociological Review* 48, no. 2 (1983): 147–60.

30) 이러한 패턴은 고등교육에서의 지위 신호status signaling에 관한 사회학적 연구와 일치한다. 다음을 참조하라. Nicholas A. Bowman and Michael N. Bastedo, "Get ting on the Front Page: Organizational Reputation, Status Signals, and the Impact of U.S. News and World Report on Student Decisions," *Research in Higher Education* 50, no. 5 (2009): 415–36; Michael N. Bastedo and Nicholas A. Bowman, "College Rankings as an Interorganizational Dependency: Establishing the Foundation for Strategic and Institutional Accounts," *Research in Higher Education* 52, no. 1 (2010): 3–23.

31) David Strang and Sarah A. Soule, "Diffusion in Organizations and Social Movements: From Hybrid Corn to Poison Pills," *Annual Review of Sociology* 24 (1998): 265–90; Ezra W. Zuckerman, "The Categorical Imperative: Securities Analysts and the Illegitimacy Discount," *American Journal of Sociology* 104, no. 5 (1999): 1398–1438; Ezra W. Zuckerman, "Structural Incoherence and Stock Market Activity," *American Sociological Review* 69, no. 3 (2004): 405–32; Hayagreeva Rao, Philippe Monin, and Rodolphe Durand, "Border Crossing: Bricolage and the Erosion of Categorical Boundaries in French Gastronomy," *American Sociological Review* 70, no. 6 (2005): 968–91;

Cathryn Johnson, Timothy J. Dowd, and Cecilia L. Ridgeway, "Legitimacy as a Social Process," *Annual Review of Sociology* 32 (2006): 53–78; Michael T. Hannan, László Pólos, and Glenn R. Carroll, *Logics of Organization Theory: Audiences, Codes, and Ecologies* (Princeton, NJ: Princeton University Press, 2007); Michael Jensen, "Legitimizing Illegitimacy: How Creating Market Identity Legitimizes Illegitimate Products," in *Categories in Markets: Origins and Evolution, ed. Michael Lounsbury* (Bingley, UK: Emerald Group Publishing, 2010); Damon J. Phillips, Catherine J. Turco, and Ezra W. Zuckerman, "Betrayal as Market Barrier: Identity-Based Limits to Diversification among High-Status Corporate Law Firms," *American Journal of Sociology* 118, no. 4 (2013): 1023–54; Amanda J. Sharkey, "Categories and Organizational Status: The Role of Industry Status in the Response to Organizational Deviance," *American Journal of Sociology* 119, no. 5 (2014): 1380–1433; Joel Podolny, *Status Signals: A Sociological Study of Market Competition* (Princeton, NJ: Princeton University Press, 2005).

32) Paul J. DiMaggio and Walter W. Powell, "The Iron Cage Revisited: Insti tutional Isomorphism and Collective Rationality in Organizational Fields," *American Sociological Review* 48, no. 2 (1983): 147–60; 또한 다음을 참조하라. Lynne G. Zucker, "Institutional Theories of Organization," *Annual Review of Sociology* 13 (1987): 443–44; Walter W. Powell and Paul DiMaggio, eds., *The New Institutionalism in Organizational Analysis* (Chicago: University of Chicago Press, 1991); W. Richard Scott, *Institutions and Organizations* (Thousand Oaks, CA: Sage, 1995); Mark C. Suchman, "Managing Legitimacy: Strategic and Institutional Approaches," *Academy of Management Review* 20, no. 3 (1995): 571–610; David L. Deephouse, "Does Isomorphism Legitimate?," *Academy of Management Journal* 39, no. 4 (1996): 1024–39; Mary C. Brinton and Victor Nee, eds., *The New Institutionalism in Sociology* (New York: Russell Sage Foundation, 1998).

33) 학생자치 대학 신문에서 다뤄진 젠더 포용적 시설에 찬성하거나 반대하는 공개적 주장에 대한 나의 이전 연구에 따르면, 나는 이러한 과정의 변주를 '평판 생성'이라 지칭했다. 이러한 문화적 작업은 (1) 트랜스젠더 문제에 대한 그들의 대응을 기반으로 기관 간의 담론적 구별을 구축한다. (2) 특정 기관의 성소수자 학생들에 대한 처우(그리고 관련된 외부 지표에 따른 성과)와 다른 기관의 처우(및 성과)를 비교한다. (3) 잘 알려져

있고, 평판이 좋으며, 순위가 높은 기관을 그렇지 않은 기관보다 긍정적으로 평가한다. (4) 그러한 지위 위계 내에서 기관이 자신의 위치를 향상시킬 수 있는 수단으로서 시설 변경을 활용한다. 더 자세한 내용은 다음을 참조하라. Alexander K. Davis, "Toward Exclusion through Inclusion: Gender-Inclusive Facilities and Engendering Reputation at Colleges and Universities in the United States, 2001–2013," *Gender and Society* 32, no. 3 (2018): 321–47.

34) Mitchell L. Stevens and Josipa Roksa, "The Diversity Imperative in Elite Admissions," in *Diversity in American Higher Education: Toward a More Comprehensive Approach*, ed. Lisa M. Stulberg and Sharon Lawner Weinberg (New York: Routledge, 2011): 63.

35) Susan Stryker, "Transgender History, Homonormativity, and Disciplinarity," *Radical History Review 2008*, no. 100 (2008): 155.

36) Ellen C. Berrey, "Why Diversity Became Orthodox in Higher Education, and How It Changed the Meaning of Race on Campus," *Critical Sociology* 37, no. 5 (2011): 573–96, Daniel N. Lipson, "Embracing Diversity: The Institutionalization of Affirmative Action as Diversity Management at UC-Berkeley, UT-Austin, and UW-Madison," *Law and Social Inquiry* 32, no. 4 (2007): 985–1026; Jodi Melamed, "The Spirit of Neoliberalism: From Racial Liberalism to Neoliberal Multiculturalism," *Social Text* 24, no. 4 (Winter 2006): 1–24. 덧붙여, 퀴어 연구에서 교차적 연구가 오랫동안 인정해왔듯이, 제도적 인식의 변화를 일으킨 원인 중 일부에는 인종, 장애 그리고 무엇보다 사회계급을 현대 동성애자 인권운동의 주변부로 격하시킨 것이 있다. 예를 들어 다음을 참조하라. Anna M. Agathangelou, M. Daniel Bassichis, and Tamara L. Spira, "Intimate Investments: Homonormativity, Global Lockdown, and the Seductions of Empire," *Radical History Review* 2008, no. 100 (2008): 120–43; Christina B. Hanhardt, *Safe Space: Gay Neighborhood History and the Politics of Violence* (Durham, NC: Duke University Press, 2013); Jasbir K. Puar, *Terrorist Assemblages: Homonationalism in Queer Times* (Durham, NC: Duke University Press, 2007); David L. Eng, *The Feeling of Kinship: Queer Liberalism and the Racialization of Intimacy* (Durham, NC: Duke University Press, 2010); Eliza beth Jane Ward, *Respectably Queer: Diversity Culture in LGBT Activist Organizations* (Nashville: Vanderbilt University Press, 2008); David L. Eng, Judith Halberstam, and José Esteban Muñoz, eds., "What's Queer about Queer Studies Now,"

special issue, Social Text 23, nos. 3–4 (2005); Christina Crosby, Lisa Duggan, Roderick Ferguson, et al., "Queer Studies, Materialism, and Crisis: A Roundtable Discussion," *GLQ: A Journal of Lesbian and Gay Studies* 18, no. 1 (2012): 127–47.

37) Michael Sauder and Wendy Nelson Espeland, "The Discipline of Rankings: Tight Coupling and Organizational Change," *American Sociological Review* 74, no. 1 (2009): 63–82; 또한 다음을 참조하라. Wendy Nelson Espeland and Michael Sauder, "Rankings and Reactivity: How Public Measures Recreate Social Worlds," *American Journal of Sociology* 113, no. 1 (2007): 1–40.

38) 로버트 머튼은 이와 같은 결과를 보다 일반적인 용어로 의도적인 행동의 '의도치 않은 결과'라고 말한다. 자세한 내용은 다음을 참조하라. Robert K. Merton, "The Unanticipated Consequences of Purposive Social Action," *American Sociological Review* 1, no. 6 (1936): 894–904.

39) Francine Deutsch, "Undoing Gender," *Gender and Society* 21, no. 1 (2007): 107.

40) Deutsch, "Undoing Gender," 107.

41) 위의 글.

42) 위의 글, 114.

43) 위의 글, 109.

44) 위의 글, 120.

45) 위의 글, 107.

46) 위의 글, 120.

47) 위의 글, 108.

48) Ellen Hazelkorn, *Rankings and the Reshaping of Higher Education: The Battle for World-Class Excellence* (New York: Palgrave Macmillan, 2015).

49) Sara Ahmed, *On Being Included: Racism and Diversity in Institutional Life* (Durham, NC: Duke University Press, 2012).

50) Genny Beemyn and Shane Windmeyer, "The Top 10 Trans-Friendly Colleges and Universities," *The Advocate*, August 15, 2012, www.advocate.com/politics/transgender/2012/08/15/top-10-trans-friendly-colleges-and-universities/.

51) 알파벳 순서대로 상위 10개의 리스트에는 이타카대학, 뉴욕대학, 프린스턴대학, 로스앤젤레스 캘리포니아주립대학, 리버사이드 캘리포니아주립대학, 미시건대학, 오리건대학, 펜실베이니아대학 그리고 버몬트대학이 있다. 다음을 참조하라. Genny

Beemyn and Shane Windmeyer, "The Top 10 Trans-Friendly Colleges and Universities," *The Advocate*, August 15, 2012; "22 Richest Schools in America," Forbes Magazine, July 30, 2014, www.forbes.com/sites/ccap/2014/07/30/22-richest-schools-in-america/.

52) Pat Eaton-Robb, "Yale's Gender Neutral Bathrooms Part of Changing Cli mate," *USA Today*, May 23, 2016, http://college.usatoday.com/2016/05/23/yales-gender-neutral-bathrooms-part-of-changing-climate/.

53) 예를 들어 다음을 참조하라. Brett Beemyn, "Serving the Needs of Transgender College Students," *Journal of Gay and Lesbian Issues in Education* 1, no. 1 (2003): 33–50; Brett Beemyn, Billy Curtis, Masen Davis, and Nancy Jean Tubbs, "Transgender Issues on College Campuses," *New Directions for Student Services* 2005, no. 111 (2005): 49–60; Tiana E. Krum, Kyle S. Davis, and M. Paz Galupo, "Gender Inclusive Housing Preferences: A Survey of College-Aged Transgender Students," *Journal of LGBT Youth* 10, no. 1–2 (2013): 64–82; Kristie L. Seelman, "Recommendations of Transgender Students, Staff, and Faculty in the USA for Improving College Campuses," *Gender and Education* 26, no. 6 (2014): 618–35; Jonathan T. Pryor, "Out in the Classroom: Transgender Student Experiences at a Large Public University," *Journal of College Student Development* 56, no. 5 (2015): 440–55.

54) Max Weber, "Class, Status, Party," in *From Max Weber: Essays in Sociology*, ed. H. H. Gerth and C. Wright Mills (Berkeley: University of California Press, 2007 [1922]).

결론

1) An Act to Provide for Single-Sex Multiple Occupancy Bathroom and Changing Facilities in Schools and Public Agencies and to Create Statewide Consistency in Regulation of Employment and Public Accommodations, General Assembly of North Carolina, House Bill DRH40005-TC-1B, Second Extra Ses sion (March 23, 2016).

2) Steve Harrison, "Charlotte City Council Approves LGBT Protections in 7–4 Vote," *Charlotte Observer*, February 22, 2016.

3) Pat McCrory, Twitter post, March 23, 2016, 10:16 p.m., http://twitter.com /

PatMcCroryNC/status/712825502772269056.

4) Lucy Westcott, "North Carolina Being Sued by ACLU Over Its Anti-LGBT Law," *Newsweek*, March 28, 2016.

5) Roy Cooper, "Comments on House Bill 2," *North Carolina Department of Justic*e, March 29, 2016, available from www.ncdoj.gov; 또한 다음을 참조하라. Anne Blythe, "NC Attorney General Refuses to Defend State from LGBT Legal Challenge," *Miami Herald*, March 29, 2016.

6) Andrea Wiegl, "Some Triangle Small-Business Owners Show Opposition to HB2 Legislation," *Raleigh (NC) News and Observer*, April 1, 2016.

7) Ryan Grenoble, "Georgia Kroger Has an Excellent Explanation for Its Uni sex Bathroom," *Huffington Pos*t, March 28, 2016.

8) Brad Kutner, "Ellwood Thompson's Debuts Gender Neutral Restrooms after HB2 Fallout," *GayRVA*, April 12, 2016.

9) "Transgendered Students and School Bathrooms," *CBS News Poll*, June 8, 2014, available from www.cbsnews.com; Daniel Trotta, "Exclusive: Women, Young More Open on Transgender Issue in U.S.," Reuters, April 21, 2016, available from www.reuters.com.

10) 예를 들어 다음을 참조하라. Aaron T. Norton and Gregory M. Herek, "Heterosexuals' Attitudes toward Transgender People: Findings from a National Probability Sample of U.S. Adults," *Sex Roles* 68, no. 11 (2013): 738-53; David Broockman and Joshua Kalla, "Durably Reducing Transphobia: A Field Experiment on Door-to-Door Canvassing," *Science* 352, no. 6282 (2016): 220-24.

11) Patricia Yancey Martin, "Gender as a Social Institution," *Social Forces* 82, no. 4 (2004): 1249-73; Barbara J. Risman, "Gender as a Social Structure: Theory Wrestling with Activism," *Gender and Society* 18, no. 4 (2004): 429-50.

12) Risman, "Gender as a Social Structure," 434.

13) 위의 글, 435.

14) 또한 다음을 참조하라. Andrew Abbott, "Things of Boundaries," *Social Research* 62, no. 4 (1995): 857-82.

15) Martin, "Gender as a Social Institution," 1264.

16) 예를 들어 옥스퍼드 영어사전 최신판에서는 요소를 "복잡한 전체의 구성 부분"이라고 정의한다. 온라인에서 옥스퍼드 영어사전을 참조하라. Oxford University Press,

www.oed.com/view/Entry/60353.

17) 과거 글쓰기 세미나의 학생들이 학문적 글쓰기에서 '상식'은 있을 수 없다고 외치는 소리가 여기서도 들리는 듯하기에, "왜 수소와 산소를 결합하면 과산화수소보다 물이 생성되는가?"라는 질문에 담긴 화학적 가능성에 대한 비전문적 설명을 확인할 수 있는 곳을 밝혀두겠다. 다음의 웹사이트를 참조하라. the Scientific American website at www .scientificamerican.com/article/why-does-combining-hydrog/.

18) 예를 들어 다음을 참조하라. Jun Zhang, Pengcheng Chen, Bingkai Yuan, Wei Ji, Zhihai Cheng, and Xiaohui Qiu, "Real-Space Identification of Intermolecular Bonding with Atomic Force Microscopy," *Science* 342, no. 6158 (2013): 611–14.

19) 이 아이디어는 무스타파 에미르바이어의 "관계사회학을 위한 선언문"의 내용과도 의미가 상통한다. 그는 젠더의 제도적 성취의 모든 요소는 "본질적으로 매우 역동적"이며, "불활성 물질 간의 정적인 상태가 아니라 계속해서 전개되고 지속되는 과정"으로서 작동한다고 밝혔다. 다음을 참조하라. Emirbayer, "Manifesto for a Relational Sociology," *American Journal of Sociology* 103, no. 2 (1997): 289.

20) Harvey Molotch and Laura Norén, *Toilet: Public Restrooms and the Politics of Sharing* (New York: New York University Press, 2010).

21) Joel Sanders and Susan Stryker, "Could the Restroom Become Public Space?" *Metropolis*, April 18, 2017, www.metropolismag.com/architecture/could restroom-become-public-space/.

22) Genny Beemyn and Shane Windmeyer, "The Top 10 Trans-Friendly Col leges and Universities," *The Advocate*, August 15, 2012.

23) Noah McClain and Ashley Mears, "Free to Those Who Can Afford It: The Everyday Affordance of Privilege," *Poetics* 40, no. 2 (2012): 133–49.

24) Peggy McIntosh, "White Privilege: Unpacking the Invisible Knapsack," *Peace and Freedom Magazine*, July/August 1989, 10–12.

부록

1) Earl Babbie, "Laud Humphreys and Research Ethics," International Jour nal of Sociology and Social Policy 24, no. 3/4/5 (2004), 12.

2) Babbie, "Laud Humphreys and Research Ethics," 13.

3) John F. Galliher, Wayne H. Brekhus, and David P. Keys, *Laud Humphreys:*

Prophet of Homosexuality and Sociology (Madison: University of Wisconsin Press, 2004), 6–7.

4) Erving Goffman, "On Face-Work," *Psychiatry* 18, no. 3 (1955): 213–31.

5) Spencer E. Cahill, William Distler, Cynthia Lachowetz, Andrea Meaney, Robyn Tarallo, and Teena Willard, "Meanwhile Backstage: Public Bathrooms and the Interaction Order," *Journal of Contemporary Ethnography* 14, no. 1 (1985): 33–58.

6) 사회학의 이론 구성을 위한 하나의 일반적 전략으로서 그러한 접근 방식의 기반이 되는 지적 원리에 대해 더 알고 싶다면 다음을 참조하라. John Levi Martin, *Social Structures* (Princeton, NJ: Princeton University Press, 2009).

7) 나는 내가 수집한 샘플이 문제가 아니라 오히려 자산이라는 점을 지적해준 린다 홈스트롬에게 감사를 표한다. 그리고 2014년 "동부 사회학 학회 연간 학술대회"에서 발표한 나의 초기 연구에 관해 이메일로 훌륭한 조언을 해준 것에 대해서도 감사한다.

8) Barney G. Glaser and Anselm L. Strauss, *The Discovery of Grounded Theory: Strategies for Qualitative Research* (Chicago: Aldine Publishing Company, 2012 [1967]), 67–68.

9) 이 법적 교리는 "분리되어 있지만 평등하다"로 더 잘 알려져 있으나, 문제가 되는 원래의 법과 플레시 재판에서의 다수 의견이 모두 "평등하지만 분리된"이라는 문구를 사용한다. 다음을 참조하라. Plessy v. Ferguson, 163 U.S. 537 (1896), 547.

10) 예를 들어 다음을 참조하라. Joan Acker, *Class Questions: Feminist Answers* (Lanham, MD: Rowman and Littlefield Publishers, 2005); Kathy Davis, "Intersectionality as Buzzword: A Sociology of Science Perspective on What Makes a Feminist Theory Successful," *Feminist Theory* 9, no. 1 (2008): 67–85; Eduardo Bonilla Silva, *Racism without Racists: Color-Blind Racism and the Persistence of Racial Inequality in the United States* (New York: Rowman and Littlefield, 2006).

11) Wendy Griswold "A Methodological Framework for the Sociology of Culture," *Sociological Methodology* 17, no. 1 (1987): 1–35.

12) Andrew Abbott, "Things of Boundaries," *Social Research* 62, no. 4 (1995): 857–82.

13) Mary Douglas, *How Institutions Think* (Syracuse, NY: Syracuse University Press, 1986).

14) Diane Vaughan, "Theorizing Disaster: Analogy, Historical Ethnography, and

the Challenger Accident," *Ethnography* 5, no. 3 (2004): 315–47.

15) Susan Leigh Star, "The Ethnography of Infrastructure," *American Behavioral Scientist* 43, no. 3 (1999): 377–91.

16) 예를 들어 다음을 참조하라. Sharad Chari and Vinay Gidwani, "Introduction: Grounds for a Spatial Ethnography of Labor," *Ethnography* 6, no. 3 (2005): 267–81.

17) David Valentine, *Imagining Transgender: An Ethnography of a Category* (Durham, NC: Duke University Press, 2007), 28.

18) 서사에 대해 더 자세한 내용은 다음을 참조하라. Charles Tilly, *Why?* (Princeton, NJ: Princeton University Press, 2006); Patricia Ewick and Susan Silbey, "Narrating Social Structure: Stories of Resistance to Legal Authority on JSTOR," *American Journal of Sociology* 108, no. 6 (2003): 1,328–72.

19) 다음을 참조하라. Paul DiMaggio, "Culture and Cognition," *Annual Review of Sociology* 23 (1997): 263–87; Stephen Vaisey, "Motivation and Justification: A Dual-Process Model of Culture in Action," *American Journal of Sociology* 114, no. 6 (2009): 1,675–1,715; John Levi Martin, "Life's a Beach but You're an Ant and Other Unwelcome News for the Sociology of Culture," *Poetics* 38, no. 2 (2010): 229–44; Colin Jerolmack and Shamus Khan, "Talk Is Cheap: Ethnography and the Attitudinal Fallacy," *Sociological Methods and Research* 43, no. 2 (2014): 178–209.

20) Michèle Lamont and Ann Swidler, "Methodological Pluralism and the Possibilities and Limits of Interviewing," *Qualitative Sociology* 37, no. 2 (2014): 153–71.

21) 또한 다음을 참조하라. Allison J. Pugh, "What Good Are Interviews for Thinking about Culture? Demystifying Interpretive Analysis," *American Journal of Cultural Sociology* 1, no. 1 (2013): 42–68.

22) Judith Butler, *Gender Trouble: Feminism and the Subversion of Identity* (London: Routledge, 1990), 33. (한국어 번역본 p.24)

23) REFUGE Restrooms can be accessed at www.refugerestrooms.org.

참고 문헌

Abbott, Andrew. *The System of Professions: An Essay on the Division of Expert Labor.* Chicago: University of Chicago Press, 2014.

— "Things of Boundaries." *Social Research* 62, no. 4 (1995): 857 – 82.

Acker, Joan. "Class, Gender, and the Relations of Distribution." *Signs: Journal of Women in Culture and Society* 13, no. 3 (1988): 473 – 97.

— *Class Questions: Feminist Answers.* Lanham, MD: Rowman and Littlefield Publishers, 2006.

— "From Sex Roles to Gendered Institutions." *Contemporary Sociology* 21, no. 5 (1992): 565 – 69.

— "Hierarchies, Jobs, Bodies: A Theory of Gendered Organizations." *Gender and Society* 4, no. 2 (1990): 139 – 58.

— "Inequality Regimes: Gender, Class, and Race in Organizations." *Gender and Society* 20, no. 4 (2006): 441 – 64.

Agathangelou, Anna M., M. Daniel Bassichis, and Tamara L. Spira. "Intimate Investments: Homonormativity, Global Lockdown and the Seductions of Empire." *Radical History Review* 100 (2008): 120 – 45.

Agosto, Denise E., Kimberly L. Paone, and Gretchen S. Ipock. "The Female-Friendly Public Library: Gender Differences in Adolescents "Uses and Perceptions of U.S. Public Libraries." *Library Trends* 56, no. 2 (2007): 387 – 401.

Ahmed, Sara. *On Being Included: Racism and Diversity in Institutional Life.* Durham, NC: Duke University Press, 2012.

Aitken, Hugh G. J. *Scientific Management in Action: Taylorism at Watertown Arsenal, 1908 – 1915.* Princeton, NJ: Princeton University Press, 1960.

Alderson, Arthur S., Azamat Junisbai, and Isaac Heacock. "Social Status and Cultural Consumption in the United States." In "Social Status and Cultural

Consumption in Seven Countries," edited by Tak Wing Chan and John H. Goldthorpe. Special issue, *Poetics* 35, nos. 2–3 (2007): 191–212.

Aldrich, Howard, and Martin Ruef. *Organizations Evolving.* 2nd ed. Thousand Oaks, CA: Sage Publications, 2006.

Allen, William H. "Sanitation and Social Progress." *American Journal of Sociology* 8, no. 5 (1903): 631–43.

Almeling, Rene. *Sex Cells: The Medical Market for Eggs and Sperm.* Berkeley: University of California Press, 2011.

American Public Health Association. *A Half Century of Public Health, Jubilee Historical Volume; in Commemoration of the Fiftieth Anniversary Celebration of Its Foundation, New York City, November 14–18, 1921.* Edited by Mazÿck P. Ravenel. New York: American Public Health Association, 1921.

Anteby, Michel. "Markets, Morals, and Practices of Trade: Jurisdictional Disputes in the U.S. Commerce in Cadavers." *Administrative Science Quarterly* 55, no. 4 (2010): 606–38.

Anthony, Kathryn H., and Meghan Dufresne. "Potty Parity in Perspective: Gender and Family Issues in Planning and Designing Public Restrooms." *Journal of Planning Literature* 21, no. 3 (2007): 267–94.

Appleby, Joyce. "Recovering America's Historic Diversity: Beyond Exceptionalism." *Journal of American History* 79, no. 2 (1992): 419–31.

Arluke, Arnold, Lanny Kutakoff, and Jack Levin. "Are the Times Changing? An Analysis of Gender Differences in Sexual Graffiti." *Sex Roles* 16, no. 1–2 (1987): 1–7.

Armstrong, Elizabeth A. *Paying for the Party: How College Maintains Inequality.* Cambridge, MA: Harvard University Press, 2013.

Babbie, Earl. "Laud Humphreys and Research Ethics." *International Journal of Sociology and Social Policy* 24, no. 3–5 (2004): 12–19.

Babon, Kim M. "Composition, Coherence, and Attachment: The Critical Role of Context in Reception." *Poetics* 34, no. 3 (2006): 151–79.

Baker, Paula. "The Domestication of Politics: Women and American Political Society, 1780–1920." *American Historical Review* 89, no. 3 (1984): 620–47.

Baker, Therese L., and William Vélez. "Access to and Opportunity in

Postsecondary Education in the United States: A Review." *Sociology of Education* 69 (1996): 82 – 101.

Baldwin, Peter C. "Public Privacy: Restrooms in American Cities, 1869 – 1932." *Journal of Social History* 48, no. 2 (2014): 264 – 88.

Bandelj, Nina. "Relational Work and Economic Sociology." *Politics and Society* 40, no. 2 (2012): 175 – 201.

Banks, Taunya Lovell. "Toilets as a Feminist Issue: A True Story." *Berkeley Journal of Gender*, Law and Justice 6, no. 2 (1990 – 1991): 263 – 89.

Barnes, Jeb, and Thomas F. Burke. "Making Way: Legal Mobilization, Organizational Response, and Wheelchair Access." *Law and Society Review* 46, no. 1 (2012): 167 – 98.

Bastedo, Michael N., and Nicholas A. Bowman. "College Rankings as an Interorganizational Dependency: Establishing the Foundation for Strategic and Institutional Accounts." *Research in Higher Education* 52, no. 1 (2011): 3 – 23.

Bayh, Birch. "The Need for the Equal Rights Amendment." *Notre Dame Lawyer* 48 (1972): 80 – 91.

Baynton, Douglas C. "Disability and the Justification of Inequality in American History." In *The Disability Studies Reader*, edited by Lennard J. Davis. New York: Routledge, 2013.

Beauvoir, Simone de. *The Second Sex*. Translated by Constance Borde and Sheila Malovany-Chevallier. New York: Vintage Books, 2011 [1949]. [이정순 옮김, 《제2의 성》, 을유문화사, 2021]

Beemyn, Brett. "Serving the Needs of Transgender College Students." *Journal of Gay and Lesbian Issues in Education* 1, no. 1 (2003): 33 – 50.

Beemyn, Brett, Billy Curtis, Masen Davis, and Nancy Jean Tubbs. "Transgender Issues on College Campuses." *New Directions for Student Services*, no. 111 (2005): 49 – 60.

Beisel, Nicola. "Morals versus Art: Censorship, the Politics of Interpretation, and the Victorian Nude." *American Sociological Review* 58, no. 2 (1993): 145 – 62.

Ben-Joseph, Eran. *The Code of the City: Standards and the Hidden Language of Place Making*. Cambridge, MA: MIT Press, 2005.

Ben-Joseph, Eran, and Terry S. Szold, eds. *Regulating Place: Standards and the Shaping of Urban America.* New York: Routledge, 2005.

Benford, Robert D., and David A. Snow. "Framing Processes and Social Movements: An Overview and Assessment." *Annual Review of Sociology* 26 (2000): 611–39.

Benidickson, Jamie. *The Culture of Flushing: A Social and Legal History of Sewage*. Vancouver: University of British Columbia Press, 2007.

Benson, Rodney. "American Journalism and the Politics of Diversity." *Media, Culture and Society* 27, no. 1 (2005): 5–20.

Berezin, Mabel. "Exploring Emotions and the Economy: New Contributions from Sociological Theory." *Theory and Society* 38, no. 4 (2009): 335–46.

Berger, Molly W. *Hotel Dreams: Luxury, Technology, and Urban Ambition in America, 1829–1929.* Baltimore: Johns Hopkins University Press, 2011.

Bettie, Julie. *Women without Class: Girls, Race, and Identity.* Berkeley: University of California Press, 2003.

Binder, Amy. "For Love and Money: Organizations' Creative Responses to Multiple Environmental Logics." *Theory and Society* 36, no. 6 (2007): 547–71.

Blau, Francine D., Mary C. Brinton, and David B. Grusky, eds. *The Declining Significance of Gender?* New York: Russell Sage Foundation, 2006.

Bonilla-Silva, Eduardo. *Racism without Racists: Color-Blind Racism and the Persistence of Racial Inequality in the United States*. 2nd ed. New York: Rowman and Littlefield, 2006.

Borden, Iain, Barbara Penner, and Jane Rendell. *Gender Space Architecture: An Interdisciplinary Introduction*. London: Routledge, 2002.

Bourdieu, Pierre. "Cultural Reproduction and Social Reproduction." In *Power and Ideology in Education*, edited by J. Karabel and A. H. Halsey, 487–511. New York: Oxford University Press, 1977.

— *Distinction: A Social Critique of the Judgment of Taste*. Translated by Richard Nice. Cambridge, MA: Harvard University Press, 1984. [최종철 옮김, 《구별짓기》, 새물결, 2005]

— "The Force of Law: Toward a Sociology of the Juridical Field." *Hastings Law Journal* 38 (1986–87): 805–13.

Bouton, Malcolm A. "Plumbing Codes in Public Health." *American Journal of Public*

Health (1956): 1439 – 43.

Bowker, Geoffrey C., and Susan Leigh Star. *Sorting Things Out: Classification and Its Consequences*. Cambridge, MA: MIT Press, 1999. [주은우 옮김, 《사물의 분류》, 현실문화, 2005]

Bowman, Nicholas A., and Michael N. Bastedo. "Getting on the Front Page: Organizational Reputation, Status Signals, and the Impact of U.S. News and World Report on Student Decisions." *Research in Higher Education* 50, no. 5 (2009): 415 – 36.

Boyer, Paul S. *Urban Masses and Moral Order in America, 1820 – 1920*. Cambridge, MA: Harvard University Press, 1992.

Braverman, Irus. "Governing with Clean Hands: Automated Public Toilets and Sanitary Surveillance." *Surveillance and Society* 8, no. 1 (2010): 1 – 27.

Brinton, Mary C., and Victor Nee. *The New Institutionalism in Sociology*. New York: Russell Sage Foundation, 1998.

Britton, Dana M. "The Epistemology of the Gendered Organization." *Gender and Society* 14, no. 3 (2000): 418 – 34.

Britton, Dana M., and Laura Logan. "Gendered Organizations: Progress and Prospects." *Sociology Compass* 2, no. 1 (2008): 107 – 21.

Broockman, David, and Joshua Kalla. "Durably Reducing Transphobia: A Field Experiment on Door-to-Door Canvassing." *Science* 352, no. 6282 (2016): 220 – 24.

Brown, Kathleen M. *Foul Bodies: Cleanliness in Early America*. New Haven, CT: Yale University Press, 2009.

Brown-May, Andrew, and Peg Fraser. "Gender, Respectability, and Public Convenience in Melbourne, Australia, 1859 – 1902." In *Ladies and Gents: Public Toilets and Gender*, edited by Olga Gershenson and Barbara Penner, 75 – 89. Philadelphia: Temple University Press, 2009.

Browne, Kath. "Genderism and the Bathroom Problem: (Re)materialising Sexed Sites, (Re)creating Sexed Bodies." *Gender, Place and Culture* 11, no. 3 (2004): 331 – 46.

Bruner, Edward M., and Jane Paige Kelso. "Gender Differences in Graffiti: A Semiotic Perspective." *Women's Studies International Quarterly* 3, no. 2 (1980): 239 – 52.

Bryson, Bethany. *Making Multiculturalism: Boundaries and Meaning in U.S. English Departments.* Stanford, CA: Stanford University Press, 2005.

Buchmann, Claudia, and Thomas A. DiPrete. "The Growing Female Advantage in College Completion: The Role of Family Background and Academic Achievement." *American Sociological Review* 71, no. 4 (2006): 515–41.

Buchmann, Claudia, Thomas A. DiPrete, and Anne McDaniel. "Gender Inequalities in Education." *Annual Review of Sociology* 34 (2008): 319–37.

Budig, Michelle J., and Paula England. "The Wage Penalty for Motherhood." *American Sociological Review* 66, no. 2 (2001): 204–25.

Burnstein, Daniel Eli. *Next to Godliness: Confronting Dirt and Despair in Progressive Era New York City*. Urbana: University of Illinois Press, 2006.

Bushman, Richard L., and Claudia L. Bushman. "The Early History of Cleanliness in America." *Journal of American History* 74, no. 4 (1988): 1213–38.

Butler, Judith. *Bodies That Matter: On the Discursive Limits of "Sex."* New York: Routledge, 1993. [김윤상 옮김,《의미를 체현하는 육체》, 인간사랑, 2003]

— *Gender Trouble: Feminism and the Subversion of Identity*. New York: Routledge, 1990. [조현준 옮김,《젠더 트러블》, 문학동네, 2008]

Cahill, Spencer E., William Distler, Cynthia Lachowetz, Andrea Meaney, Robyn Tarallo, and Teena Willard. "Meanwhile Backstage: Public Bathrooms and the Interaction Order." *Journal of Contemporary Ethnography* 14, no. 1 (1985): 33–58.

Caldeira, Gregory A. "The Transmission of Legal Precedent: A Study of State Supreme Courts." *American Political Science Review* 79, no. 1 (1985): 178–94.

Canaday, Margot. "'Who Is a Homosexual?': The Consolidation of Sexual Identities in Mid-Twentieth-Century American Immigration Law." *Law and Social Inquiry* 28, no. 2 (2003): 351–86.

Cappeliez, Sarah, and Josée Johnston. "From Meat and Potatoes to 'Real-Deal' Rotis: Exploring Everyday Culinary Cosmopolitanism." *Poetics* 41, no. 5 (2013): 433–55.

Carby, Hazel V. "The Multicultural Wars." *Radical History Review* 1992, no. 54 (1992): 7–18.

Carroll, Glenn R. "Organizational Ecology." *Annual Review of Sociology* 10 (1984):

71–93.

Case, Mary Anne. "Reflections on Constitutionalizing Women's Equality." *California Law Review* 90, no. 3 (2002): 765–90.

— "Why Not Abolish the Laws of Urinary Segregation?" In *Toilet: Public Restrooms and the Politics of Sharing*, edited by Harvey Molotch and Laura Norén, 211–25. New York: New York University Press, 2010.

Cattani, Gino, Simone Ferriani, Giacomo Negro, and Fabrizio Perretti. "The Structure of Consensus: Network Ties, Legitimation, and Exit Rates of U.S. Feature Film Producer Organizations." *Administrative Science Quarterly* 53, no. 1 (2008): 145–82.

Cavanagh, Sheila L. *Queering Bathrooms: Gender, Sexuality, and the Hygienic Imagination*. Toronto: University of Toronto Press, 2010.

Cech, Erin, Brian Rubineau, Susan Silbey, and Caroll Seron. "Professional Role Confidence and Gendered Persistence in Engineering." *American Sociological Review* 76, no. 5 (2011): 641–66.

Chalfin, Brenda. "Public Things, Excremental Politics, and the Infrastructure of Bare Life in Ghana's City of Tema." *American Ethnologist* 41, no. 1 (2014): 92–109.

Chari, Sharad, and Vinay Gidwani. "Introduction: Grounds for a Spatial Ethnography of Labor." *Ethnography* 6, no. 3 (2005): 267–81.

Charles, Maria. *Occupational Ghettos: The Worldwide Segregation of Women and Men*. Stanford, CA: Stanford University Press, 2004.

Charles, Maria, and Karen Bradley. "Indulging Our Gendered Selves? Sex Segregation by Field of Study in 44 Countries." *American Journal of Sociology* 114, no. 4 (2009): 924–76.

Chauncey, George. *Gay New York: Gender, Urban Culture, and the Makings of the Gay Male World, 1890–1940*. New York: Basic Books, 1994.

Chen, Mel Y. *Animacies: Biopolitics, Racial Mattering, and Queer Affect*. Durham, NC: Duke University Press, 2012.

Cheyne, Andrew, and Amy Binder. "Cosmopolitan Preferences: The Constitutive Role of Place in American Elite Taste for Hip-Hop Music, 1991–2005." *Poetics* 38, no. 3 (2010): 336–64.

Cohen, Stanley. *Folk Devils and Moral Panics: The Creation of the Mods and*

Rockers. New York: Psychology Press, 2002 [1972].

Collins, Patricia Hill. "It's All in the Family: Intersections of Gender, Race, and Nation." *Hypatia* 13, no. 3 (1998): 62–82.

Collins, Randall. *The Credential Society: An Historical Sociology of Education and Stratification*. New York: Academic Press, 1979.

— *Interaction Ritual Chains*. Princeton, NJ: Princeton University Press, 2004.

— "Situational Stratification: A Micro-Macro Theory of Inequality." Sociological Theory 18, no. 1 (2000): 17–43.

Colomina, Beatriz, and Jennifer Bloomer. *Sexuality and Space*. Princeton, NY: Princeton Architectural Press, 1992. [김영옥, 신경숙, 강미선, 이선영 옮김, 《섹슈얼리티와 공간》, 동녘, 2005]

Connell, Catherine. "The Politics of the Stall: Transgender and Genderqueer Workers Negotiating 'the Bathroom Question.'" In *Embodied Resistance: Challenging the Norms, Breaking the Rules*, edited by Chris Bobel and Samantha Kwan, 175–85. Nashville: Vanderbilt University Press, 2011.

Connell, R. W. *Gender and Power: Society, the Person and Sexual Politics*. Stanford, CA: Stanford University Press, 1987.

— *Masculinities*. Cambridge, UK: Polity Press, 1995. [안상욱, 현민 옮김, 《남성성/들》, 이매진, 2013]

Connell, R. W., and James W. Messerschmidt. "Hegemonic Masculinity: Rethinking the Concept." *Gender and Society* 19, no. 6 (2005): 829–59.

Cooper, Patricia, and Ruth Oldenziel. "Cherished Classifications: Bathrooms and the Construction of Gender/Race on the Pennsylvania Railroad during World War II." *Feminist Studies* 25, no. 1 (1999): 7–41.

Correll, Shelley, J. S. Benard, and In Paik. "Getting a Job: Is There a Motherhood Penalty?" *American Journal of Sociology* 112, no. 5 (2007): 1297–1339.

Crosby, Christina, Lisa Duggan, Roderick Ferguson, Kevin Floyd, Miranda Joseph, Heather Love, Robert McRuer, et al. "Queer Studies, Materialism, and Crisis: A Roundtable Discussion." *GLQ: A Journal of Lesbian and Gay Studies* 18, no. 1 (2012): 127–47.

Curran, W. J. "The Constitutionality of Prohibiting the Operation of Pay Toilets." *American Journal of Public Health* 67, no. 12 (1977): 1205–6.

Cutler, David, and Grant Miller. "The Role of Public Health Improvements in

Health Advances: The Twentieth-Century United States." *Demography* 42, no. 1 (2005): 1 – 22.

Davis, Alexander K. "Toward Exclusion through Inclusion: Engendering Reputation with Gender-Inclusive Facilities at Colleges and Universities in the United States, 2001 – 2013." *Gender and Society* 32, no. 3 (2018): 321 – 47.

Davis, Georgiann. *Contesting Intersex: The Dubious Diagnosis*. New York: New York University Press, 2015.

Davis, Kathy. "Intersectionality as Buzzword: A Sociology of Science Perspective on What Makes a Feminist Theory Successful." *Feminist Theory* 9, no. 1 (2008): 67 – 85.

Deephouse, David L. "Does Isomorphism Legitimate?" *Academy of Management Journal* 39, no. 4 (1996): 1024 – 39.

Deitch, Cynthia. "Gender, Race, and Class Politics and the Inclusion of Women in Title VII of the 1964 Civil Rights Act." *Gender and Society* 7, no. 2 (1993): 183 – 203.

Dellinger, Kirsten, and Christine L. Williams. "The Locker Room and the Dorm Room: Workplace Norms and the Boundaries of Sexual Harassment in Magazine Editing." *Social Problems* 49, no. 2 (2002): 242 – 57.

D'Emilio, John. *Sexual Politics, Sexual Communities: The Making of a Homosexual Minority in the United States*, 1940 – 1970. Chicago: University of Chicago Press, 1983.

DeNora, Tia. *Music in Everyday Life*. Cambridge: Cambridge University Press, 2000.

Deutsch, Francine M. "Undoing Gender." *Gender and Society* 21, no. 1 (2007): 106 – 27.

DiMaggio, Paul. "Cultural Capital and School Success: The Impact of Status Culture Participation on the Grades of U.S. High School Students." *American Sociological Review* 47, no. 2 (1982): 189 – 201.

— "Culture and Cognition." *Annual Review of Sociology* 23 (1997): 263 – 87.

DiMaggio, Paul J., and Walter W. Powell. "The Iron Cage Revisited: Institutional Isomorphism and Collective Rationality in Organizational Fields." *American Sociological Review* 48, no. 2 (1983): 147 – 60.

DiPrete, Thomas A., and Claudia Buchmann. "Gender-Specific Trends in the Value of Education and the Emerging Gender Gap in College Completion." *Demography* 43, no. 1 (2006): 1–24.

Doan, Petra L. "The Tyranny of Gendered Spaces—Reflections from beyond the Gender Dichotomy." *Gender, Place and Culture* 17, no. 5 (2010): 635–54.

Dobbin, Frank. *Inventing Equal Opportunity*. Princeton, NJ: Princeton University Press, 2009.

Dobbin, Frank, and Erin L. Kelly. "How to Stop Harassment: Professional Construction of Legal Compliance in Organizations." American Journal of Sociology 112, no. 4 (2007): 1203–43.

Douglas, Mary. *How Institutions Think*. Syracuse, NY: Syracuse University Press, 1986.

— *Purity and Danger: An Analysis of the Concepts of Pollution and Taboo*. New York: Routledge, 1966. [유제분, 이훈상 옮김, 《순수와 위험》, 현대미학사, 1997]

Dowd, Timothy J., Kathleen Liddle, Kim Lupo, and Anne Borden. "Organizing the Musical Canon: The Repertoires of Major U.S. Symphony Orchestras, 1842 to 1969." *Poetics* 30, no. 1 (2002): 35–61.

Dowling, John, and Jeffrey Pfeffer. "Organizational Legitimacy: Social Values and Organizational Behavior." *Pacific Sociological Review* 18, no. 1 (1975): 122–36.

Dreger, Alice Domurat. *Hermaphrodites and the Medical Invention of Sex*. Cambridge, MA: Harvard University Press, 1998.

Duffy, John. *The Sanitarians: A History of American Public Health*. Urbana: University of Illinois Press, 1990.

Duneier, Mitchell. "Race and Peeing on Sixth Avenue." In *Racing Research, Researching Race: Methodological Dilemmas in Critical Race Studies*, edited by France Winddance Twine and Jonathan W. Warren. New York: New York University Press, 2000.

Eck, Beth A. "Nudity and Framing: Classifying Art, Pornography, Information, and Ambiguity." *Sociological Forum* 16, no. 4 (2001): 603–32.

Ecklund, Elaine Howard, Anne E. Lincoln, and Cassandra Tansey. "Gender Segregation in Elite Academic Science." *Gender and Society* 26, no. 5

(2012): 693 – 717.

Edelman, Lauren B. "Legal Ambiguity and Symbolic Structures: Organizational Mediation of Civil Rights Law." *American Journal of Sociology* 97, no. 6 (1992): 1531 – 76.

— *Working Law: Courts, Corporations, and Symbolic Civil Rights*. Chicago: University of Chicago Press, 2016.

Edelman, Lauren B., Sally Riggs Fuller, and Iona Mara-Drita. "Diversity Rhetoric and the Managerialization of Law." *American Journal of Sociology* 106, no. 6 (2001): 1589 – 1641.

Edelman, Lauren B., and Mark C. Suchman. "The Legal Environments of Organizations." *Annual Review of Sociology* 23 (1997): 479 – 515.

Eisenmann, Linda. *Higher Education for Women in Postwar America, 1945 – 1965*. Baltimore: Johns Hopkins University Press, 2006.

Elias, Norbert. *The Civilizing Process: Sociogenetic and Psychogenetic Investigations*. Translated by Edmund Jephcott. Oxford: Blackwell Publishers, 1978. [박미애 옮김,《문명화과정》, 한길사, 1996]

Ellen C. Berrey. "Why Diversity Became Orthodox in Higher Education, and How It Changed the Meaning of Race on Campus." *Critical Sociology* 37, no. 5 (2011): 573 – 96.

Emirbayer, Mustafa. "Manifesto for a Relational Sociology." *American Journal of Sociology* 103, no. 2 (1997): 281 – 317.

Eng, David L. *The Feeling of Kinship: Queer Liberalism and the Racialization of Intimacy*. Durham, NC: Duke University Press, 2010.

Eng, David L., Judith Halberstam, and José Esteban Muñoz, eds. "What's Queer about Queer Studies Now?" Special issue, *Social Text* 23, nos. 3 – 4 (2005).

England, Paula. "Sometimes the Social Becomes Personal: Gender, Class, and Sexualities." *American Sociological Review* 81, no. 1 (2016): 4 – 28.

— "The Gender Revolution Uneven and Stalled." *Gender and Society* 24, no. 2 (2010): 149 – 66.

England, Paula, Michelle Budig, and Nancy Folbre. "Wages of Virtue: The Relative Pay of Care Work." *Social Problems* 49, no. 4 (2002): 455 – 73.

Epstein, Cynthia Fuchs. *Deceptive Distinctions: Sex, Gender, and the Social Order*. New Haven, CT: Yale University Press, 1988.

Espeland, Wendy Nelson, and Michael Sauder. "Rankings and Reactivity: How Public Measures Recreate Social Worlds." *American Journal of Sociology* 113, no. 1 (2007): 1–40.

Espenshade, Thomas J. *No Longer Separate, Not Yet Equal: Race and Class in Elite College Admission and Campus Life*. Princeton, NJ: Princeton University Press, 2009.

Ewick, Patricia. *The Common Place of Law: Stories from Everyday Life*. Chicago: University of Chicago Press, 1998.

Ewick, Patricia, and Susan Silbey. "Narrating Social Structure: Stories of Resistance to Legal Authority." *American Journal of Sociology* 108, no. 6 (2003): 1328–72.

Faehmel, Babette. *College Women in the Nuclear Age: Cultural Literacy and Female Identity, 1940–1960*. New Brunswick, NJ: Rutgers University Press, 2012.

Fink, Günther, Isabel Günther, and Kenneth Hill. "Slum Residence and Child Health in Developing Countries." *Demography* 51, no. 4 (2014): 1175–97.

Flanagan, Maureen. "Private Needs, Public Space: Public Toilets Provision in the Anglo-Atlantic Patriarchal City: London, Dublin, Toronto and Chicago." *Urban History* 41, no. 2 (2014): 265–90.

Flanagan, Maureen A. *Seeing with Their Hearts: Chicago Women and the Vision of the Good City, 1871–1933*. Princeton, NJ: Princeton University Press, 2002.

Folbre, Nancy. *Who Pays for the Kids? Gender and the Structures of Constraint*. New York: Routledge, 1994.

Folbre, Nancy, and Julie A. Nelson. "For Love or Money—or Both?" *Journal of Economic Perspectives* 14, no. 4 (2000): 123–40.

Foucault, Michele. *Discipline and Punish: The Birth of the Prison*. New York: Vintage Books, 1995 [1975]. [오생근 옮김, 《감시와 처벌》, 나남출판, 2020]

Fourcade, Marion, and Kieran Healy. "Moral Views of Market Society." *Annual Review of Sociology* 33 (2007): 285–311.

Fowler, James H., and Sangick Jeon. "The Authority of Supreme Court Precedent." *Social Networks* 30, no. 1 (2008): 16–30.

Franklin, Cary. "Inventing the 'Traditional Concept' of Sex Discrimination." *Harvard Law Review* 125, no. 6 (2012): 1307–80.

Freeman, John H., and Pino G. Audia. "Community Ecology and the Sociology of

Organizations." *Annual Review of Sociology* 32 (2006): 145–69.

Freidson, Eliot. *Professionalism, the Third Logic: On the Practice of Knowledge*. Chicago: University of Chicago Press, 2001. [박호진 옮김,《프로페셔널리즘》, 아카넷, 2007]

Freud, Sigmund. Civilization and Its Discontents. New York: W.W. Norton, 1989. [김석희 옮김,《문명 속의 불만》, 열린책들, 2020]

Friedland, Roger. "Moving Institutional Logics Forward: Emotion and Meaningful Material Practice." *Organization Studies* 39, no. 4 (2018): 515–42.

Friedman, Asia. *Blind to Sameness: Sexpectations and the Social Construction of Male and Female Bodies*. Chicago: University of Chicago Press, 2013.

Friedman, Lawrence M. *A History of American Law*. 3rd ed. New York: Simon and Schuster, 2005. [안경환 옮김,《미국법의 역사》, 청림출판, 2006]

Frug, Mary Joe. *Postmodern Legal Feminism*. New York: Routledge, 1993.

Fujimura, Joan H. "Sex Genes: A Critical Sociomaterial Approach to the Politics and Molecular Genetics of Sex Determination." *Signs* 32, no. 1 (2006): 49–82.

Galanter, Marc. "Why the 'Haves' Come Out Ahead: Speculations on the Limits of Legal Change." *Law and Society Review* 9, no. 1 (1974): 95–160.

Galliher, John F., Wayne Brekhus, and David P. Keys. *Laud Humphreys: Prophet of Homosexuality and Sociology*. Madison: University of Wisconsin Press, 2004.

George, Tracey E., and Lee Epstein. "On the Nature of Supreme Court Decision Making." *American Political Science Review* 86, no. 2 (1992): 323–37.

Gerhardt, Michael J. *The Power of Precedent*. New York: Oxford University Press, 2011.

Gershenson, Olga, and Barbara Penner, eds. *Ladies and Gents*. Philadelphia: Temple University Press, 2009.

Gerson, Judith M., and Kathy Peiss. "Boundaries, Negotiation, Consciousness: Reconceptualizing Gender Relations." *Social Problems* 32, no. 4 (1985): 317–31.

Gibson, James J. *The Ecological Approach to Visual Perception*. New York: Psychology Press, 1986.

Glaser, Barney G., and Anselm L. Strauss. *The Discovery of Grounded Theory:*

Strategies for Qualitative Research. Chicago: Aldine, 1967. [이병식 옮김, 《근거 이론의 발견》, 학지사, 2011]

Glass, Jennifer L., Sharon Sassler, Yael Levitte, and Katherine M. Michelmore. "What's So Special about STEM? A Comparison of Women's Retention in STEM and Professional Occupations." *Social Forces* 92, no. 2 (2013): 723–56.

Glassberg, David. "The Design of Reform: The Public Bath Movement in America." *American Studies* 20, no. 2 (1979): 5–21.

Glick, Paul C. "A Demographer Looks at American Families." *Journal of Marriage and Family* 37, no. 1 (1975): 15–26.

Goffman, Erving. "On Face-Work." *Psychiatry* 18, no. 3 (1955): 213–31.

— *Relations in Public: Microstudies of the Public Orde*r. New York: Basic Books, 1971.

— "The Arrangement between the Sexes." *Theory and Society* 4, no. 3 (1977): 301–31.

— The Presentation of Self in Everyday Life. New York: Doubleday, 1959. [진수미 옮김, 《자아 연출의 사회학》, 현암사, 2016]

Goldin, Claudia. "The Quiet Revolution That Transformed Women's Employment, Education, and Family." *American Economic Review* 96, no. 2 (2006): 1–21.

Goode, Erich, and Nachman Ben-Yehuda. "Moral Panics: Culture, Politics, and Social Construction." *Annual Review of Sociology* 20 (1994): 149–71.

Goode, William J. "Community within a Community: The Professions." *American Sociological Review* 22, no. 2 (1957): 194–200.

Gorman, Elizabeth H., and Rebecca L. Sandefur. "'Golden Age,' Quiescence, and Revival: How the Sociology of Professions Became the Study of Knowledge-Based Work." *Work and Occupations* 38, no. 3 (2011): 275–302.

Grazian, David. *Blue Chicago: The Search for Authenticity in Urban Blues Clubs*. Chicago: University of Chicago Press, 2003.

Greed, Clara. "The Role of the Toilet in Civic Life." In *Ladies and Gents: Public Toilets and Gender*, edited by Olga Gershenson and Barbara Penner, 35–47. Philadelphia: Temple University Press, 2009.

Griswold, Wendy. "A Methodological Framework for the Sociology of Culture."

Sociological Methodology 17 (1987): 1 – 35.

Griswold, Wendy, Gemma Mangione, and Terence E. McDonnell. "Objects, Words, and Bodies in Space: Bringing Materiality into Cultural Analysis." *Qualitative Sociology* 36, no. 4 (2013): 343 – 64.

Gutman, Herbert G. "Work, Culture, and Society in Industrializing America, 1815 – 1919." *The American Historical Review* 78, no. 3 (1973): 531 – 88.

Haber, Samuel. *Efficiency and Uplift: Scientific Management in the Progressive Era, 1890 – 1920*. Chicago: University of Chicago Press, 1964.

Halberstam, Judith. *Female Masculinity*. Durham, NC: Duke University Press, 1998. [유강은 옮김, 《여성의 남성성》, 이매진, 2015]

Hallett, Tim, and Marc J. Ventresca. "Inhabited Institutions: Social Interactions and Organizational Forms in Gouldner's Patterns of Industrial Bureaucracy." *Theory and Society* 35, no. 2 (2006).

Haney, Lynne A. "Feminist State Theory: Applications to Jurisprudence, Criminology, and the Welfare State." *Annual Review of Sociology* 26 (2000): 641 – 66.

Hanhardt, Christina B. *Safe Space: Gay Neighborhood History and the Politics of Violence*. Durham, NC: Duke University Press, 2013.

Hannan, Michael T., László Pólos and Glenn R. Carroll. *Logics of Organization Theory: Audiences, Codes, and Ecologies*. Princeton, NJ: Princeton University Press, 2007.

— *Organizational Ecology*. Cambridge, MA: Harvard University Press, 1989.

Hannan, Michael T., and John Freeman. "Structural Inertia and Organizational Change." *American Sociological Review* 49, no. 2 (1984): 149 – 64.

Hansford, Thomas G., and James F. Spriggs. *The Politics of Precedent on the U.S. Supreme Court*. Princeton, NJ: Princeton University Press, 2006.

Hartmann, Heidi. "Capitalism, Patriarchy, and Job Segregation by Sex." *Signs: Journal of Women in Culture and Society* 1, no. 3 (1976): 137 – 69.

Hartmann, Heidi I. "The Family as the Locus of Gender, Class, and Political Struggle: The Example of Housework." *Signs: Journal of Women in Culture and Society* 6, no. 3 (1981): 366 – 94.

Haskell, Thomas L. *The Authority of Experts: Studies in History and Theory*. Bloomington: Indiana University Press, 1984.

Hassani, Sara Nephew. "Locating Digital Divides at Home, Work, and Everywhere Else." In "The Digital Divide in the Twenty-First Century," edited by Keith Roe. Special issue, *Poetics* 34, nos. 4–5 (2006): 250–72.

Haveman, Heather A. "Follow the Leader: Mimetic Isomorphism and Entry into New Markets." *Administrative Science Quarterly* 38, no. 4 (1993): 593–627.

Hayden, Dolores. *The Power of Place: Urban Landscapes as Public History*. Cambridge, MA: MIT Press, 1997.

Hazelkorn, Ellen. Rankings and the Reshaping of Higher Education: The Battle for World-Class Excellence. 2nd ed. New York: Palgrave Macmillan, 2015.

Healy, Kieran. "Fuck Nuance." *Sociological Theory* 35, no. 2 (2017): 118–27.

— *Last Best Gifts: Altruism and the Market for Human Blood and Organs*. Chicago: University of Chicago Press, 2006.

Heimer, Carol A. "Resilience in the Middle: Contributions of Regulated Organizations to Regulatory Success." *Annals of the American Academy of Political and Social Science* 649, no. 1 (2013): 139–56.

Hepp, John Henry. *The Middle-Class City: Transforming Space and Time in Philadelphia, 1876–1926*. Philadelphia: University of Pennsylvania Press, 2003.

Herman, Jody L. "Gendered Restrooms and Minority Stress: The Public Regulation of Gender and Its Impact on Transgender People's Lives." *Journal of Public Management and Social Policy* 19, no. 1 (2013): 65–80.

Higginbotham, Evelyn Brooks. *Righteous Discontent: The Women's Movement in the Black Baptist Church, 1880–1920*. Cambridge, MA: Harvard University Press, 1994.

Hoang, Kimberly Kay. *Dealing in Desire: Asian Ascendancy, Western Decline, and the Hidden Currencies of Global Sex Work*. Oakland: University of California Press, 2015.

Hochschild, Arlie Russell. "Emotion Work, Feeling Rules, and Social Structure." *American Journal of Sociology* 85, no. 3 (1979): 551–75.

Hoekema, David A. *Campus Rules and Moral Community: In Place of In Loco Parentis. Lanham: Rowman and Littlefield, 1994.*

Holvino, Evangelina. "Intersections: The Simultaneity of Race, Gender and Class in Organization Studies." *Gender, Work and Organization* 17, no. 3 (2010):

248 – 77.

Hoy, Suellen M. *Chasing Dirt: The American Pursuit of Cleanliness*. New York: Oxford University Press, 1995.

Hsu, Greta. "Jacks of All Trades and Masters of None: Audiences' Reactions to Spanning Genres in Feature Film Production." *Administrative Science Quarterly* 51, no. 3 (2006): 420 – 50.

Hsu, Greta, and Michael T. Hannan. "Identities, Genres, and Organizational Forms." *Organization Science* 16, no. 5 (2005): 474 – 90.

Huffman, Matt L., Philip N. Cohen, and Jessica Pearlman. "Engendering Change: Organizational Dynamics and Workplace Gender Desegregation, 1975 – 2005." *Administrative Science Quarterly* 55, no. 2 (2010): 255 – 77.

Huising, Ruthanne, and Susan S. Silbey. "Governing the Gap: Forging Safe Science through Relational Regulation." *Regulation and Governance* 5, no. 1 (2011): 14 – 42.

Imrie, Rob, and Emma Street. "Regulating Design: The Practices of Architecture, Governance and Control." *Urban Studies* 46, no. 12 (2009): 2507 – 18.

Inglis, David. A. *Sociological History of Excretory Experience: Defecatory Manners and Toiletry Technologies*. Lewiston, NY: Edwin Mellen Press, 2001.

Jackson, Kenneth T. *Crabgrass Frontier: The Suburbanization of the United States*. New York: Oxford University Press, 1987.

Jacob, Herbert. *Silent Revolution: The Transformation of Divorce Law in the United States*. Chicago: University of Chicago Press, 1988.

Jacobs, Jerry A. "Long-Term Trends in Occupational Segregation by Sex." *American Journal of Sociology* 95, no. 1 (1989): 160 – 73.

Jasper, James M. "The Emotions of Protest: Affective and Reactive Emotions in and around Social Movements." *Sociological Forum* 13, no. 3 (1998): 397 – 424.

Jensen, Michael. "Legitimizing Illegitimacy: How Creating Market Identity Legitimizes Illegitimate Products." In *Categories in Markets: Origins and Evolution*, edited by Greta Hsu, Giacomo Negro, and Ozgecan Kocak, 39 – 80. Bingley, UK: Emerald Group Publishing, 2010.

Jerolmack, Colin, and Shamus Khan. "Talk Is Cheap: Ethnography and the Attitudinal Fallacy." *Sociological Methods and Research* 43, no. 2 (2014):

178–209.

Johnson, Cathryn, Timothy J. Dowd, and Cecilia L. Ridgeway. "Legitimacy as a Social Process." *Annual Review of Sociology* 32 (2006): 53–78.

Johnston, Josée. *Foodies: Democracy and Distinction in the Gourmet Foodscape*. New York: Routledge, 2014.

Johnston, Josée, and Shyon Baumann. "Democracy versus Distinction: A Study of Omnivorousness in Gourmet Food Writing." *American Journal of Sociology* 113, no. 1 (2007): 165–204.

Jordan, Jennifer A. *Edible Memory: The Lure of Heirloom Tomatoes and Other Forgotten Foods*. Chicago: University of Chicago Press, 2015.

Kalev, Alexandra. "Cracking the Glass Cages? Restructuring and Ascriptive Inequality at Work." *American Journal of Sociology* 114, no. 6 (2009): 1591–1643.

Kandiyoti, Deniz. "Bargaining with Patriarchy." In "Special Issue to Honor Jessie Bernard," edited by Judith Lorber, *Gender and Society* 2, no. 3 (1988): 274–90.

Kane, Emily W. "'No Way My Boys Are Going to Be Like That!' Parents' Responses to Children's Gender Nonconformity." *Gender and Society* 20, no. 2 (2006): 149–76.

Kanigel, Robert. *The One Best Way: Frederick Winslow Taylor and the Enigma of Efficiency*. New York: Viking, 1997.

Kanter, Rosabeth Moss. *Men and Women of the Corporation*. New York: Basic Books, 1977.

Kaplin, William A. *The Law of Higher Education*. San Francisco: Jossey-Bass, 2014.

Kelly, Erin, and Frank Dobbin. "How Affirmative Action Became Diversity Management: Employer Response to Antidiscrimination Law, 1961 to 1996." *American Behavioral* Scientist 41, no. 7 (1998): 960–84.

Kerber, Linda K. "Separate Spheres, Female Worlds, Woman's Place: The Rhetoric of Women's History." *Journal of American History* 75, no. 1 (1988): 9–39.

Kessler, Suzanne J., and Wendy McKenna. *Gender: An Ethnomethodological Approach*. Chicago: University of Chicago Press, 1978.

Kessler-Harris, Alice. *Out to Work: A History of Wage-Earning Women in the United States*. New York: Oxford University Press, 1982.

Khan, Shamus Rahman. *Privilege: The Making of an Adolescent Elite at St. Paul's School*. Princeton, NJ: Princeton University Press, 2011. [강예은 옮김, 《특권》, 후마니타스, 2019]

Kogan, Terry S. "Sex-Separation in Public Restrooms: Law, Architecture, and Gender." *Michigan Journal of Gender and Law* 14, no. 1 (2007): 1-57.

Komarovsky, Mirra. "The Concept of Social Role Revisited." *Gender and Society* 6, no. 2 (1992): 301-13.

Kremp, Pierre-Antoine. "Innovation and Selection: Symphony Orchestras and the Construction of the Musical Canon in the United States (1879-1959)." *Social Forces* 88, no. 3 (2010): 1051-82.

Krum, Tiana E., Kyle S. Davis, and M. Paz Galupo. "Gender-Inclusive Housing Preferences: A Survey of College-Aged Transgender Students." *Journal of LGBT Youth* 10, no. 1-2 (2013): 64-82.

Kuhn, Thomas S. *The Structure of Scientific Revolutions*. Chicago: University of Chicago Press, 1962. [김명자, 홍성욱 옮김, 《과학혁명의 구조》, 까치, 2013]

Kurtulus, Fidan Ana, and Donald Tomaskovic-Devey. "Do Female Top Managers Help Women to Advance? A Panel Study Using EEO-1 Records." *The Annals of the American Academy of Political and Social Science* 639, no. 1 (2012): 173-97.

Lacan, Jacques. *Écrits: A Selection*. Translated by Alan Sheridan. New York: W.W. Norton and Company, 1977. [김석 옮김, 《에크리》, 살림, 2007], [홍준기, 이종영, 조형준, 김대진 옮김, 《에크리》, 새물결, 2019]

— "The Mirror-Phase as Formative of the Function of the I." *New Left Review*, no. 51 (1968): 71-77.

Lamont, Michèle, Stefan Beljean, and Matthew Clair. "What Is Missing? Cultural Processes and Causal Pathways to Inequality." *Socio-Economic Review* 12, no. 3 (2014): 573-608.

Lamont, Michèle, and Annette Lareau. "Cultural Capital: Allusions, Gaps and Glissandos in Recent Theoretical Developments." *Sociological Theory* 6, no. 2 (1988): 153-68.

Lamont, Michèle, and Virág Molnár. "The Study of Boundaries in the Social Sciences." *Annual Review of Sociology* 28 (2002): 167-95.

Lamont, Michèle, and Ann Swidler. "Methodological Pluralism and the Possibilities and Limits of Interviewing." *Qualitative Sociology* 37, no. 2 (2014): 153–71.

Lampland, Martha, and Susan Leigh Star, eds. *Standards and Their Stories: How Quantifying, Classifying, and Formalizing Practices Shape Everyday Life*. Ithaca, NY: Cornell University Press, 2009.

Landes, William M., and Richard A. Posner. "Legal Precedent: A Theoretical and Empirical Analysis." *Journal of Law and Economics* 19, no. 2 (1976): 249–307.

Laqueur, Thomas. *Making Sex: Body and Gender from the Greeks to Freud*. Cambridge, MA: Harvard University Press, 1990. [이현정 옮김, 《섹스의 역사》, 황금가지, 2000]

Lareau, Annette. "Cultural Knowledge and Social Inequality." *American Sociological Review* 80, no. 1 (2015): 1–27.

Larson, Magali Sarfatti. *The Rise of Professionalism: A Sociological Analysis*. Berkeley: University of California Press, 1979.

Lawler, Edward J. "An Affect Theory of Social Exchange." *American Journal of Sociology* 107, no. 2 (2001): 321–52.

Lees, Lynn Hollen. "Urban Public Space and Imagined Communities in the 1980s and 1990s." *Journal of Urban History* 20, no. 4 (1994): 443–65.

Legewie, Joscha, and Thomas A. DiPrete. "The High School Environment and the Gender Gap in Science and Engineering." *Sociology of Education* 87, no. 4 (2014): 259–80.

Leventhal, Tama, and Jeanne Brooks-Gunn. "Moving to Opportunity: An Experimental Study of Neighborhood Effects on Mental Health." *American Journal of Public Health* 93, no. 9 (2003): 1576–82.

Lichter, Daniel T., Domenico Parisi, and Michael C. Taquino. "Toward a New Macro-Segregation? Decomposing Segregation within and between Metropolitan Cities and Suburbs." *American Sociological Review* 80, no. 4 (2015): 843–73.

Lieberson, Stanley, Susan Dumais, and Shyon Baumann. "The Instability of Androgynous Names: The Symbolic Maintenance of Gender Boundaries." *American Journal of Sociology* 105, no. 5 (2000): 1249–87.

Linder, Marc, and Ingrid Nygaard. *Void Where Prohibited: Rest Breaks and the Right to Urinate on Company Time*. Ithaca, NY: ILR Press, 1998.

Lipson, Daniel N. "Embracing Diversity: The Institutionalization of Affirmative Action as Diversity Management at UC-Berkeley, UT-Austin, and UW-Madison." *Law and Social Inquiry* 32, no. 4 (2007): 985–1026.

Lobao, Linda M. "Continuity and Change in Place Stratification: Spatial Inequality and Middle-Range Territorial Units." *Rural Sociology* 69, no. 1 (2004): 1–30.

Lobao, Linda M., Gregory Hooks, and Ann R. Tickamyer, eds. *The Sociology of Spatial Inequality*. Albany, NY: SUNY Press, 2007.

Lopata, Helena Z., and Barrie Thorne. "On the Term 'Sex Roles.'" *Signs* 3, no. 3 (1978): 718–21.

Lopez, Russ. *Building American Public Health: Urban Planning, Architecture, and the Quest for Better Health in the United States*. New York: Palgrave Macmillan, 2012.

López-Sintas, Jordi, and Tally Katz-Gerro. "From Exclusive to Inclusive Elitists and Further: Twenty Years of Omnivorousness and Cultural Diversity in Arts Participation in the USA." In "Comparative Research on Cultural Production and Consumption," edited by Susanne Janssen and Richard A. Peterson. Special issue, Poetics 33, nos. 5–6 (2005): 299–319.

Lorber, Judith. *Breaking the Bowls: Degendering and Feminist Change*. New York: W. W. Norton, 2005.

— "Shifting Paradigms and Challenging Categories." *Social Problems* 53, no. 4 (2006): 448–53.

Love, Heather. "Doing Being Deviant: Deviance Studies, Description, and the Queer Ordinary." *Differences* 26, no. 1 (2015): 74–95.

Lucal, Betsy. "What It Means to Be Gendered Me: Life on the Boundaries of a Dichotomous Gender System." *Gender and Society* 13, no. 6 (1999): 781–97.

Lupu, Yonatan, and James H. Fowler. "Strategic Citations to Precedent on the U.S. Supreme Court." *Journal of Legal Studies* 42, no. 1 (2013): 151–86.

Mack, Adam. *Sensing Chicago: Noisemakers, Strikebreakers, and Muckrakers*. Urbana: University of Illinois Press, 2015.

MacKinnon, Catharine A. *Toward a Feminist Theory of the State*. Cambridge, MA: Harvard University Press, 1989.

MacLean, Nancy. *Freedom Is Not Enough: The Opening of the American Workplace*. New York: Russell Sage Foundation, 2006.

Martin, John Levi. "Life's a Beach but You're an Ant, and Other Unwelcome News for the Sociology of Culture." *Poetics* 38, no. 2 (2010): 229–44.

— *Social Structures*. Princeton, NJ: Princeton University Press, 2009.

Martin, Patricia Yancey. "Gender as Social Institution." *Social Forces* 82, no. 4 (2004): 1249–73.

— "Practising Gender at Work: Further Thoughts on Reflexivity." *Gender, Work and Organization* 13, no. 3 (2006): 254–76.

— "'Said and Done' Versus 'Saying and Doing' Gendering Practices, Practicing Gender at Work." *Gender and Society* 17, no. 3 (2003): 342–66.

Martin, Patricia Yancey, and David Collinson. "'Over the Pond and across the Water': Developing the Field of 'Gendered Organizations.'" *Gender, Work and Organization* 9, no. 3 (2002): 244–65.

Marx, Karl. *Capital. Vol. 1, A Critique of Political Economy*. London: Penguin Books, 2004 [1867]. [김정로, 전종덕 옮김, 《자본론》, 모두의책, 2022] [황선길 옮김, 《자본》, 라움, 2019], [김수행 옮김, 《자본론》, 비봉출판사, 2015]

Massey, Douglas S., and Nancy A. Denton. *American Apartheid: Segregation and the Making of the Underclass*. Cambridge, MA: Harvard University Press, 1993.

Mathers, Lain A. B. "Bathrooms, Boundaries, and Emotional Burdens: Cisgendering Interactions through the Interpretation of Transgender Experience." *Symbolic Interaction* 40, no. 3 (2017): 295–316.

McCall, Leslie. "The Complexity of Intersectionality." Signs 30, no. 3 (2005): 1771–1800.

McCammon, Holly J. "'Out of the Parlors and into the Streets': The Changing Tactical Repertoire of the U.S. Women's Suffrage Movements." *Social Forces* 81, no. 3 (2003): 787–818.

McCammon, Holly J., Karen E. Campbell, Ellen M. Granberg, and Christine Mowery. "How Movements Win: Gendered Opportunity Structures and U.S. Women's Suffrage Movements, 1866 to 1919." *American Sociological Review* 66, no. 1 (2001): 49–70.

McClain, Noah, and Ashley Mears. "Free to Those Who Can Afford It: The

Everyday Affordance of Privilege." In "Cultures of Circulation," edited by Melissa Aronczyk and Ailsa Craig. Special issue, *Poetics* 40, no. 2 (2012): 133–49.

McDonnell, Terence E. "Cultural Objects as Objects: Materiality, Urban Space, and the Interpretation of AIDS Campaigns in Accra, Ghana." *American Journal of Sociology* 115, no. 6 (2010): 1800–1852.

McFarlane, Colin, Renu Desai, and Steve Graham. "Informal Urban Sanitation: Everyday Life, Poverty, and Comparison." *Annals of the Association of American Geographers* 104, no. 5 (2014): 989–1011.

McGerr, Michael. "Political Style and Women's Power, 1830–1930." *Journal of American History* 77, no. 3 (1990): 864–85.

McIntosh, Peggy. "White Privilege: Unpacking the Invisible Knapsack." *Peace and Freedom Magazine*, July/August 1989, 10–12.

Meadow, Tey. "'A Rose Is a Rose': On Producing Legal Gender Classifications." *Gender and Society* 24, no. 6 (2010): 814–37.

— *Trans Kids: Being Gendered in the Twenty-First Century*. Oakland: University of California Press, 2018.

Melamed, Jodi. "The Spirit of Neoliberalism: From Racial Liberalism to Neoliberal Multiculturalism." *Social Text* 24, no. 4 (2006): 1–24.

Melosi, Martin V. *The Sanitary City: Environmental Services in Urban America from Colonial Times to the Present*. Pittsburgh: University of Pittsburgh Press, 2008.

Merleau-Ponty, Maurice. *Phenomenology of Perception*. Translated by Colin Smith. London: Routledge and Kegan Paul, 1962. [류의근 옮김, 《지각의 현상학》, 문학과지성사, 2002]

Merton, Robert. "On Sociological Theories of the Middle Range." In *Social Theory and Social Structure*. New York: Free Press, 1949.

— "The Unanticipated Consequences of Purposive Social Action." *American Sociological Review* 1, no. 6 (1936): 894–904.

Meyer, John W., Patricia Bromley, and Francisco O. Ramirez. "Human Rights in Social Science Textbooks: Cross-National Analyses, 1970–2008." *Sociology of Education* 83, no. 2 (2010): 111–34.

Meyer, John W., and Brian Rowan. "Institutionalized Organizations: Formal

Structure as Myth and Ceremony." *American Journal of Sociology* 83, no. 2 (1977): 340–63.

Meyerowitz, Joanne J. *How Sex Changed: A History of Transsexuality in the United States*. Cambridge, MA: Harvard University Press, 2002.

— *Not June Cleaver: Women and Gender in Postwar America, 1945–1960*. Philadelphia: Temple University Press, 1994.

Miller-Bernal, Leslie, and Susan L. Poulson. Going Coed: Women's Experiences in Formerly Men's Colleges and Universities, 1950–2000. Nashville: Vanderbilt University Press, 2004.

Misa, Thomas J. *A Nation of Steel: The Making of Modern America, 1865–1925*. Baltimore: Johns Hopkins University Press, 1998.

Molotch, Harvey Luskin. *Where Stuff Comes From: How Toasters, Toilets, Cars, Computers, and Many Others Things Come to Be as They Are*. New York: Routledge, 2003. [강현주, 장혜진, 최예주 옮김, 《상품의 탄생, 그리고 디자인 이야기》, 디플Biz, 2007]

Molotch, Harvey Luskin, and Laura Norén. *Toilet: Public Restrooms and the Politics of Sharing*. New York: New York University Press, 2010.

Monkkonen, Eric H. *America Becomes Urban: The Development of U.S. Cities and Towns, 1780–1980*. Berkeley: University of California Press, 1988.

Montesquieu, Charles de. *The Spirit of the Laws*. Translated by Anne M. Cohler, Basia Carolyn Miller, and Harold Samuel Stone. Cambridge: Cambridge University Press, 1989 [1749]. [고봉만 옮김, 《법의 정신》, 책세상, 2023] [전인혜 옮김, 《법의 정신》, 나남출판, 2023] [이재형 옮김, 《법의 정신》, 문예출판사, 2015]

Morantz, Regina Markell. "Making Women Modern: Middle Class Women and Health Reform in 19th Century America." *Journal of Social History* 10, no. 4 (1977): 490–507.

Morgan, Stephen L., Dafna Gelbgiser, and Kim A. Weeden. "Feeding the Pipeline: Gender, Occupational Plans, and College Major Selection." *Social Science Research* 42, no. 4 (2013): 989–1005.

Muhammad, Robin Dearmon. "Separate and Unsanitary: African American Women Railroad Car Cleaners and the Women's Service Section, 1918–1920." *Journal of Women's History* 23, no. 2 (2011): 87–111.

Munt, Sally, and Cherry Smyth, eds. *Butch/Femme: Inside Lesbian Gender*. London: Cassell, 1998.

Munts, Raymond, and David C. Rice. "Women Workers: Protection or Equality?" *Industrial and Labor Relations Review* 24, no. 1 (1970): 3 – 13.

Murray, Pauli, and Mary O. Eastwood. "Jane Crow and the Law: Sex Discrimination and Title VII." *George Washington Law Review* 34, no. 2 (1965 – 66): 232 – 56.

Nanney, Megan, and David L. Brunsma. "Moving beyond Cis-terhood: Determining Gender through Transgender Admittance Policies at U.S. Women's Colleges." *Gender and Society* 31, no. 2 (2017): 145 – 70.

Navis, Chad, and Mary Ann Glynn. "How New Market Categories Emerge: Temporal Dynamics of Legitimacy, Identity, and Entrepreneurship in Satellite Radio, 1990 – 2005." *Administrative Science Quarterly* 55, no. 3 (2010): 439 – 71.

Newcomer, Mabel. *A Century of Higher Education for American Women*. Washington, DC: Zenger, 1959.

Norton, Aaron T., and Gregory M. Herek. "Heterosexuals' Attitudes toward Transgender People: Findings from a National Probability Sample of U.S. Adults." *Sex Roles* 68, nos. 11 – 12 (2013): 738 – 53.

Novkov, Julie. "Historicizing the Figure of the Child in Legal Discourse: The Battle over the Regulation of Child Labor." American *Journal of Legal History* 44, no. 4 (2000): 369 – 404.

Ogle, Maureen. *All the Modern Conveniences: American Household Plumbing, 1840 – 1890*. Baltimore: Johns Hopkins University Press, 1996.

Oldham, James C. "Questions of Exclusion and Exception under Title VII—'Sex Plus' and the BFOQ." Hastings Law Journal 55 (1971 – 72): 55 – 94.

Ostrower, Francie. *Trustees of Culture: Power, Wealth, and Status on Elite Arts Boards*. Chicago: University of Chicago Press, 2002.

Pachucki, Mark C. "Classifying Quality: Cognition, Interaction, and Status Appraisal of Art Museums." *Poetics* 40, no. 1 (2012): 67 – 90.

Park, Robert E., Ernest W. Burgess, and Morris Janowitz. *The City: Suggestions for Investigation of Human Behavior in the Urban Environment*. Chicago: University of Chicago Press, 1925.

Parsons, Talcott. "The Distribution of Power in American Society." *World Politics* 10, no. 1 (1957): 123–43.

Pearlman, Alison. *Smart Casual: The Transformation of Gourmet Restaurant Style in America*. Chicago: University of Chicago Press, 2013.

Pearson, Susan J. "'Age Ought to Be a Fact': The Campaign against Child Labor and the Rise of the Birth Certificate." *Journal of American History* 101, no. 4 (2015): 1144–65.

Pedriana, Nicholas, and Robin Stryker. "The Strength of a Weak Agency: Enforcement of Title VII of the 1964 Civil Rights Act and the Expansion of State Capacity, 1965–1971." *American Journal of Sociology* 110, no. 3 (2004): 709–60.

Pedulla, David S., and Sarah Thébaud. "Can We Finish the Revolution? Gender, Work-Family Ideals, and Institutional Constraint." *American Sociological Review* 80, no. 1 (2015): 116–39.

Penner, Barbara. *Bathroom*. London: Reaktion Books, 2013.

Peters, David J. "American Income Inequality across Economic and Geographic Space, 1970–2010." *Social Science Research* 42, no. 6 (2013): 1490–1504.

Petersen, Trond, and Laurie A. Morgan. "Separate and Unequal: Occupation-Establishment Sex Segregation and the Gender Wage Gap." *American Journal of Sociology* 101, no. 2 (1995): 329–65.

Peterson, Richard A., and Roger M. Kern. "Changing Highbrow Taste: From Snob to Omnivore." *American Sociological Review* 61, no. 5 (1996): 900–907.

Phillips, Damon J., Catherine J. Turco, and Ezra W. Zuckerman. "Betrayal as Market Barrier: Identity-Based Limits to Diversification among High-Status Corporate Law Firms." *American Journal of Sociology* 118, no. 4 (2013): 1023–54.

Phillips, Damon J., and Ezra W. Zuckerman. "Middle-Status Conformity: Theoretical Restatement and Empirical Demonstration in Two Markets." *American Journal of Sociology* 107, no. 2 (2001): 379–429.

Platt, Lisa F., and Sarah R. B. Milam. "Public Discomfort with Gender Appearance-Inconsistent Bathroom Use: The Oppressive Bind of Bathroom Laws for Transgender Individuals." *Gender Issues* 35, no. 3 (2018): 181–201.

Plotkin, Stanley. "History of Vaccination." *Proceedings of the National Academy of*

Sciences 111, no. 34 (2014): 12283–87.

Podolny, Joel. *Status Signals: A Sociological Study of Market Competition*. Princeton, NJ: Princeton University Press, 2005.

Powell, Walter W., and Paul J. DiMaggio, eds. *The New Institutionalism in Organizational Analysis*. Chicago: University of Chicago Press, 1991.

Prosser, Jay. *Second Skins: The Body Narratives of Transsexuality*. New York: Columbia University Press, 1998.

Pryor, Jonathan T. "Out in the Classroom: Transgender Student Experiences at a Large Public University." *Journal of College Student Developmen*t 56, no. 5 (2015): 440–55.

Puar, Jasbir K. *Terrorist Assemblages: Homonationalism in Queer Times*. Durham, NC: Duke University Press, 2007.

Pugh, Allison J. "What Good Are Interviews for Thinking about Culture? Demystifying Interpretive Analysis." *American Journal of Cultural Sociology* 1, no. 1 (2013): 42–68.

Quinn, Sarah. "The Transformation of Morals in Markets: Death, Benefits, and the Exchange of Life Insurance Policies." *American Journal of Sociology* 114, no. 3 (2008): 738–80.

Radke-Moss, Andrea G. *Bright Epoch: Women and Coeducation in the American West*. Lincoln: University of Nebraska Press, 2008.

Rao, Hayagreeva, Philippe Monin, and Rodolphe Durand. "Border Crossing: Bricolage and the Erosion of Categorical Boundaries in French Gastronomy." *American Sociological Review* 70, no. 6 (2005): 968.

Renner, Andrea. "A Nation That Bathes Together: New York City's Progressive-Era Public Baths." *Journal of the Society of Architectural Historians* 67, no. 4 (2008): 504–31.

Ribot, Jesse C., and Nancy Lee Peluso. "A Theory of Access." *Rural Sociology* 68, no. 2 (2003): 153–81.

Ridgeway, Cecilia L. "Interaction and the Conservation of Gender Inequality: Considering Employment." *American Sociological Review* 62, no. 2 (1997): 218–35.

Ridgeway, Cecilia L., and Shelley J. Correll. "Unpacking the Gender System: A Theoretical Perspective on Gender Beliefs and Social Relations." *Gender and Society* 18, no. 4 (2004): 510–31.

Ridgeway, Cecilia L., and Lynn Smith-Lovin. "The Gender System and Interaction." *Annual Review of Sociology* 25 (1999): 191–216.

Risman, Barbara J. "From Doing to Undoing: Gender as We Know It." *Gender and Society* 23, no. 1 (2009): 81–84.

— "Gender as a Social Structure: Theory Wrestling with Activism." *Gender and Society* 18, no. 4 (2004): 429–50.

Risman, Barbara J., and Georgiann Davis. "From Sex Roles to Gender Structure." *Current Sociology* 61, no. 5–6 (2013): 733–55.

Rivera, Lauren A. "Go with Your Gut: Emotion and Evaluation in Job Interviews." *American Journal of Sociology* 120, no. 5 (2015): 1339–89.

— *Pedigree: How Elite Students Get Elite Jobs*. Princeton, NJ: Princeton University Press, 2015. [이희령 옮김,《그들만의 채용 리그》, 지식의날개, 2020]

Rivera, Lauren A., and András Tilcsik. "Class Advantage, Commitment Penalty: The Gendered Effect of Social Class Signals in an Elite Labor Market." *American Sociological Review* 81, no. 6 (2016): 1097–1131.

Rodgers, Willard L., and Arland Thornton. "Changing Patterns of First Marriage in the United States." *Demography* 22, no. 2 (1985): 265–79.

Roen, Katrina. "'Either/Or' and 'Both/Neither': Discursive Tensions in Transgender Politics." *Signs* 27, no. 2 (2002): 501–22.

Roscigno, Vincent J., Donald Tomaskovic-Devey, and Martha Crowley. "Education and the Inequalities of Place." *Social Forces* 84, no. 4 (2006): 2121–45.

Rose, Mark H. *Interstate: Highway Politics and Policy since 1939.* Knoxville: University of Tennessee Press, 2012.

Rosen, Ruth. *The World Split Open: How the Modern Women's Movement Changed America*. New York: Viking, 2000.

Rosenberg, Rosalind. *Divided Lives: American Women in the Twentieth Century*. New York: Macmillan, 2008.

Rubin, Gayle. "The Traffic in Women: Notes on the 'Political Economy' of Sex." In *Toward an Anthropology of Women*, edited by Rayna R. Reiter. New York: Monthly Review Press, 1975.

— "Thinking Sex: Notes for a Radical Theory of the Politics of Sexuality." In *Pleasure and Danger: Exploring Female Sexuality*, edited by Carole S. Vance,

267 – 319. New York: Routledge and Kegan Paul, 1984.

Rubio, Fernando Domínguez. "Preserving the Unpreservable: Docile and Unruly Objects at MoMA." *Theory and Society* 43, no. 6 (2014): 617 – 45.

Ruef, Martin. "The Emergence of Organizational Forms: A Community Ecology Approach." *American Journal of Sociology* 106, no. 3 (2000): 658 – 714.

Ruef, Martin, and Kelly Patterson. "Credit and Classification: The Impact of Industry Boundaries in Nineteenth-Century America." *Administrative Science Quarterly* 54, no. 3 (2009): 486 – 520.

Rupp, Leila J. "The Women's Community in the National Woman's Party, 1945 to the 1960s." *Signs* 10, no. 4 (1985): 715 – 40.

Rutherford, Danilyn. "Affect Theory and the Empirical." *Annual Review of Anthropology* 45 (2016): 285 – 300.

Ryan, Mary P. *Women in Public: Between Banners and Ballots, 1825 – 1880*. Baltimore: Johns Hopkins University Press, 1990.

Saguy, Abigail C. *What Is Sexual Harassment?: From Capitol Hill to the Sorbonne*. Berkeley: University of California Press, 2003.

Salamon, Gayle. *Assuming a Body: Transgender and Rhetorics of Materiality*. New York: Columbia University Press, 2010.

— "Boys of the Lex: Transgenderism and Rhetorics of Materiality." *GLQ* 12, no. 4 (2006): 575 – 97.

Sassen, Saskia. "Analytic Borderlands: Race, Gender and Representation in the New City." In *Re-Presenting the City*, 183 – 202. London: Palgrave, 1996.

Sauder, Michael, and Wendy Nelson Espeland. "The Discipline of Rankings: Tight Coupling and Organizational Change." *American Sociological Review* 74, no. 1 (2009): 63 – 82.

Schilt, Kristen, and Laurel Westbrook. "Bathroom Battlegrounds and Penis Panics." *Contexts* 14, no. 3 (2015): 26 – 31.

Schippers, Mimi. "Recovering the Feminine Other: Masculinity, Femininity, and Gender Hegemony." *Theory and Society* 36, no. 1 (2007): 85 – 102.

Schofer, Evan, and John W. Meyer. "The Worldwide Expansion of Higher Education in the Twentieth Century." *American Sociological Review* 70, no. 6 (2005): 898 – 920.

Schultz, Stanley K. *Constructing Urban Culture: American Cities and City Planning,*

1800–1920. Philadelphia: Temple University Press, 1989.

Schwager, Sally. "Educating Women in America." *Signs* 12, no. 2 (1987): 333–72.

Schwartz, Barry. "The Social Psychology of Privacy." *American Journal of Sociology* 73, no. 6 (1968): 741–52.

Scott, Anne Firor. *Natural Allies: Women's Associations in American History*. Urbana: University of Illinois Press, 1991.

Scott, W. Richard. *Institutions and Organizations: Ideas and Interests*. Thousand Oaks, CA: Sage, 1995.

— "Lords of the Dance: Professionals as Institutional Agents." *Organization Studies* 29, no. 2 (2008): 219–38.

Seelman, Kristie L. "Recommendations of Transgender Students, Staff, and Faculty in the USA for Improving College Campuses." *Gender and Education* 26, no. 6 (2014): 618–35.

Seely, Bruce Edsall. *Building the American Highway System: Engineers as Policy Makers*. Philadelphia: Temple University Press, 1987.

Segrave, Kerry. *Vending Machines: An American Social History*. Jefferson, NC: McFarland, 2002.

Seiler, Cotton. *Republic of Drivers: A Cultural History of Automobility in America*. Chicago: University of Chicago Press, 2008.

Seo, Sarah A. "Antinomies and the Automobile: A New Approach to Criminal Justice Histories." *Law and Social Inquiry* 38, no. 4 (2013): 1019–40.

— "Sex Discrimination in Employment: An Attempt to Interpret Title VII of the Civil Rights Act of 1964." *Duke Law Journal* (1968): 671–723.

Shakespeare, Tom. "The Social Model of Disability." In *The Disability Studies Reader*, 4th ed., edited by Lennard J. Davis, 214–21. New York: Routledge, 2013.

Sharkey, Amanda J. "Categories and Organizational Status: The Role of Industry Status in the Response to Organizational Deviance." *American Journal of Sociology* 119, no. 5 (2014): 1380–1433.

Shavit, Yossi, Richard Arum, Adam Gamoran, and Gila Menachem. *Stratification in Higher Education: A Comparative Study*. Stanford, CA: Stanford University Press, 2007.

Silbey, Susan S. "After Legal Consciousness." *Annual Review of Law and Social*

Science 1 (2005): 323 – 68.
— "The Sociological Citizen: Pragmatic and Relational Regulation in Law and Organizations." *Regulation and Governance* 5, no. 1 (2011): 1 – 13.

Silverman, Kaja. *The Threshold of the Visible World*. New York: Psychology Press, 1996.

Simmel, Georg. "Fashion." *American Journal of Sociology* 62, no. 6 (1957): 541.

— *The Sociology of Georg Simmel*. Translated and edited by Kurt H. Wolff. Glencoe, IL: Free Press, 1950.

Skocpol, Theda. *Protecting Soldiers and Mothers: The Political Origins of Social Policy in the United States*. Cambridge, MA: Harvard University Press, 1992.

Smith, Adam. *Lectures on Justice, Police, Revenue and Arms*. Edited by Edwin Cannan. Oxford: Clarendon Press, 1896 [1763].

Smith, Dorothy. *The Everyday World as Problematic: A Feminist Sociology*. Boston, MA: Northeastern University Press, 1987.

Smith, Dorothy E. *Institutional Ethnography: A Sociology for People*. Lanham, MD: AltaMira Press, 2005. [김인숙 옮김, 《제도적 문화기술지》, 나남출판, 2014]

Smith, Kristin E., and Rebecca Glauber. "Exploring the Spatial Wage Penalty for Women: Does It Matter Where You Live?" *Social Science Research* 42, no. 5 (2013): 1390 – 1401.

Smith-Rosenberg, Carroll. *Disorderly Conduct: Visions of Gender in Victorian America*. New York: A. A. Knopf, 1985.

Snow, David A., E. Burke Rochford Jr., Steven K. Worden, and Robert D. Benford. "Frame Alignment Processes, Micromobilization, and Movement Participation." *American Sociological Review* 51, no. 4 (1986): 464 – 81.

Solomon, Barbara Miller. *In the Company of Educated Women: A History of Women and Higher Education in America*. New Haven, CT: Yale University Press, 1985.

Soule, Sarah A., and Susan Olzak. "When Do Movements Matter? The Politics of Contingency and the Equal Rights Amendment." *American Sociological Review* 69, no. 4 (2004): 473 – 97.

Spade, Dean. *Normal Life: Administrative Violence, Critical Trans Politics, and the Limits of Law*. Durham, NC: Duke University Press, 2015.

Spain, Daphne. "Gender and Urban Space." *Annual Review of Sociology* 40

(2014): 581–98.

Spillman, Lyn. *Solidarity in Strategy: Making Business Meaningful in American Trade Associations*. Chicago: University of Chicago Press, 2012.

Spriggs, James F., and Thomas G. Hansford. "The U.S. Supreme Court's Incorporation and Interpretation of Precedent." *Law and Society Review* 36, no. 1 (2002): 139–60.

Stacey, Judith. *In the Name of the Family: Rethinking Family Values in the Postmodern Age*. Beacon Press, 1996.

Star, Susan Leigh. "The Ethnography of Infrastructure." *American Behavioral Scientist* 43, no. 3 (1999): 377–91.

Starr, Paul. *The Social Transformation of American Medicine*. New York: Basic Books, 1982.

Steensland, Brian. "Cultural Categories and the American Welfare State: The Case of Guaranteed Income Policy." *American Journal of Sociology* 111, no. 5 (2006): 1273–1326.

Stevens, Mitchell L., and Josipa Roksa. "The Diversity Imperative in Elite Admissions." In *Diversity in American Higher Education: Toward a More Comprehensive Approach*, edited by L. M. Stulberg and S. L. Weinberg, 63–73. New York: Routledge, 2011.

Strang, David, and John W. Meyer. "Institutional Conditions for Diffusion." *Theory and Society* 22, no. 4 (1993): 487–511.

Strang, David, and Sarah A. Soule. "Diffusion in Organizations and Social Movements: From Hybrid Corn to Poison Pills." *Annual Review of Sociology* 24 (1998): 265–90.

Stryker, Susan. "Transgender History, Homonormativity, and Disciplinarity." *Radical History Review* 2008, no. 100 (2008): 145–57.

Suchman, Mark C. "Managing Legitimacy: Strategic and Institutional Approaches." *Academy of Management Review* 20, no. 3 (1995): 571–610.

Suddaby, Roy, and Royston Greenwood. "Rhetorical Strategies of Legitimacy." *Administrative Science Quarterly* 50, no. 1 (2005): 35–67.

Tangney, June Price. "Moral Affect: The Good, the Bad, and the Ugly." *Journal of Personality and Social Psychology* 61, no. 4 (1991): 598–607.

Taplin, Jonathan. *Move Fast and Break Things: How Facebook, Google, and*

Amazon Cornered Culture and Undermined Democracy. New York: Little, Brown, 2017.

Thévenot, Laurent. "Postscript to the Special Issue: Governing Life by Standards: A View from Engagements." *Social Studies of Science* 39, no. 5 (2009): 793–813.

Tilly, Charles. *Durable Inequality*. Berkeley: University of California Press, 1998.

— *Why?* Princeton, NJ: Princeton University Press, 2006.

Todd, James C. "Title IX of the 1972 Education Amendments: Preventing Sex Discrimination in Public Schools." *Texas Law Review* 53 (1974): 103–26.

Tomes, Nancy. *The Gospel of Germs: Men, Women, and the Microbe in American Life*. Cambridge, MA: Harvard University Press, 1998. [이춘입 옮김, 《세균의 복음》, 푸른역사, 2019]

Upton, Dell. *Another City: Urban Life and Urban Spaces in the New American Republic*. Yale University Press, 2008.

Urry, John. "The Sociology of Space and Place." In *The Blackwell Companion to Sociology*, edited by Judith R. Blau, 3–15. Malden, MA: Blackwell Publishing, 2001.

Vaisey, Stephen. "Motivation and Justification: A Dual-Process Model of Culture in Action." *American Journal of Sociology* 114, no. 6 (2009): 1675–1715.

Valentine, David. *Imagining Transgender: An Ethnography of a Category*. Durham, NC: Duke University Press, 2007.

Vaughan, Diane. "Theorizing Disaster Analogy, Historical Ethnography, and the Challenger Accident." *Ethnography* 5, no. 3 (2004): 315–47.

Vaughn, Jacqueline. *Disabled Rights: American Disability Policy and the Fight for Equality*. Washington, DC: Georgetown University Press, 2003.

Veblen, Thorsten. *The Theory of the Leisure Class: An Economic Theory of Institutions*. New York: Oxford University Press, 2007 [1899]. [박종현 옮김, 《유한계급론》, 휴머니스트, 2023] [김성균 옮김, 《유한계급론》, 우물이있는집, 2012] [이종인 옮김, 《유한계급론》, 현대지성, 2018], [박홍규 옮김, 《유한계급론》, 문예출판사, 2019]

Waldfogel, Jane. "The Effect of Children on Women's Wages." *American Sociological Review* 62, no. 2 (1997): 209–17.

Ward, Elizabeth Jane. *Respectably Queer: Diversity Culture in LGBT Activist*

Organizations. Nashville: Vanderbilt University Press, 2008.

Ward, Jane. "'Not All Differences Are Created Equal' Multiple Jeopardy in a Gendered Organization." *Gender and Society* 18, no. 1 (2004): 82–102.

Warner, Michael. *The Trouble with Normal: Sex, Politics, and the Ethics of Queer Life*. New York: The Free Press, 1999.

Warner, Sam Bass. *The Urban Wilderness: A History of the American City*. Berkeley: University of California Press, 1972.

Weber, Klaus, Kathryn L. Heinze, and Michaela DeSoucey. "Forage for Thought: Mobilizing Codes in the Movement for Grass-Fed Meat and Dairy Products." *Administrative Science Quarterly* 53, no. 3 (2008): 529–67.

Weber, Max. "Bureaucracy." In *From Max Weber: Essays in Sociology*, edited by H. H. Gerth and C. Wright Mills, 196–244. Berkeley: University of California Press, 1946. [이상률 옮김,《관료제》, 문예출판사, 2018]

— "Class, Status, Party." In From Max Weber: Essays in Sociology, edited by H. H. Gerth and C. Wright Mills, 180–95. Berkeley: University of California Press, 1946.

— *Economy and Society*. Berkeley: University of California Press, 1978 [1922]. [박성환 옮김,《경제와 사회 1》, 문학과지성사, 2003]

— The Protestant Ethic and the Spirit of Capitalism. Translated by Peter Baehr and Gordon C. Wells. New York: Penguin Books, 2002. [박문재 옮김,《프로테스탄트 윤리와 자본주의 정신》, 현대지성, 2018] [김상희 옮김,《프로테스탄트 윤리와 자본주의 정신》, 풀빛, 2006] [박성수 옮김,《프로테스탄트 윤리와 자본주의 정신》, 문예출판사, 2023]

Weinberg, Martin S., and Colin J. Williams. "Fecal Matters: Habitus, Embodiments, and Deviance." *Social Problems* 52, no. 3 (2005): 315–36.

Welke, Barbara Young. *Recasting American Liberty: Gender, Race, Law, and the Railroad Revolution, 1865–1920*. Cambridge: Cambridge University Press, 2001.

Wells, Christopher W. "Fueling the Boom: Gasoline Taxes, Invisibility, and the Growth of the American Highway Infrastructure, 1919–1956." *Journal of American History* 99, no. 1 (2012): 72–81.

Welter, Barbara. "The Cult of True Womanhood: 1820–1860." *American Quarterly* 18, no. 2 (1966): 151–74.

West, Candace, and Don H. Zimmerman. "Doing Gender." *Gender and Society* 1, no. 2 (1987): 125–51.

Westbrook, Laurel, and Kristen Schilt. "Doing Gender, Determining Gender: Transgender People, Gender Panics, and the Maintenance of the Sex/Gender/Sexuality System." *Gender and Society* 28, no. 1 (2014): 32–57.

Weyeneth, Robert R. "The Architecture of Racial Segregation: The Challenges of Preserving the Problematical Past." *Public Historian* 27, no. 4 (2005): 11–44.

Whalen, Charles W. *The Longest Debate: A Legislative History of the 1964 Civil Rights Act*. Washington, DC: Seven Locks Press, 1985.

Wherry, Frederick F. *The Culture of Markets*. Cambridge, UK: Polity Press, 2012.

Wikander, Ulla, Alice Kessler-Harris, and Jane Lewis, eds. *Protecting Women: Labor Legislation in Europe, the United States, and Australia, 1880–1920*. Urbana: University of Illinois Press, 1995.

Williams, Marilyn T. *Washing "the Great Unwashed": Public Baths in Urban America, 1840–1920*. Columbus: Ohio State University Press, 1991.

Willoughby, Brian J., Jason S. Carroll, William J. Marshall, and Caitlin Clark. "The Decline of In Loco Parentis and the Shift to Coed Housing on College Campuses." *Journal of Adolescent Research* 24, no. 1 (2009): 21–36.

Wilson, William H. *The City Beautiful Movement*. Baltimore, MD: Johns Hopkins University Press, 1989.

Wilson, William Julius. *The Truly Disadvantaged: The Inner City, the Underclass, and Public Policy*. Chicago: University of Chicago Press, 1987.

Xie, Yu, and Kimberlee A. Shauman. *Women in Science: Career Processes and Outcomes*. Cambridge, MA: Harvard University Press, 2003.

Yavuz, Nilay, and Eric W. Welch. "Addressing Fear of Crime in Public Space: Gender Differences in Reaction to Safety Measures in Train Transit." *Urban Studies* 47, no. 12 (2010): 2491–2515.

Zelizer, Viviana A. "The Purchase of Intimacy." *Law and Social Inquiry* 25, no. 3 (2000): 817–48.

Zelizer, Viviana A., and Charles Tilly. "Relations and Categories." In *The Psychology of Learning and Motivation*, edited by Arthur Markman and Brian Ross, 59:1–31. Waltham, MA: Academic Press, 2006.

Zelizer, Viviana A. Rotman. "Circuits in Economic Life." *Economic Sociology: The European Electronic Newsletter* 8, no. 1 (2006): 30–35.

— *The Social Meaning of Money*. New York: Basic Books, 1994.

Zhang, Jun, Pengcheng Chen, Bingkai Yuan, Wei Ji, Zhihai Cheng, and Xiaohui Qiu. "Real-Space Identification of Intermolecular Bonding with Atomic Force Microscopy." *Science* 342, no. 6158 (2013): 611–14.

Zucker, Lynne G. "Institutional Theories of Organization." *Annual Review of Sociology* 13 (1987): 443–64.

Zuckerman, Ezra W. "The Categorical Imperative: Securities Analysts and the Illegitimacy Discount." *American Journal of Sociology* 104, no. 5 (1999): 1398–1438.

— "Structural Incoherence and Stock Market Activity." *American Sociological Review* 69, no. 3 (2004): 405–32.

Zukin, Sharon. "Consuming Authenticity." *Cultural Studies* 22, no. 5 (2008): 724–48.

— *Naked City: The Death and Life of Authentic Urban Places*. New York: Oxford University Press, 2010.

Zukin, Sharon, Valerie Trujillo, Peter Frase, Danielle Jackson, Tim Recuber, and Abraham Walker. "New Retail Capital and Neighborhood Change: Boutiques and Gentrification in New York City." *City and Community* 8, no. 1 (2009): 47–64.

Zylan, Yvonne. *States of Passion: Law, Identity, and the Social Construction of Desire*. New York: Oxford University Press, 2011).

찾아보기

ㅇ

화장실 전쟁
가장 사적이면서도 공적인 공간에서 펼쳐진
특권, 계급, 젠더, 불평등의 정치

초판 1쇄 인쇄 2024년 1월 23일
초판 1쇄 발행 2024년 1월 31일

지은이 알렉산더 K. 데이비스
옮긴이 조고은
펴낸이 이승현

출판2 본부장 박태근
스토리 독자 팀장 김소연
편집 이은정
디자인 함지현

펴낸곳 ㈜위즈덤하우스 **출판등록** 2000년 5월 23일 제13-1071호
주소 서울특별시 마포구 양화로 19 합정오피스빌딩 17층
전화 02) 2179-5600 **홈페이지** www.wisdomhouse.co.kr

ISBN 979-11-7171-102-4 93330